한국 비구니의 수행과 삶

불교총서 9
한국 비구니의 수행과 삶
The Life and Practice of Korean Buddhist nuns

엮은이	전국비구니회
펴낸이	오정혜
펴낸곳	예문서원
편 집	손혜영
인 쇄	상지사
제 책	상지사
초판 1쇄	2007년 2월 28일
주 소	서울시 동대문구 용두2동 764-1 송현빌딩 302호
출판등록	1993. 1. 7 제6-0130호
전화번호	925-5913~4 · 929-2284 / 팩시밀리 929-2285
Homepage	http//www.yemoon.com
E-mail	yemoonsw@unitel.co.kr

ISBN 978-89-7646-222-0 03150
ⓒ KOREAN BHIKKHUNI ASSOCIATON   2007 Printed in Seoul, Korea

YEMOONSEOWON 764-1 Yongdu 2-Tong, Tongdaemun-Ku Seoul KOREA 130-824
Tel) 02-925-5914, 02-929-2284 Fax) 02-929-2285

값 18,000원

불교총서 9

한국 비구니의 수행과 삶

전국비구니회 엮음

예문서원

간행사

2004년 6월, 전국비구니회 주체로 제8차 세계여성불자대회가 서울에서 열렸습니다. 이는 여성불자의 시대적 사명과 사회적 역할 및 포교의 방법론 등을 모색하는 심포지엄이었습니다. 세계 각국에서 수행하고 있는 비구니, 사미니, 우바이(청신녀) 등 500여 명의 여성불자가 모여 여성불자의 과거와 현재의 교육과 수행 및 그 전통에 대해 연구 발표를 하였습니다. 우리처럼 비구니계를 구족한 나라가 있는가 하면 티베트 및 남방불교권처럼 사미니로서만 존재하기도 하는 등 그 계맥은 여러 가지였지만, 그런 가운데서도 삼보에 대한 귀의와 예경심으로 부단한 수행과 전법을 하고 있음을 보고 모두가 대애도비구니의 후예로서 동일한 자매임을 인지하였습니다. 그러나 그중에 나타난 한국 비구니승단의 여법한 교육과 수행상은 다른 어느 나라보다 훌륭하다는 평가를 받고 자긍심을 갖게 되었습니다.

한국비구니사에서 기록에 남아 있는 최초의 불자로는 신라 모례의 누이 사씨史氏를 들 수 있습니다. 이후 신라 이원理願 비구니의 일본에서의 불사활동 및 백제에서 비구니계를 수시해 가서 일본 최초의 비구니가 된 선장禪藏, 선신善信, 혜신惠信의 전법이 있었습니다. 또한 법명 선사는 일본 천왕의 병을 『유마경』의 강설로 쾌유시켰다고 합니다. 고려시대에 와서는 진각혜심의 문도 중 비구니 종민, 청원, 요연, 희원 등이 수선사에서 하안거를 했으며, 조선시대에는 자수와 인수 두 비구니가 사원을 건립하여 5천여 명이 함께 수행하였습니다. 이처럼 한국 비구니의 수행은 한국 불교교단의 발전과 불교문화의 한 토대가 되었던 것입니다.

그래서 지난 2006년 6월, 전국비구니회에서는 현대 비구니승가상의 모색과 실현을 위해 불교가 한국에 전래된 이래로 과거 비구니스님들이 해 온 수행과 역할을 조명해 보는 '한국 비구니 수행전통에 대한 포럼'을 개최한 바 있습니다. 이 포럼은, 비구니 큰스님들의 거룩한 수행을 밝히는 데서 더 나아가 그 수행이 각 시대마다 불교의 전파와 교단의 발전에 커다란 영향을 끼쳤음을 확인하는 자리였습니다. 이것은 지금 우리에게 새로운 발심과 결사를 다짐하는 계기를 마련해 주었습니다.

포럼에서는 한국불교의 오랜 역사 속에서 이처럼 법등을 면면히 이어 온 비구니스님들의 행적 및 그들의 수행에서 비롯된 교화와 불사에 대한 글들이 발표되었는데, 이 논문들을 각 필자들이 다시 손질해서 이

제 단행본을 만들게 되었습니다. 이러한 이유는, 오늘날 우리 비구니스님들이 숭고하고 고매하신 선각의 빛나는 과거를 반추하여 전인적 인격을 완성하고 불법교화에 소용될 다양한 자질과 올바른 기예를 연마하기 위해서입니다. 이 한 편의 단행본만으로 그칠 것이 아니라 근현대를 통하여 수행에 귀감이 되는 비구니스님들을 끊임없이 세상에 내 모시어 모든 불자의 불법수행에 등불이 되도록 해야 할 것입니다. 포럼에 참가하여 좋은 논문을 내어 주신 필자님들과 이 책이 발간되도록 애써 주신 모든 분께 깊은 감사의 인사를 드립니다.

불기 2551년(2007) 2월 1일
대한불교조계종 전국비구니회 회장 명성

한국 비구니의 수행과 삶

간행사 5

·· 제1부 한국 비구니승가의 역사 ··

한국 비구니강원 발달사 ‖ 수경   15
  1. 머리말   15
  2. 인물을 통해 본 비구니교육의 변천   19
  3. 비구니강원 성립과 전강 제도   31
  3. 개혁종단 이후 비구니강원의 동향과 과제   39
  4. 맺음말   47

한국 비구니선원의 '청규' 고찰 ‖ 혜원   53
  1. 들어가는 말   53
  2. 선원청규의 의의   55
  2. 한국 비구니선원의 청규   60
  3. 맺음말   76

삼국~고려시대 비구니의 삶과 수행 ‖ 김영미   79
  1. 머리말   79
  2. 여성의 삶과 출가   81
  3. 비구니의 수행   89
  4. 대중교화 및 불사   93
  5. 맺음말   99

조선시대 비구니의 삶과 수행 ‖ 이향순 103

1. 머리말 103
2. 조선시대 비구니사원과 수행 방식 105
3. 예순의 구도행 112
4. 맺음말 124

한국 근현대 비구니의 수행 ‖ 해주 129

1. 머리말 129
2. 근현대 비구니사의 시대 구분과 약사 130
3. 수행의 양상 140
4. 수행의 특징 159
5. 맺음말 161

국제화시대 한국비구니의 위상과 역할 ‖ 석담·이향순 165

1. 머리말 165
2. 해외 여성 수행자교단 현황 166
3. 한국 비구니의 위상 182
4. 한국 비구니의 역할 187
5. 맺음말 191

·· 제2부 한국 비구니선사 조명 ··

비구니 선풍의 중흥자, 묘리법희 선사 ‖ 효탄 199

1. 머리말 199
2. 비구니 선풍을 일으켜 세우다 200

3. 맺음말   217

일엽 선사의 출가와 수행 ‖ 경완   221

1. 머리말   221
2. 일엽 선사의 출가   224
3. 일엽 선사의 수행   234
4. 맺음말   247

정암당 혜옥 스님의 수행과 포교 ‖ 수정   253

1. 머리말   253
2. 출가와 구도   255
2. 수행과 교육연찬   258
3. 전법과 사회활동   261
4. 맺음말   272

화산당 수옥 스님의 생애와 사상 ‖ 혜등   275

1. 머리말   275
2. 선·교·불사의 대종장, 화산당 수옥   276
3. 『화산집』과 그 문도   289
4. 맺음말   293

본공당 계명 선사의 삶과 수행 ‖ 진광   295

1. 머리말   295
2. 본공 선사의 생애   296
3. 본공 선사의 수행생활   299
4. 수행의 특징   309
5. 맺음말   311

원허당 인홍 선사와 비구니승가 출가정신의 확립 ‖ 본각 317

1. 머리말 317
2. 생사해탈과 정법수호의 서원 319
3. 종단정화불사 참여 328
4. 일일부작이면 일일불식 330
5. 출가수행자의 본분사 335
6. 맺음말 338

봉려관 스님과 제주 불교의 중흥 ‖ 혜전 343

1. 머리말 343
2. 제주 불교 중흥의 역사 344
3. 맺음말 365

전계사 비구니장로 정행 스님의 삶 ‖ 김일진 367

1. 머리말 367
2. 행장 368
3. 선과 율의 풍모 375
4. 열반 388
5. 맺음말 391

제1부
한국 비구니승가의 역사

한국 비구니강원 발달사

수 경*

1. 머리말

세기가 바뀌고 시대가 달라진 지금, 변화의 당위성에는 승가라고 예외일 수 없으며, 그 변화의 중심에 교육이 있다는 것에도 의심의 여지가 없다. 한국의 승가교육은 모든 사찰이 다 수행도량이고 교육기관에 해당된다는 점에서 불교가 전래된 삼국시대부터 시행되었을 거라는 것이 학계의 일반적 견해이다. 이처럼 승가교육이 삼국시대에는 사원 자체 내에서 교학을 중심으로 이루어졌고, 통일신라 말기 중국에서 선이 전래되고 고려시대에 교종과 선종이 병립하게 되면서 선·교를 융섭하는 교육으로 새 전기를 맞이하게 된다. 오늘날의 강원이 언제부터 시행되었는지는 정확하지 않지만 강원교육이 삼학의 수행을 강조하고 이력과정도 선교겸학을 하고 있는 점을 고려해 볼 때 그 원류를 선교융회의

---

* 삼선승가대학 강사.

사상에 입각하여 정혜쌍수, 돈오점수를 주장했던 고려 보조지눌普照知訥 (1158~1210) 국사에게서 찾는 것도 이런 이유에서일 것이다.

그러나 조선시대에 들어와 한때 숭유억불정책으로 승가교육이 크게 위축되었다가, 벽계정심碧溪正心(생몰연대 미상)에 의해 승가교육의 전통이 다시 이어지게 된다. 그의 제자 중 벽송지엄碧松智儼(1464~1534)은 사집교과 과정의 중요성을 부각시켰으며, 그 후 사집과와 대교과가 조직되는 등 교과 과정 편제에 획기적인 조치가 취해졌다. 조선조 중엽 청허휴정淸虛休靜(1520~1604)과 부휴선수浮休善修(1543~1615)의 활약으로 불교계가 중흥되자, 사원 내에 전문적인 도제양성의 교육기관으로 강원과 선원이 설치되면서 제도적으로 정비되고, 17세기 인조~숙종 때에 이르러 월담설제月潭雪霽(1632~1704), 월저도안月渚道安(1638~1715), 백암성총柏庵性聰(1631~1700)이 나와 간경과 강학講學에 전업함으로써 강원 제도가 완비된 것으로 보고 있다.1)

승가교육은 조선 중엽 이후 선교겸학의 전통이 세워지고 돈오점수·사교입선의 교육 방침에 따라 강원에서는 삼학 수행의 기초교학이 중점적으로 이루어졌으며, 선원에서는 강원교육을 이수한 자들에게 좌선을 통한 교육을 실시해 왔다. 따라서 선교를 겸수하면서도 견성을 최종 목표로 삼았던 조선 시대의 학풍은 승가교육의 의미를 제도권 안의 선원이나 강원2)교육으로 한정해서 지칭하게 되었으며, 특히 강원이 선원에 들어가기 전의 기초 단계로서의 기능을 충실히 함으로써 근대 승가

---

1) 남도영, 「승가교육사와 강원」, 불학연구소 편, 『강원총람』(1997), 23~49쪽 참조
2) 강원은 총림을 구성하는 선원, 율원, 강원 중의 하나로서 諸經을 강의하는 장소를 말한다. 강원은 인도에 그 기원을 두고 있는데, 『增一阿含經』 권50, 『佛祖統記』 권38, 『三國遺事』 권4 등에서는 '講堂'으로 표기하고 있어 강원이라는 명칭 이전에는 강당이라고 하였음을 알 수 있다.

교육은 점차 강원교육을 의미하게 되었다.

강원교육의 대상은 강원 제도가 완비된 조선시대부터 근대[3]에 이르기까지 오로지 비구였으며, 비구니는 교육 대상에서 소외되어 있었다. 개화의 물결을 타고 여성에게도 교육의 기회가 주어지면서 비구니들도 교육의 필요성에 눈뜨기 시작했다. 비구니를 위한 교육도량이 전혀 없던 때였으므로 배움을 갈망하는 비구니들은 스스로 비구강원이나 비구강사를 찾아가 개별적으로 교육을 받거나 청강을 할 수밖에 없는 실정이었다. 이처럼 열악한 교육환경에서도 비구니들의 배움에 대한 갈망과 열정은 계속되었고, 이는 비구니를 위한 교육도량의 필요성을 촉구하는 계기가 되었으며, 비구니전문강원 설립의 단초가 되었다.

비구니강원교육은 1900년대에 들어서면서 몇몇 비구강사들의 혜안과 소수 비구니의 원력으로 표면화되기 시작하였다. 학인 수나 교육환경에 있어서 그 규모는 미비하였고 일제식민치하라는 불안정한 시국 속에서 오래 존속하지도 못했지만, 비구니들에게 교육의 길이 열렸다는 것은 당시의 상황으로서는 매우 고무적인 일이 아닐 수 없다.

비구니들에게 강원교육을 받을 수 있는 교육환경이 조성된 것은 해방 이후의 일이다. 특히 1956년 경봉 스님을 모시고 동학사에 비구니전문강원이 설립되면서 비구니강원교육은 활기를 되찾기 시작하였다. 이 당시 비구니들에게 교육의 필요성을 주지시키고 열의를 다하였던 비구강사는 경봉 스님, 호경 스님, 대은 스님 등이다. 이렇게 해서 배출된 비

---

[3] 시대 구분의 편의상 국호를 대한제국으로 고친 光武元年(1897)부터 일제시대를 지나서 조국광복의 8·15해방(1945) 이전을 일반적으로 근대 또는 개화기로 부른다. 그러나 이러한 구분은 정치 체제의 변동에 따른 것이며, 대한제국의 성립과 불교와는 구체적인 연관을 찾기 어렵다는 점에서 근대 불교의 시작을 승려의 도성출입금지가 해금된 1895년으로 이해하기도 한다.(불학연구소 편, 『조계종사: 근현대편』(2000), 11~12쪽)

구니들이 다시 비구니강원을 설립하고 비구니강원교육에 헌신하게 되는데, 그 대표적인 분이 봉녕사의 묘엄 스님과 운문사의 명성 스님이다. 오늘날 비구니강원역사의 산증인이라고 할 수 있겠다. 그 후 1994년 개혁종단이 들어서면서 비구니강원[4]은 교육 과정 및 학제 등 제도의 정비와 아울러 승가교육 제도의 정착이라는 안정된 교육환경 속에서 성장, 발전해 오고 있다.

그동안 여성의 출가는 꾸준히 증가하는 추세였고, 비구니들의 교육열도 해마다 높아져 그 위상이 향상됨에 따라 보다 적극적인 역할과 역량이 기대되고 있는 현실이다. 따라서 시대에 부응하는 비구니의 위상 정립과 역할 확대를 모색하고 제시할 때가 되었다. 이러한 과제에 앞서 '한국 비구니강원 발달사'를 정리하는 일은 매우 뜻 깊은 작업이라 생각하며, 이러한 작업을 통해 앞으로 강원교육의 전망과 과제는 무엇인지 등을 고찰하는 일은 매우 고무적이라 하겠다.

본고에서는 비구니강원발달사를 살펴보기 위해 시대 구분을 해방 이전과 해방 이후 그리고 개혁종단 이후 셋으로 나누었다. 그리고 이 시대 구분에 준하여 비구니교육이 전개, 발전되어 가는 역사적 과정을 다음과 같이 고찰해 보고자 한다. 첫째, 해방 이전 비구니강원교육의 실태를 바탕으로 비구니강원의 효시를 알아보고, 해방 이후 비구니들의 교육환경과 강원교육이 어떻게 변화 발전해 왔는지를 살펴본다. 둘째, 해방 이후 동학사에 비구니전문강원이 성립하게 된 배경과 의의, 그동안

---

[4] 현재의 강원은 기본 교육기관으로서 행자교육을 마친 사미(니)들이 다니는 곳이다. 사미(니)들은 4년 동안 강원교육 과정을 이수한 뒤에 구족계를 받고 비로소 비구(니)가 된다. 그러므로 현 제도에 의하면 비구니강원이 아니라 사미니강원이라고 표기해야 하나 이전에는 사미(니), 비구(니)의 제한 없이 강원을 다녔고 또 비구니가 여성 출가자를 의미하는 보편적 용어로 사용되고 있기 때문에 본고에서는 '비구니강원'이라고 하였다.

개설된 비구니교육도량과 현 5대강원의 강맥전승, 나아가 비구니강원이 정착할 수 있었던 요인 등을 고찰한다. 셋째, 개혁종단 출범 이후 달라진 비구니강원의 동향과 강원교육의 전망 및 과제 등을 간략하게 살펴본다.

2. 인물을 통해 본 비구니교육의 변천[5]

1) 해방 이전

비구니들이 교육에 관심을 갖기 시작한 것은 근대 문호 개방의 물결을 타고 여성들에게도 교육 개방의 기회가 주어진 때와 그 시기를 같이 하고 있다고 하겠다. 시대의 변천에 따라 비구니 중에는 이미 학교교육을 받은 이도 있었고, 또 격변하는 사회 분위기 속에서 교육의 필요성과 그 중요성을 감지한 비구니들이 있었다. 이러한 자각이 비구니들로 하여금 강원교육을 받게 하는 원동력이 되었겠지만, 일제치하에서 징병 등의 문제로 비구들이 공부만 할 수 없었던 여건이나 불교계에서 교육제도의 근대적 개혁이 일어났을 때인 만큼 비구들이 강원교육보다 신학문을 익혀야 한다는 분위기에 쏠려 강원교육을 소홀히 한 것이 오히려

---

5) 인물사를 통해 비구니교육의 변천을 살펴보게 된 것은 비구니교육의 변천사를 엿볼 수 있는 자료가 거의 없는 가운데 『동학』, 『운문회보』 등의 인물탐방 기사에서 그 실마리를 찾았기 때문이다. 이 단락은 해방 이전과 해방 이후 비구니교육이 어떻게 변화, 발전되어 갔느가를 고찰해 봄과 동시에 비구니강원교육의 효시가 어디인지를 알아본다는 점에서 매우 의미 있는 장이라고 생각한다. 참고자료는 대략 『강원총람』, 『선원총람』, 『비구니와 여성불교』 5, 『운문회보』, 『동학』 등이며, 해방 이후 비구니교육의 역사는 전강을 받은 강사를 중심으로 정리하였다.

비구니들에게는 강원교육을 받을 수 있는 기회를 제공하였을지도 모른다. 전통강원이 신학문에 밀려 쇠퇴일로를 걷고 있을 즈음 비구니들이 비구강사나 비구강원을 찾아가 교육받기를 원하는 이들이 생겨나자, 비구강사들은 비구니라도 가르치지 않으면 안 되겠다는 생각이 자연스럽게 일어났을 것이다. 비구, 비구니를 함께 교육할 수 없는 상황에서 비구니들이 어떻게 교육을 받았는지 잘 알 수는 없지만 처음에는 비구강원이 있는 큰 절 주변의 암자에서 통학을 하며 몇몇이 모여 청강[6]을 하거나 때로는 개인적으로 지도를 받기도 하였던 것으로 보인다. 이와 같은 교육환경 속에서도 강원교육을 이수하였던 선구자 비구니로는 1960년대에 비구니 3대 강백으로 인정을 받았던 월광금룡月光金龍(1892~1965)[7], 정암혜옥晶岩慧玉(1901~1969)[8], 화산수옥華山守玉(1902~1966)[9] 세 분의 스님을 대표로 들 수 있다. 이 세 분의 강원 경력을 살펴보면, 월광금룡은 1911년 사미니계를 수지한 후 통도사에서 해담(1862~1942) 스님에게 대교과를 수료하였다. 정암혜옥은 김천 청암사 극락전에서 사미과, 해인사 국일암에서 사집과, 법주사 수정암에서 대교과를 마쳤다. 화산수옥

---

[6] 이 당시의 청강이란 오늘날 청강의 개념과 달리 비구들과 함께 공부하는 것이 아니라 비구들의 수업 후에 비구니들만 따로 모여 수업을 받는 것을 말한다.
[7] 3대 비구니강백 중 한 사람이며, 1922년(30세)에 月光이라는 당호(월광 대신 金光이라고 부르기도 한다)와 함께 九河 스님에게 입실하였다. 이는 비구니가 비구에게 최초로 입실한 예이다. 1958(66세)년에 제자 광우 스님에게 가사와 대단주 등의 法藏을 전함. 이는 최초로 비구니가 비구니에게 建幢을 한 예이다.
[8] 3대 비구니강백. 1947년 대구 실달사에 유치원을 개설하고, 강당을 지어 포교에 전념하였으며, 양로원을 개설해 노인 복지에 힘썼다.
[9] 3대 비구니강백. 1922년 고경 스님에게 사미과와 사집과를 마치고, 1929년 서대문 응선암에서 김대은 스님을 모시고 사교과와 대교과를 수료하였다. 강원이력을 마친 후 1934년(33세)에 일본으로 건너가 경도 묘심사파 종립학교에서 3년간 수학하였다. 36세에 졸업하고 돌아와 남장사에서 3년간 강사를 역임했고, 다시 1947년 보문사에서 3년간 강의했으며 6·25 이후 경남 양산군 내원사 주지로 취임하여 내원사를 복원하였다. 저서로『華山遺稿』가 있다.(『운문회보』, 4호, 1983; 불학연구소 편,『강원총람』, 대한불교조계종교육원, 1997, 729~730쪽; 불학연구소 편,『선원총람』, 대한불교조계종교육원, 2000, 700쪽 참조)

은 1920년 해인사 불교전문강원에서 고경 스님으로부터 사미과와 사집과를 마쳤으며, 1929년 서대문 응선암에서 소하대은으로부터 사교과와 대교과를 각각 수료하였다고 전한다. 수옥 스님은 그 후 1934년 일본 묘심사파 종립학교에서 3년간 수학하고 1937년에 귀국하여 남장사 불교강원 강사로, 1947년 탑골당 보문사 불교강원 강사로서 일생을 비구니교육에 헌신하였다. 이 세 분을 비롯하여 해방 이전 강원교육을 받은 비구니들을 도표로 정리해 해방 이전 비구니교육의 실태를 살펴보면 다음과 같다.

<표 1> 1945년 해방 이전 강원교육을 받은 비구니교육 실태

순서[10]	법명	생몰연대	강원	강원 관련 이력(강사/졸업년도)
1	설월긍탄[11]	1885~1980	동학사	대교과 수료(1913년, 29세)
2	묘리법희[12]	1887~1975	동학사	경전과어록 수료(만우 상경)
3	월광금룡	1892~1965	통도사	대교과수료(해담 치익)
4	혜월성문	1893~1974	국일암[13]	대교과 수료(타불 스님)
5	영춘[14]	1895~?	통도사	능엄경 이수(운허 용하)
6	정암혜옥	1901~1969	청암사 극락전 해인사 법주사 수정암	사미과 사집과 대교과
7	화산수옥	1902~1966	해인사 서울 응선암	사미, 사집(고경 법전/ 1920) 사교, 대교(소하 대은/ 1929)
8	정행[15]	1902~	해인사 국일암	대교과(1922)
9	만허법일	1904~1991	운문사	대교과(1940)
10	보암은영	1910~1981	보문사	사집(1936)/ 사교(1941)/ 대교(1943)
11	혜운	1911~?	국일암	대교과
12	안광호	1915~1989	통도사	대교과(고경 법전/ 1944)
13	태구	1920~?	운문사	1941년(입학)~1949(졸업)
14	광우[16]	1925~	남장사	사집, 사교, 대교 (화산 수옥, 혜봉스님)

---

10) 표의 순서는 탄생연대를 기준으로 하였다.

<표 1>의 내용을 토대로 해방 이전 비구니교육의 실태를 정리해 보면 대략 다음과 같다.

첫째, 해방 이전 비구니들에게 강원교육의 혜택을 베풀었던 비구강사들은 만우상경(1855~1924), 해담치익海曇致益(1862~1942), 타불, 운허용하(1892~1980), 고경법전, 소하대은(1899~1989)이며, 비구니강사는 화산수옥(1902~1966)이다.

둘째, 비구니들이 강원교육을 주로 받았던 사찰은 동학사, 통도사, 해인사 국일암, 서울 응선암, 청암사, 법주사, 운문사, 보문사, 남장사 관음암 등이다.

셋째, 위의 사찰 중에서 국일암, 남장사, 보문사의 경우는 처음부터 비구니를 대상으로 교육이 이루어졌던 비구니전문강원으로 파악된다. 이 외에 『한국근현대불교사연표』에서는 통도사 옥련암에 해담율사를 강사로 니생강당尼生講堂이 설립되었는데, 비구니강원의 효시17)라고 기록하고 있어 해방 이전에 이미 비구니를 위한 강원이 4곳에서나 설립되었

---

11) 보문종 초대 종정.
12) 만공 스님으로부터 법을 인가받고 최초로 비구니 선맥을 일으켰으며, 화산수옥을 제자로 두었다.
13) 언제 누가 창건했는지 알 수 없고, 현 건물은 1642년 국일 선사가 창건하였다. '國一'은 벽암각성(1575~1660) 대사가 인조로부터 받은 호이다. 국일 선사가 1642년 이곳 암자에 주석하였으므로 國一大禪師라는 국일을 따서 庵名을 삼았다. 그 후 약 300년 동안의 사적은 알 수 없고 1948년 하정인 비구니가 감원이 되어 산신각을 건립하였으며, 그 후 지금까지 비구니 선방으로서 존속하고 있다. 해인사 편, 『海印寺誌』(1963), 589쪽에는 국일암이 비구니 강원이었다는 기록이 없다.
14) 30세에 당대 최초 비구니 화엄 법사가 되었다.
15) 7세에 불문에 들어와 삼선암의 성학 스님을 은사로 득도하여 비구니강원인 국일암에서 비구니강사 강유겸 스님에게 이력을 보았다. 최초 비구니 전계사이다.(「비구니 원로를 찾아」, 『운문회보』 5호, 1983 참조)
16) 전 비구니회 회장이며, 월광 스님의 건당제자이다. 지금은 서울 정각사에 거주하고 있다.
17) 불학연구소 편, 『한국근현대불교사연표』(대한불교조계종교육원, 2000), 227~228쪽, 정광호, 「近代韓日佛教關係史研究」(경희대학원 박사학위논문, 1989), 132쪽 참조.

음을 알 수 있다.

넷째, 수학 기간은 화산수옥, 보암은영, 태구 스님의 예로 보아 사미에서 대교까지의 과정을 마치는 데 대략 10여 년이 소요되었으며, 한 과정이 끝날 때마다 졸업장을 수여했던 것으로 보인다.

이상으로 비구니를 위한 강원교육이 전무한 상황에서 비구니들은 격변하는 시대를 자주적으로 적응해 갔음을 알 수 있다. 비구니의 인권을 위해 인재양성이 시급했던 현실에서 교육의 필요성을 일찍이 자각하고 여러 곳에서 비구니전문강원을 설립하였다는 것이 바로 그 단적인 예이다. 그런데 비구니전문교육도량으로서 가장 효시가 되는 곳이 어디인지는 분명하지 않다. 설사 시작이 미비했고, 오래 지속하지 못하였더라도 오늘날 비구니전문강원의 단초가 되었다는 점에서 최초의 비구니강원이 어디인지를 밝히는 일은 매우 중요한 의미를 지닌다.

우선 시기적으로 가장 먼저 설립된 곳은 서로 최초의 비구니강원이라고 기록하고 있는 해인사 국일암과 통도사 옥련암을 들 수 있다. 옥련암은 이미 1918년이라고 그 연대를 밝히고 있으나『통도사지』에 그 기록이 없고, 국일암의 경우도『해인사지』에 기록이 없는 가운데『운문회보』에서는 최초의 비구니강원이라고 표기되어 있다.[18] <표 1>에 의하면 국일암에서 강원교육이 적지 않은 것으로 보이는데, 혜월성문(1893~1974)의 경우 "20세에 구족계를 수지하고 국일암에 계시던 타불 스님에게 대교과를 마쳤다"[19]고 하니, 대강 계산해 보아도 국일암에서 공부한 해는 1913년부터가 된다. 단정하기에는 근거 자료가 부족하지만, 1918년에 개설된 옥련암보다 그 설립연도가 결코 늦지 않을 거라는 것을 짐

---

18) 『운문회보』 20호(1987)에 의하면 국일암을 최초의 비구니강원이라 표기하고 있다.
19) 운문편집부, 「비구니원로를 찾아」, 13, 『운문회보』 17(1986).

작하게 하는 대목이다.

　보문사의 경우는 "은영 스님이 27세 되던 1936년에 비구니 정영명 강사를 모시고 보문강원을 개설하였다"[20]고 하였고, 은영 스님의 행장에서는 "1936년에 보문사에 불교강원을 개설하고 사집과 졸업, 1941년 사교과, 1943년 대교과를 졸업하고, 1945년 보문사 주지로 취임하였다"[21]고 기록하고 있다. 또 『불교사상』에서는 "송은영 스님이 1945년에 보문사 주지로 취임하고 보문강원을 1947년에 개강하였으며, 이 당시 (1962) 학인 수는 대교반이 10명, 기신반이 11명, 도서반이 18명, 치문반이 21명으로 도합 61명의 학인들이 간경을 하고 있었다"[22]고 적고 있다. 기록들을 종합해 볼 때 보문사강원은 1936년도에는 은영 스님의 원력으로 뜻을 함께하는 비구니들이 강원을 개설하여 강사를 모시고 교육을 받았으나 보문사강원이 정식으로 개설되어 많은 학인을 배출시키게 된 것은 1947년 이후부터인 것으로 보인다.

　남장사 관음암에서는 "1943년에 비구니강백 화산수옥 스님 지도하에 비구니강원생 제1회 사미과 사집과 수료식이 있었다"[23]고 전한다. 남장사에 비구니강원이 성립된 배경에 대해서는 남장사 강원을 졸업한 광우 스님의 증언에 의하면 스님이 남장사에 공부를 하러 간 때가 소화 18년(1943), 즉 스님이 19살 되던 해라고 한다. 일제하에서 남장사 관음선원은 비구들이 징병을 나가 텅 비어 있던 상황이었고, 조실이신 보명

---

20) 1936년도에 보암은영 스님이 보문사에 비구니강원을 개설하고, 초대강사로 비구니 정영명 스님을 모셨고 이어서 수옥 스님, 안진호 강백 등을 차례로 모셔서 내외전을 이수하게 하였다.(「비구니원로를 찾아」, 25, 『운문회보』 29호; 불학연구소 편, 『강원총람』, 573쪽 참조)
21) 「비구니원로를 찾아」, 25, 『운문회보』 29호; 불학연구소 편, 『강원총람』, 573쪽.
22) 불교사상사 편, 「전국불교전문강원순방기 / 보문강원 편」, 『불교사상』 10호(1962).
23) 불학연구소 편, 『한국근현대불교사연표』, 253쪽, 불학연구소 편, 『강원총람』, 547쪽.

혜봉 스님이 남장사 주지겸 강사였던 임종호 스님에게 비구니강당을 만들어야 한다고 제의하였으며, 이 뜻을 부도암선방에 있던 광우 스님에게 편지로 전하였다. 또 그 뒤에 비구니 수옥 스님 등 몇 분이 부도암으로 와서 남장사에 비구니강원을 만들 계획이니 와서 공부하라고 권하여 남장사에 가게 되었으며, 대략 15명 정도의 비구니들이 모여 공부하였고, 광우 스님은 이곳에서 3년간 화산수옥 스님에게 사집부터 대교까지 배우고 졸업하였다고 한다.

이러한 자료에 근거하여 시기적으로는 최초의 비구니강원은 국일암이나 옥련암 둘 중의 한 곳이 되어야 할 것이다. 그러나 강원의 교과 과정, 규모, 학인 모집 등 전통강원의 체제를 어느 정도 갖춘 강원을 근대 강원의 효시로 본다면 이야기는 또 달라질 것이다. 만일 국일암이나 옥련암에서 몇몇 권속들을 대상으로 교육이 이루어졌다면 과연 이 두 강원을 근대 강원의 효시로 볼 수 있을까? 이런 점에서 남장사의 경우는 위의 경우와 조금 다른 점이 있다. 공공연히 학인을 모집하고, 그래서 각 처의 비구니들이 모인 가운데 교육이 이루어졌다는 점이 어느 정도 강원 성립의 충족 요건을 갖추었다고 할 수 있다. 또 비구니강사에 의해 비구니교육이 이루어졌다는 점도 특징 중의 하나라고 할 수 있겠다. 따라서 시기적으로는 국일암이나 옥련암이 비구니강원의 효시가 될 수 있을 것이고, 또 다른 측면에서는 근대 강원의 효시를 남장사라고 볼 수도 있을 것이다. 보문사의 경우도 1936년에 개설될 때는 국일암이나 옥련암과 같이 권속을 대상으로 시작하였을 가능성이 많으며, 1947년에 보문강원으로 정식 개설되면서 비구니 정영명 스님, 수옥 스님, 안진호 강백, 이종익 박사 등 훌륭한 강사진을 초빙하여 한때 많은 학인을 배출하는 등 그 규모가 컸던 것으로 보인다. 하지만 탑골선방의 대중이 주

대상이었다는 점과 또 현재 보문종으로 독립된 상태여서 여기에서는 논외로 하였다. 이처럼 시기와 강원의 성립 조건 중 어느 것을 더 중시하느냐에 따라 비구니강원의 효시는 달라질 수 있겠지만, 국일암과 옥련암이 비구니전문강원 성립의 단초가 되었던 것은 분명하다.

2) 해방 이후

해방 이후 전국적으로 비구니교육기관이 우후죽순처럼 생겨나기 시작하였고, 비구니교육은 해방 전과 비교하여 많은 변화와 발전이 있었다. 특히 1956년 동학사에 비구니전문강원이 최초로 성립됨으로써 비구니교육이 정착될 수 있는 여건이 마련되었다고 평가할 수 있을 것이다.

비구니의 강원교육변천사를 살펴볼 때 해방 이전과 비교하여 가장 두드러지는 현상은 전강 제도라 할 수 있다. 전강은 교육의 맥을 계속 이어갈 수 있다는 점에서 매우 중요한 제도이다. 전강 제도는 다시 둘로 나누어 볼 수 있는데, 비구니가 비구강사에게서 전강을 받은 경우와 비구니강사가 비구니에게서 전강을 한 경우이다. 따라서 우선 <표 2>와 <표 3>으로 나누어 정리한 뒤에 해방 이후 강원교육의 실태에 대해 고찰하겠다(<표 2>와 <표 3>의 배열순서는 전강연도를 기준으로 하였다).

<표 2> 비구강사에게 전강을 받은 비구니강사

순서	법명	강원	강원이력(강사/졸업연도)	전강교수사(전강연도)
1	세주묘엄	동학사 금수사/통도사 해인사 동학사 통도사	사서삼경(운허 스님) 사집(운허 스님) 사교(운허 스님) 사교(경봉 스님/ 1956) 대교과(운허 스님/ 1957)	경봉·용국(1956) 운허·용하(1957)

순서	법명	강원	강원이력(강사/졸업연도)	전강교수사(전강연도)
2	인철태경	해인사 동화사 선암사	사집과 (1950) 사교과 (1951) 대교과 (1956)	만우상경(1957)
3	명안지현	정혜사	사집과(보광 스님) 사교, 대교과(대은 스님)	소하대은(1957)
4	법계명성24)	동학사 선암사	사교과(1956) 대교과(1958)	성능복문(1958)
5	혜성	동학사 통도사	사교과(경봉 스님) 대교과(운허 스님)	경봉용국(1967)
6	보월자민	신흥사 탑골승방(보문사) 동학사 개심사	사미과 사집과 사교과 대교과	성능복문(1968)
7	명륜			고봉태수
8	일현	선암사 청암사	사집(명성 스님), 사교(성능, 대은 스님) 대교과(1967)	고봉태수
9	연담묘순	화운사	대교과(1968)	소하대은(1974)
10	경천현주	동학사	대교과(1968)	호경기환(1977)
11	경해일법	동학사	대교과(1971)	호경기환(1977)
12	경월일초	동학사	대교과(1971)	호경기환(1977)
13	의정지형	동학사	대교과(1973)	가산지관
14	의진상덕	동학사	1973년	가산지관
15	경화보관	동학사	1976년	호경기환(1977)
16	혜성	선암사 동학사	사집과(1959) 사교과(1966)	호경기환(1978)
17	수증	동학사		호경기환(1978)
18	금해성정	운문사	대교과(1974)	지안관응(1984)
19	명해진성	운문사	대교과(1974)	지안관응(1984)

---

24) 1983년 화산수옥 스님의 18주 기일에 통도사 조실이신 월하 스님이 故 수옥 스님을 대신하여 운문사 학장 명성 스님에게 수옥 스님이 남긴 『華山遺稿』 중 한 게송을 전법게로서 대신 전하는 건당식이 있었다. 이는 평소 수옥 스님을 존경해 온 명성 스님이 생전에 법제자가 되고 싶다는 뜻을 전한 바 있었으나, 그 후 곧 입적하시어 뜻을 이루지 못했던 것을 비로소 이루게 된 것이다. 이것은 금룡 스님이 광우 스님에게 건당한 것에 이어 비구니가 비구니에게 건당한 두 번째가 되는 셈이다.(『운문회보』 4, 1983 참조)

<표 2>에서 다음과 같은 내용을 알 수 있다.

첫째, 1956년에 묘엄 스님이 경봉 스님으로부터 전강을 받았는데, 이는 비구니가 비구강사에게 처음으로 전강 받은 예이다. 이듬해인 1957년에 묘엄 스님은 운허 스님에게도 전강을 받음으로써 두 번 전강을 받았으며, 같은 해 태경 스님은 만우 스님에게, 지현 스님은 대은 스님에게 전강을 받았다. 그 다음 해인 1958년에 명성 스님이 성능복문 스님에게 전강을 받아 1950년대에 비구니강사가 모두 4명이 탄생하였다.

둘째, 1960년대까지는 대부분의 비구니들이 한 강원에서 이력 과정을 이수하기보다는 편의에 따라 자유롭게 여러 강원을 옮겨 다니며 공부하고 있음을 알 수 있다. 강원을 옮기는 이유 중의 하나는 묘엄 스님의 경우를 참조하면, 운허 스님이 강원을 옮길 때마다 그곳을 찾아가 수학하고 있는 점으로 미루어 강사를 찾아 강원을 옮기는 예도 적지 않았던 것으로 보인다.

셋째, 동학사 강원이 설립된 1960년대부터는 비구니들이 대부분 동학사를 선호하고 있고, 비구니는 비구니강원에서 공부하는 것으로 정착되어 가고 있음을 알 수 있으며, 타 강원으로 옮기는 예도 드물어졌다.

넷째, 비구강사에게 전강을 받은 비구니강사는 모두 19명이며, 이 중에서 현재 존속하는 비구니강원의 학장으로 비구니교육의 책임을 맡고 있는 분은 동학사의 일초 스님, 봉녕사의 묘엄 스님, 삼선승가대학의 묘순 스님, 운문사의 명성 스님, 청암사의 지형 스님이다.

<표 3> 비구니강사에게 전강을 받은 비구니강사

순서	법 명	강 원	강원이력(졸업연도)	전강교수사(전강연도)
1	원해홍륜	운문사	대교과(1974)	법계명성(1985)
2	원운일진	운문사	1978년	법계명성(1985)

순서	법 명	강 원	강원이력(졸업연도)	전강교수사(전강연도)
3	덕원일홍	삼선승가대학	1982년	연담묘순(1989)
4	원인계호	운문사	1974년	법계명성(1990)
5	원천묘정	운문사	1977년	법계명성(1990)
6	서안일연	동학사	1972년	세주묘엄(1992)
7	기원성학	봉녕사	1974년	세주묘엄(1992)
8	활안도혜	운문사	1971년	세주묘엄(1992)
9	정지대우	동학사	1974년	세주묘엄(1992)
10	심전일운	봉녕사	1970~1976년	세주묘엄(1992)
11	원상탁연	운문사 봉녕사	사집과(1973) 대교과(1976)	세주묘엄(1997)
12	원응도안	삼선승가대학	1986년	연담묘순(1997)
13	심인적연	봉녕사	1986년	세주묘엄(1997)
14	원광수경	삼선승가대학	1987~1991년	연담묘순(1997)
15	정과대현	동학사	1982년	서안일연(2002)
16	정인경문	동학사		서안일연(2002)
17	원명진광	운문사	1983년	법계명성(2003)
18	원음세등	운문사	1978년	법계명성(2003)
19	원정운산	운문사		법계명성(2003)
20	원광영덕	운문사	1995년	법계명성(2003)
21	원응은광	운문사	1997년	법계명성(2003)
22	성지수정	동학사	1982년	경월일초(2005)
23	성조명선	동학사	1986년	경월일초(2005)
24	성법보련	동학사	1986년	경월일초(2005)
25	성관경진	동학사	1989년	경월일초(2005)
26	성덕행오	동학사	1990년	경월일초(2005)
27	성인도일	동학사	1992년	경월일초(2005)
28	성혜법송	동학사	1993년	경월일초(2005)
29	원조효탄	동학사	1980년	법계명성(2007)
30	원묘일진	운문사	1987년	법계명성(2007)
31	원허명법	운문사	2000년	법계명성(2007)
32	원등법장	운문사	2001년	법계명성(2007)

<표 3>에서 다음과 같은 내용을 알 수 있다.

첫째, 1970년대부터는 동학사 외에도 비구니강원이 여러 곳 설립되어 점차 비구니교육은 비구니가 담당하는 현상이 뚜렷하게 나타난다.

둘째, 1985년도에 명성 스님이 홍륜 스님과 일진 스님에게 처음으로 전강을 함으로써 비구니강사에게 전강받은 첫 비구니강사가 탄생하였다.

셋째, 명성 스님이 전강을 한 이후부터는 비구니강사가 비구니에게 전강을 하기 시작하였으며, 비구니강사에게 전강을 받은 전강제자는 모두 32명으로 명성 스님은 13명, 묘엄 스님은 7명, 묘순 스님은 3명, 일연 스님은 2명, 일초 스님은 7명의 전강제자를 두었다.[25]

넷째, 교육 기간이 해방 전에는 10여 년이던 것이 해방 후 1970년대 이후부터는 점점 7~5년으로 단축되어 갔음을 알 수 있다.

이상으로 비구니강원이 없던 해방 전부터 해방 이후 비구니교육이 정착되어 가는 과정을 인물사를 통해 살펴보았다. 특히 해방 이후 비구니강원이 꾸준히 발전하여 왔음을 알 수 있는데, 이처럼 비구니교육이 정착될 수 있었던 요인은 비구니에게 전강을 해서 비구니들은 비구니들이 교육할 수 있도록 해 준 비구 강백스님들의 배려와 혜안이 있었기 때문이다. 또 전강식을 통해 비구니전강제자가 배출됨에 따라 교학의 전승이 지속될 수 있었던 것도 비구니강원이 정착할 수 있었던 중요한 요인이 되었다고 하겠다.

다음은 해방 이후 동학사에 비구니전문강원이 성립되기까지의 배경과 의의, 그리고 그동안 개설된 비구니교육도량을 정리해 보고 나아가 현 5대강원의 강맥전승을 알아본다.

---

25) 순서는 전강연도를 기준으로 하였다.

3. 비구니강원 성립과 전강 제도

1) 강원의 성립 배경과 의의

해방 전에도 해인사 국일암, 통도사 옥련암, 보문사, 남장사 관음강원 등에서 비구니강원교육이 이루어졌음을 앞에서 살펴보았다. 이 강원들 중에서 시기적으로 가장 먼저 설립된 곳은 국일암과 옥련암을 들 수 있으며, 이 두 곳은 권속을 교육시키기 위한 강원이었을 가능성이 많다. 하지만 비구니강원이 없었던 시절 비구니를 위한 교육의 필요성을 절감하고 강원교육을 시도했다는 것만으로도 의의가 있는 일이다. 남장사의 경우는 비구니강원을 설립한다는 것을 널리 알리고 학인을 모았으며, 비구니강원이라는 점을 감안하여 비구니강사 화산수옥華山守玉 스님에 의해 강의가 이루어졌다는 점 등이 위의 강원이 성립될 때와는 발전된 모습을 보이고는 있으나, 일제강점으로 인하여 오래가지 못하였다.26) 보문강원은 해방 이전에 이미 강원교육을 실시한 경험을 토대로 해방 이후 1947년에 가장 빨리 보문강원을 개설하여 20여 년 동안 많은 학인을 배출하였음을 앞에서 살펴보았다.

비구니들에게 강원교육의 필요성이 어느 정도 인지되어 갈 무렵인 1956년에 동학사에 비구니전문강원이 성립되었는데, 현존하는 강원 중에 최초가 되는 동학사 강원의 성립은 비구니교육에 박차를 가하는 계기가 되었다. 동학사에 비구니강원이 성립된 배경을 살펴보면, 1864년 만화보

---

26) 남장사 관음강원이 폐원된 것은 일제 말기 정신대 소집으로 인하여 모여 있으면 위험했기 때문에 자연히 해산되고 수옥 스님은 수덕사 견성암으로 가셨다고 한다.(불학연구소 편, 『강원총람』, 547~548쪽 참조)

선 스님이 강원을 개설한 이후, 제10대 운허용하 스님까지는 비구강원으로서 그 맥을 이어오다가 1956년에 비구니 대현大玄 스님이 주지로 취임하면서 경봉鏡峰(1885~1969) 스님을 모시고 우리나라 최초로 비구니전문강원을 개설하기에 이르렀다.

동학사 강원의 성립은 우선 문호 개방의 물결과 해방의 조짐으로 인해 1943년도에 '대한불교부인회'가 창립되고 1946년에 '불교부녀회'가 조직되는 등 사회적으로 여성들의 의식이 깨어나기 시작한 시대적 흐름과 무관하지 않을 것이다. 그러나 무엇보다도 1954년부터 시작된 종단의 정화운동이 가장 큰 영향으로 미쳤을 것으로 짐작된다. 그 당시만 해도 비구니들은 힘도 없고 배움도 별로 없어서 대우를 받지 못하던 시대였다. 선학원에서 회의를 할 때 청담 스님이 "비구들은 다다미방에 앉게 하고, 비구니들은 다다미방에 앉지 말고 장판방에 앉아라"[27]고 지시할 정도로 비구니를 폄하하는 경향이 있었던 때이다. 하지만 비구니들은 종단의 정화운동에 비구 못지않게 적극적으로 참여했고, 종단 정화에 일조하였다. 이러한 사실이 비구들 사이에서 비구니를 종단의 한 일원으로서 새롭게 인식하는 계기가 되었으며, 또 비구니들 사이에서도 스스로 인재와 역량을 키워야 한다는 자각이 일어났을 것은 자명한 일이다. 그래서 정화운동은 오히려 비구니강원 설립을 재촉하는 계기가 되었을 것으로 생각되는 것이다. 1956년 비구의 대처정화가 한참이었을 때 성현[28] 스님이 공부에만 열중할 수 있는 비구니강원의 설립이 시급해졌음을 알고 도반들과 함께 학인 자체 내에서 주지를 내어 강원을 세우는

---

27) 이경순 정리, 「한국불교정화관련인사증언채록」, 3, 『선우도량』 13(1998); 『비구니와 여성불교』 5(한국비구니연구소, 2003), 459쪽.
28) 금천선원 스님으로 당시 경봉 스님의 문하에서 경을 보던 학인이었으며, 동학사 강원에서 대교까지 전 과정을 수료한 첫 졸업생 중의 한 사람이다.

데 일조하였다는29) 것을 보면 더욱 그렇다. 또 비구니전문강원 개설을 선뜻 허락하였던 경봉 스님의 앞날을 내다본 혜안도 비구니강원이 설립될 수 있었던 요인 중에 하나임을 빠뜨려서는 안 될 것이다.

비구니전문강원 설립은 곧 비구니교육의 확대를 의미하고 비구니교육의 확대는 교육의 보편화를 가져와 종단을 질적으로 향상시켰으며, 나아가 비구니들이 종단구성원의 한 축으로서 그 역할을 할 수 있게 하였다. 뿐만 아니라 복잡한 현대사회의 다양한 사람을 포교하는 데 각기의 특성에 따른 역할분담의 폭이 넓어졌다는 점에서 그 의의는 더욱 크다고 하겠다.

2) 강원의 변천과 전강 제도

동학사에 강원이 설립된 후 크고 작은 비구니 교육기관이 전국적으로 여러 곳에 개설되었다.30) 해방 전부터 오늘날까지 개설된 비구니강원을 정리하면 다음과 같다.

<표 4> 근대 이후 비구니전문강원 일람

교육기관	소재지	설립연도	비 고
국일암	해인사	1910년대	
옥련암	통도사	1918	
보문사	서울 성북구 보문동	1936	정영명 스님이 설립/ 수옥 스님 강의
남장사	경북 상주군	1943	수옥 스님이 강의함/ 일제 말기 폐강

---

29) 「설향당 탐방기」, 『동학』 15호; 『비구니와 여성불교』 5집, 150쪽.
30) 불학연구소 편, 『강원총람』, 359~635쪽, 한국비구니연구소 편, 『신문기사로 본 한국 근현대 비구니 자료집』 2 참조.

교육기관	소재지	설립연도	비 고
미타사[31]	서울 옥수동	1945~1950	
정혜사	전주	1954	보광 스님 개설
동학사	충남 공주군	1956	경봉 스님 개설
운문사	경북 청도군	1958	통도사강주 오혜련 스님 개설(1958) 묘엄 스님(1966)/ 명성 스님(1970) 강의
청룡사	서울	1961	명성 스님 강의
대원사	경남 산청군 대원사	1968	
개심사	충남 서산군	1968	안향덕 강백이 개설(1930) 성능 스님 비구니강원 개설(1968) 자민 스님(尼, 1969, 1978~1979) 강의
흥국사	경기도 남양주	1969	호경 스님(1969) 자민 스님(尼, 1982) 1년간 개설
화운사	경기도 용인군	1974	성능 스님 개설(1957) 박호윤 스님(尼)개설(1974) 폐강(1985)
봉녕사	경기도 수원시	1974	묘엄 스님 개설
백양사 천진암		1976	각성 스님 개설
삼선승가대학	의정부 약수암	1978	묘순 스님 통학강원 개설
한국비구니대학	서울 성북동 성라암	1981	비구니우담발화회 개설
비구니승가학원	부산 영화사	1981	정훈 스님 개설
비구니승가학원	성라암	1987	홍륜 스님 개설
청암사	경북 김천시	1987	모운 스님(1622~1703)이 강원 개설 지형 스님(尼)이 비구니강원 개설(1987)

이상에서 살펴본 대로 근대로부터 지금에 이르기까지 대략 20여 곳에서 비구니교육을 위한 교육도량이 설립되었음을 알 수 있다. 해방 이전에는 4곳에서 비구니강원이 개설되었고, 해방 이후 17곳에서 강원이 개설된 것으로 조사되었으나, 이 외에도 더 있었을 가능성도 배제할 수

---

31) 「전국불교전문강원순방기」 2, 『불교사상』 11호(1962); 『비구니와 여성불교』 5집, 527쪽.

없다. 그러나 현재는 대부분 폐원되고, 현존하는 강원은 다섯 군데뿐이다. 폐원된 강원 중에는 짧게는 1~2년을 지탱하지 못한 곳도 있지만, 서산 개심사는 1968년 성능 스님을 모시고 비구니강원을 개설한 뒤 비구니강사 자민 스님에 의해 1979년까지 운영되었고, 화운사는 1974년에 호윤스님을 강사로 모시고 강원을 개설한 뒤 1985년에 폐강되었다. 전주 정혜사는 보광 스님을 모시고 1954년에 개설되었다가 개혁종단 출범 이후 폐원되었다. 정혜사가 동학사보다 2년 먼저 개설되어 오랫동안 강원의 체제를 유지해 왔음에도 불구하고 널리 알려지지 않은 이유는 학인 대다수가 권속에 한정되었기 때문이다. 이 강원들은 이제 비록 이름만 남은 옛 강원들이 되었지만, 비구니 인재양성을 위해 비구니들 스스로 자주적으로 모색하고 시도해 왔다는 점에서 높이 평가해야 할 것이다. 현재까지 도제양성에 진력하고 있는 강원은 모두 5개 강원이다. 현존하는 5대 강원은 동학사·운문사·봉녕사·삼선·청암사이며, 이 중에서 전통 사찰로서 승가교육의 전통을 그대로 유지하고 있는 강원은 동학사·운문사·봉녕사·청암사이며, 삼선강원은 전통강원에 갈 여건이 되지 않는 학인을 위해 설립된 통학강원이다. 5대강원이 비구니전문강원으로 개설된 연도와 졸업생 수를 살펴보면 다음과 같다.

동학사는 1956년 경봉 스님을 모시고 비구니강원을 최초로 개설한 뒤 1963년 제1회 졸업생 1명을 배출한 이후 2007년 제44회까지 860명의 졸업생을 배출하였다. 봉녕사는 1974년 묘엄 스님이 비구니강원을 개설한 뒤 2007년 제33회까지 748명의 졸업생을 배출하였다. 삼선승가대학은 1978년 묘순 스님이 비구니통학강원을 개설한 뒤 2007년 제23회까지 217명의 졸업생을 배출하였고, 운문사는 1958년 오혜련 스님이 비구니강원을 개설한 뒤 명성 스님이 2007년 제43회까지 1,533명의 졸업생을 배출하였다. 청암사는 1987년 지형 스님이 비구니강원을 개설한 뒤 2007년 제21회까지 370명의 졸업생을 배출하였다.

이 5대 강원은 현재 학장스님들의 비구니교육에 대한 사명감과 덕망으로 설립 이후부터 오늘날까지 그 역사를 이어오고 있으며, 전강을 통해 교학의 맥을 계승하고 있다. 전강이란 강맥을 전승하는 일로서 사회에서 교수자격을 인정하는 것과 같이 불교에서 경율론 삼장을 강의할 수 있는 자격을 인정하는 것을 의미한다. 즉, 스승이 제자에 대한 강의 능력, 수행의 모범성, 덕망의 구족 등을 공식적으로 인가하는 것을 말한다. 강사가 되기까지는 일반적으로 학인이 이력 과정을 마치면 대략 6~7년 정도 중강으로서의 강의경력을 쌓은 뒤 비로소 전강의식을 통해 강사로서 인정을 받게 된다.

전강의식도 예와 지금을 비교해 보면 격세지감을 느끼게 하는데 묘엄 스님의 경우는 경봉 스님께서 "아무개가 강사다"[32]라고 하신 이 한마디가 곧 대중에게 전강을 알리는 것이었으며, 명성 스님도 선암사에서 중강을 지낼 때 당시 강주 성능 스님이 어느 날 자신이 앉아 있던 방석을 밀어 주시고 강의 자리에 나오시지 않자 그로부터 강의를 계속해 왔다고 한다.[33] 오늘날 전강의식과 비교하면 제자에게 강의 자리를 내어 주는 스승의 진솔한 모습을 엿볼 수 있는 전강식이다. 이 전강 제도가 다분히 강원 자체 내에서 강주를 비롯한 강사들의 판단에 의해 결정된다는 점에서 앞으로 계속 공신력이 있을지는 알 수 없는 일이지만, 지금까지 전강에 의해 강사가 꾸준히 배출됨으로써 비구니강원의 교육을 정착, 발전시킬 수 있었음은 부인할 수 없는 일일 것이다.

---

32) 「설향당 탐방기」, 『동학』 15; 「묘엄스님을 찾아서」, 『비구니와 여성불교』 5, 13쪽.
33) 『운문회보』 14(1985).

현재 5대 강원의 학장을 맡고 있는 분들의 공통된 점은 모두 비구강사에게 전강을 받았다는 점인데, 비구강사에게 전강을 받은 비구니강사들의 강맥을 살펴보면 이들은 모두 한때 3대강백 또는 7대강사로 명성이 높았던 스님들에게 전강을 받은 스님들이다. 3대강백이란 한영, 진응, 금봉 스님이며, 이 세 스님을 포함하여 진호, 퇴경, 포광, 고경 스님을 합쳐 7대강사로 꼽는다. 봉녕사 학장인 묘엄 스님은 처명－한영－운허로 이어지는 강맥을 이어받았으며, 운문사 명성 스님은 응암－진응－성능의 강맥을 이었다. 삼선승가대학의 묘순 스님은 진하－대은으로 이어지는 강맥을 전해 받았다. 동학사의 일초 스님은 동학사에서 많은 비구니를 가르쳤던 호경 스님의 법을 이었는데, 호경 스님은 이 밖에도 현주, 일법, 보관, 수증, 혜성 등의 비구니에게 전강을 하였다. 청암사의 학장인 지형 스님, 그리고 상덕 스님은 지관 스님에게 전강을 받았다. 이 외에도 태경 스님은 진응에게 전강을 받은 만우 스님에게, 혜성 스님은 경봉 스님에게, 자민스님은 성능 스님에게, 명륜, 일현 스님은 고봉태수 스님에게, 진성, 성정 스님은 관응 스님에게 전강을 받았음을 알 수 있다. 현재 5대 강원에서 강의를 하고 있는 비구니강사들의 강맥전승을 정리하면 [그림 1]과 같다.

또 비구니강원의 정착과 발전에 있어서 비구니강사 스님들의 모임인 '비구니교우회'도 빼놓을 수 없다. 1982년 서울 진관사에서 석남사 원장 인홍仁弘 스님의 제안으로 강원의 여러 가지 문제점들을 의논하기 위한 간이회의가 열렸고, 제2차 비구니 강사회의를 수원 봉녕사에서 가졌다. 이 모임에서 회의의 명칭은 '대한불교조계종 비구니교우회'라고 정하였으며, 앞으로 강원에 관한 제반 사항을 교우회에서 결정해서 체계적이고 통일성 있는 비구니교육을 하자는 데 모두 결의하였다. 그때

[그림 1] 5대강원의 강맥전승 정리도

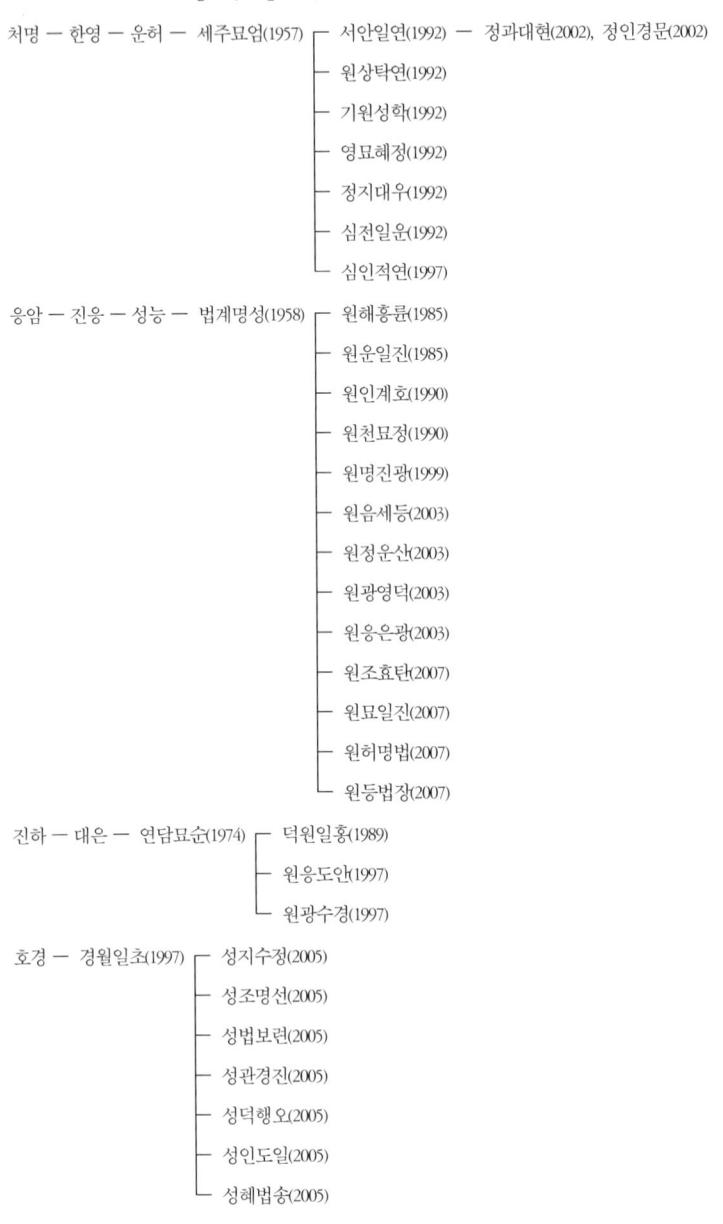

* 괄호 안은 전강받은 연도

결정된 사항은 각 강원의 명칭은 '승가학원'으로 통일시키자는 것, 학인의 이동질서 확립, 입학금 그리고 개학과 방학날짜 통일[34] 등이었다. '비구니 교우회'는 지금까지 매년 1회 모임을 갖고 있으며, 현재까지도 비구니 교육의 통일성과 질서를 유지하는 데 일조하고 있다.

4. 개혁종단 이후 비구니강원의 동향과 과제

1) 개혁종단 전 강원의 동향

현 강원의 교과 과정은 조선 숙종조 이래 확립되어 온 강원의 전통적 교과목이며, 이 과목들은 반드시 차례로 공부해야 하는 과정이므로 강원의 교과 과정을 '이력履歷' 과정이라고 부르기도 한다. 강원의 교과 과정의 특성을 살펴보면, 사미과의 「사미니율의」를 제외하고는 모두 달마선풍을 진작하고 수선납자를 육성하여 본분종사를 외호하는 데 적합하도록 편성된 내용이다.[35] 그 후 시대적 변천에 따라 각 강원에서는 본과수업 외에 독자적으로 불교학개론, 중국불교사, 한국불교사, 선학개론, 일반 외국어 등 기타 교양과목을 보조 학습과목으로 첨가하여 학습하기도 하였다. 운문사의 경우도 1985년부터 교양과목으로 불교학개론, 인도불교사, 중국불교사, 한국불교사, 화엄학개론, 구사론, 유식학을 겸학

---

[34] 『운문회보』 4(1983) 참조. 이동 질서에 관해서는 각 강원에 방부드릴 수 있는 자격이 입산일로부터 2년 이상이라야 한다. 자퇴나 퇴학을 했을 경우 2년 후에 타 강원에 입방할 수 있으며, 제명 후 각 강원으로 공문을 발송한다. 입학금에 관해서는 7만원으로 통일한다. 방학 일시는 춘기 방학은 3월 15일~4월 13일, 하기 방학은 6월 20일~7월 20일, 동기 방학은 12월 10일~1월 20일 등의 내용이다.
[35] 종범, 「승가학원 교육과정에 대한 전반적 고찰」, 『해인』 48(1986), 22~23쪽.

함과 동시에 그 밖에 동양철학(사서삼경), 컴퓨터, 일어, 영어, 중국어, 염불, 꽃꽂이, 요가, 서예, 사군자 등 다양한 교과목으로 개편하여 가르치고 있다.36) 그 외 비구니강원들도 형편과 학인들의 기호에 따라 외국어 등을 비롯하여 본과 외 과목을 가르치기 시작하였다. 그러나 개혁종단 전까지는 보조학습 과목이 큰 비중을 점유하지 못하고 전통이력 과목에 치중해 왔다.

수업연한은 10년을 원칙으로 하되, 때로는 특수한 교육목적을 달성하기 위하여 11년이 되는 경우도 있었으며, 그리하여 10년제와 11년제가 양립되었다. 동학사 제1회 졸업생인 금천선원 성현 스님은 "경봉 스님 문하에서 10년간 이력을 보았다"37)고 하였으며, 운문사강원 제1회 졸업생인 신지원 스님도 "치문에서 화엄까지 꼭 11년이 걸렸다"38)고 한 것을 보면, 조선 후기부터 1970년 전대까지만 해도 강원 교과과정을 이수하는 데 대략 10년에서 11년이 걸렸음을 알 수 있으며, 1970년대부터 점점 7~5년으로 단축되어 왔다. 이처럼 1980년 초까지 강원교육의 교과과정 및 학제는 강원마다 조금씩 달랐으며, 이러한 문제를 해결하고자 1984년 8월에 '전국비구니강원교직자회의'가 열려 교과 과정 및 교육이수 기간에 대한 통일안을 제시하였다.39) 그 후 운문사가 1985년부터 수업연한을 4년으로 결정하였고,40) 삼선승가대학은 1991년 입학생들부터 수학연한을 4년으로 정하여 시행해 왔다.

1994년 개혁종단이 출범하면서 가장 중요한 과제 중의 하나로 선정

---

36) 『운문회보』 13(1985) 참조
37) 「설향당 탐방기」, 『동학』 15; 『비구니와 여성불교』 5, 150쪽.
38) 「동문탐방」, 『운문회보』 2(1982); 『비구니와 여성불교』 5, 313쪽.
39) 불학연구소 편, 『조계종사: 근현대편』(2000), 279쪽.
40) 『운문회보』 13(1985).

된 것이 승가교육의 개혁이었다. 개혁종단은 승가교육의 질적 개선과 역량 강화만이 불교 개혁을 성공적으로 이끌 수 있다는 신념 아래 현대적인 교육제도를 도입하는 등 대대적인 강원교육의 혁신을 꾀하고자 하였다. 그 결과 교육원은 그동안 교육의 제반 사항을 많이 정비하고 있다. 가장 큰 변화라고 한다면 '선교육 후득도'의 체제를 확고히 한 것, '의제 실시'로 사미(니)와 비구(니)의 위계질서가 확립된 점, '강원교육의 의무화', '승가고시에 의한 법계의 품수 정착' 등이라고 하겠다. 그 외에도 승가교육의 목표와 이념, 교육 체계(기초, 기본, 전문, 재교육 과정) 정립, 교과목(필수, 권장, 선택과목 등의 구분) 분리, 수학연한(4년), 입학 자격, 강원의 교육환경 향상을 위한 인가와 지원, 교재 편찬, 교육 평가 등을 들 수 있다. 또 강원과 승가대학이라는 명칭을 혼용하여 사용하게 함으로써 일반인들에게 강원을 알리는 데 일조하였고, 해외로 유학을 갈 경우에도 승가대학이라는 명칭으로 대학 졸업을 인정받을 수 있는 여건을 만들기도 하였다. 뿐만 아니라 학인과 강사의 증가로 강원이 안정되고 그 위상도 높아졌으며, 학인들을 위한 교육환경 개선, 시설 정비 등으로 면학 분위기가 조성되어 가고 있다. 무엇보다도 그동안 강원들이 각각 사찰의 책임하에서 운영되고, 학인들은 본인의 의사에 따라 자유롭게 교육 과정을 선택하던 경향이 개혁종단 이후 의무적이고, 통일된 교육 과정 아래에서 공신력 있는 교육장으로 변모하였다는 점에서 교육원의 역할이 긍정적으로 평가된다. 이처럼 개혁종단 이후 교육 목표에 걸맞은 교육의 조건들을 개선하고 정비해 왔다.

 교과과정은 강원교육의 현대화를 위한 정책으로 종전의 전통 교과목인 내전과 보조학습 과목의 외전으로 나누고, 보조 과목을 다시 필수와 선택으로 구분하여 장려하고 있다.

다음은 강원의 전통적 교과 과정 및 학습 기간(<표 5>)과 개혁종단 출범 이전 비구니강원의 교과 과정(<표 6>) 및 2006년 8월 현재 비구니강원의 내외전 교과 과정(<표 7·8>)을 표로 나타낸 것이다.

<표 5> 강원의 전통적 교과 과정 및 학습 기간[41]

10년 과정			11년 과정		
과정	과목	기간	과정	과목	기간
사미과	조석송주, 초발심자경문, 반야심경	1년	사미과	조석송주, 초발심자경문, 반야심경, 사미율의, 치문경훈, 선림보훈	3년
사집과	선원제전집도서, 대혜서장, 법집별행록절요병입사기, 고봉선요	2년	사집과	선원제전집도서, 대혜서장, 법집별행록절요병입사기, 고봉선요	2년
사교과	수능엄경, 대승기신론, 금강반야경, 원각경	4년	사교과	수능엄경, 대승기신론, 금강반야경, 원각경	2년 6개월
대교과	화엄경, 경덕전등록, 선문염송	3년	대교과	화엄경, 서문염송, 경덕전등록, 십지론, 선가귀감, 묘법연화경	3년 6개월

<표 6> 개혁종단 출범 이전 비구니강원의 교과 과정

	동학사	봉녕사	삼선	운문사	청암사
치문반	치문 사미율의	치문	치문	치문 인도불교사	치문 사미니율의 아함경
사집반	서장 도서 선요 절요	서장/ 도서 밀린다왕문경 대총상/ 유교경 선가귀감 사십이장경	서장 도서 대총상 절요 선요	서장 선요 절요 도서 대총상 중국불교사 구사론	선가귀감 서장/ 대총상 도서/ 선요 수심결
사교반	기신론 능엄경 금강경 원각경	능엄경 기신론 금강경 원각경	기신론 능엄경 금강경 원각경	기신론 능엄경 금강경 원각경 한국불교사 유식강요	우법소승 능엄경/ 기신론 능가경/ 금강경 원각경

---

41) 이능화, 『朝鮮佛敎通史』 下(한국학연구소, 1977), 989쪽의 내용을 표로 요약함.

	동학사	봉녕사	삼선	운문사	청암사
대교반	화엄경	화엄경	화엄경	화엄경 화엄학개론	화엄경
외전	불교학개론 인도불교사 일어 중국불교사 한국불교사	인도불교사/ 일어 영어/ 꽃꽂이 피아노/ 서예 중국불교사/ 포교론 화엄학개론/ 한국불교사	일어 염불	일어 영문법/ 영어회화 피아노/ 꽃꽂이 붓글씨 컴퓨터	한국불교사 동서양철학사 인도불교사 일어 선종사/ 포교론 비교종교학

<표7> 현 비구니강원 교과 과정 내전과목

강원과정	동학사	봉녕사	삼선	운문사	청암사
사미니과	치문 시미니율의	치문	치문 사미니율의	치문 인도불교사	치문 사미니율의
사집과	서장/ 도서 절요/ 선요 선가귀감 대총상	서장/ 대총상 도서/ 선요 유교경 선가귀감	도서 대총상법문 절요/ 서장 선요	서장/ 도서 선가귀감 선요/ 절요 우법소승 대총상 중국불교사 구사론	선가귀감 서장/ 선요 대총상법문 도서/ 절요 우법소승법문설
사교과	능엄경 기신론 금강경 원각경 우법소승	능엄경 기신론 금강경 원각경	능엄경 기신론 금강경 원각경	능엄경 기신론 금강경 원각경 한국불교사 유식강요	능엄경 기신론 금강경 원각경
대교과	화엄현담 및 80화엄경 범망경	화엄현담 및 80 화엄경	화엄현담 및 80화엄경 범망경	화엄현담 및 80화엄경 화엄학개론	화엄현담 및 80화엄경 범망경

<표8> 현 비구니강원 교과 과정 외전과목

강원과정	동학사	봉녕사	삼선	운문사	청암사
사미니과	불교학개론 인도불교사 염불		불교학개론, 인도불교사	인도불교사 불교학개론	인도불교사 불교학개론 아함경
사집과	중국불교사 중관/ 일어		중국불교사, 중관	중국불교사 구사론	중국불교사 수심결
사교과	한국불교사 유식		한국불교사 유식	한국불교사 유식강요	한국불교사 유식학개론

강원과정	동학사	봉녕사	삼선	운문사	청암사
대교과		화엄학개론		화엄학개론	화엄학개론
공통 및 선택	조계종사(특강) 서예·사군자 태극권/ 꽃꽂이 서장어/ 영어	일본어/ 영어 중국어 기공/ 서예 꽃꽂이 컴퓨터 염불	수화 꽃꽂이 염불 자원봉사 및 호스피스의 이론과 실습 四書	영어/ 사서삼경 일어/ 염불 꽃꽂이/ 피아노 서예·사군자 컴퓨터 요가	선종사 논어/ 영어 컴퓨터 꽃꽂이 염불/ 사경 다도

　이상으로 <표 7>의 교과 과정은 승가 전통교육 계승과 현대교육과의 조화를 추구한다는 교육원의 방침에 따른 것이며, 강원마다 조금씩 차이가 있긴 하지만 공통 및 선택을 제외한 외전과목은 교육원에서 보조학습의 필수로 정한 과목들에 준해서 수업을 하고 있어 대부분 비구니강원들은 교육원의 지침에 따른 교과목을 충실하게 이행하고 있음을 알 수 있다. 그러나 4년이라는 수업연한과 매일 정해진 수업시간의 제한이라는 조건하에서 이상의 교과목을 모두 소화해 내기에는 분량이 너무 방대하며, 교과 과정도 조선시대에 정비된 과목을 그대로 이수하고 있고, 한문새김 위주의 학습법을 탈피하지 못하기 때문에 교육내용에 있어서는 치우친 수업이 될 수밖에 없으며 그만큼 강원교육의 질적인 향상을 기대하기 어렵다는 지적을 받기도 한다.
　전통 학습 방법은 사미과와 사집과에서는 많이 독송하고 외우게 하여 한문의 독해력을 길렀고, 사교과와 대교과에서는 미리 정해진 단원을 사기私記 등을 참고로 하여 연구한 다음 모여서 토론하고 논강하며, 이튿날 강사 앞에서 의심난 것을 묻고 해결하는 문강법을 사용했다. 오늘날의 학습 방법은 강사에 따라 일정하지는 않지만 대체적으로 기존의 전통방법을 토대로 하면서도 4년이라는 교육 기간의 한계로 진도에 급급하여 한문새김 위주의 수업을 면치 못하고 있으며, 학인들의 충분한 이해가 점검되지 못한 채 주로 강사의 설명에 의존하는 강의식인 것이 현실이다. 강원의 학습법에 대해서 숲을 보지 못하고 나무만을 보게 하는 가르침이라고 지적하기도 하지만 교과 과정에 변화가 없는 한 그리고 4년이라는 수업연한을 고수하는 한, 효율적인 학습법을 기대하기는 어려운 실정이다. 따라서 오늘날 강원의 동향은 외적으로는 교육환경이 개선되고 승가교육 제도의 정착을 가져왔으나, 내적으로는 현대교육과 조화를 이루어 미래지향적인 교육을 창출해 내는 데는 여전히 해결해야 할 과제로 남아 있다고 생각한다.

2) 강원의 전망과 과제

강원은 전통교육을 계승하고 있는 기본 교육기관으로서 삼장(학문)과 삼학(수행)의 학습이 겸하여 이루어지는 교육의 장점을 지니고 있다. 아울러 출가 승려로서 익혀야 할 기초습의 등 수행자의 자질과 위의를 갖추게 하는 과정인 만큼 그 중요성은 재론의 여지가 없다. 더욱이 개혁종단 이후 전 종도들이 승가교육의 당위성 내지 중요성을 인식하고 있어 강원의 전망은 한마디로 밝다고 하겠다.

그러나 강원을 졸업하는 비구니 중에는 불교에 대한 체계적인 이해를 위해 다시 기본 교육기관인 동국대학이나 중앙승가대학에 진학하기를 희망하는 이가 늘고 있다. 또 내면의 수행과 불교에 대한 사상 정립 그리고 지도력, 실무능력이 아직 미비함을 느끼면서도 강원을 졸업하자마자 포교전선에 뛰어들지 않으면 안 되는 현실에 직면한다. 이에 교육원은 그 문제점과 해결책을 강원교육에서 찾고 있다. 즉 강원교육의 한문경전 위주의 훈고학적인 교육 방법, 선종 편중의 교과목, 교직자 전문성 미흡 등을 지적하고, 그것을 해결하기 위해 외부 강사를 초빙하고 외전과목을 보충하여 전통과 현대교육의 조화를 이루는 데 적극 지원하고 있다.

하지만 이것은 강원교육에서 뿐만 아니라 나아가 종단의 교육 체제라고 하는 보다 근원적인 데서 그 실마리를 찾아야 할 것이다. 현재의 종단교육은 강원교육만이 의무교육으로 되어 있기 때문에(행자교육 포함) 교육 효과에 있어서 강원에 많은 것을 요구하지 않을 수 없는 제도이다. 그러나 강원은 행자교육을 마친 사미(니)를 대상으로 하는 기본 교육장이다. 더욱이 4년이라는 기간 동안 종단의 승가교육을 모두 전담할 수는 없는 일이다. 오히려 기본교육 과정 다음 단계인 전문교육 과정이 의무교육화되는 일이 더 필요하다고 본다. 그래서 승가교육이 기본 교육과 전문 교육으로 서로 교육의 역할 분담이 이루어질 때 교육의 질적인 향상을 기대해 볼 수 있을 것이다.

현재 기본교육 다음 단계인 전문교육 과정의 부재로 인한 교육의 단절이라는 문제가 해결되지 않는 한, 그래서 기본과 전문이라는 교육의 역할 분담과 교육의 심화가 이루어지지 않는 한, 승가교육의 문제점은 늘 제자리에 있게 될 것이다. 만약 기본교육이라는 한계가 어디서부터 어디까지인지 교육의 정체성과 역할 분담이 이루어지지 않은 채 강원이 전통교육의 계승장이면서 또 현대교육과의 조화도 추구해야 하는 교육장이어야 한다면, 이에 따른 해결책이 필요하다. 왜냐하면 4년이라는 학습 기간과 현재의 교과 과정으로 현대와 접목할 수 있는 교육이 이루어질 수 없기 때문이다. 그렇다고 현재 강원의 교과 과정이나 수업연한을 한꺼번에 바꾸는 것은 여러 가지로 혼란을 초래하게 될 것이다. 또 현재의 교과목이 선종 편중의 교과목이라고 하나 조계종단에서 반드시 섭렵해야 할 필수 과목이며 오히려 부족한 과목을 더 보충해야 하는 실정이다. 또 지금은 한글세대라고 하나 한문경전 위주의 교육도 배제할 수 없는 것이 불교계의 현실이다. 그래서 지금 이 시점에서는 강원은 한문과 경전을 두루 섭렵하는 안목을 익히고 대중생활을 통해 신심을 증장하는 기본교육장으로 그대로 놓아 두고, 기본교육 다음 과정인 전문학림에서 현대와 접목할 수 있는 교육을 하게 하는 것이 어떨까 제의해 본다. 강원을 졸업한 학인이 자신이 나아갈 진로의 방향을 결정한 뒤 그에 준하는 학림에 가서 그동안 강원에서 배운 것을 깊이 연구하고 활용하는 과정을 거치는 것이 현 실정에서는 실효를 거둘 수 있는 방법이라고 생각하기 때문이다.

강원교육의 내실과 질적인 향상은 오히려 기본교육 과정으로서 충실한 교육을 할 수 있는 강원의 정체성이 먼저 확립될 때 강원의 전망도 함께 기대해 볼 수 있을 것이다.

5. 맺음말

이상으로 '비구니강원 발달사'를 해방 이전, 해방 이후, 개혁종단 이후로 나누어 살펴보았다. 비구니들이 강원교육을 받기 시작한 것은 개화기인 근대에 접어들면서부터이며, 해방 전까지만 해도 강원교육은 비구 중심의 교육이었고, 비구니는 교육에서 소외되어 있었다. 급변하는 시대의 흐름을 타고 비구들이 전통 강원교육보다 신학문에 관심을 돌릴 즈음 '비구니도 배워야 한다'고 일깨워 준 비구강사 스님들이 있었고, 그리고 배움을 갈망하는 몇몇 소수의 비구니들이 비구강원을 찾아가 청강을 하기 시작한 것이 비구니들에게 배움의 문이 열리게 된 계기가 되었다. 그런 열악한 교육환경 속에서도 월광금룡, 정암혜옥, 화산수옥 스님은 3대 비구니강백으로 인정을 받은 분들이다. 비구니들의 전문강원에 대한 필요성과 염원은 드디어 해인사 국일암과 1918년에 개설된 통도사 옥련암 등에서 처음으로 실현되었으나, 그리 오래 지속되지는 못했다. 그 후 1936년에 보문사에서 비구니전문강원이 개설되었고, 1943년에는 화산수옥 스님이 남장사의 해봉 조실스님의 제의를 받아 비구니전문강원인 관음강원을 설립하였다. 남장사는 널리 학인들을 모집하고 또 각 처의 학인들을 모아 보다 전통강원의 규모를 가지고 출발하였으나 그 역시 일제하에서 오래갈 수가 없었다. 이처럼 해방 이전에 이미 해인사 국일암, 통도사 옥련암, 보문사, 남장사 관음강원 등에서 비구니를 위한 강원교육이 실시되었으며, 이 중에서 최초 비구니강원으로 혜월성문 스님의 예를 들어 국일암이 옥련암보다 조금 일찍 설립되었을 가능성이 크다고 추측됨을 앞에서 밝혔다. 어쨌든 국일암과 옥련암은 비구니강원 성립의 단초가 되었다는 점에서 비구니강원사에서는 역사적인 도량으로 기억되어야 할 곳이다.

　현존하는 강원 중에서는 1956년에 성립된 동학사 비구니전문강원이 최초이다. 비구니전문강원이 설립되었다는 것은 교육의 보편화를 가져와 종단을 질적으로 향상시켰으며, 비구니들이 종단의 한 구성원으로서의 역할을 할 수 있는 기반이 되었다는 점에서 그 의의가 크다. 이후 20여 개의 비구니강원이 생겨났다가 폐원되었으며, 현재까지 존속하고 있는 강원으로는 동학사, 봉녕사, 삼선승가대, 운문사, 청암사 등이다. 이 5대강원이 현재 한국불교의 비구니교육을 전담하고 있다고 해도 과언이 아닐 것이다.

해방 이후 반세기 동안의 짧은 역사에도 불구하고 비구니강원이 정착하게 된 가장 중요한 요인의 하나는 '전강 제도'라고 생각한다. 비구니로서는 1956년에 최초로 묘엄 스님이 경봉 스님으로부터 전강을 받았고, 1957년에 태경 스님, 지현 스님이 각각 만우상경과 소하대은에게 전강을 받았으며, 이어 1958년에 명성 스님이 성능복문에게 전강을 받아 해방 이후 1950년대에 4명의 비구니강사가 탄생함으로써 비구니강원의 역사가 본격적으로 이루어지게 되었다. 그리고 명성 스님이 1985년에 홍륜 스님과 일진 스님에게 전강을 함으로써 비구니에게 전강을 받은 첫 비구니강사가 탄생하였다. 이후부터 비구니는 비구니가 전강을 하는 것이 일반화되어, 지금까지 비구니로서 전강을 받은 전강제자는 모두 46명이며, 25~26명이 현재 교직자로서 교육에 종사하고 있다. 이처럼 전강제도가 교육에 대한 책임과 열정을 심어 주는 계기가 되었고, 비구니강원 교육이 지속적으로 발전하는 데 일조한 것은 자명한 일이다.

1994년 개혁종단이 출범한 뒤 강원은 제도적으로 많이 정비되고 교육환경도 개선되었으며 강원의 위상도 향상되었다. 무엇보다도 '선교육 후득도'라는 제도의 전환을 토대로 승가교육의 제도가 정착되었다는 것은 괄목할 만한 일이다. 그러나 내적으로는 한문 위주의 훈고학적인 학습법이나 선종 중심의 교과목으로는 여전히 현대교육과 조화를 이루지 못한다는 지적을 받고 있다. 또 학인들도 강원을 졸업하고 다시 대학으로 진출하는 사례가 늘고 있어 강원교육의 문제점을 개선하지 않으면 안 될 시점에 놓여 있다. 그러나 이러한 문제점은 전반적으로 강원 자체 내의 문제점이라고 하기보다는 종단의 교육 체제에서 그 실마리를 찾아야 할 것이다. 현재 4년의 기본교육 과정 다음으로 전문교육 과정이 보완되어 기초, 기본, 전문의 교육 과정으로 분화되어 이 세 과정이 의무화될 때 현재 강원교육의 문제점으로 지적되는 내용들이 어느 정도 해소될 수 있다.

이제 비구니들은 종단 구성원의 한 축으로서 그 역할을 해야 할 시점에 와 있다. 그리고 비구니들의 함장된 능력을 개발시켜 불법문중의 동량으로 성숙시켜야 하는 역사적 사명이 강원교육에 있음도 잊어서는 안 될 것이다.

참고문헌

동국대학교 석림동문회, 『한국불교현대사』, 시공사, 1997.
불학연구소 편, 『강원총람』, 대한불교조계종교육원, 1997.
_____, 『선원총람』, 대한불교조계종교육원, 2000.
_____, 『조계종사』, 대한불교조계종교육원, 2000.
_____, 『한국근현대 불교사 연표』, 대한불교조계종교육원, 2000.
이능화, 『朝鮮佛敎通史』, 한국학연구소, 1977.
한국비구니연구소 편, 『비구니와 여성불교』 5, 2003.
_____, 『신문기사로 본 한국 근현대 비구니 자료집』 2, 한국비구니연구소, 2003.
해인사 편, 『海印寺誌』, 1963.
운문편집부, 『운문회보』, 창간호~50호.
해인사 편, 『동학』, 1963.

고희숙, 「한국불교 강원교재의 간행에 관한 연구: 사미과와 사집과를 중심으로」, 청주대학교 석사학위논문, 1993.
남도영, 「승가교육사와 강원」, 불학연구소 편, 『강원총람』, 1997.
무 관, 「강원교육과 교육과정」, 『수다라』 창간호, 1986.
_____, 「강원교육의 현대적 교찰」, 『동학』 16호, 1992.
박세락, 「비구니강원교육제도 연구」, 영남대학교, 1989.
전호련, 「한국비구니승가의 현황과 방향」, 종교교육학연구, 1999.

전명성,「비구니강원교육의 문제점」,『법륜』139호, 1980.
정광호,「近代韓日佛敎關係史硏究」, 경희대학원 박사학위논문, 1989.
종 범,「강원의 교육 체계와 개선 방향」, 불학연구소 편,『강원총람』, 1997.
_____,「강원교육에 끼친 보조사상」,『보조사상』3집, 1989.
_____,「승가학원 교육과정에 대한 전반적 고찰」,『해인』48호, 1986.
종 진,「승가교육의 사적고찰」,『해인』48호, 1986.
효 탄,「한국불교 강맥전등의 고찰」, 불학연구소 편,『강원총람』, 1997.

한국 비구니선원의 '청규' 고찰

혜 원*

1. 들어가는 말

조계종 종법(승려법 제1·2조)에 의하면 "비구 비구니는 사회의 정신적 지도자이며 봉사자이며 성직자로서 고매한 인격과 자질과 능력을 갖추어 평소 언행이 일반 민중의 사표가 되고 불타의 구세원력의 실천자로서 수도와 전법을 통하여 불국토 건설의 사명을 다해야 한다"고 되어 있다. 한국불교의 승가의 수행 체제는 기본 교육 과정을 이수하는 것은 물론이며 그 후, 구족계를 수지하게 된 다음 다시 학림이나 율원 또는 선원으로 가서 정진수행을 계속하도록 되어 있다.

이런 수행 체제를 위해 출가자는 공동체생활을 엄수하는데, 이를 위해 기본 율의가 되는 『사분율四分律』, 『대승범망경계본大乘梵網經戒本』 등을 통해 수행자의 위의를 위한 습의를 하며, 또한 참선의 수행처가 되

---
* 동국대학교 교수.

는 선원에서는 '청규'를 제정하고 이를 근거로 대중은 자신의 '깨달음'을 위한 도정과 안목을 키우고 또한 선원대중의 화합과 융화를 위한 공동체생활의 수행을 익히게 된다. 출가에서부터 입적 때까지 불문에 든 수행자는 '직지인심直指人心 견성성불見性成佛'을 지향하고자 내면으로는 선교쌍수禪敎雙修로서 자성을 명철하며 외면으로는 수행자로서의 수행의 점검과 공동체생활을 위한 청규를 준수하는 것이다.

청규는 불법사상의 실천이며 수행을 위한 '율장'이다. 오늘날 선원청규는 시대별로 개선되고 보완되었는데, 중국 선종의 선원에서 시작된 「백장청규百丈淸規」에 연원을 두고 고려시대 수선사의 「송광청규松廣淸規」의 성립 이래 시대의 풍토와 문화, 사회, 경제성에 따라 변천되어 나타났다.

현대의 선원청규는 수행규범을 뜻하는 청규라기보다 대중생활을 위한 '내규'로밖에 볼 수 없는 실정이다. 조계종의 종지宗旨과 선지禪旨를 이루기 위한 청규로서는 미흡한 것이 대부분이며, 특히 비구니선원의 청규는 '공지사항'의 수준에 그치고 마는 듯한 감마저 든다. 물론 제방의 선원이 모두 그렇다는 것은 아니지만, 이는 시대 상황에 따른 청규의 변용이라고 생각할 수도 있다.

본 논문의 목적은 현대 비구니선원의 청규 모습과 특징을 살펴 청규의 근원적인 의미와 비교하여 청규로서의 문제점을 고찰하여 현재 선원청규의 개선점을 모색해 보는 것이다. 먼저 청규의 의미와 의의를 알기 위해 중국 선종의 「백장청규」의 정신과 그 실천을 이해해 보고, 그로부터 더 나아가 한국 근현대 선원청규의 제정과 실천의 모습을 살펴보기로 하겠다.

2. 선원청규의 의의

청규는 선종교단의 수행이나 생활을 규정하는 규칙으로, 중국 당대 唐代에 백장회해百丈懷海(749~814)가 지은 「백장청규百丈清規」가 처음이다. 불교의 수행승의 생활규칙은 계율이다. 이 계율의 규칙은 '율장律藏'에 설해져 있다. 5세기 초, 중국에 율장이 전해진 이후 불교 출가수행자는 반드시 율의 규칙에 의해 250계를 수지하고 수행해야 했다. 율의 규칙을 지켜 수행생활을 하는 곳이 '율사律寺'이다. 선종은 보리달마菩提達磨에 의해 중국에 전해진 후 도신道信, 홍인弘忍을 거쳐, 신수神秀와 혜능慧能(638~713)의 시대에 널리 홍법되었다. 남종南宗의 혜능은 주지하다시피 하택신회荷澤神會, 남악회양南嶽懷讓, 청원행사青原行思 등 많은 제자를 두었는데, 남악회양의 제자 마조도일馬祖道一(707~786)에서 백장회해로 이어지는 선맥에서 선종 독자의 수행규범인 '청규'가 제정되었다. 달마에서 백장까지 300년 가까이 경과하면서 선종 독자의 교육 방법이나 수행 방법 등이 성립된 것이다.

선종의 출가승은 수계를 받고 율사에 살며 계를 준수하며 수행생활을 하지만, 인도에서 성립한 계율에 대해서는 지킬 수 없는 문제가 발생하였다. 그 때문에 선종 독자의 사원의 건립이나 수행규범의 확립 등이 요망되었고, 백장은 바로 이러한 일을 해결하였다. 그리고 이러한 일을 명문화한 것이 「백장청규」이다. 선종은 청규의 출현으로 교리만이 아니라 교단도 독립한 것이다.[1]

---

[1] 「백장청규」에 대해서는 『宋高僧傳』권10의 「百丈山懷海傳」, 『景德傳燈錄』권6의 「洪州百丈山懷海禪師」의 승전 뒤에 붙여진 「禪門規式」, 『勅修百丈清規』권8에 수록되어 있는 「古清規序」, 慈覺宗賾의 저술인 『禪苑清規』권10의 「百丈規繩頌」에서 볼 수 있다. 이 『禪苑清規』(1103년 성립)는 백장 몰후 300년이 지나 총림의 規矩가 현저하게 어지러운 시기에

달마부터 육조혜능까지는 선자들도 율사에 살고 있었기 때문에 그 율사 안에서 선원을 설치하고 선수행을 하였지만 여러 가지 점에서 선의 교육이 철저하지 않았다. 「선문규식禪門規式」에서 "율사에서 원院을 따로 세운다고 해도 설법이나 규도規度(규칙과 표준)에 맞지 않다"고 하는 데서 알 수 있다.2) 대부분의 율서에서는 '고하를 논하지 않고 모두 승당에 들게' 하지만, 선원은 수행승을 승당에 수용할 때는 상하의 질서가 없었던 것이 아니라 '하차夏次'에 따랐다. 하차란 득도하고 난 이후의 하안거의 수를 말하며, 이를 따져 좌석을 배치한 것이다. 이처럼 선원에서는 '선의 능력'을 존중하지만 불교학의 학력은 소용되지 않는다. 출가 이후 하차의 수가 많아도 수행자를 지도하는 역량과는 무관하다. 이처럼 율사에서는 화상和尙의 힘이 강하고 화상이 직접 제자를 교육시키기 때문에 선을 교육함에 있어서 주지의 설법이나 권위가 충분히 존중되지 못했다. 이 점이 백장의 마음에 걸렸던 것이다.3) 이러한 걸림이 백장의 청규 제정과 확립에 직접적인 원인이 된다.

선원의 수행에 대해서 「선문규식」에 의하면, 백장 아래에서의 총림의 수행은 주지가 대중에게 설법하고 대중이 주지에게 질문하는 상량商量이 중심이었다. 「선문규식」에서는 이를, "조참석취朝參夕聚하고 음식은 적당하게 하여 절검節儉을 보인다. 보청普請의 법을 행하고 상하의 힘을 균등하게 한다"라고 하였다.4) '조참석취'라는 것은 수행승이 조석으

편찬되어 총림의 규구를 백장 시기로 돌리자는 의미에서 지은 청규이다. 그 때문에 「백장청규」의 옛 뜻은 『百丈規繩頌』에서 볼 수 있다. 다시 200년이 지나 『勅修百丈淸規』(1338)의 시대에는 백장의 「백장청규」는 있지 않았다고 한다. 그 때문에 청규의 연구는 종색의 『禪苑淸規』를 중요시한다.
2) 『大正新修大藏經』(이하 『大正藏』으로 표기) 51, 250c~251a.
3) 이 내용은 『禪苑淸規』(『大日本續藏經』 111, 465좌하), 『勅修百丈淸規』 권8(『大正藏』 48, 115c) 등의 청규 관련 다른 문헌에도 나타나 있다. 『大日本續藏經』은 이하 『卍續藏』으로 표기.

로 장로를 방문하여 교시를 받는 것을 말한다. 아침에 수행승은 혼자 장로의 방을 방문하여 의문을 말씀드리고 가르침을 받는다. 이를 '조참'이라 한다. '석취'는 저녁에 수행자들은 법당에 모여 장로의 상당설법을 듣는 것을 말한다. '보청'은 백장이 처음 행한 것으로서 장로에서 소임자, 수행자까지 모두 노동을 행하는 것이다.

인도불교의 비구는 원칙적으로 노동을 하지 않았다. 음식도 걸식, 즉 '주어지는 것'에 의해 생활하였는데, 중국에서는 이 같은 생활이 불가능했다. 깊은 산중에서 수행을 한 초기 선종교단에서는 수행생활을 유지하기 위해 자급자족의 생활을 했다. 즉, 농경에 종사해야 하는 것이다. 음식물을 저장해 두어야 하는 경우도 생길 수밖에 없는데, 이를 허락한다면 '숙식계宿食戒'를 파하는 것이 된다. 이처럼 선종에서는 250계 중 많은 계를 무시하게 되는데, 기후풍토를 비롯하여 생활환경의 커다란 격차는 선종에서 계율을 지킬 수 없는 커다란 원인이 되었다. 특히 보청을 규정하여 상하가 다같이 근로에 힘쓸 것을 규정한 것은 수행자들로 하여금 상하의 균등을 체험하게 하기 위해서이다.

좌선이 어떻게 행해졌는지 그 형태는 밝혀져 있지 않지만 좌선의 근태勤怠 여부는 납자에게 맡겼던 것으로 보인다. 오히려 좌선수행에 대한 규정이 필요 없을 정도로 대중 사이에 좌선은 자연히 생활 그 자체로 여겨진 것이라고 본다. 또한 "장로는 방장에 있고 이는 유마의 방과 같다. 불전佛殿을 세우지 않고 다만 법당만이 있다. 언상言象을 넘어선 법法을 나타내는 것"이라는 말에서 선사禪寺의 구조를 볼 수 있다.[5] 초기 선종대에는 불전이 없고 법당이 중심이 된다. 이는 불조로부터 전해

---

4) 『宋高僧傳』 권10(『大正藏』 50, 770c).
5) 『宋高僧傳』 권10(『大正藏』 50, 771a).

내려 온 진리를 전하는 장소이기 때문이다. 방장의 제도 역시 선종 독자의 것이다. 이처럼 백장 당시의 선종의 선사는 구조적으로 율사律寺와 상위하며 다수의 수행승을 수용하여 수행생활을 운영해야 하므로 질서를 위한 규칙이 제정되기에 이른다. 즉 기상起床이나 식사, 좌선 등에 대한 단체적인 행동이 필요하게 된 것이다. 특히 장로의 설법이 있으면 안립雁立(나란히 줄을 선 기러기같이)하여 청문하고 문답상량問答商量을 한 것은 백장회해의 개혁의 합리적 정신을 볼 수 있다.6)

선원에서 범죄자가 나온 경우 처리하는 방법에 대해서 살펴보면, 범죄인을 경중輕重의 두 종류로 나누어 처리한다. 첫째, 승려가 아닌 자가 승려의 모습을 하고 속여 승당에 잠입하거나 혹은 수행할 마음은 없고 대중을 시끄럽게만 하는 자가 나올 경우, 유나는 빨리 간파하고 검거하여 그의 이름을 용상방에서 지우고 선원에서 추방한다. 이때 가사를 벗기거나 주장자로 때려서는 안 되며 승려의 모습 그대로 추방하는데, 나중에 후회하고 개심할 여지를 주기 위해서이다. 둘째, 훔치거나 다른 이에게 해를 입히는 등의 범죄에 대해서는 주장자로 치고 대중을 모아 그의 의발이나 도구를 불태우고 쪽문으로 추방한다고 한다. 이는 그에게 치욕을 보이기 위해서이다.7) 이처럼 선원에서 범죄가 일어날 경우에 승단의 자치로 재판을 하고 범죄를 처리하는 것에는 네 가지 이익이 있다고 한다. 첫째, 승단을 속히 청정히 하고 공경과 믿음의 마음을 일으킬 수 있다. 둘째, 승려의 모습으로 두는 것은 불제佛制에 따르는 것이며 개심의 여지를 남기는 것이다. 셋째, 관官에 소송하지 않는 것은 관에 미혹함을

---

6) 「百丈規繩頌」,『禪苑淸規』 권10;『卍續藏經』 111, 467)
7) 「禪門規式」,『大正藏』 51, 251a),「古淸規序」,『大正藏』 48, 1158a),「百丈規繩頌」,『卍續藏經』 권111, 466우-하~좌상).

보이지 않기 위해서이다. 넷째, 범죄를 외부에 새 나가지 않게 함으로써 승단의 종교적 권위를 보호하는 것이 될 수 있다.

이처럼 「백장청규」는 선수행을 위해 당시의 율제律制를 개혁하여 새로운 제도를 성립한 것이다. 특히 선원의 구성원으로서 장로 아래에 지사知事비구를 두어 역할을 분담하고 있는데, 현존 최고의 청규인 『선원청규禪苑淸規』에는 "지사知事란 감원監院, 유나維那, 전좌典座, 직세直歲를 말한다"라고 하여 4지사를 두고 또한 5두수頭首로서 '수좌首座, 서기書記, 장주藏主, 지객知客, 욕주浴主'를 두고 있다.8) 「선문규식」에 있는 10무務9)와는 차이가 있지만 선원 운영을 위한 청규가 소임자의 조직에도 포함된 것은 선원의 원활한 운영과 대중의 공동체생활에서의 수행 사이에 생기는 장애를 피하기 위해서였다고 생각한다.

백장이 중국불교 독자의 계율인 청규를 선원에 적합하도록 제정한 것은 선종이 독자의 행지行持 규범을 가지고 교단으로서의 독립을 선언한 것이라 할 수 있다. 특히 '보청'이라는 전 대중의 적극적인 운력은 운수반시運水搬柴, 급식행다給食行茶라는 비생산적인 근로가 아니라 경작하여 수확하는 생산적인 근로였다. 이는 총림의 자급자족을 지향한 것으로서 개인의 행지로서가 아니라 집단적 행지로서 행해졌다는 것에서 그 의의를 찾을 수 있다.

선종의 청규 제정은 사상적인 일대 전환이었다. 초기선종에서의 수행법으로는 좌선이 유일했지만, 마조도일(707~788)의 문하에서부터 다채로운 활동을 하게 되면서 수백 명의 수행승이 자급자족의 공동생활을 해야 했다. 근로의 협력으로서 승단의 생활을 유지해야 하는 시기를 맞

---

8) 『禪苑淸規』(『卍續藏經』 111, 445~447쪽).
9) 한 산의 주지(장로)를 도와 대중을 統理하는 10인을 말함.

은 것이다. 이를 수행의 일환으로 적극 수용하여 좌선과 근로 두 가지를 함께 수행하게 되었다는 것은 중국불교사의 획기적이고 개혁적인 일이며 나아가 선종 성립의 커다란 원동력이 되었다고 보아야 할 것이다. 그래서 『송고승전宋高僧傳』에서는 "천하의 선종은 바람이 풀밭을 눕히는 것처럼 선문의 독립독행의 행장이 자연스럽게 시작된 것이다"[10]라고 하였다.

이제 선종의 이러한 청규의 의미가 선종의 선지를 계승하는 한국 조계종의 선원청규 형성에 어떠한 영향이 있었는지, 그리고 한국의 선원청규는 어떠한 특색을 가지는지에 대해 살펴보겠다.

3. 한국 비구니선원의 청규

1) 현대 한국 선원청규의 성립 배경

한국의 선원청규는 고려시대 수선사修禪社의 교계율의敎誡律儀에서 비롯되었다고 볼 수 있다. 보조지눌普照智訥(1158~1210) 국사가 조계산 수선사 시절에 「계초심학인문誡初心學人文」을 지어 초학행자의 행지를 비롯하여 승당생활의 규범을 정한 것이 바로 청규이다.[11] 「계초심학인문」의 구성은, ① 사미승의 행의行儀와 교계敎誡, ② 일상생활의 의궤儀軌, ③ 승당대중에 대한 경계警誡, ④ 사당승社堂僧(선원생활)에 대한 경계의 내용으로 되어 있다. 특히 일상생활의 의궤로서는 19가지의 교계를

---

10) 『宋高僧傳』(『大正藏』 50, 771a).
11) 이종익, 『韓國佛敎の硏究』(東京: 國書刊行會, 1980), 290쪽.

나열하여 개인의 자율적 심지心持에 대한 것을 중심으로 언급하고 있으며, 대중생활에서의 행지와 의범儀範을 제시하고 수선修禪과 청법과 정진을 규정하고 있다. 이 같은 보조지눌의 교계율의는 기본 교육기관에서의 수행자의 여법한 법도와 대중생활을 위한 강원청규와 수선을 위한 선원에서의 선원청규를 세우는 데 그 바탕이 되었다.

역시 수행인으로서 지녀야 할 일상적인 행동을 간곡히 말하고 있는[12] 조선시대 서산西山(1520~1604) 스님의 『선가귀감禪家龜鑑』은 현대 한국 선원청규 성립의 배경이 되었다. 『선가귀감』의 내용은 선교불이禪敎不二와 정토사상을 바탕으로 하여 수행인으로서 지녀야 할 규범을 내용으로 하고 있다. 이러한 내용 가운데 '참선하는 이들이 일상생활 속에서 항상 점검해야 하는 도리'를 밝혀 수행인의 행리行履를 중요시한다. '공부하는 곳을 떠나지 않고 수도인다운 절개를 지키고 있는지, 곁에 있는 사람들과 쓸데없는 잡담이나 하며 지내지 않는지, 분주히 시비를 일삼고 있지나 않는지, 화두가 어느 때나 똑똑히 들리고 있는지' 등을 점검하는 것이다.[13] 서산은 "옛 어른이 말씀하기를 '다만 자네의 눈 바른 것만 귀하게 여길 따름이지, 자네의 행실은 보려고 하지 않네'라고 하였다"고 하여[14] 깨침의 공부는 올바른 행실과 함께 하는 것임을 역설함으로써 청규의 중요성을 시사하고 있다.

이러한 사상으로 형성된 기본 교육기관으로서의 강원청규는 나중에 선원청규에 그 근저가 된다. 그런데 현대 각 선원의 청규의 성립과 그 배경을 뚜렷하게 제시할 만한 고청규古淸規의 사료는 발견되지 않아 한국

---

12) 법정 역, 『선가귀감』(앙우당, 1994), 11쪽.
13) 법정 역, 『선가귀감』, 11쪽.
14) 법정 역, 『선가귀감』, 11쪽.

선원청규의 역사적 변화 구조를 자세히 살필 수 없음이 현재의 실정이다. 본 논문에서는 일제강점기에 나타난 사료를 근거로 고찰해 보는 것을 그 범위로 정한다.

근대 선원 운영이 나타난 사료 중 범어사 계명암鷄鳴庵에 선원이 창설(1902년 4월)되면서 작성·실현된 경허鏡虛(1849~1912) 선사의 수선사修禪社 청규문淸規文을 살펴보자.15) 경허 선사는 청규를 두는 이유를 "모든 지도하는 이들이 중생을 포섭하고 중생을 교화하기 위하여"라고 하면서, 청규를 "대중과 함께 의논하여 결정한 바"이므로 "임의대로 바꾸지 못하는 떳떳한 법"이라고 하였다. 청규의 내용을 간추려 보면 다음과 같다. ① 종사宗師와 선화禪和를 엄격히 선출함, ② 소임자를 잘 가려 선출함, ③ 결제 후 방부나 중퇴를 금함, ④ 청규를 손상, 대중을 문란하는 자 입방하지 못함, ⑤ 대중을 문란하게 한 자는 벌칙을 받음, ⑥ 운력을 상하가 균등하게 함, ⑦ 계행을 지킴, ⑧ 소임 17가지 제시 등. 여기서는 대중의 화합에 장애되는 것을 엄격히 금했으며 선방 소임에 대한 중요성과 운력 등 수행자의 위의를 강조하고 있다.

다음으로 범어사 내원암 청규(1910년 음력 2월)의 내용을 살펴보면 다음과 같다.16) ① 조실 등 소임자를 정할 때 대중의 공천을 통해서 정함, ② 조실과 열중 원주의 협의에 의해 방부를 들임, ③ 좌선과 학문 시간을 정함, ④ 대중의 화합에 장애되는 자는 세 번 경책을 하고 듣지 않으면 퇴방함, ⑤ 보청 절대 참가, ⑥ 소임 명시.

두 청규 내용의 공통점은 소임을 구성하고 그 직무를 편성하여 효율적인 선원 운영을 통한 조화로운 공동체생활을 기했다는 점이다.

---

15) 조계종교육원불학연구소, 『禪院總覽』(불교시대사, 2000), 1137~1139쪽.
16) 조계종교육원불학연구소, 『禪院總覽』, 432쪽.

일제강점기에 들면서 조선불교선교양종 30본산주지회의소 제3회 총회가 열려, 사찰의 염불당을 '선당禪堂' 명의로 변경하고 본사 주지들은 전국 선학당의 '규칙'을 세운다. 당시 선원은 72개소에 달했다고 한다. 총회에서는 방부를 들이는 자격, 안거 중 소란을 일으킨 자는 주지가 직접 징계하고 선림의 유지비용은 당사 사무소의 예산 범위 내에서 하도록 하는 것 등이 결정되었다.17) 선원 운영을 위한 소임자 선출의 방법 또는 보청에 대해서는 언급되어 있지 않다. 1921년 건봉사 선원청규에서는 소임자의 자격과 소임자의 대중화목을 위한 역할, 초하루·보름의 상당설법을 규정했지만 수시로 가르침을 받도록 하였는데, 보청에 대한 중요성과 종주의 대중화합을 위한 역할 등을 명시하였다.

일제강점기하 내장사에서 수행한 백학명 스님은 내장선원의 청규를 제정하고 당시 보수적인 불교의 개혁을 의도했다. 자급자족의 공동체생활과 원리론적인 교학을 이수하는 선교쌍수의 수행처가 될 수 있도록 정한 것이다. 그 내용은 "선원의 목표가 '반선반농半禪半農'이니 오전에는 학문하고 오후에는 노동하며 야간에는 좌선한다. 동안거는 좌선을, 하안거는 학문과 노동을 위주로 하고 안거증은 3년 후 수여한다. 또한 범패를 학습한다"로 되어 있다. 당시 이를 '이상적인 신선원新禪院'이라 했는데,18) 선원의 수행을 반선반농으로 정할 만큼 보청을 중시하여 선원의 독립적인 운영을 강조한 것은 「백장청규」의 반영이라 하겠다.

1928년 총독부에서 조사한 전국 선방의 청규절목을 보면19) 당시 각

---

17) 해동불보사, 『海東佛報』 4(1914), 87~90쪽. 이 내용에 대해서는 김광식, 「근대한국선원 청규의 개요와 성격」, 『승가교육』 5(대한불교조계종교육원, 2004)을 참고하였다.
18) 강유문, 「내장선원일담」, 『불교』 46·47합호(1928), 83쪽.
19) 삼보학회, 『한국불교최근백년사』(민족사, 1996), 17~26쪽.(『한국근현대불교자료전집』 권65의 근대불교기타자료(3)에 朝鮮總督府學務局宗敎課, 『朝鮮僧侶修禪提要』, 京城: 大和商會印刷所, 1928가 게재되어 있으며, 삼보학회에서 이를 번역하여 실었다)

선원의 청규는 주로 선원 운영과 생활에 대한 교계이며 의궤였다. 그 내용은 ① 안거일의 명시, ② 결제 중 입방의 불허, ③ 오후 잡식 불허, ④ 잡담 불허, ⑤ 자리 이탈 불허, ⑥ 병중이면 완치되는 대로 다시 입방할 것, ⑦ 백의白衣(재가자)와 함께하는 참선 불허, ⑧ 세탁일 엄수, ⑨ 자리바꿈 불허, ⑩ 선방에 있는 이의 사중공사 참여 불허 등에 대해서이다. 이 같은 각 선방의 청규 가운데, 통도사 선방에서는 활구活句의 참선을 제시하고, 통도사 내원암 선방은 상당설법할 때 질문을 불허하고 단 의심이 있을 때 하당下堂 이후 방장실에서 질문하도록 하였다. 또한 범어사 선방은 입선入禪 자격의 나이를 명시하고 초참初參납자는 1개월 내지 3개월 동안 시방당十方堂의 일에 종사한 후 발심의 정도가 확고한 후 입방되도록 규정하였다.

 1922년, 한암漢巖(1876~1951) 스님은 '선원규례禪院規例'를 제정하고 사중寺衆의 본분사와 소임자의 임무를 규정하여 사중이 서로 화합하여 수행정진에 전념하게 하였다. 1926년에는 다시 '승가오칙僧伽五則'을 선포하였다. 5칙은 선禪, 염불, 간경, 의식, 수호가람 등이다. 특히 간경은 안거 중 『금강경』을 독송하고, 방선의 여가에 소의경전 전반을 특강하도록 하였다. 그리고 선원의 소임의 역할을 자세히 나열하고 있는데 소임은 8가지이다. 선원의 규례는, "① 대중화합을 파괴하는 자는 그 잘못을 고치지 않으면 퇴출한다. ② 상당설법은 초하루 보름마다이며 수시로 가르침을 청한다. ③ 대중생활에 부적절한 성격의 소유자는 퇴방한다. ④ 보청에 적극 동참한다" 등의 내용이다. 이러한 규례가 "옛 총림의 청규에 따라서" 정해졌다는 말에서[20] 고청규를 염두에 두고 편성

---

20) 한암대종사문집편찬위원회 편, 『漢巖一鉢錄』(한암문도회, 1995), 32~33쪽.

하였음을 짐작할 수 있다. 특히 대중의 모범이 되는 수좌나 열중悅衆을 두도록 한 것은 선지식 제접의 중요성을 뜻한다고 본다. 청규 제정은 조화로운 대중생활과 수행정진을 위해 두는 것임을 밝히고 이를 제정하는 것도 대중과 논의되어야 함을 강조하였다.

해방 직후 사회혼란이 극심한 상황에서 근대 선원이 처음 개원되고, 봉암사에서 '결사結社'가 이루어지면서 성철性徹(1912~1993) 스님이 '공주규약共住規約'(1947)을 정한다.21) 그 내용은 다음과 같다. "① 보청을 중히 여긴다. ② 보살대계를 초하루 보름마다 외운다. ③ 매일 아침에 능엄대주를 독송한다. ④ 저녁에는 대참회를 한다. ⑤ 좌차座次는 법납에 따른다. ⑥ 방사 내에서 잡담을 금한다" 등이다. 이것은 결사의 성격과 같은 내규로서 소임의 직분이 명시되지 않고 다만 운력과 근엄한 노동을 통한 화합의 승가정신과 자발적인 수행생활의 실천이 나타나 있다.

이상에서 근대 선원청규의 내용을 대략적으로 살펴보았다. 선원청규는 수행납자가 조계종의 정신에 위배되지 않고 승가의 화합정신을 배양하면서 지도자로서 중생을 교화하기 위한 진정한 수행을 배우는 데 그 목적이 있었다. 이는 현대 선원청규의 제정에 근저가 됨을 살필 수 있다.22)

2) 비구니선원의 청규

오늘날 한국 비구니선원의 시작은 1928년의 수덕사 견성암이다. 현재(2005) 조계종의 비구선원은 총림(4개)을 합하여 63개소(수선납자 1307

---

21) 조계종교육원불학연구소, 『禪院總覽』, 465~466쪽.
22) 혜원, 「현대 한국선원 청규의 모습과 나아갈 방향」, 『승가교육』 5(대한불교조계종, 2004).

명)이며 비구니선원은 34개소(수선납자 939명)이다.[23] 이러한 한국선풍의 계기는 약 백 년 전 경허 스님이 해인사 조사전祖師殿에서 개당하여 방장을 역임하면서부터이다. 이후 1946년 해인사에 가야총림이 개설되지만 1950년 6·25전쟁이 일어나 와해되고, 1967년 가야총림이 다시 개설된다. 선원은 결제 기간 중의 정진, 법문, 포살, 참구, 경책, 운력, 산행, 삭발 목욕, 자자自恣 등을 제정 운영하였다.

선원 운영의 청규는 각 선원이 조금씩 다르고 또 비구와 비구니의 각 선원이 다르다. 특히 비구니선원이 본사(비구)와 가까이 있는 곳에서는 결제와 해제 때의 법문과 보름마다의 포살회 때 대개 비구처소로 가서 참석하기도 한다.

그런데 '비구니선원'은 개설된 당시부터 청규로써 운영된 것은 아니었다. 수덕사 말사인 견성암에서는 수선대중 4~50명이 모여 정진하였는데, 대중이 모이면서 자연스럽게 선원으로서의 운영과 정진의 형태를 갖춘 것으로 보인다. '선원'이 개설되면서 대중이 모이는 것이 아니라 정진을 함께할 대중이 모이면서 선원이 이루어지는 것이다. 굳이 청규를 정하지 않아도 정진대중은 견성의 의지로써, 또한 이미 습의된 자세로써 대중과 잘 화합하였다.[24] 이것은 수선납자들의 의지로써 묵시적으로 정진의 시간 규정과 대중을 외호하는 소임이 자연스럽게 구성되어 비구니선원이 운영되었음을 나타낸다. 그 이유는 다음 몇 가지로 정

---

23) 조계종교육원불학연구소의 『禪院總覽』에 근거하면, 일제강점기 때의 선원은 70여 개소였지만, 1936년 선원의 수는 40개소(방함록근거, 하안거 446명), 1942년 68개소(하안거 505명)였다. 1950년대 전쟁의 소용돌이에서 각 선원은 주춤하다가 1969년대 선원은 39개소(하안거 600명), 1983년 선원은 35개소(비구 290명, 비구니 449명), 1994년대 선원은 56개소 (비구505명, 비구니 589명), 2003년 비구선원은 58개소 비구니선원 35개소(비구 913명, 비구니 779명) 등으로 밝혀졌다.
24) 2005년 9월에 석남사 현묵 스님과 법희 스님, 해인사 약수암 묘관 스님의 인터뷰 내용.

리해 볼 수 있다.

첫째, 비구니선원이 본사(비구처소)와 멀리 떨어져 있지 않을 경우 선지식(조실)이 비구니선원에 직접 와서 지도하고 공부를 점검하기 때문에 자연히 선원의 운영과 정진의 형태가 형성되었다고 본다.25) 둘째, 가행정진, 용맹정진, 3년결사정진 등 비구니 수선납자들의 열정적인 정진의 의지가 선원의 생활규칙을 만들었다고 본다. 셋째, 선지식으로부터 인가를 받거나 안목을 갖춘 비구니선지식의 수선대중에 대한 지도로 인하여 선원 운영과 대중의 수선정신을 향상하게 만든 것에서 비롯되었을 것이라고 본다. 이런 이유들로 인해 '청규'의 유무에 관계없이 비구니선원이 운영될 수 있었던 것이다.

『선원총람禪院總覽』을 근거로 해서 각 비구니선원의 형태를 살펴보면 '청규'가 제정되어 이를 근거로 운영이 이루어진 곳은 불과 5, 6군데에 불과하다.26) 그중 백흥암 선원은 노동과 수행을 겸행하여 결제와 해제 때 큰스님(田岡)의 법문테이프를 듣고 공부를 점검하고,27) 해인사 비구니선원은 하·동안거 때 용맹정진하며, 결제와 해제 때 방장으로부터 상당법문을 듣고 스스로 공부를 점검하며 매달 그믐 본사에서『범망경』을 포살하고, 보름마다 비구니선원에서 비구니포살을 한다. 해인사 보현암 선원은 아침 예불 때 능엄주대참회를 하며, 석남사는 선랍 5년 이

---

25) 1928년 수덕사 견성암선원의 만공 스님 지도를 비롯하여 한암, 향곡, 성철, 경봉, 서암 스님 등은 대표적으로 비구니선원에 가서 직접 지도하거나 비구니납자가 찾아가서 지도를 받기도 하였다.(조계종교육원불학연구소,『禪院總覽』의 비구니선원 편 참조)
26) 대체로 비구니선원은 본사의 선원청규에 따른다고 하였다. 2004년 조계종교육원에서 제시한 비구니선원의 청규는 석남사 정수선원, 지리산 대원사, 범어사 대성암, 통도사 내원암, 세등선원 뿐이었다. 다른 몇 군데의 비구니선원은 선문회(비구니 선납자들의 모임)에서 정한 청규를 따른다고 했다.
27) 교구본사와 먼 비구니선원은 대개 이 같은 방법으로 공부를 점검하며, 포살과 自恣도 생략되고 있음을 볼 수 있다.

상의 납자들이 한 해 동안 결사할 수 있는 선당이 별도로 마련되어 있기도 하다. 세등선원은 매일 아침 큰스님의 테이프를 듣고 공부를 점검하며, 위봉사 선원은 전대중이 열흘에 반나절씩 운력에 참여하여 보청신행과 자급자족을 한다.

특히 비구선지식은 수선납자인 비구니에게 개인적 청규를 일러주어 참선에 임하는 자세를 견고히 하게 하였다. 수덕사 만공 스님은 견성암에서 수선하는 비구니 일엽(1896~1971) 스님에게, 첫째 세세생생 참선밖에 할 것이 없음을 알 것, 둘째 정법의 스승을 여의지 않을 것, 셋째 살아서 육체가 남이 되게 할 것, 넷째 남이 곧 나인 줄 알 것, 다섯째 제일 무서운 것이 허공인 줄 알 것 등을 수지하게 했다.28) 육신에 대한 애착을 멀리하고 여법한 행실로 참선에 몰두하라는 유훈을 남긴 것이다. 비구니 인홍(1908~1997) 스님 역시 비구선지식인 성철 스님으로부터 12가지 청규를 수지하여 수행의 기본으로 삼았다. "첫째, 여인들의 치장한 모습을 보지 않는다. 둘째, 불필요한 세상 이야기를 듣지 않는다. 셋째, 금·은·돈 등을 스스로 취하지 않는다. 넷째, 화려한 옷감을 몸에 대지 않는다. 다섯째, 본인 스스로 신도들의 청정한 시주를 받지 않는다. 여섯째, 비구 사찰에 가지 않는다. 일곱째, 오신채를 먹지 않는다. 여덟째, 중생에 대한 말을 삼간다. 아홉째, 마음에 시비를 두지 않는다. 열째, 자신의 뜻이 역순의 경계에 동요하지 않는다. 열한째, 예로써 남녀의 차별을 하지 않는다. 열두째, 타인의 허물을 희롱하지 않는다" 등이다. 육근六根에 대한 집착을 여의고 순일한 마음으로 참선할 것을 강요로 삼은 청규이다.29)

---

28) 하춘생, 『깨달음의 꽃』(여래, 2001), 78쪽.
29) 하춘생, 『깨달음의 꽃』, 49~50쪽.

비구선지식만이 아니라 비구니선지식 또한 수선납자에게 수행을 위한 청규를 일러주기도 했다. 비구니인 쾌유(1907~1974) 스님은 납자에 대한 유훈으로서, "첫째 특별기도 애쓰지 말고 조석예불을 잘할 것, 둘째 자기 몸을 소중히 가꾸며 중노릇 잘할 것, 셋째 성불은 만행과 수선 안거에서 찾을 수 있으니 결코 소홀히 하지 말 것" 등을 강조했다.30) 이러한 경책은 비단 쾌유 스님만이 아니라 많은 비구니선지식의 후학 지도에서도 찾아볼 수 있는데, 비구니선지식의 수행정진의 모습이 그대로 살아 있는 청규로 나타남을 알 수 있다.31) '청규'의 정신이 "수도하는 대중이 서로의 불도 완성을 위하여"라고 할 때, 안목을 갖춘 비구니선지식이 운수행각하며 선원에서 직접 지도, 제접함도 이에서 비롯되었다고 보아야 할 것이다.32)

비구선지식은 삼매일여三昧一如의 공부하는 비구니납자를 제접하고 인가하여 비구니납자에게 비구와 같이 '선사禪師', '화상和尙'이라는 호칭도 붙였으며 '당호'와 '법호'를 내리기도 하였다.33) 그렇지만 대부분의 비구니 수선납자들은 비구니선사를 따르고 공부에 열중하였는데, 이러한 형태의 선원에서 이루어지는 대중의 정진이 그대로 '청규'가 되었다. 청규의 유무와 관계없이 비구니선원이 더욱 원활하고 절묘하게 운

---

30) 하춘생, 『깨달음의 꽃』, 137쪽.
31) 하춘생, 『깨달음의 꽃』 1·2에는 19, 20세기에 살다간 훌륭한 비구니선지식의 행장과 구도의 역정, 후학들에게 참선지도를 한 다양한 모습이 생생하게 수록되어 있어 논자는 이를 참고로 하였음을 밝혀 둔다.
32) 견성암의 법희·일엽 스님, 내원사 본공 스님은 1963년부터 10년간, 대성암 만성·선경 스님, 천성산 내원사 응민 스님 등은 그 대표적인 인물이다.(하춘생, 『깨달음의 꽃』 참조)
33) 法喜 스님은 탑비에 '비구니 법희 선사'라고 각인되어 있으며, 本空 스님(1907~1965) 역시 '선사'라는 호칭을 받았다(하춘생, 『깨달음의 꽃』 1, 89쪽). 大英 스님(1903~1985)은 만공 스님으로부터 '無爲'라는 법호를 받고, 禪敬 스님(1904~1996)은 한암 스님으로부터 '湛然'이라는 당호를 받고, 金龍 스님(1892~1965)은 구하 스님으로부터 '月光'이라는 당호를 받았다(하춘생, 『깨달음의 꽃』 1, 143·185쪽).

영되었던 것은, 비구니선지식의 선배가 후학의 공부에 커다란 도움과 배려를 주었고 대중생활에서 수행력을 보였기 때문이라고 생각된다.

비구니납자들이 불철주야 간화선법으로 자아철견에 몰두하고 한순간도 수행을 게을리하지 않았음은 정진의 형태와 마지막 임종에서 드러난다. 정진 형태를 보면, 수선납자의 비구니는 소지燒指공양으로 참선정진에 매진했음을 살필 수 있다. 육체로 인해 생기는 번뇌를 끊을 수 있고 수행에서만 전념할 수 있다는 생각에서 오른쪽 집지執指와 중지中指를 불사르고 정진하였던 것이다.34) 월혜(1895~1956) 스님은 열반에 이르러, "관도 사지 말고 돗자리에 말아서 그대로 화장하라"고 하여 평소의 삼의일발三衣一鉢의 수행을 보였다. 법희, 대영 스님은 죽음을 예견하고 그 시간을 자유자재로 하였으며, 진오 스님은 수행정진하는 그대로의 모습으로 좌탈입망하여 열반에 든 모습을 보였다.35)

특히 선경(1904~1996) 스님은 전국 각지의 선방에서 정진하면서 비구선사를 친견하여 깨침의 도에 이르렀는데, 그때마다 '전광석화 같은 선문답'으로 선원대중을 기쁘게 했으며 비구니납자를 제접하여 그들의 수행을 점검하고 안거를 위한 결제법어를 하기도 하였다.36) 일반적으로 해제, 결제법어는 비구선지식(방장, 조실)이 하는 것으로, 비구니가 법어를 한다는 것은 이례적인 일이었다. 당시 비구니선원 대중의 수행정진이 얼마나 깊었던 것인가를 살필 수 있다. 깨침 이후 비구니선지식이 각

---

34) 소지공양(27세)을 한 비구니 성타 스님(1932~)은 현재 동화사말사 부인사에서 선원을 개설할 준비를 하고, 당시 도반인 현묵(1931~) 스님은 현재 석남사에서 유나로서 후학을 지도하며 선방에 계신다. 혜근 스님(1934~)은 선원에서 정진 중이며, 다른 한 분은 대각 스님(1909~)이다.
35) 법희 스님(하춘생,『깨달음의 꽃』1, 37쪽), 창법 스님(1918~1984)(하춘생,『깨달음의 꽃』2, 218쪽).
36) 하춘생,『깨달음의 꽃』1, 122~138쪽.

선원의 선원장으로서 납자를 제접하고 지도하는 역할을 한 것이다.

50년대에서 70년대 비구니선원 운영은 이처럼 운력(보청)으로 해결이 되었으며, 선농일치, 주경야선晝耕夜禪이 형성되어 일상의 일이 곧 선임을 체험하면서 비구니선지식의 지도와 공부 점검으로 발심이 투철하였고 수선이 견고하였다.37) 그러나 현대 선원에서는 청규의 형태는 변용되기도 하며 또한 정체성마저 흔들리게 된다. 2006년, 동안거 해제 이후 5안거에서 15안거를 성만한 납자에게 선원의 청규에 대해 인터뷰를 해 본 결과 다음과 같은 사실을 알 수 있었다.38) 첫째, 자체적으로 경제력이 있는 선방은 별 문제가 되지 않지만 대체로 선방 운영이 어렵다. 둘째, 신구참의 차별성(座次문제)이 원활하게 이루어지길 바란다. 셋째, 선방의 청규 공지는 그 내용을 다각실 혹은 지대방에 비치하여 보게 하거나 입승 혹은 주지가 전달하는 형태이다(크게 중요시 하지 않고 있음). 넷째, 포살과 자자는 거의 하지 않고 있으며 법거량 역시 행함이 없었다. 다섯째, 결제·해제 때의 상당법문으로 공부를 점검하는 데 있어서 법문이 대체로 어려워 점검도 어렵고 공부에 도움이 되지 않는다. 여섯째, 선방의 운영을 위한 지원이 크게 필요하며 안거 수(夏次)대로 해제비나 철보시 등을 종단적 차원에서 해야 한다. 위 내용을 보면, 선원청규에 가장 중요한 부분 즉 상당법문, 상량, 선원 운영의 방법, 대중의 소임, 대

---

37) 眞悟 스님(1904~1994)의 경우는 선교겸수를 하면서 잃어버린 사찰 전답을 되찾기 위해 호미를 들고 대중운력에 뛰어 들었으며, 91세 입적 시 좌탈입망하였다. 응민 스님(1923~1984)은 비구니납자를 제접할 정도로 선지식이었으며, 낮에는 운력하고 밤에는 참선에 임하였다.(하춘생, 『깨달음의 꽃』 참조)
38) 오랫동안 선방에 다닌 납자(5명)와 각 선방을 운영하는 주지(8명), 도감(7명)을 상대로 인터뷰하였다. 본인의 부탁으로 무기명한다. 인터뷰한 내용이 비구니선원의 전체의 뜻이라고 규정하지는 않지만 논자가 생각해 볼 때 현실적이고 실제적인 상황임을 판단하고 논문에 참고하였다.

중화합을 위한 방법 등에 대한 문제점들과 실질적 요구들을 알 수 있다.

현 조계종단이 크게 관심을 두는 청정승가의 '수행풍토'는 수행 체계와 체제에서 이루어지는 것인 만큼, 이를 실제로 수행하는 선불장인 선원의 운영 형태에서 그 실효를 거둘 수 있을 것이다. 비구선원 청규의 형태를 준수하는 선원도 있지만 선원의 전통과 문화를 살펴 비구니선원으로서의 특색 있는 청규의 모습이 나와야 한다. 특히 문제로 제기된 공부 점검을 위한 설법의 내용, 선원 운영을 위한 지원, 만행수행을 위한 해제비 보조 등은 종단적 차원에서 재점검되어야 한다. 또한 청규의 전통이라고 볼 수 있는 포살, 자자, 법거량 등은 선원마다의 안목으로 제정되고 실시되어야 한다.

3) 현대 한국 비구니선원의 청규에 대한 문제점

선원청규의 발아는 멀리 백장의 청규로 거슬러 올라가지만 이를 구체적으로 계승 전개시킨 것은 자각종색慈覺宗賾의 『선원청규禪苑淸規』(1103)이다. 앞에서도 언급되었지만 종색의 청규는 백장의 고청규의 사상을 부흥 변용한 것으로서 "정진하는 대해중大海衆이 서로의 불도 완성을 위하여 지켜야 할 규구준승規矩準繩"인 것이다.[39]

『선원청규』는 제1에서 제10까지 내용별로 일목요연하게 정리해 두었는데, 제1은 수행승의 기본적인 행지, 제2는 월중·연중의 모든 행사, 제3과 제4는 직책, 제5는 의식, 제6은 지사知事, 제7은 두수頭首, 제8은 구경문龜鏡文에 관한 사항이고, 제9는 사미에 대한 경계와 수계, 제10은 백

---

39) 최법혜 역주, 『고려판 선원청규 역주』, 20쪽.

장의 「선문규식」에 관한 내용이다. 이들 조항은 크게 수행자의 여법한 행의行儀와 불도증입佛道證入을 위한 인연의 교시, 대중생활을 위한 소임자의 의무와 봉사에 대한 내용으로 되어 있다.

이러한 선원청규는 근대 선원의 청규 성립의 배경이 되어 일제강점기의 선원청규로 이어지고, 이는 다시 해방 이후 1962년 통합종단으로서의 조계종 승단인 '총림'이 형성될 때 선원의 운영으로 계승된다. 비구니선원의 청규 역시 비구선원의 그것과 더불어 고청규의 정신에 입각한 것이었다.

현대 비구니선원의 청규를 앞에서 살펴보았는데 그 공통된 점은, 첫째 방부의 자격, 둘째 정진의 방법을 고시하고 정진 시간을 정함, 셋째, 보청(운력)에 대한 것, 넷째 TV, 신문, 잡지 등을 일절 불허하는 것 등이다. 이러한 비구니선원의 청규는 선원 운영을 위한 외부적 청규로서는 자세한 것임에 비해, 수행납자의 '출신일조활로出身一條活路'를 위한 내부적 청규는 생략되거나 거의 나타나 있지 않다. 「선문규식」[40]에는 장로(선지식)가 반드시 모셔져야 하고 상당설법이 필히 이루어져야 함을 명시하였고, 종색의 『선원청규』에도 조참모청朝參暮請을 기초로 한 제행사항이 밝혀져 있다. 이처럼 청규에는 수행자의 '불도증입의 인연의 교시'를 중시하는 내용이 밝혀져 있는데, 이것이 현대 비구니선원의 청규에는 충실히 나타나 있지 않다. 선문정로를 위한 청규의 제시가 표명되어야 할 것이다.

수행자의 생활규범과 선원의 조직 운영을 체계적으로 성문화한 『선원청규』의 내용을 기본으로 하여 근대의 선원청규 내용과 그 조직의 변

---

40) 이 「禪門規式」은 『景德傳燈錄』 권6의 「百丈傳」에 부기되어 있고, 이것은 『禪苑淸規』 제10에 게재되어 있다. 본 논문에서는 최법혜 역주, 『고려판 선원청규 역주』, 380쪽을 참조하였다.

화를 살펴볼 때, 현대 한국 비구니선원의 '청규'는 다시 새롭게 변용되어야 한다. 이러한 연유에서 고청규를 바탕으로 하는 동시에 오늘날의 사회문화적·경제적 의의를 동시에 가질 수 있는 '신청규'의 내용을 다음과 같이 모색 제안해 본다.

첫째, 조계종의 종지에 근거하여 간화선의 선법을 이해한다.

둘째, 각 비구니선원은 반드시 비구니선지식을 모시고 공부에 대한 점검을 받는데, 선원 자체 내에서 정해진 일정에 따른다. 단 비구니선지식은 방장 혹은 조실로부터 검증된 안목을 갖춘 분이라야 한다.

셋째, 보청법(대중운력)을 규정한다. 모든 소임자가 상하의 힘을 합쳐서 자급자족을 위한 생산 노동에 참여하여 화합승가의 본분을 익히고 잉여생산물을 사회로까지 시여施興한다면, 선원에서의 수행자가 직접적으로 사회에 보시하면서 하화중생을 실천하게 되며 사찰경제에도 유익함을 줄 수 있을 것이다.

넷째, 선원 운영의 소임에 대한 선출은 투명해야 한다. 선원마다 입장이 다르겠지만 직접 선출함이 대중화합에 좋은 계기가 될 것이다.

다섯째, 방부에 대한 자격 기준을 마련해야 할 것이다. 선원의 위상을 위해서도 자격 기준이 엄격할 필요가 있다.

여섯째, 선방의 자리 배정은 고청규대로라면 '하차夏次'의 순이 되겠지만 승납과 안거 수를 적절히 안배하여 적용해야 할 것이다.

일곱째, 퇴방에 대한 규정을 명시한다. 퇴방에 해당되는 내용을 미리 공시하며 이에 대한 적절한 조치를 명시해야 한다.

여덟째, 결제 중 퇴방한 자가 다시 방부를 요구하였을 때 이에 대한 심사 규정이 있어야 하고, 이를 미리 고시해 두어야 한다.

아홉째, 선원에 보시되는 공양금과 해제비에 대해서는 그 운영의 방침을 밝혀야 한다.

  열째, 청규의 서약서를 두어 방부자가 입방할 선원의 운영을 미리 알아 이를 준수하도록 한다. '청규'의 내용을 개정할 때에는 대중과 더불어 협의해야 하며 공명정대해야 한다.

  이상과 같은 청규의 내용을 각 선원은 반드시 제시하고 준수하는 방향을 고려해야 한다. 이는 '직지인심直指人心, 견성성불見性成佛, 전법도생傳法度生'을 종지로 삼은 조계종의 청규 전통을 계승하는 선종으로서의 근본 의미에 부합하기 때문이다. 선원에 입방한 수행자가 강원, 율원에서 습의한 청규를 계승하고 승화하여 보다 특색 있는 수행생활이 선원에서 전개됨을 인지하고 깊은 발심을 세울 수 있도록 유도해야 할 것이다. 또한 지역적으로, 문화적으로 그 정서의 차이도 있기 때문에 선원 운영의 다양화를 모색해서, 각 선원이 저마다 특색 있는 청규를 구성하여 방부자가 서로 다른 선원생활에서 즐거움을 맞도록 하는 것도 좋을 것이다. 산철에 '어록'의 강독이 이루어져 자신의 공부 점검에 도움을 줄 수 있는 계기를 마련함도 하나의 방법이 될 것이다. 또한 부정적인 수행의 모습으로 퇴색되어 사라져 가는 해제 후의 만행을 청규정신에 입각한 엄격하고 진지한 수행으로 시설하여, 만행이 '촉목보리觸目菩提'의 깨달음으로의 여정임을 깨우쳐 납자의 만행을 조도助導할 수 있도록 수행의 가풍을 모색하고 계승해야 할 것이다.

  이상과 같이 청규는 선원마다 독특한 색깔을 나타내어 엄격한 제도 속에서 자유로운 의식을 분출해 낼 수 있도록 새롭게 세워져야 한다. 이는 또한 이 시대에 걸맞은 수행문화를 낳게 할 것이다.

4. 맺음말

　조계종에 출가하여 수행하는 자는 기본 교육기관에서 수행자로서의 행지와 생활규범인 지침을 배우고 습의하고 선원에서 '직지인심'을 위한 절차탁마를 한다. 이를 위해 선원은 납자의 정진이 원활하게 이루어지도록 청규를 세워 납자의 '선문정로禪門正路'를 돕는다. 다시 말해서, 선원은 '선불장選佛場'이 되며 청규는 '율장律藏'이 된다. 중국불교사에서도 선종의 성립은 '청규'의 제정에 의해 이루어졌으며, 이를 토대로 '선사禪寺'의 형성과 교단이 조직되었던 것이다.

　선원에서의 모든 생활이 다 수행이라고 한다면, 청규는 선원의 규칙을 설하는 것만이 아니라 동시에 선원에서의 모든 생활이 수행으로 연결된다는 그 정신적 의의까지도 밝혀 내어야 한다. 중국의 선종이 일반불교의 함정인 관념론의 전철을 밟지 않았던 것은 청규를 세우고 선을 승단의 생활상에서 구현하였기 때문이다. 이것이「백장청규」가 가진 중요한 의의이다. 조계종은 선종의 교단 형태이며, 육조혜능의 남종선의 일맥이다. 수행은 '돈오'가 목적으로, 행주좌와의 일상이 전부 선임을 알고 이를 체험하며 수행한다. 비구니는 종단의 이부승가의 구조에 있지만 역시 비구와 같은 수행 형태를 가진다. 선원의 청규 또한 비구선원의 틀에서 벗어나지 않음을 살필 수 있다.

　현대 비구니선원의 청규는 앞에서 살펴보았듯이 대체로 납자의 공동체생활을 위한 통제규약에 불과한 내용들이었다. 그러므로 현 시대에 출가 수행하는 납자에게 시대에 적합한 적절한 청규를 반드시 재정립해야 한다. 청규의 제정은 종단이나 본사 차원으로 단일화하되 이를 근간으로 비구니선원은 비구니의 수행에 맞는 별도의 청규를 제정하는 것이 좋을 듯하다. 청규의 수행은 바로 율장을 준수하는 것이다. 청규의 정통성을 계승하여 실천할 수 있도록 각 선원은 노력해야 하며, 선원대중은 이러한 청규를 율장처럼 받들어 실행실수하는 선가禪家로 만들어 나아가야 할 것이다.

참고문헌

『景德傳燈錄』권6,「禪門規式」.
『禪苑淸規』권10,「百丈規繩頌」.
『宋高僧傳』권10,「百丈山懷海傳」.
『勅修百丈淸規』권8,「古淸規序」.

법정 역, 『禪家龜鑑』, 양우당, 1994.
삼보학회, 『한국불교최근백년사』, 민족사, 1996; 朝鮮總督府學務局宗敎課, 『朝鮮僧侶修禪提要』, 京城: 大和商會印刷所, 1928.
李鍾益, 『韓國佛敎の硏究』, 東京: 國書刊行會, 1980.
조계종교육원불학연구소, 『禪院總覽』, 불교시대사, 2000.
최법혜 역주, 『고려판 선원청규 역주』, 가산불교문화연구원, 2002.
하춘생, 『깨달음의 꽃』, 여래, 2001.
한암대종사문집편찬위원회 편, 『漢巖一鉢錄』, 한암문도회, 1995.
해동불보사, 『海東佛報』 4, 1914.

강유문,「내장선원일담」,『불교』 46·47합호, 1928.
김광식,「근대한국선원 청규의 개요와 성격」,『승가교육』 5, 대한불교조계종교육원, 2004.
혜 원,「현대 한국선원 청규의 모습과 나아갈 방향」,『승가교육』 5, 대한불교조계종교육원, 2004.

삼국~고려시대 비구니의 삶과 수행

김영미*

1. 머리말

삼국시대에 불교가 수용된 이후 통일신라, 고려시대에 걸쳐 많은 여성들이 출가하여 수행하였다. 그러나 사료의 한계로 인해 이름과 활동을 구체적으로 알 수 있는 사례는 그리 많지 않다. 그렇지만 제한된 자료 속에서도 비구니比丘尼들이 불교 수용 초기부터 활동하는 모습을 확인할 수 있다.

고구려의 경우 비구니의 존재가 확인되지 않지만, 고구려에서 신라에 불교에 전해진 직후 모례毛禮(혹은 毛祿)의 누이 사씨史氏가 출가하였음을 감안하고,[1] 신라불교에 미친 고구려불교의 영향을 감안하면 비구니의 존재를 짐작할 수 있다. 그리고 백제의 경우, 577년(위덕왕 24) 11월에 왜에 율사律師 등과 함께 비구니를 파견하였다.[2] 또 왜에서 제일 먼

---

* 이화여자대학교 교수.
1) 『三國遺事』, 권3, 「興法」, '阿道基羅'.

저 출가한 비구니 선신善信 등이 백제에 와서 비구니계를 받고 귀국했던 사실로3) 미루어 백제에서는 일찍부터 비구니의 수계가 비구와 비구니 양중수계兩衆受戒에 의해 이루어졌음을 알 수 있다. 또 법명法明이라는 비구니는 왜에 건너가 활동하다가 제명천황齊明天皇(655~661)의 명으로 병이 난 등원겸족藤原鎌足에게 『유마경』을 설해 병을 낫게 하였다.4) 그리고 신라에 의해 나라가 멸망한 이후에는 비구니들이 일본에 건너가기도 하였다.5) 신라의 경우, 법흥왕비와 진흥왕비의 출가 외에도 진평왕 때 점찰법회를 열었던 안흥사安興寺의 비구니 지혜智惠와, 원광圓光의 점찰보占察寶에 시주한 비구니도 있었다. 통일 이후에는 신라에서뿐 아니라 중국과 일본에 건너가 활동한 니승들도 확인된다.6) 이러한 사실로 미루어 본다면, 삼국 시기에 불교를 수용한 직후부터 여성들은 재가신자로서 그리고 출가한 수도자로서 활발하게 활동하였음을 알 수 있다.

불교 신앙의 궁극적 목표를 자신의 깨달음(自利)과 타인의 구제(利他)라고 한다면, 비구니의 삶도 여기에서 크게 벗어나지 않았을 것이다. 즉, 비구니의 활동은 크게 자신의 깨달음을 위한 수행과 대중을 교화하기

---

2) 『日本書紀』, 권20, 「敏達天皇 6년 11월」.
3) 『日本書紀』, 권21, 崇峻天皇 즉위 전기 用明天皇 2년 6월조에 의하면 선신니 등이 백제에 가서 수계법을 배우고자 하였다. 비구니들은 崇峻天皇 원년(588) 백제에 건너갔다가(是歲조), 동 3년 3월 귀국하였다.
4) 『扶桑略記』, 齊明 2년(勝浦令子, 「東アジアにおける尼の比較研究」, 『日本古代の僧尼と社會』, 東京: 吉川弘文館, 2000, 168쪽에서 재인용)
5) 『日本書紀』, 권29. 천무천황 13년(685) 5월 갑자에는 백제 승니와 속인 남녀 모두 23인을 무장국에 안치하였고, 朱鳥 원년(686) 윤12월에는 축자국이 고구려, 백제, 신라의 승니와 속인 남녀 62인을 바쳤다고 하였다.
6) 尼 理願은 성덕왕 13년(714)에 일본에 건너가 활동하다가 735년에 사망했다.(『만엽집』, 나라조) 한편 경덕왕 17년(758) 8월에는 尼 2명이 僧 32명, 남 19인, 여 21인과 함께 일본으로 건너갔는데, 이들을 武藏國의 閑地에 이주시키고 신라군을 설치했다고 한다.(『續日本記』, 권21, 淳仁天皇 天平寶字 2년 8월 癸亥) 圓仁의 『入唐求法巡禮行記』 권2의 開成 5년 15일조에 의하면 赤山 法華院에서는 僧 23인 외에 尼 3인의 활동도 있었다.

위한 활동으로 나눌 수 있다. 그리고 전자는 다시 참선·간경·독경·염불 등으로 나눌 수 있고, 후자는 불사·재가신자의 신앙활동 지도 등으로 나누어 볼 수 있다.

본고에서는 한정된 자료를 통해서나마 삼국시대로부터 고려시대에 이르는 한국 사회에서의 비구니의 수행과 그 의미를 찾아보려 한다.

2. 여성의 삶과 출가

고대사회 여성의 구체적 삶에 대해서는 자료의 부족으로 언급하기 어렵다. 더구나 출가하여 승려가 된 여성들에 대해서는 비문이 하나도 남아 있지 않으므로 그들의 구체적 삶이 어떠하였는지 복원하기는 매우 어렵다. 삼국시대 신라의 경우 사씨史氏와 법흥왕비, 진흥왕비의 출가 기록이 남아 있다. 사씨는 신라에 불교를 전한 아도阿道 화상을 자기 집에 머물게 했던 모례毛禮(또는 毛祿)의 누이로, 아도 화상에게 출가하여 삼천기三川歧에 절(永興寺)을 짓고 살았다고 한다.7) 또 법흥왕비도 법흥왕 22년(535) 흥륜사를 세울 때 영흥사를 세우고, 사씨의 유풍을 사모하여 법흥왕과 같이 출가하였다. 법명이 묘법妙法이었으며, 영흥사에 살다가 몇 해 만에 세상을 떠났다.8) 또 진흥왕비도 진흥왕이 말년에 머리를 깎고 승려 복색을 하고 법운法雲이라는 자호自號를 쓰며 생활하자 이를 본받아 여승이 되어 영흥사에서 살다가 세상을 떠났다고 한다.9)

---

7) 『三國遺事』, 권3, 「興法」, '阿道基羅'.
8) 『三國遺事』, 권3, 「興法」, '原宗興法 厭髑滅身'.
9) 『三國史記』, 권4, 「新羅本紀」, '眞興王 37年 秋8月條'.

김유신의 처 지소부인智炤夫人은 남편이 죽은 후 출가하였으나, 승려로서의 행적은 찾아볼 수 없다.10) 이와 같은 경우는 김흔金昕의 부인에게서도 찾아볼 수 있다.11) 이들의 출가사유는 알 수 없지만, 남편 사후 이루어졌음이 주목된다.

고려시대 여성의 삶에 대해서는 여성들의 묘지명이나 사서史書들을 통해 단편적으로 알 수 있다. 그중 예외적으로 본인뿐 아니라 남편과 아들, 사위의 묘지명까지 남아 있어 삶의 일부분이라도 복원해 볼 수 있는 단 하나의 사례가 있어, 이를 중심으로 고려 여성의 삶과 출가에 대해 설명하고자 한다.

양천군 부인 허씨許氏(1255~1324)12)는 허공許珙의 9남매 중 장녀로 고종 42년에 태어나13) 14세에 김변金賆과 결혼(1268), 4남 3녀를 낳았다. 남편 김변은 16세에 문음門蔭으로 관리생활을 시작하여 원종 9년(1268)에 과거에 급제했다. 원종 12년(1271) 세자(후일 충렬왕)가 원의 조정에 입시할 때 예부낭중禮部郎中으로 함께 들어가 4년간 수종하다가 충렬왕 즉위년(1274)에 왕 내외를 모시고 귀국하여 2등공신에 책봉되었다. 그 후 김변은 지방과 중앙의 주요 관직을 거친 후 충렬왕 27년(1301) 병으로 세상을 떠났다.14) 그 후의 허씨부인의 삶을 정리하면 다음과 같다.

---

10) 『三國史記』, 권43, 「列傳」, '金庾信下·麟德元年'.
11) 『三國史記』, 권44, 「列傳」, '金陽 附 金昕'.
12) 허씨의 삶에 대해서는 허흥식, 「조선의 定有와 고려의 眞慧: 두 시대 女大師의 비교」(『정신문화연구』 27(4), 2004)가 참조된다.
13) 그녀의 어머니는 政堂文學 尹克敏의 장녀로 許珙과 혼인하여 3남 2녀를 낳았고, 許珙은 그녀의 어머니가 죽은 후 다시 同知樞密院事 崔澄의 여섯째딸과 결혼하여 2남 2녀를 낳았다. 이복여동생(1271~1355)이 元宗의 친조카인 平壤公 昡에게 시집갔다가 남편이 죽은 후 충선왕과 재혼하여 順妃가 되었다.(金賆, 「金賆墓誌銘」, 411~413쪽, 李齊賢, 「忠宣王妃順妃許氏墓誌銘」, 484~486쪽; 金開物, 「金賆妻許氏墓誌銘」, 445~447쪽; 미상, 「許珙墓誌銘」, 403~405쪽 참조 이상 명기된 쪽수는 모두 김용선 편, 『高麗墓誌銘集成』(한림대학교출판부, 1993)의 쪽수이다. 이하의 묘지명도 모두 위의 책을 참조하였다)

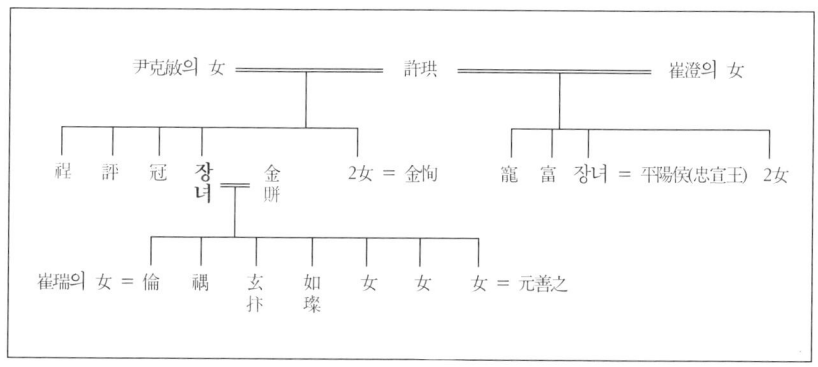

<표 1> 김변의 처 허씨 가계도[15]

1301년(47세) 남편 사망. 공의 무덤에서 1리도 되지 않는 거리에 절을 지어 추천장追薦場으로 삼고 감응사感應寺라고 함. 재물을 내어, 금과 은으로 원돈경圓頓經을 사경하는 등의 불사를 함.
1302년(48세) 중국 강회江淮에서 무무無無 선사禪師가 오자 초청하여 법요를 들음.
1304년(50세) 중국의 철산소경鐵山紹瓊이 와서 교화를 베풀자, 그에게 대승계大乘戒를 받음.
1311년(57세) 행장을 꾸려 길을 떠나 미륵대원彌勒大院에서 장육석상에 예불하고 성인의 자취가 깃든 열반산涅槃山과 청량산清凉山에까지 감.
1315년(61세) 머리를 깎고 승이 되어 법명을 성효性曉라 하였으니, 계단주戒壇主는 백수白修.[16]

허씨는 47세에 남편이 죽은 후 원찰願刹로 감응사를 지어 남편의 명

---

14) 김변과 그의 가계에 대해서는 이익주, 「묘지명 자료를 통해 본 고려 후기 관인의 생애: 김변(1248~1301)의 사례」, 『한국사학보』 23(2006) 참조.
15) 허씨부인의 경우 본인뿐 아니라, 아버지 許珙, 이복여동생인 順妃, 남편인 김변, 아들 김륜, 사위 원선지의 묘지명 외에도 친여동생의 남편인 김순, 남자형제인 평의 아들 허종, 사돈인 최서와 최서의 처의 묘지명 등이 남아 있다. 그리고 아버지 허공과 동생, 남편, 아들, 사위 등이 『高麗史』「列傳」에 입전되어 있다.
16) 金開物, 「金䭸妻許氏墓誌銘」, 445~447쪽.

복을 빌었으며, 3년 동안 초하루와 보름에는 남편의 무덤에 가서 제사를 지냈다. 3년상이 끝난 뒤에도 명절과 제사 때에는 무덤에 가 제사를 거르지 않았다. 그 과정에서 중국에서 온 무 선사의 설법을 듣기도 하고 철산소경에게서 대승계를 받기도 하였다.

허씨는 57세가 되어 미륵대원, 열반산, 청량산을 여행하였다. 그런데 그가 여행한 곳 중 미륵대원은 장육석상에 예불했던 것으로 보아 충주목의 미륵원으로 생각된다.17) 그리고 열반산은 금강산의 다른 이름이며,18) 청량산은 안동도호부의 속현인 재산현才山縣19) 서쪽에 있던 산으로 생각된다.20) 이들 지역은 모두 명찰名刹이 있는 곳이었으므로 여행의 목적은 사찰 순례였다고 할 것이다.21) 그리고 여행에서 돌아온 후 61세 때인 충숙왕 2년(1315)에 출가하였다.

남편이 죽은 후의 허씨부인 행적을 보면 그녀는 독실한 불교신자였다. 그런데 그녀가 바로 출가하지 않고 남편이 죽은 지 14년 후인 61세가 되어서야 출가했던 이유는 무엇일까? 그녀는 임종 후에 그 절의가 시종 왕제王制를 따랐다는 이유로 국가로부터 변한국대부인진혜대사卞

---

17) 현재 충주 미륵리 사지에는 석불이 서 있다. 『新增東國輿地勝覽』에 의하면, 미륵원은 충주목(권14) 외에 果川縣(권8), 定山縣(권18), 懷德縣(권18), 慶州府(권22), 開寧縣(권29), 平山都護府(권41)에도 있었다.
18) 금강산에는 5개의 이름이 있는데, 金剛, 皆骨, 涅槃, 楓嶽, 怾怛이다.(『新增東國輿地勝覽』, 권47, 淮陽都護府 山川조의 '金剛山')
19) 원래는 德山部曲이었는데, 충선왕이 敬和翁主의 고향이라고 하여 이름을 고치고 현으로 하였다.(『新增東國輿地勝覽』, 권24, 安東大都護府 屬縣)
20) 『新增東國輿地勝覽』에 의하면, 청량산은 안동(권24) 외에 仁川都護府(권9), 漆原縣(권32), 全州府(권33), 中和郡(권52)에도 있었다.
21) 金㻩物, 「金㻩妻許氏墓誌銘」(446쪽)에서는 "辛亥騰裝之彌勒大院禮丈六石驪 歷諸山至涅槃淸凉二山聖跡"이라 하였으므로 성지순례를 한 것으로 보아야 하겠다. 한편 허흥식은 미륵대원, 청량산, 열반산을 국내의 불적으로 단정하기 어렵고, 둘째딸이 원에 공녀로 보내졌고 여섯째 여동생이 충선왕의 順妃였으므로 燕都에 머물고 있던 충선왕이 지원한 불사에 참여하면서 원의 여러 곳을 답사했을 가능성이 크다고 보았다(「조선의 定有와 고려의 眞慧: 두 시대 女大師의 비교」, 『정신문화연구』 27(4), 191쪽).

韓國大夫人眞慧大師로 추존되었다. 국가가 절의를 지켰다고 추존한 것으로 미루어 보면 그녀의 공식적 출가 이유는 수절이라고 할 수 있겠지만, 남편이 죽은 지 꽤 오랜 시간이 지나 매우 늦은 나이에 출가하였으므로 수절을 출가 이유라고 보기에는 무리가 있다. 여기에서 주목되는 것이 남편 김변의 묘지명과 그 처 허씨의 묘지명에서 자녀에 대해 언급한 내용이다. 충렬왕 27년(1301)의 김변 묘지명에서는 4남과 3녀는 아직 어리다고 되어 있다.22) 그런데 충숙왕 11년(1324)의 허씨 묘지명에서는 4남은 어려서 출가하여 여찬如璨이라 하였고 가지산문迦智山門에 투신하여 이미 선사禪師로 임명되었음을 전하고 있다. 그리고 막내딸은 밀직부사密直副使 상호군上護軍 원선지元善之와 결혼했다고 하였다.23) 따라서 남편 김변이 사망했을 당시 허씨부인은 결혼하지 않은 어린 아들과 딸이 각각 한 명씩 남아 있었으므로 바로 출가할 수 없었던 것이다. 아마도 그녀가 순례를 떠나던 무렵에는 자녀들이 모두 성장하여 가정을 이루었거나 승려가 되었기 때문에 가능했다고 보인다. 이것으로 본다면 여성들의 경우 남편이 죽은 후 출가하더라도 자녀들을 모두 양육한 후에나 가능한 일이었다.

또 허씨부인의 사례에서 보듯이 남편이 죽은 뒤에 남편의 명복을 빌고 수절한다는 명분은 여성들에게 출가가 허용되는 가장 중요한 이유가 되었다. 이는 다른 여성들의 경우를 통해서도 확인할 수 있다. 사료에서 출가 사유가 분명히 명시되어 있는 여성들의 경우를 살펴보면 다음 <표 2>와 같다.

---

22) 金㫜,「金㫙墓誌銘」, 412쪽.
23) 金開物,「金㫙妻許氏墓誌銘」, 447쪽.

<표 2> 남편 사후 출가한 여성들

시기	비구니	출가 동기	비고
공민왕	밀직密直 허강許綱의 처	남편이 죽고 신돈이 결혼하려 하자 출가	『고려사』
	홍휴洪休의 딸	과부로 출가	『고려사』
우왕	혜비惠妃 이씨李氏 (공민왕비)	공민왕이 시해된 후 출가	『고려사』
	신비愼妃 염씨廉氏 (공민왕비)	공민왕이 시해된 후 출가	『고려사』
	성대용成大庸의 첩	양백연楊伯淵이 강간하려 하자 승려가 되어 절개를 지킴	『고려사』
고려 말	문화군부인文化君夫人	절개를 지키기 위해 출가	『척약재집』

허강許綱의 처 김씨金氏는 상락군上洛君 김영후金永煦의 손녀인데, 남편이 죽고 신돈辛旽이 그녀의 문벌을 탐내 결혼하려 하자 "나를 욕보이려 한다면 자결하겠다" 하여 신돈을 단념시킨 뒤 출가하였다.24) 또 공민왕비였던 혜비 이씨(李齊賢의 딸)와 신비 염씨(廉悌臣의 딸)도 공민왕이 시해당한 후 출가하였다.25) 이들은 홍륜洪倫과 한안韓安이 여러 비들을 강제로 능욕할 때도 거절하고 듣지 않았던 사람들이므로, 절개를 지키기 위해 출가했다고 할 수 있겠다. 이와 마찬가지로 문화군부인도 남편이 죽자 절개를 지키기 위해 출가한 것으로 보인다. 왜냐하면 김구용金九容이 그녀의 만장輓章에서 다음과 같이 기리고 있기 때문이다.

절개 지키기를 죽음으로 맹세하며 손수 머리를 깎았네. 불교의 계를 지켜 인간세상 잊었고 향을 올리며 부처의 세계 사모했네. 평생을 적막하게 보내면서 40년간 유한幽閑(정숙)의 덕을 쌓았네.26)

---
24) 『高麗史』, 권132, 「列傳・叛逆6」, '辛旽'(恭愍王15年); 『高麗史節要』 권28, 恭愍王15年2月.
25) 『高麗史』, 권89, 「列傳・后妃2」. 혜비는 淨業院 住持로 있다가 조선 태종 8년 2월 임오에 사망하였다.(『太宗實錄』, 권15)

문화군부인은 절개를 지키며 40년간 승려로서 살았던 것이다. 한편 성대용의 측실은 정실이 아님에도 남편 성대용이 죽은 후 절개를 지키기 위해 승려가 되었는데, 양백연楊伯淵이 성대용 어머니의 집을 기병으로 포위하고 강간하였다.27) 위의 사례에 나타난 여성들은 남편이 죽은 후 출가하였고, 국가는 절개를 지키는 방편으로 여성의 출가를 용인하였다고 할 수 있다.

고려시대 여성들의 출가 중 특이한 경우가 눈에 띤다. 즉, 여성들이 죽기 직전에 출가하는 것이다.

<표 3> 임종 직전 출가한 여성

출가자	출가 시기	출가연령	남편사망	출가 절차	승명
김구金坵의 처 최씨崔氏	1309년(임종 하루 전)	83세	1278년		향진 向眞
최서崔瑞의 처 박씨朴氏	1318년(임종 9일 전)	70세	1305년	묘련사妙蓮寺 주지 양가도승통兩街都僧統 목차木且를 청해 출가	성공 省空
이덕손李德孫의 처 유씨庾氏	1326년(병들자 출가)	80세	1301년	승려를 청해 머리 깎음	목진 目眞

김구의 처 최씨(1227~1309),28) 최서의 처 박씨(1249~1318),29) 이덕손의 처 유씨(1247~1326)30) 모두 남편이 죽은 후 재가하지 않고 살다가 임

---

26) 金九容,「文化君夫人挽章」,『惕若齋集』(이화여자대학교 한국여성연구소 편,『韓國女性關係資料集』中世篇下, 이화여자대학교출판부, 1986에서 재인용). 김구용이 충숙왕 후 7년(1338)부터 우왕 10년(1384)까지 생존했던 인물이므로 문화군부인도 고려 말 생존했던 인물이라고 하겠다.
27)『高麗史』, 권114,「列傳」, ‘楊伯淵’.
28) 미상,「金坵妻崔氏墓誌銘」, 425~426쪽.
29) 박씨는 密直副使 軍簿判書 上將軍 朴玶의 셋째 딸로 최서의 두 번째 부인이다. 이 사실은 부인의 묘지명에는 언급되어 있지 않지만, 최서는 민휘의 딸과 결혼하여 4남을 낳았으나 모두 일찍 죽었고, 다시 박씨와 결혼하였다(미상,「崔瑞妻朴氏墓誌銘」, 422쪽).

종 직전에 출가하거나 자신의 병이 위독해짐을 알고 출가하여 임종을 맞는다. 이들은 출가하여 승명을 지녔지만, 절에서 거주하지 않고 집에서 머물다가 죽었다. 그렇다면 이들이 임종 직전에 출가의 형식을 취한 이유는 무엇이었는지 궁금한데, 단편적이지만 그 이유를 설명해 주는 명문이 있다. 즉, 「김구 처 최씨 묘지명」에서 "일일출가혜편생천一日出家兮便生天"이라고 한 것이 그것이다. 하루라도 출가하여 수행하면 그 공덕으로 하늘에 날 수 있다고 믿었음을 알 수 있는 대목이다. 이것은 「승지율僧祇律」이나 「본연경本緣經」 등에서 하루라도 출가하면 삼악도三惡道를 여읠 수 있다고 한 설과 통한다.[31] 그리고 최서의 처 박씨가 임종 시에 아미타불을 염송하였다는 사실은 출가가 극락왕생의 방편으로 이해된 것임을 알려 준다고 하겠다.[32] 그러나 이들의 출가가 임종에 임박하였으므로 수행을 위해 국가의 허락을 받아 이루어진 정식의 출가라고 보기는 어렵다.

이처럼 대부분의 여성들은 남편이 죽고 자녀들이 성장하여 가정을 이루게 된 이후에나 출가가 가능하였다. 결혼하지 않고 출가하는 경우는 김지숙金之淑의 두 딸처럼 가난한 경우에 해당하는 일이었다. 한편, 여성의 출가는 형벌의 일환으로, 아니면 형벌을 피하기 위해 이루어지는 경우도 있었다.[33]

---

30) 미상, 「李德孫妻庚氏墓誌銘」, 457~458쪽.
31) 『四分律比丘尼鈔』 권1의 第七十戒篇(『大日本大藏經』 40, 713쪽)에서는 사미계에 대해 설명하면서 출가공덕을 다음과 같이 설명하고 있다. "第二出家者 僧祇云 一日出家修梵行 離六百六千六十歲三途苦 本緣經云 一日一夜出家故 二十劫不墮三惡道……"
32) 한편 여성들이 출가하여 머리를 깎는 것에 대해 變成男子로 이해한 견해도 참조된다. 이에 의하면 대승경전에 나오는 變成男子는 신체적 성전환이 아니라 외견상 男僧의 모습으로 변신하고 정신면에서 남자가 되는 것으로 그것이 여성의 출가를 의미하는 것으로 생각된다고 논하고 있다(田上太秀, 『佛教と性差別』, 東京書籍, 1992, 112~118쪽)
33) 김영미, 「高麗時代 여성의 出家」, 『梨花史學研究』 25・26(1999), 64~65쪽 참조

3. 비구니의 수행

1) 수행

　백제의 선니禪尼 법명法明은 일본에 가서 활동하다가 제명천황齊明天皇 2년(652) 왕의 명을 받아,『유마힐소설경維摩詰所說經』을 강설함으로써 병이 난 등원겸족藤原鎌足을 치료하였다. 고려시대의 비구니들도 비구들처럼 경전을 독송하거나 염불 등을 행했을 것으로 보이지만, 뚜렷한 자료는 남아 있지 않다. 염불수행의 경우, 임종 직전 출가하였던 최서의 처 박씨(1249~1328)가 임종할 때 합장하고 오로지 아미타불을 염하였다34)는 사실에서 유추할 수 있다. 그리고 지배층의 여성들이 재가 신자로서『화엄경』,『금강경』및 율律 등을 읽었던 것으로 미루어,35) 한문을 읽을 줄 아는 지배계층 여성 출가자들은 송경誦經, 독경 등을 행하였음을 짐작할 수 있다.

　한편 깨달음을 위해 참선수행에 힘쓴 비구니들도 있었다. 이러한 비구니들의 모습은 고려 후기에서야 나타나는데, 진각국사眞覺國師 혜심惠諶의 문도들에게서 구체적인 모습을 찾아볼 수 있다. 비구니 종민宗敏, 청원淸遠, 요연了然, 희원希遠 등은36) 강종 2년(1213)에 수선사修禪社의 하안거에 참석하였다.

　숭경崇敬 2년(1213) 계유 여름에, 희원希遠 도인이 청원淸遠, 종민宗敏, 요연了

---

34) 崔瀣,「崔瑞妻朴氏墓誌銘」, 437쪽.
35) 김영미,「불교의 수용과 여성의 삶·의식세계의 변화: 고려시대 여성의 가정생활을 중심으로」,『역사교육』62(1997), 56~61쪽.
36) 이들은 혜심의 비문에 그의 문인으로 기록되어 있다.(김영미,「고려시대 여성의 출가」참조)

然 등과 함께 사社에 와서 90일 동안 법을 듣고 돌아가려 할 때, 이 축軸을 가져와 법을 청하므로 나는 옛 부처님의 간절하고 자비스러운 몇 가지 갈등葛藤(말)을 뽑아 적어 주면서 "이것은 옛 사람의 말이다. '왜 자기 말을 하지 않는가'라고 말하지 말라" 하고, 다시 "옛날 어떤 노장 스님이 항상 정명경淨名經의 게송으로 그 제자들에게 보였다. ……"고 하였다. 희원 도인은 이상의 간절한 말에 의해 노력하고 수행하여 빨리 해탈하기를 빈다.37)

이들 비구니들이 하안거를 마치고 돌아가며 법어를 구하자, 혜심은 일일이 화두를 제시하며 참구하기를 권하였다. 희원에게는 위의 인용문처럼 「정명경」의 구절을 적어 주었고, 종민에게는 조주종심趙州從諗 선사의 "개에게 불성이 없다"(狗子無佛性)는 화두를 제시하였다.38) 그리고 청원에게 준 글에서는 "개에게 불성이 없다"나, "죽비자竹篦子" 등을 마음대로 참구하라고 하고, 이어서 참선공부할 때의 병에 대해서는 하안거 동안에 자세히 말한 것과 같으므로 번거롭게 쓰지 않는다고 하였다.39) 그리고 요연了然에게는 중국의 비구니 요연의 예를 들었다. 중국의 요연은 고안대우高安大愚 선사의 제자로 서주瑞州 말산末山에서 수행하고 있었다. 이때 관계灌溪 화상이 찾아와 선문답을 하였는데, 그것을 무의자無衣子 혜심이 인용한 것이다. 이 문답에서는 여자의 모양이나 남자의 모양을 분별해서는 안 됨을 설하고 있으며, 혜심이 인용한 이 일화에서 더욱 주목되는 사실은 비구니가 비구를 선문답으로 굴복시켰다는 점이다. 게다가 혜심은 "옛날의 요연은 그러했으나, 지금의 요연은 어떻다 할까"라 하며 비구니 요연의 분발을 촉구하였다. 이러한 혜심의 태도는 형상과 관계없이, 비구니의 수행 여하에 따라 비구보다 빨리 깨달음을

---

37) 『眞覺國師語錄』, 「示希遠道人」(『韓國佛敎全書』 6, 동국대학교출판부, 1994, 28쪽).
38) 『眞覺國師語錄』, 「示宗敏上人」(『韓國佛敎全書』 6, 25쪽).
39) 『眞覺國師語錄』, 「示淸遠道人」(『韓國佛敎全書』 6, 27쪽).

얻을 수 있음을 강조한 것이라고 이해된다.40)

이 외에도 참선 수행에 힘쓴 비구니로 나옹혜근懶翁慧勤의 제자들을 찾아볼 수 있다. 이색李穡이 지은 「엄곡기嚴谷記」에 의하면, 나옹은 비구니 화엄을 화두에 참여시켰고 무학無學은 화엄의 거처를 엄곡嚴谷이라 편액해 주었다.41) 지공指空과 나옹, 태고보우太古普愚, 백운경한白雲景閑의 문도로 비문 음기에 언급된 비구니들도 선사로 유명한 이들의 문하에 참여하여 모두 참선수행에 힘썼을 것이라 생각된다.42)

이처럼 자신의 깨달음을 추구하는 고려 후기 비구니들의 모습은 신라시대의 비구니에게서는 찾아볼 수 없는 면모이다.43)

2) 구도여행

비구니 성효性曉(1255~1324)의 승려로서의 활동은 매우 특이하여, 구도여행이 주를 이루고 있다. 성효는 앞에서 살펴보았던 김변의 처 허씨로, 남편이 죽은 후 남편의 명복을 빌다가 14년이 지난 61세에 출가하였다. 그녀의 행적은 독특한데, 묘지명을 토대로 정리해 보면 다음과 같다.

1315년(61세) 머리 깎고 승이 되어 법명을 성효性曉라 하였으니, 계단주戒壇主

---

40) 김영미, 「高麗 眞覺國師 惠諶의 女性成佛論」, 『梨花史學研究』 25·26(2003) 참조
41) 李穡, 『牧隱先生集』, 「嚴谷記」(이화여자대학교 한국여성연구소 편, 『韓國女性關係資料集』 中世篇下, 이화여자대학교출판부, 1986, 143쪽).
42) 자세한 내용은 김영미, 「고려시대 비구니의 활동과 사회적 지위」, 『한국문화연구』 1(1991) 참조
43) 김영미, 「신라불교사에 나타난 여성의 신앙생활과 승려들의 여성관」, 『여성신학논집』 1(1995), 143~144쪽. 신라시대의 경우 관음보살의 化現으로 생각된 여승이 憬興의 병을 낫게 하는 등, 여성이 남성들을 깨우치는 善知識의 역할을 한다. 신라 하대로 접어들면 그러한 역할은 줄어들고 주로 현실에서의 가족의 안녕과 내세를 기약하는 경향을 보인다. 그러나 여성이 자신의 깨달음을 위해 노력하는 경향은 찾아볼 수 없다.

백수白修가 그 스승이다.

1316년(62세) 통도사에 가서 사리 12매를 얻고 동쪽으로 계림을 유람하였다. 계림은 명승이 많기 때문에 그곳에서 마음껏 즐기고 돌아왔다. 그가 경유한 산수가 헤아릴 수 없이 많지만 계림을 끝으로 그만 적는다.

1320년(66세) 서울 남산에 초당을 짓고 머무르니 장남의 집이 그 서쪽이었기 때문이다.

1324년(70세) 2월 11일 병이 나 3월 초나흘 경인에 초당에서 죽었다. 임종 때에도 말하는 것이 어지럽지 않고 행동이 평소와 같았다.

* 왕의 명령에 따라 변한국대부인卞韓國大夫人 진혜대사眞慧大師에 추봉.

김변의 처 허씨는 61세인 충숙왕 2년(1315)에 출가하였다. 그리고 다음해에는 통도사에 가서 사리 12과를 얻고44) 계림을 구경하고 돌아왔다. 계림은 명승이 많기 때문에 그곳에서 마음껏 즐기고 돌아왔다는 것이다. 그리고 그가 경유한 산수는 헤아릴 수 없이 많았다고 한다. 그녀는 계림을 끝으로 여행을 마치고 돌아왔다. 그리고 그의 다른 활동은 기록되어 있지 않으며, 66세(1320, 충숙왕 7)에는 장남의 집 옆인 남산에 초당草堂을 짓고 거처하였다. 임종 후에는 국가로부터 변한국대부인진혜대사로 추존되었는데,45) 그녀의 절의가 시종 왕제王制를 따랐다는 이유에서였다. 즉, 국가는 그녀의 승려로서의 활동보다 절의를 지켰음을 기리고 있는 것이다. 그러나 실질적 이유는 아들들의 활동과 관계가 있다. 즉 아들 김륜金倫과 김우金祐는 충숙왕 9년(1322)에 있은 심왕瀋王 옹립

---

44) 「桐華寺弘眞國尊碑」에 의하면, 갑술년(1274)에 불국사에 옮겨 주석하게 된 惠永이 병자년(1276)에 양산 通度寺에 가서 사리 여러 과를 얻어 항상 좌우에 두고 있었는데 다시 分身하여 많아졌다. 매번 얻으려는 자들이 있어 번번이 주었는데도 그 수가 줄어들지 않았다고 한다.(허흥식 편, 『韓國金石全文』中世 下, 아세아문화사, 1984, 1078~1079쪽 참조) 비구니 성효가 통도사에서 사리를 얻은 것도 이와 관련이 있는지 모르겠다.

45) 金開物, 「金㫒妻許氏墓誌銘」, 445~447쪽. 大師는 僧科에 합격한 후 받는 大德보다 한 단계 위의 僧階이다. 性曉에게 주어진 대사가 시호이므로 승계와 직접 관계는 없겠지만, 비구니로서 大師라는 호칭을 받은 유일한 예이다.

시도를 반대하여 저지하는 공을 세웠다.46) 그 후 김륜은 다시 충숙왕 10년에 고려를 원의 행성行省으로 만들려는 입성立省 시도를 저지하는 데에도 참여하였다. 그리고 충숙왕대에 경상전라도순문사慶尙全羅都巡問使로서 합포合浦를 진수하는 등의 관직에 있었으므로, 이러한 호를 받을 수 있었던 것이다. 그러나 그녀의 승려로서의 위상을 국가가 인정해 준 것이라는 점에서는 중요한 의미를 지닌다.

그런데 그가 미륵대원 등을 여행하고 돌아온 후 61세에야 출가했다는 사실이 주목되는데, 행적 중 가장 특이한 점은 통도사 등의 사찰과 경주를 유람했던 일이다.47) 따라서 여성의 신분으로 여행하는 것이 오늘날보다 자유롭지 못한 시기에 성효는 출가자의 모습으로 자유롭게 성지를 순례하는 구도여행을 하였다고 생각한다.

4. 대중교화 및 불사

1) 대중교화

비구니들이 주도하는 법회는 삼국 시기부터 나타난다. 진평왕 때 활동한 비구니 지혜智惠는 안흥사 법당을 수리하려 했는데 비용이 모자라 걱정하다가 선도산仙桃山 신모神母의 도움을 받아 수리하였고, 신모의 권

---

46) 李齊賢,「金倫墓誌銘」(533~534쪽)과 『高麗史』 권110,「列傳·金倫」에 의하면 충숙왕 9년 瀋王 옹립을 시도하는 사람들이 상소문을 올렸는데, 김륜과 그 아우 禑는 상소문에 서명하지 않았다.
47) 이들 지역의 여행은 셋째 아들 玄昢이 출가하여 당시에 경주 감은사 주지로 있었기 때문이었는지도 모르겠다.(「金胼妻許氏墓誌銘」 참조)

유로 점찰법회占察法會를 매년 봄・가을마다 열게 되었다.48)

이처럼 정기적인 법회를 비구니가 독자적으로 주관한 사료는 고려시대에는 찾아볼 수 없다. 그러나 비구니가 비구들과 함께 결사를 이루어 대중교화에 참여한 흔적을 찾아볼 수 있다. 우선 고려 중엽에 전국적으로 행해지던 만불회萬佛會 등의 결사에 참여하였다.49) 또 고려 말 성행한 매향埋香에 참여하여 향도香徒를 지도한 경우도 있다. 즉, 이름은 밝혀져 있지 않지만, 우왕 13년(1387)에 4천1백 명이 결계結契하여 매향할 때 비구와 함께 비구니들도 참여하였다.50) 또 국가가 관여한 법회에 참여하기도 하였다. 즉, 공민왕 18년(1369) 공주의 기일날 새벽에 연복사에서 불공을 하였는데 남녀 승려 수천 명이 참석하였으므로, 왕은 그들에게 포목 8백 필을 주었다.51)

비구니들의 대중교화활동에서 주목되는 바가 있다. 신라가 삼국을 통일한 직후에 활동한 비구니가 있는데, 『삼국유사』에는 그 여승이 남항사南巷寺 십일면관음보살의 화신인 것처럼 설명되어 있다.52) 여기에서 주목되는 점은 관음보살이 비구교단에 예속되어 있던 비구니의 모습을 한 채 당시 국노國老로 추앙받던 경흥憬興의 병을 진단하고 웃게 함으로써 병을 치유했다고 전하는 것이다. 이는 비구니들의 교화 모습을 상징적으로 보여 준다고 하겠다.

또한 고려시대에 비구니의 극적인 교화활동을 보여 주는 사례가 있

---

48) 『三國遺事』, 권5, 「感通」, '仙桃聖母隨喜佛事'.
49) 숙종 6년(1101)에 남녀와 僧尼들이 떼를 지어 萬佛會를 하거나 개인의 집을 절로 만드는 것을 금지하였다(『高麗史』, 권85, 「志・刑法2」)
50) 미상, 「泗川埋香碑」, 『韓國金石全文』 中世 下, 1242쪽.
51) 『高麗史』, 권132, 「列傳・叛逆6」, '辛旽'.
52) 『三國遺事』, 권5, 「感通」, '憬興遇聖'. 관음의 33신 중에는 비구니신도 포함되어 있다.

다. 우왕 7년(1381) 5월에 개경의 한 비구니가 미륵불의 화신을 자칭하며 교화를 펴자, 사람들이 그를 믿고 쌀과 베를 희사한 일이 있었다. 헌사憲司에서는 그녀를 붙잡아 형장을 치고 귀양을 보냈다.53) 그녀가 귀양을 간 이유는 그녀의 행위가 법과 계율을 위반했기 때문이다. 즉, 자신이 도통했다고 사칭하는 행위는 승려들이 지켜야 할 계율을 범했을 때 승단에서 축출되는 4바라이죄婆羅夷罪 중 하나이므로, 환속시켜야 할 정도로 중한 죄에 해당하는 것이다. 또 당율唐律의 도승격道僧格이나 일본의 승니령僧尼令에 의하면, 승려의 특권이 인정되지 않고 모두 율령에 의해 관사官司에서 과죄科罪되는 범죄였다.54) 승려가 아닌 사람들이 미륵의 화신을 자처한 경우에는 귀양에 그치지 않고 모두 참형에 처해졌지만,55) 비구니는 승려이기 때문에 죽음을 면할 수 있었다. 위의 자료는 비구니의 불법적 행동을 국가가 사법처리하였음을 말하고 있지만, 역으로 말하면 당시 활발하던 비구니들의 교화활동의 한 단면을 보여주는 것이다.

비구니들의 교화 대상은 때로는 궁중의 왕비에까지 이르렀다. 즉, 비구니들은 궁중에 출입하며 왕실 여성들과 관계를 맺고 세간의 말을 전하는 역할을 하기도 한 것 같다. 홍휴洪休의 딸은 남편이 죽은 후 비구니가 되었는데, 충렬왕 때 궁중에 출입하며 제국공주齊國公主에게 민심을 전하였다.56) 충렬왕 14년(1288) 10월에 충렬왕비 제국공주가 백성을

---

53) 『高麗史』, 권134, 「列傳」, '辛禑'.
54) 김영미, 「高麗時代 佛敎界 통제와 律令: 승려 행동규제를 중심으로」, 『史學硏究』 67(2002), 18〜19쪽 참조
55) 우왕 때 固城에 사는 妖民인 伊金이 자칭 彌勒佛이라 하였고(『高麗史』, 권107, 「列傳」, '權旺 附 權和'), 농왕 8년 2월에는 私奴 無敵이 미륵의 화신이라고 자칭하였는데(『高麗史節要』, 권31) 모두 참형을 당하였다.
56) 『高麗史節要』, 권21; 『高麗史』, 권123, 「列傳」, '林貞杞'.

수탈하여 부를 축적한 부지밀직사사副知密直司事 감찰대부監察大夫 임정기林貞杞57)의 죽음에 대해 애도의 뜻을 나타내자, 이 비구니는 임정기의 몸이 백성의 피로 이루어졌으니 일찍 죽을 수밖에 없다고 하였다. 이 비구니가 이처럼 심한 말을 한 것은 임정기의 행적 때문이다. 즉 임정기는 왕지별감王旨別監으로 있으면서 밀직密直 최수황崔守璜에게 1척의 배에 실린 상등품 백미白米를 뇌물로 바쳤으나 그가 받지 않고 돌려보내자 성내어 그것을 다시 권귀權貴에게 바치고 최수황 대신 승지承旨가 되었으므로 당시 사람들이 더럽게 여겼다고 한다.58) 매우 드문 사례이기는 하지만 왕실 출입이 허용된 비구니가 왕비들을 위해 세간의 평판과 민심을 전하는 역할을 하기도 하였음을 알려 준다.

2) 불사

또 비구니들은 불사佛事에 적극적으로 참여하고, 자신의 재산을 시주하기도 하였다. 먼저 신라에서 비구니가 원광의 점찰보에 동평군의 전지田地 100결을 시주한 경우가 발견된다.59) 통일신라시대의 비구니 원적圓寂은 828년 향조사香照師와 함께 재산을 희사하여 법광사法光寺에 탑을 세웠다.60) 846년 승 향순이 단월 성덕대왕 김균정金均貞 가계의 원찰로 보이는 법광사의 탑을 옮기고 수리하며 단월의 왕생 및 국왕의 복

---

57) 『高麗史』, 권123, 「列傳」, '林貞杞'; 『櫟翁稗說』 前集. 임정기는 王旨別監으로 있으면서 密直 崔守璜에게 1척의 배에 실린 상등품 白米를 모두 뇌물로 바쳤으나 그가 받지 않고 돌려보내자 성내어 그것을 다시 權貴에게 바치고 최수황 대신 承旨가 되었으므로, 당시 사람들이 더럽게 여겼다고 한다.
58) 『高麗史』, 권123, 列傳36 '林貞杞'.
59) 『三國遺事』, 권4, 「義解」, '圓光西學'.
60) 미상, 「法光寺石塔誌」, 황수영 편, 『韓國金石遺文』(일지사, 1976), 145쪽.

과 수명을 기원한 것으로 미루어 당시 법광사에 탑을 세운 이유를 짐작할 수 있다.

고려 시기에는 불사에 참여한 더 많은 자료들을 찾을 수 있는데, 다음 <표4>와 같다.

<표 4> 비구니의 불사 참여

시 기	이 름	내 용
명종 25년(1195)	미상	의왕사의 탱화 수선에 참여
고종 39년(1252)	청혜淸惠	지리산 안양사 반자飯子 조성에 참여
충숙왕 10년(1323)	모이某伊	「관경십육관변상도觀經十六觀變相圖」(인송사 소장) 조성에 참여
우왕 3년(1377)	묘덕妙德	「백운화상초록불조직지심체요절白雲和尙抄錄佛祖直指心體要節」 금속활자 간행에 참여
우왕 4년(1378)	묘덕妙德	「백운화상초록불조직지심체요절白雲和尙抄錄佛祖直指心體要節」 목판본 간행에 참여
	묘덕妙德	윤필암 창건, 지공화상비 건립에도 참여
	묘장妙藏	지공화상비 건립 시 돌을 구하여 제공
우왕 14년(1388)	묘관妙寬	영전사에 나옹혜근의 사리 1매를 동탑에 봉안

명종 25년(1195)에 천태종의 대선사 각공覺公이 의왕사醫王寺의 탱화를 수선할 때 시랑侍郞 최광재崔光宰가 그 수리를 맡았는데, 한 비구니가 그에게서 탱화 한 점을 받아 수선해 주었다.[61] 비구니 청혜淸惠는 고종 39년(1252)에 비구 및 재가자들과 함께 시주하여 지리산 안양사安養寺의 반자飯子를 조성하였다.[62] 그리고 비구니 모이某伊는 충숙왕 10년(1323)에 「관경십육관변상도」(隣松寺, 至治 3)를 조성하는 데 기여하였다.[63]

---

61) 李奎報,「醫王寺에 처음 창건된 阿羅漢殿의 記」,『東國李相國集』; 이화여자대학교 한국여성연구소 편,『韓國女性關係資料集』中世篇下, 19~20쪽.
62)「安養寺飯子」,『韓國金石全文』中世 下, 1040쪽.
63)「觀經十六觀變相圖」, 菊竹洵一・정우택 편,『고려시대의 불화: 해설편』(시공사, 2000), 80~81쪽.

화기畫記에 의하면 조성에 참여한 사람들 중 낙산 아래에 살던 사람으로 니승 모이가 포함되어 있는데, 낙산은 현재 장단군長湍郡 용암산록湧巖山麓에 있었던 낙산사64)로 추정되고 있다.65) 그러므로 니승 모이는 낙산사와 관련을 맺고 이 불화를 조성하기 위한 시주를 받는 데 활동하였을 것으로 생각한다. 특히 이 그림의 단월檀越로 많은 여성이 언급되어 있는 점을 감안하면 재가여성신자들을 지도하고 권선하는 역할을 하였을 것이다.

비구니 묘덕妙德(定安君夫人 任氏)은66) 우왕 3년(1377)에는 「백운화상초록불조직지심체요절」을 금속활자로 찍어 냈고, 다음 해에 다시 목판본으로 간행할 때에도 비용을 조달하였다. 또 「백운화상어록白雲和尙語錄」을 출판하는 데 시주하였으며,67) 우왕 4년(1378)에는 재물을 내어 윤필암潤筆庵을 창건했고,68) 지공 화상의 부도비를 세우는 데에도 시주하였다.69) 우왕 4년 정업원 주지 묘장妙藏은 나옹의 다른 제자들과 함께 돌을 사서 지공의 부도를 회암사檜巖寺에 건립하는 데 앞장섰다.70)

그리고 비구니 묘관妙寬71)은 우왕 14년(1388) 왕사인 보제普濟 존자 나옹혜근의 사리 1매를 영전사令傳寺의 동탑에 봉안했다.72) 이 탑의 지

---

64) 『新增東國輿地勝覽』, 권12.
65) 菊竹淳一・정우택 편, 『고려시대의 불화: 해설편』, 81쪽.
66) 비구니 묘덕은 「神勒寺普濟禪師舍利石鐘碑」에 의하면 나옹혜근의 문도이고, 『白雲和尙抄錄直指心體要節』 권下(『韓國佛教全書』 6, 636쪽)에 의하면 태고보우의 문도이다.
67) 『白雲和尙抄錄直指心體要節』, 권下(『韓國佛教全書』 6, 636쪽); 『白雲和尙語錄』, 권下(『韓國佛教全書』 6, 668쪽).
68) 『牧隱文藁』, 권4, 「砥平縣彌智山潤筆菴記」.
69) 허흥식의 『고려로 옮긴 인도의 등불: 指空禪賢』(일조각, 1997), 358쪽에 의하면 묘덕은 비구니가 아닌 檀越의 명단에 포함되어 있다.
70) 『東文選』, 권119, 「碑銘・西天提納薄陁尊者浮屠銘幷序(李穡)」.
71) 비구니 묘관은 허흥식, 『고려로 옮긴 인도의 등불: 指空禪賢』, 357쪽에 의하면, 지공의 門生名目 중 비구니 명단에 포함되어 있어 지공의 제자로 보인다.
72) 미상, 「令傳寺址普濟尊者舍利塔」, 『韓國金石全文』 中世下.

석에 의하면 대공덕주로 봉익대부奉翊大夫 서윤현徐允賢과 그의 처 단산 군부인丹山郡夫人 장씨張氏가 등장한다. 이들은 법명이 각각 각희覺喜와 묘연妙然으로 보살계를 받은 불제자들로서, 탑을 건립하는 데 필요한 재물을 시주하였을 것이다. 즉 비구니 묘관은 도인 각수覺修와 함께 각각 나옹의 사리 1과씩을 구해 탑을 세우고 봉안하는 데 주도적 역할을 했을 것이다. 이러한 사실에서 비구니들이 불사에 적극적으로 참여하거나 직접 발원하고 실천하였음을 알 수 있다.

5. 맺음말

비구니들의 경우, 출가 이전의 사회적 지위에 따라 수행, 대중교화 및 불사와 관련한 활동 양상이 달랐을 것으로 짐작된다. 지배층 여성 중에는 글을 아는 사람들이 있었으므로 독경 등이 가능했겠지만, 피지배층 여성의 경우에는 불가능했을 것이다. 또 하안거에 참여하여 수행을 마치고 돌아갈 때 진각국사 혜심이 글을 적어 준 여성들과, 고려 말 선사들의 문도로 기록된 비구니들도 지배층 여성이었을 것이다.

또 지배층 여성들의 경우 홍휴의 딸처럼 왕실에 출입하기도 하고, 자신의 재산을 시주하여 각종 불사에 적극적으로 참여하기도 하였다. 이는 여성들의 경제력을 바탕으로 가능한 것이었다. 그렇다면 비구니들의 재산 소유가 가능하였을까? 중국 승려들의 재산 소유는 법적으로 불가능한 것이었다.[73] 따라서 당唐의 율律을 기본으로 한 고려시대에도 승

---

73) 중국의 경우, 北魏 永平 2년(509) 沙門統 惠深의 건의에 따른 승단의 자율적 규제에서도 출가자들은 8不淨物을 소유할 수 없게 되어 있고, 이 8부정물 속에 田園이 포함되어 있다.

려들의 재산 사유는 불법이었을 것이지만, 일부는 묵인되었던 것으로 보인다. 단, 그 이유가 국가의 교단 통제가 허술해져서 승려가 소유한 재산의 파악이 힘들어진 때문인지, 아니면 비구니의 경우 수절을 이유로 출가했기 때문에 예외적이었는지는 확인하기 힘들다. 그러나 공민왕의 후궁이었던 혜비와 신비의 경우 국가로부터 세록歲祿의 혜택을 보장받고 있었으므로 출가 후에도 시주가 가능했을 것이다. 그리고 지배층 여성의 경우 상속을 통해 재산 소유가 가능하였으므로 계율과 법에 의해 규제되었더라도, 수절을 이유로 출가하였기 때문에 재산을 그대로 소유하고 있는 경우가 많았다고 생각한다.

이와 달리 피지배층 여성 출가자들은 많은 재산을 소유하기 어려운 형편이었을 것이므로, 불사에 참여하는 방식도 안양사에 반자를 시주한 청혜처럼 시주자들을 모아 함께 참여하는 방식을 취했을 것이다. 피지배층 여성들은 지배층 여성들보다 출가 후 가족관계에서 비교적 자유로웠을 것이므로,74) 승려로서의 권선勸善 활동도 더 자유로웠을 것이다. 개경에서 미륵불의 화신을 자칭하며 교화를 폈던 여승은 이름조차도 알려지지 않은 것을 보면 피지배층 여성이었다고 생각된다. 또 만불회 등의 대중결사에 비구들과 함께 참여했던 비구니들도 피지배층 여성이었을 것이다.

삼국 및 고려 시대 여성들의 경우, 남편이 죽은 후 그리고 자녀들이 다 장성한 후에야 출가가 가능하였다. 그러나 자신들의 깨달음을 위해

이러한 규정은 그 후 唐의 道僧格에 계승되어 "奴婢, 田宅, 資財를 私畜할 수 없다"고 하였고, 일본의 僧尼令 제18조에서는 "凡僧尼不得私畜園宅財物及興販出息"이라고 하였다. 자세한 내용은 김영미, 「高麗時代 佛敎界 통제와 律令: 승려행동 규제를 중심으로」, 『史學硏究』 87, 20~21쪽 참조
74) 수절을 명분으로 출가하는 지배층 여성들의 경우, 자손의 출세에 지장이 되는 행동은 스스로 삼갔을 것이다.

수행하기도 하고, 대중교화에도 적극적으로 활동하였으며, 불사를 위해 노력하기도 하였다. 특히 고려 후기 선사들의 문도로 활동한 비구니들이 참선수행을 통해 깨달음을 추구하는 모습은 그 이전 시기에는 찾아볼 수 없는 사례라는 점에서, 비구니들의 활동과 위상에 큰 변화가 있었을 것이다.

참고문헌

『高麗史』.
『高麗史節要』.
金九容, 『惕若齋集』.
『東國輿地勝覽』.
『東文選』.
『櫟翁稗說』.
『白雲和尙抄錄佛祖直指心體要節』.
『扶桑略記』.
『四分律比丘尼鈔』.
『四分律比丘尼鈔』.
『三國史記』.
『三國遺事』.
『續日本記』.
『新增東國輿地勝覽』.
圓仁, 『入唐求法巡禮行記』.
李 穡, 『牧隱文藁』.
＿＿＿, 『牧隱先生集』.
李奎報, 『東國李相國集』.
『日本書紀』.
『曹溪眞覺國師語錄』.

菊竹洵一・鄭于澤 편,『고려시대의 불화: 해설편』, 시공사, 2000,
권순형,『고려의 혼인제와 여성의 삶』, 혜안, 2006.
김용선 편,『高麗墓誌銘集成』, 한림대학교출판부, 1993.
이화여자대학교 한국여성연구소 편,『韓國女性關係資料集』中世篇下, 이화여자대학교 출판부, 1986.
田上太秀,『佛敎と性差別』, 東京書籍, 1992.
허흥식 편,『韓國金石全文』中世下, 아세아문화사, 1984.
허흥식,『(고려로 옮긴) 인도의 등불: 指空禪賢』, 일조각, 1997.
황수영 편,『韓國金石遺文』, 일지사, 1976.

김영미,「신라불교사에 나타난 여성의 신앙생활과 승려들의 여성관」,『여성신학논집』1, 이화여대 여성신학연구소, 1995.
_____,「불교의 수용과 여성의 삶・의식세계의 변화: 고려시대 여성의 가정생활을 중심으로」,『역사교육』62, 역사교육연구회, 1997.
_____,「고려시대 여성의 출가」,『이화사학연구』25・26, 이화사학연구소, 1999.
_____,「고려시대 비구니의 활동과 사회적 지위」,『한국문화연구』1, 이화여대 한국문화연구원, 2001.
_____,「高麗時代 佛敎界 통제와 律令: 승려 행동규제를 중심으로」,『史學硏究』67, 2002.
_____,「高麗 眞覺國師 惠諶의 女性成佛論」,『梨花史學硏究』30, 2003.
김용선,「고려승려의 일대기」,『고려 금석문 연구: 돌에 새겨진 사회사』, 일조각, 2004.
勝浦令子,「東アジアにおける尼の比較硏究」,『日本古代の僧尼と社會』, 東京: 吉川弘文館, 2000.
이익주,「묘지명 자료를 통해 본 고려후기 관인의 생애: 김변(1248~1301)의 사례」,『한국사학보』23, 고려사학회, 2006.
허흥식,「조선의 定有와 고려의 眞慧: 두 시대 女大師의 비교」,『정신문화연구』27(4), 2004.

조선시대 비구니의 삶과 수행

이향순*

1. 머리말

조선은 우리에게 가장 가까운 전근대이면서도 비구니에 관한 한 가장 멀게 느껴지는 시대이다. 5백 년에 걸친 척불정책의 실시와 유교사상의 확산은 여성불자들에게 이중의 족쇄로 작용했다. 특히 비구니는 국가의 통치이념과 사회질서 및 문화관습의 관점에서 볼 때 불교, 출가, 여성이라는 세 가지의 열악한 요소를 모두 갖춘 비주류 내지는 반주류의 주변인 집단이었다.

최근 조선불교에 대한 연구자들의 관심이 높아지고 있으나 아직도 비구니의 수행전통을 직접적으로 밝혀 줄 수 있을 만한 자료는 발견되지 않고 있다. 『조선왕조실록』과 같은 방대한 사료에도 비구니에 대한 정보는 미미할 뿐만 아니라 수행과는 무관한 경우가 많고, 또한 유교

---

* 미국 조지아대학 교수.

사관들의 부정적인 시각을 반영하고 있어 객관성이 결여되어 있다. 따라서 현시점에서 조선시대 여성 수행자들의 출가와 수계 절차, 수행 방식, 승가 조직 및 법맥 전승과 사찰에서의 일상을 심도 있게 논의하기란 불가능하다. 물론 비구니에 대한 자료의 부족이 조선시대에 한정된 것은 아니다. 그러나 고려의 경우 문헌자료나 금석문에 혜심惠諶과 나옹懶翁 선사 문하의 비구니들이 화두참구를 통해 참선수행을 했다는 기록이 남아 있다.1)

본 논문에서는 아직 연구미답의 분야로 남아 있는 조선시대 비구니들의 삶과 수행에 대한 실마리를 찾기 위해 먼저 기존의 연구 성과를 개괄하고, 이를 바탕으로 비구니에 대해 미진한 사료를 보완할 자료로서 조선의 문학세계를 고찰하고자 한다. 조선시대 비구니들의 활동은 연산군 시기에 중대한 분기점을 맞는데, 현재까지의 연구는 대체로 연산군 이전 조선 전기에 집중되어 있다. 따라서 상대적으로 문헌정보가 부족한 조선 후기에 이르면 정사正史 밖의 자료인 고전문학과 구비문학이 그 가치를 발휘한다. 문학은 허구의 세계를 다루지만 그 세계가 지닌 현실에 대한 개연성을 통해 역사와 철학의 중간자 역할을 한다. 조선시대의 시가와 소설, 구비문학은 배불정책의 서슬 아래에서도 시대의 이념과 타협하지 않고 치열한 삶을 살았던 비구니들의 모습을 담고 있다. 본 논문에서는 그 대표적인 예로 「자탄自歎」이라는 한시를 남긴 비구니 예순禮順(1587~1657)의 행적을 살펴본다.

---

1) 고려 후기 비구니들의 수행에 대해서는 김영미, 「고려시대 비구니의 활동과 사회적 지위」, 『한국문화연구』 1(이화여대 한국문화연구소, 2002), 69~74쪽 참조

2. 조선시대 비구니사원과 수행 방식

오늘날 우리가 조선시대 비구니들에 대해 알고 있는 것은 대부분 지배층에 집중되어 있다. 지금까지 발표된 몇 편의 논문들도 거의 모두 조선 전기 비구니원比丘尼院에 대한 것인데, 이는 사료에서 비구니가 언급될 경우 주로 왕실 비빈과 사족 여인들의 호불적 성향, 상사上寺나 불사 참여, 나아가 출가와 관련된 내용을 다루고 있기 때문이다. 선행 연구에서 가장 눈에 띄는 업적은 정업원淨業院과 인수원仁壽院, 자수원慈壽院과 같은 지배계층 비구니사원의 존폐에 대한 조정의 논란과 이들 원당의 역사와 위치를 밝혀낸 것이다.

정업원은 선왕의 후궁이나 왕족 여인들이 불교에 귀의하여 말년을 보내던 처소로서 대대로 비구니가 주지직을 맡았다. 주지는 왕실친속들이었고 주지 임명은 대비가 했던 것으로 보인다.[2] 정업원의 존재에 대해 유생들은 건국 초기부터 끊임없이 폐지를 주장하는 상소를 올렸고, 이에 대처하는 군주의 불교에 대한 호오好惡의 정도에 따라 철폐, 복립, 중수를 반복하는 우여곡절의 역사를 겪었다.

하지만 고려 의종 때 첫 기록이 나타나는 정업원이 조선시대에도 존속하면서 최악의 척불군주였던 연산군을 거쳐 인조 이후에야 최종 혁파되었다는 사실은 여성불교사에서 대단히 중요한 의미를 갖는다.[3] 친유와 친불 노선으로 긴장관계를 유지했던 성종과 인수대비나 정업원 비구니를 노비로 격하시킨 연산군과 정반대로 중종대에 정업원의 주지

---

2) 이기운, 「조선시대 淨業院의 설치와 불교신행」, 『종교연구』 25(한국종교학회, 2001), 173쪽.
3) 혁파의 정확한 연대는 알 수 없으나 『조선왕조실록』에는 인소 내 니승의 입성을 금지하고 니원을 철폐했다는 언급이 있다. 또 다른 비구니절인 인수원과 자수원은 현종 때 철폐되었다.(이기운, 「조선시대 淨業院의 설치와 불교신행」, 『종교연구』 25, 164쪽)

를 맡았던 연산군의 후궁 곽씨의 예에서 보이듯, 정업원의 역사는 불법을 숭앙하던 구중궁궐 안의 여인들이 유교로 무장된 남성 파워엘리트들에 굴복하지 않고 매우 오랜 기간 동안 개인적으로는 자신들의 신앙을 지키고 사회적으로는 조선불교의 보호세력으로 건재했음을 증언한다.

정업원이 존재함으로써 비구니들은 비구와 달리 궐내와 성내를 비교적 자유롭게 드나들 수 있었고 비빈 등 상류층 여인들로부터 시주를 받을 수 있었다. 이 보시금의 일부는 도성 밖이나 산중의 큰 비구사원에 불사금으로 유입되었으리라 쉽게 유추할 수 있다. 대궐 출입이 가능하던 비구니들은 비빈들이 후원한 경전 간행 불사에도 영향을 끼쳤을 것이다. 또한 뒤에 자세히 논하겠지만, 정업원은 대비, 선왕의 후궁들을 비롯한 세력가의 부녀자 및 궁녀들과 교유하던 비구니들이 자의든 타의든 궁중정치에 연루될 소지를 열어 놓았다.4) 정업원은 조선시대에 비구니사원이 궐내에서 도성 주변으로, 도성 주변에서 다시 산중으로 옮겨 가는 과정에서 여성 불교신앙의 구심점 역할을 했다.5)

그렇다면 정업원을 중심으로 한 왕실 비구니사원에서는 어떤 방식의 수행이 이루어졌을까? 여기에서 결정적인 답을 제시하기는 힘들지만 몇 가지 추측은 가능하다. 우선, 조선 사회 전반에 유교이념이 정착하여 반불교적 정서가 확산되고 사원 철폐의 위협이 상존하던 상황에서 비구니들이 참선, 특히 좌선 위주의 수행을 하기는 어려웠으리라 짐

---

4) 정치적 사건에 연루된 비구니의 대표적인 경우가 인조 때의 비구니 惠英이다. 그녀는 인조 24년 세자빈 강씨의 소생으로 추측되는 갓난아기의 시체를 궐 밖으로 빼냈다 하여 모진 고문을 당하다 죽었다. 이 사건의 전모에 대해서는 정석종・박병선, 「朝鮮 後期 佛敎政策과 願堂(1): 尼僧의 存在樣相을 中心으로」, 『민족문화논총』 18・19(영남대학교, 1998), 234~235쪽 참조.

5) 정석종・박병선, 「朝鮮 後期 佛敎政策과 願堂(1): 尼僧의 存在樣相을 中心으로」, 『민족문화논총』 18・19, 227쪽.

작된다. 선수행보다도 염불, 간경, 사경, 주력, 지계 등이 주된 수행 방식이었을 가능성이 크다.

이 추측의 구체적인 근거는 다음과 같다.

첫째, 조선시대 비구니들의 가장 두드러진 활동은 재齋를 지내는 것이었다. 특히 수륙재는 국가에서 인정한 유일한 불교행사였는데,6) 여기서 우리의 관심을 끄는 점은 부녀자들이 수륙재의 형식을 빌려 불사를 행했다는 사실이다.7) 조선에서 수륙재는 여타의 재들을 흡수한 의식이었는데,8) 여성불자들이 수륙재를 지내는 목적은 망자의 극락왕생을 빌고, 아들의 탄생을 기원하며, 병의 치료와 회복을 빌고, 남편과 자식의 무병장수와 성공을 발원하는 데 있었다.9) 태종은 "궁중의 부녀들이 그 아들의 수壽를 연장하기를 바라서 사재私財를 써서 예참禮懺을 베풀거나 혹은 수륙재를 행하니 금하고자 하나 금하지 못한다"고 했다.10) 종실이나 사대부가 여인들의 수륙재 집전을 위해 원당 비구니들은 평소에 염불과 독송에 힘썼을 것이다.

둘째, 『조선왕조실록』에는 비구니원에서 들리는 범패소리에 대해 불평하는 유생들의 기사가 더러 나온다. 예를 들어, 성종 17년 12월 정

---

6) 수륙재는 세종 때 공인되었다.(이영화, 「조선 초기 불교의례의 성격」, 한국정신문화연구원 석사학위논문, 1993, 34쪽)
7) 예컨대 문종 1년 5월 광평대군의 부인이 불사로 법석을 베푼 것이 문제가 되었는데, 그 이유는 수륙재 외의 불사는 용인할 수 없다는 조정의 입장 때문이었다.(이순구, 「朝鮮 後期 女性의 信仰生活」, 『역사학보』 150, 역사학회, 1996, 53쪽)
8) 조선 초기 국가에서 실시한 불교행사에는 祈雨齋, 救病祈禱, 忌齋, 水陸齋가 있었는데, 이 중 기우재를 제외한 나머지 행사들은 점차 수륙재로 수렴되었다.(한우근, 『儒敎政治와 佛敎-麗末鮮初 對佛敎施策』, 일조각, 1993, 151쪽; 이순구, 「朝鮮 後期 女性의 信仰生活」, 『역사학보』 150, 역사학회, 1996, 52쪽)
9) 이순구, 「朝鮮 後期 女性의 信仰生活」, 『역사학보』 150, 54쪽.
10) 『太宗實錄』, 1年1月丁丑條. 국역은 이순구, 「朝鮮後期 女性의 信仰生活」, 『역사학보』 150, 56~57쪽에서 인용.

업원에서 '범패지성梵唄之聲'이 울리니 철거해야 한다는 사헌부의 상소가 있었다.11) 다음 해 2월에도 비구니들의 '추성醜聲'이 들린다는 상소가 올라온다.12) 이 역시 왕실 비구니들이 의식용 음악과 함께 염불 및 송경誦經을 많이 했다는 증거이다.

셋째, 비구니에 대한 부녀상사금지婦女上寺禁止 조항의 적용으로 산사에 위치한 선종계통 비구승들과의 지속적인 교류가 힘들었고, 선사의 지도가 없는 여법한 참선수행은 불가능했을 것이다. 조정에서 부녀상사 지책을 실시할 초기에는 왕실이나 사족 부녀자들의 실행失行을 방지한다는 명목으로 재가신자만을 대상으로 삼았다. 그러나 유생들은 비구니들 역시 실절失節의 우려가 있음을 강력히 주장했는데,13) 성종대에 노비 출신 비구니 정인正因이 비구 학윤學潤을 사이에 두고 자신의 주인이었던 양반 부인 홍씨를 죽이는 치정살인 사건이 일어나면서 성종 11년 비구니들의 상사행위도 전면 금지되었다.

이처럼 조선 사회의 유교화가 심화되면서 비구니들도 '수행자'가 아닌 '부녀'의 범주에 갇히게 되었고, 남녀유별의 논리를 따르지 않으면 안 되었다. 비구니들은 성차별의 유교이념을 비구와 비구니를 격리하는 율장의 규정과 동일 선상에서 수용했을 것이다. 부녀자 상사에 대한 비난의 초점은 여인들이 절에 간다는 사실보다도 이들이 절에 다녀오기 위해 유숙한다는 데 맞추어져 있었다. 인가에서 떨어진 절을 내왕하거나 절에 묵으면서 기도를 하려면 유숙이 불가피했다. 그러나 유생들은

---

11) 『成宗實錄』, 17年12月壬午條.
12) 『成宗實錄』, 18年2月癸酉條.
13) 예컨대, 성종 4년 여름 정업원 비구니가 사족 부녀들과 正因寺와 成佛庵에서 5·6일 유숙한 사건이 난 후 사족 부녀들만 죄를 물은 것에 대해 婦女上寺之策은 실절과 풍속오염을 방지하기 위한 목적이므로 비구니 역시 부녀로서 추국을 받아야 한다는 소가 있었다.(『成宗實錄』, 4年7月乙巳條)

절을 핑계로 비구, 비구니, 사족 부녀자들이 한 곳에서 밤을 지낸다는 사실에 매우 민감한 반응을 보였다. 물론 이 비난이 왜곡된 시각을 지닌 유생들의 고의적인 정치적 수사에 불과했다 하더라도, 실절의 사회적 의미와 파장이 빠른 속도로 증폭되던 조선시대 유교 사회에서는 효과적인 억불 전략이었다.

이런 사회문화적인 분위기를 감안할 때, 비구니들에게는 선지식의 점검을 필요로 하는 간화선수행이 비현실적인 수행 방식이었을 것이다. 따라서 이보다 개인적인 실행이 용이한 염불수행이나 독경, 사경 등을 선호했으리라 본다.

넷째, 조선의 비구니들은 열악한 사원경제로 인해 상당 시간을 울력으로 보냈으리라 생각된다. 염불은 울력과 동시에 할 수 있는 수행이다. 간경이나 사경도 글을 읽고 쓸 줄 아는 왕실이나 사족, 궁녀 출신 비구니들에게나 가능했을 것이고, 이들을 따라 함께 출가한 여종들은 비구니가 된 후에도 조용히 앉아 경을 읽고 쓸 여건이 되지 않았을 것이다. 『조선왕조실록』에 따르면, 정업원 등 비구니원에 왕이 지급한 전답과 노비의 수가 적지 않았다.14) 그러나 이것은 특권층 출신 비구니들이 주석하던 원당願堂의 상황이고 일반 니사尼寺의 경우는 사정이 달랐다. 심지어 정업원조차도 사서에서 암시하는 만큼 사찰재정이 좋지는 않았던 듯하다. 단종이 영월로 떠날 때 출가하여 '허경虛鏡'이라는 법명을 받고 정업원의 주지가 된 단종비 정순왕후의 경우, 사중의 어려운 살림을 돕기 위해 댕기, 저고리 깃, 고름, 끝동 등에 자줏물을 들인 다음 바위에 널어 말리는 일을 했다고 전해진다.15)

---

14) 세조는 세조 4년과 6년에 각각 노비 100명씩을 지급했다. 단종과 성종 초에도 매월 쌀 70석을 지급케 했다.(『世祖實錄』, 6年6月庚申條; 『成宗實錄』, 11年2月癸亥條)

조선시대의 절과 승려에게 부과된 공물과 강제노역에 대해서는 잘 알려져 있다. 비록 자료상 확인되지는 않았으나 비구니사원도 예외가 아니었을 것이다. 고려 시기와 마찬가지로 직조, 염색 외에 메주 띄우는 일 등에 많은 시간을 보냈으리라 생각된다. 특히 성종 이후 비구니사찰이 도성 밖으로 내몰리면서 시주나 탁발에 의존하기가 더욱 힘들어졌을 것이다. 조선 후기의 가사 작품에도 비구니의 가난을 읊는 구절이 나온다.16) 유교는 여성에게 근면과 검소를 중요한 부덕으로 강조했는데, 비구니들은 출가 전에 이런 덕목을 내면화하고 출가 후에는 궁핍한 절 살림에 직면하면서 '일일부작일일불식一日不作一日不食'의 승가정신에 따라 자연스럽게 노동을 일상화했을 것이다. 결론적으로 노동을 하면서 가장 손쉽게 할 수 있는 수행법은 염불과 진언이다.

마지막으로, 조선시대의 비구니들이 참선을 주된 수행법으로 삼지 않았을 간접적인 증거로서 소설이나 시가에 나타난 그들의 호칭을 들 수 있다. 고전소설이나 시에서 비구니들을 가리킬 때에 '대사大師'라는 표현은 흔한 반면 '선사禪師'라는 호칭은 간헐적으로만 나타난다. 굳이 '선사'라고 할 때에는 '선사仙師'로 처리되기도 한다. 그리고 비구니들이 수도하는 모습이나 비구니 도량을 묘사할 때에는 종종 염불소리를 도입한다. 즉, 조선 사회에서는 염불이 출가수행자의 정체성을 가리키는 가장 일차적인 상징이었다. 그런데 문학작품 속에 등장하는 비구니의 염불 내용은 거의 예외 없이 "나무아미타불"이다.17)

---

15) 김응철,「정업원과 사승방의 역사로 본 한국의 비구니 승가」,『전통과 현대』7(전통과 현대사, 1999), 76쪽.
16) 남철이 지었다는 네 편의 女僧歌辭에는 젊은 비구니에게 구애행각을 벌이는 양반 남자가 등장하는데, 그는 비구니의 궁색한 모습과 나물밖에 먹지 못하는 절집 살림을 세속 여인네들의 풍요한 삶과 대비하면서 그녀를 유혹하려 든다.
17) 관음보살이 함께 칭명되는 경우도 있다. 가사 작품에서 대표적인 예를 찾을 수 있다.「申哥

위의 여러 정황을 두고 볼 때 조선조 비구니들의 수행은 염불과 다라니를 외우면서 아미타불의 서방정토를 염원하는 정토신앙의 성격을 강하게 띠었던 것 같다. 주지하다시피 조선불교는 여성 중심의 기복신앙이 주류를 이루었고, 유교의 효사상과 결부된 명부冥府신앙이 보편화되어 있었다.18) 처녀는 비구니가 될 수 없었고 실행한 자나 남편의 삼년상을 마친 과부 또는 역役이 없는 하층민 여인들만 출가가 허용되었으므로, 조선시대의 비구니사원은 과부로서 출가한 사람들이 도량의 운영과 수행의 전통을 주도했을 것이다. 이들이 죽은 남편과 조상 및 세속의 자식들을 위해 염불과 기도에 주력했으리라 능히 짐작할 수 있다. 게다가 이들은 사회의 따가운 눈총을 받으며 절을 찾는 재가여성들의 가족과 가문을 위해 축원기도와 염불을 했을 것이다. 이처럼 조선시대 비구니사원의 수행 체제가 정토신앙 중심으로 이루어졌으리라는 견해는 당시 승가 구성원의 특성에도 어느 정도 근거한다.

조선 초기 비구니들의 수행전통은 유생들의 끈질긴 반대에도 불구하고 개인적으로 호불 성향이 강했던 왕과 왕비, 공주, 대비와 후궁의 후원으로 그런대로 명맥을 유지했다. 그러나 성종 때 사승방을 제외한 도성 내의 모든 비구니원이 훼철되고 이후 연산군의 극단적인 폐불정책과 임진왜란을 겪으면서 비구니승단은 큰 변화를 겪는다. 기록상으로

傳」의 화자는 젊은 나이에 삭발하여 '선생의계 공수하고' 아흔에 입적할 때까지 '자나깨나 아미타불'을 염했다고 회고한다. 남철의 「再送女僧歌」에서는 남성 화자가 젊은 비구니를 '禪師任'이라 부르며 환속을 권하면서, "아미타불 관세음보살 천만 번 외오면서 죽비와 경자를 무수이 두다린들 글로서 붓쳐 되며 죽은 부모 사라올가"라고 읊는다. 비구니는 이에 대한 답신으로 「女僧再答辭」에서 "극락세계 다시 나서 재상녀로 나죠더면" 결혼을 고려해 보겠노라고 한다. 마찬가지로 「靑春寡婦歌」에서도 일찍 남편을 잃은 젊은 여인이 "머리 깎고 중이 되어 염불공부나 하여 볼가"라고 사설하는 장면이 나온다.
18) 이은순, 「조선시대 성리학 정착과 여성의 신앙활동」, 『사학연구』 54(한국사학회, 1997), 117쪽.

볼 때 조선 후기에는 후궁이나 사대부 여인들의 출가가 거의 사라지고 승려들의 지위가 전반적으로 하락하면서 여성 출가자들의 출신계층도 중서인中庶人 및 하층민으로 저하되었다.19) 이는 사원경제가 더욱 궁핍해졌음을 의미한다. 왕족이나 사족이 아닌 중하층 피지배계급의 여인들이 주류를 이룬 조선 후기의 비구니승가는 참선을 통한 깨달음보다 가중되는 울력 속에서 이상적인 불국토를 염원하는 정토신앙으로 더욱 경도되었으리라 유추할 수 있다.

그러나 비구니들은 이러한 악조건 속에서도 역사의 무대에서 퇴장하지 않고 인욕과 근면, 신심으로 그 힘든 시기를 헤쳐 나갔다. 이들은 날로 강화되는 국가의 통제에도 불구하고 관官에서 도량을 허물면 장소를 이동하여 또 다시 절을 짓거나 쇠락한 절을 중수하고, 도성출입금지령에도 불구하고 대담하게 궁에 들어가는 등 끈질기게 구도의 길을 지켰다. 현종 때 비구니들의 강제 환속이 있은 후, 사서에서 이들의 존재는 희박해진다. 그러나 사실 이 시기에 비구니들은 이미 도성에서 점차 멀리 산중으로 수행의 터전을 옮기고 있었다.

3. 예순의 구도행

이런 와중에도 영민한 비구니들은 조선의 문사들에게서 인정받는 시인으로, 궐내 정치에 영향력을 행사하는 지도자로서 적극적인 삶을

---

19) 정석종·박병선, 「朝鮮 後期 佛敎政策과 願堂(1): 尼僧의 存在樣相을 中心으로」, 『민족문화논총』 18·19, 253쪽. 조선 후기의 가사나 다산 정약용의 극시 「소경에게 시집간 여자(道康瞽家婦詞)」에 등장하는 비구니 인물들은 모두 피지배층 출신이다.

영위했다. 예컨대, 중국에 우리나라 시의 전통을 소개하기 위해 고대로부터 대략 18세기까지 가장 대표적인 시를 선별하여 편찬한 『해동시선海東詩選』과 『대동시선大東詩選』에는 조선 비구니의 작품이 모두 다섯 수 실려 있다. 이 한시를 쓴 세 명의 비구니 시승들은 교육 수준이 높은 양반가 출신이었을 것이다. 이는 조선 후기에도 사족 부녀의 출가가 전적으로 끊어지지는 않았음을 방증한다. 아래에서는 이 추론을 뒷받침해 주는 예로서 17세기 비구니 예순의 행적을 살펴본다.

예순은 「자탄自歎」이라는 칠언절구의 한시를 남긴 시인으로 알려져 있다.[20]

祇今衣上汚黃塵,　이제 가사를 황진으로 더럽히게 되니,
何事靑山不許人.　어찌하여 청산은 사람을 허락치 않는가.
寰宇只能囚四大,　세상은 다만 나의 육신을 가둘 수 있을 뿐,
金吾難禁遠遊神.　금오도 멀리 떠도는 마음을 막기 어렵도다.[21]

문면상 이 시는 수행자로서의 고뇌를 그린 작품이다. 화자의 어조에는 깊은 비감이 서려 있고 '황진'이라는 표현에는 세상사에 대한 회한의 정서가 짙게 묻어난다.

그런데 이 시를 쓴 예순이라는 비구니는 도대체 어떤 인물이며 그녀는 어떤 경위로 이와 같은 시를 쓰게 된 것일까? 다행히 예순에 대한 기록은 『광해군일기光海君日記』, 『어우야담於于野談』, 『속잡록續雜錄』, 『공사견문록公私見聞錄』, 『연려실기술燃藜室記述』, 「진휘속고震彙續攷」 등의 사서와 개인문집에 나와 있고, 『청룡사지靑龍寺誌』나 『봉선사본말

---

[20] 이 시는 「自歎」이라는 제목으로 널리 알려져 있지만 이 시가 실린 柳夢寅의 『於于野譚』에는 이런 제목이 붙어 있지 않다. 이 제목은 후대에 붙여진 듯하다.
[21] '金吾'는 의금부를 가리킨다.

사약지奉先寺本末寺略誌』와 같은 사지에서도 찾을 수 있다. 비록 단편적이긴 하나 이 정보들을 짜 맞추어 보면, 예순은 광해군 재위 시 조정을 떠들썩하게 만들었던 간통사건의 주인공이자 후일 인조반정에도 연루된 예사롭지 않은 인물임이 드러난다. 그리고 이런 사건의 배경에는 그녀의 지극한 불심이 자리 잡고 있었으며, 그녀의 시작詩作 동기 및 작품에 드러난 갈등의 원인까지도 그녀의 종교적 열정과 깊이 관련되어 있음이 드러난다.

예순은 선조 20년인 1587년에 태어나 주로 광해군과 인조대에 걸쳐 활동한 인물이다. 그녀의 속명은 여순女順이며, 광해군 때 여러 벼슬을 거쳐 나중에 계해정변의 주역으로 인조 즉위 후 연평부원군이 된 이귀李貴의 딸이다. 『조선왕조실록』에 의하면, 여순은 천성이 총명해 일찍부터 문자를 터득했고 6, 7세 때부터 글을 읽었다. 그녀는 17세[22]에 이귀의 정치적 동지였던 김자점金子點의 동생 김자겸金自兼과 혼인했지만 4년 뒤 남편이 사망해 일찍 과부가 되었다. 어릴 때부터 글 읽기를 좋아한 여순은 결혼한 후에도 독서를 매우 좋아했다고 한다.

여기서 중요한 사실은 여순의 남편 김자겸이 불교에 매우 심취한 인물이었다는 점이다. 책을 좋아했던 여순은 결혼 후 자연히 남편과 함께 불서를 탐독하게 되었을 것이다. 그런데 이 젊은 부부가 함께 불도를 공부할 때에 김자겸의 가까운 친구였던 오언관吳彦寬도 '도우道友'로서 동참했다. 여순의 말을 직접 빌면, 일찍부터 '선학禪學'에 종사해 온

---

22) 예순의 혼인연령에 대해 『光海君日記』에는 15세로 『靑龍寺誌』에는 17세로 나와 있다. 김자겸이 1608년에 사망했고 그들의 결혼 기간이 4년이었으므로, 예순은 1604년에 혼인했고 당시 연령은 15세가 아니라 17세였을 것으로 추정된다. 그러나 '15세'라는 주장이 예순 자신의 진술에 근거한 것이고 또한 만일 『청룡사지』에 기술된 예순의 출생연도가 정확하지 않을 경우, 그녀의 혼인연령이 15세였을 가능성을 배제할 수 없다.

남편의 영향으로 그들은 부부생활과 자녀 생산 같은 것은 염두에 두지 않았다. 김자겸 부부와 오언관 세 사람은 "마치 솥밭처럼 대하고 앉아서 종일 불도를 이야기하였는데, 어떤 때는 밤이 으슥하도록 이야기하기도" 했다고 한다.[23] 김자겸은 죽기 전날, 다음날 죽을 것을 미리 알고 부인에게 일러주었으며 임종 시에는 게송을 남겼다고 여순은 진술하고 있다. 그의 게송은 『어우야담』에 전한다.

來時無所着,   올 때 얽매인 바 없었거니,
去若淸秋月.   떠나감에 맑은 가을달과 같다.
來亦非實來,   오는 것 또한 실제 오는 것 아니었으니,
去亦非實去.   가는 것 또한 실제 가는 것 아니리.
眞常大樂性,   진상은 본성을 크게 즐겁게 하나니,[24]
惟此以爲理.   오직 이로써 이치를 삼을지라.[25]

젊은 나이에 과부가 된 여순은 얼마 있지 않아 속세에서는 수도를 제대로 할 수 없다며 산중으로 떠났다. 그런데 이것이 문제의 발단이었다. 오언관은 김자겸이 죽은 후에도 여순의 집을 드나들며 불교에 대한 공부를 계속했는데, 이들의 지속적인 교류는 김자겸의 유언에 따른 것이었다.[26] 오언관은 오겸吳謙의 서자로서 "사람됨이 총명하여 변론을 잘 하였으며 불교 서적을 모두 열람하고 사찰을 두루 유람"한 인물이었

---

[23] 이 증언은 예순의 공초에 근거한 것으로 이와 비슷한 내용의 글이 『於于野談』에도 실려 있다. "김자겸은 불도를 지나치게 좋아하여 그의 벗인 서얼 오언관과 더불어 불업을 닦았다. 거처와 음식을 내외의 분별없이 같이 하였고, 비록 잠자는 일에 있어서도 처자의 방을 함께 썼다."(유몽인, 『나 홀로 가는 길』, 신익철 역, 태학사, 2002, 103쪽)
[24] '眞常'은 열반을 가리킨다.
[25] 유몽인, 『나 홀로 가는 길』, 신익철 역, 103~104쪽.
[26] 이 유언은 『光海君日記』, 『燃藜室記述』, 『於于野談』에 실려 있는데, 그 내용이 모두 일치한다.

다.27) 여순은 망부의 유언에 따라 오언관의 강설을 들으며 불법을 공부하던 중 오대산에 비구니가 많다는 이야기를 듣고 그리로 출가하고자 했다. 그러나 그 뜻을 이루지 못하고 있다가 광해군 6년 4월 오언관이 덕유산으로 유람을 떠난다는 말을 듣고 가족들에게 편지를 남긴 뒤 그를 따라 덕유산으로 가서 함께 삭발 출가했다고 한다.28) 이때가 1614년이고 당시 여순의 나이는 28세였다.

여순과 오언관 두 사람은 이렇게 함께 돌아다니다가 안음현에서 체포되었는데, 이때 그들은 사족 신분이 드러날까 두려워 부부 사이라고 거짓을 고했으며, 여순은 '영일英日'이라는 가명을 사용했다. 그런데 이들 일행에는 목사 나정언羅廷彦의 첩이었던 젊은 과부 정이貞伊라는 여인도 포함되어 있었다. 정이는 과부가 된 후 사람들이 여순을 '귀하게 여긴다'는 소문을 듣고 그녀를 따라다닌 지 3년만에 체포되어 함께 문초를 받았다. 이여순, 오언관, 정이 세 사람은 간음 혐의를 강력히 부인했으나, 결국 두 여자는 옥에 갇히고 서얼 출신인 오언관은 고문사함으로써 간통사건 자체는 마무리 지어진다. 하지만 이 사건의 정치적 여파는 계속되어 이귀는 딸의 실절을 막지 못했다는 혐의로 삭탈관직과 도성 추방의 벌을 받게 된다.29)

---

27) 『光海君日記』, 6年8月己亥條.
28) 이에 대해 정석종과 박병선은 사족 여자들의 원당으로의 출가가 어려워지자 오대산과 같은 심산궁곡에 비구니 사암이 증가한 것으로 보고 있다(정석종·박병선, 「朝鮮 後期 佛敎政策과 願堂(1): 尼僧의 存在樣相을 中心으로」, 『민족문화논총』 18·19, 230쪽). 여순의 출가에 대해 『靑龍寺誌』는 『朝鮮王朝實錄』과 전혀 다른 정보를 담고 있다. 『靑龍寺誌』에 따르면 여순은 21세에 남편과 사별하고 친정에 살다가 24세가 되던 1610년에 청룡사에서 道心 스님을 은사로 출가했다고 한다. 여순이 언제 어떻게 '예순'이라는 법명을 받았는지에 대한 언급은 없다. 『靑龍寺誌』에 실린 여순의 출가 과정에 대해서는 후속 연구가 좀 더 필요하다.
29) 정석종·박병선, 「朝鮮 後期 佛敎政策과 願堂(1): 尼僧의 存在樣相을 中心으로」, 『민족문화논총』 18·19, 229~232쪽.

예순은 오언관이 옥사하고 자신의 목숨까지도 위태로운 상황에서 「자탄」이라는 한시를 써서 남동생에게 전했다.30) 시의 전반부는 가사에 먼지를 뒤집어쓴 것과 같이 불도를 닦는 청정수행자가 음행이라는 엄청난 혐의를 받아 청산에도 들어갈 수 없는 지경에까지 이른 데 대한 통한의 정서를 담고 있다. 그러나 시인은 작품의 후반부에서 비록 자신의 몸은 무고한 죄를 받아 옥에 갇혀 있으나 도를 추구하는 자신의 마음만은 의금부조차도 가두어 둘 수 없다는 강한 신심을 표현하고 있다. 영혼의 자유를 얻었으니 죽음도 두렵지 않다는 뜻이다. 이 시에서 여순은 자신을 가사를 수한 출가수행자로 묘사하고 있다. 세상을 향해 자신의 정체성을 승려로 규정하는 행위이다.

그러나 이귀의 탄핵으로까지 이어진 이 사건에 대한 비판의 화살은 예순의 숭불행위보다도 그녀의 실절혐의에 쏟아졌다. 이 사건이 조정과 세인의 주목을 끈 이유는 한마디로 그 선정성에 있다. 고관의 딸이자 사대부가의 젊은 과부가 사상범인 동시에 풍기문란범으로 체포된 것은 가부장적 유교질서를 표방하는 조선 사회에 엄청난 물의를 일으킨 사건이었음에 틀림없는데, 그것은 임금이 이들을 친국하겠다고 나선 데서도 알 수 있다. 『조선왕조실록』의 사관은 "이때를 당하여 삼강이 끊어졌다. 그러고도 나라가 되겠는가"라고 논평함으로써 이 사건의 공초를 끝맺고 있다. 이런 경로로 정사에서는 예순이 사회의 기본 도덕률을 무너뜨린 탕녀로 낙인찍히게 되었다.

하지만 그녀가 수행을 빙자하여 망부의 친구와 심산유곡을 돌아다니며 음행을 범했다는 혐의는 그 범행의 성격상 명확한 진실을 밝히기

---

30) 유몽인, 『나 홀로 가는 길』, 신익철 역, 105쪽.

가 힘들다. 그런데 『조선왕조실록』과 다른 사료들을 대조해 보면 이 사건은 유교의 내외윤리와 규범의 강화라는 측면과 함께 정치적, 종교적 탄압의 색채도 띠고 있었다. 우선 이귀에 대한 징벌이 암시하듯, 예순은 당파정치에서 서인이었던 이귀를 제거하려는 북인들의 집요한 정치적 공격에 좋은 빌미를 제공한 셈이었다.

또한 예순은 비빈이나 사족 부녀자의 출가가 거의 끊어진 시기에 다시 한 번 부녀자 상사 폐해 논쟁을 야기한 주범으로서, 이 사건은 사족 여인들 사이에 끈질기게 존속되어 온 불교신앙에 대한 대대적인 경고의 측면도 있었다. 이런 결론을 뒷받침하는 중요한 진술이 『어우야담』에 실려 있다. 『조선왕조실록』에 누락된 이 진술은 추국이 끝나갈 무렵 예순이 죽음을 각오하고 토해 낸 신앙고백의 성격을 띠고 있다. 진술이 다소 길지만, 조선시대 지배층 여인들의 종교관을 드러내는 중요한 내용을 담고 있으므로 전문을 아래에 옮긴다.

"제가 생각하건대, 옛날 석가는 왕의 태자로서 나라를 버리고 성을 뛰쳐나가 설산에서 고행한 지 10년만에 세간에 주재하는 부처가 되었습니다. 지난 겁에 여자의 몸이었던 문수文殊는 제 몸을 돌아보지 않고 도에 참여하여 마침내 정각正覺을 이루었으며, 원왕부인願王婦人은 왕후로서 법을 구하여 먼 길을 떠났으나 스스로 도달할 수 없게 되자 심지어는 스스로 몸을 팔아 가며 고행을 하였는데, 그녀는 곧 관음의 전신이었습니다. 이 밖에도 역대로 고행했던 자들은 이루 다 헤아릴 수 없이 많은데, 당나라 때에 이르러서는 불법이 크게 일어나지 않았지만 문벌가의 부녀자들이 비구니가 되어 출가하여 어떻게 죽었는지 알 수 없는 자들 또한 많았습니다. 고금이 비록 다르지만 뜻이야 어찌 다를 수 있겠습니까?"
또 말하였다.
"세상에는 삼교三教가 있으니, 유교와 도교와 불교입니다. 유교는 자신의 덕을 밝히고 남의 덕을 밝힘으로써 군신부자로 하여금 오륜을 모두 밝히도록 하고, 만물로 하여금 그 직임에 편안토록 하여 곤충과 초목까지도 모두 그 혜택을 입도록 하니, 이는 유교가 크게 두드러진 점입니다. 선교는 능히 수화水火로 형기를 단련하여 물외物外로 날아 올라가니, 질병과 고뇌가 가까이 오지 못하며 늙음과 죽음이 침범하지 못합니다. 그러나 괴겁壞劫의 윤회를 벗어나지는 못할지니, 이는 다만 장수하는 영화에 그칠 뿐입니다. 불학은 타고난 불성을 돈오하여 절로 본성이 청정해짐에 마치 흰 달이 하늘에 떠 있는 듯합니다. 사습邪習이 절로 제거되고, 번뇌가 저절로 청정해집니다. 점차 두루 통하여 자유자재하게 됨에 신통한 변화는 막힘이 없고, 윤회의 길이 끊어지고 지옥이 영원히 멸합니다. 지난날의 악업은 구름이 소멸하고 비가 흩어지듯 하며, 지난 겁의 원친冤親들과 함께 각안覺岸을 건너게 되니, 몸은 무너져도 더욱 밝아지고 겁이 다하도록 더욱 견고해집니다. 미세한 티끌 하나도 대개 이와 같거늘 그 나머지에 대해서는 말로 다하기가 어렵습니다. 저는 여자의 몸으로 태어나 유학을 배우고자 해도 끝내 임금을 바르게 하고 백성에게 혜택을 베푸는 지극한 이치를 이룰 수가 없습니다. 그리고 선도는 조화의 권도를 훔쳐 크게 농환弄丸하는 것입니다. 그런 까닭에 불도를 배워 겨우 한 가닥을 터득하자 산림의 은혜에 보답하고자 하여 일생토록 그것을 저버리지 않고자 하였습니다. 이제 대죄 가운데 떨어졌으니 죽을 날이 얼마 안 남았습니다. 그러나 형해形骸가 흩어지는 것은 다만 신발을 벗는 것과 같을 따름이고, 생사의 이치는 밤이 지나면 아침이 오는 것과 다를 바 없습니다. 하물며 죄를 범하지 않고 죽게 되었으니, 죽는 것이 오히려 사는 것입니다. 이에 여한이 없습니다."[31]

예순은 불교의 매력과 함께 여성으로서 불교에 귀의하지 않을 수 없는 사유를 생생한 목소리로 타당성 있게 설명하고 있다. 조선의 여인들에게는 치세를 궁극의 목적으로 하는 유교가 신앙의 대상이 될 수 없었고, 이들은 또한 도교나 무속에서 종교적 위안을 얻기도 힘들었다.

예순이 자신을 변호하는 어조는 침착하고 논리적이며, 그녀의 진술

---

31) 유몽인, 『나 홀로 가는 길』, 신익철 역, 105~108쪽.

은 독서와 수행으로 축적한 식견과 통찰력을 유감없이 드러내고 있다. 예순은 공초가 끝나고 옥에서 풀려나면서 궁에 들어가기를 자청했고 광해군은 이 간청을 허락했다.32) 처형을 당할 죄인의 위치에 있었음에도 불구하고 예순은 기회가 주어지자 민첩하게 자신의 요구를 관철시킬 줄 아는 정치적 순발력을 지닌 인물이었으며, 따라서 종국에는 본인의 희망대로 자수원에 머물게 된다. 예순의 이런 대담한 면모는 궁에 들어간 이후의 행적에서 구체적으로 확인된다.

원당 비구니로서의 예순에 대한 일화는 주로 이긍익李肯翊의 『연려실기술』, 조경남趙慶男의 『속잡록』, 정재륜鄭載崙의 『공사견문록公私見聞錄』에 나와 있다. 『연려실기술』과 『속잡록』을 훑어보면, 예순은 궁을 출입하며 사족 출신 승려라는 특수한 신분을 이용하여 궁녀 및 왕실여인들과 폭넓은 대인관계를 맺었다. 중전 유씨를 비롯 후궁들로부터 존경과 신임을 받았으며, 특히 광해군의 애첩 김상궁 개시介屎와는 모녀지간의 관계를 맺을 정도로 그 친분이 각별했다. 예순은 권력의 핵심에 있던 김상궁에게 자신의 아버지와 시숙 김자점이 대북파의 질시와 모해를 받는다고 자주 호소했다. 예순은 김자점을 돕기 위해 김상궁과 궁인들에게 뇌물공세도 마다하지 않았으며, 심지어는 시숙의 정치행보에 대한 의구심을 일으키지 않도록 궁인들에게서 수천 냥의 돈을 빌려 뇌물로 쓰며 김자점을 보호한 결과, 모든 궁인들이 그녀의 시숙을 그의 자字인 '성지成之'로 부를 정도였다고 한다. 과연 예순이 김자점의 역모의지를 알고도 그런 일을 했는지 아니면 단순히 시숙의 출세를 위해 그랬는지는 알 길이 없다. 그러나 그녀의 대인술이 능수능란하여 광해군

---

32) 예순이 掖庭署의 방자가 되기를 자원하여 사면을 받았다는 설도 있다.(장지연, 「震彙續攷」, 『張志淵全書』 2, 단국대학교 동양학연구소, 1979, 190쪽)

마저도 김자점의 역모 가능성을 믿지 않을 정도였다고 한다.33)

　예순의 정치적 영향력은 결국 인조반정으로 이어진다. 『공사견문록』에는34) 이귀가 군사혁명을 성공시키는 데 딸 예순이 결정적인 공헌을 했다는 비화가 실려 있다. 아이러니한 것은 이 비화가 훌륭한 효행담으로 소개되어 있다는 점이다. 1623년 이귀는 왕을 폐위하려는 모의에 가담했던 것이 탄로나 체포된다. 이 소식을 들은 예순은 즉시 김상궁에게 편지를 보냈는데, 거기에는 임금에 대한 이귀의 변치 않는 충성심을 찬양하는 가사歌辭가 한 편 들어 있었다고 한다. 이 편지로 인하여 이귀는 중벌을 면하고 감옥에서 석방되었다. 그러나 그는 옥에서 풀려난 바로 그날 밤 반정을 일으켜 새 임금 인조를 추대하게 된다. 예순을 철저히 믿고 그녀의 입장을 임금에게 대변해 주었던 김상궁은 정업원에서 불공을 드리던 중 반정 소식을 듣고 민가에 숨었는데, 곧바로 반정군에게 잡혀 처형되었다.35) 그리고 강화도로 쫓겨난 광해군은 후일 제주도로 이송되고 그로부터 18년 후 제주도에서 죽음을 맞는다.

　그러면 비구니 예순이 이와 같이 대담한 정치적 역량을 발휘할 수 있었던 비결은 무엇일까? 이에 대한 답은 비교적 쉽게 찾을 수 있다. 우선 그녀는 엄청난 종교적 카리스마를 지닌 인물이었다. 이긍익은 '일설一說'이라는 전제하에, 예순이 "궁중에 출입하니 대궐 안 사람들이 모두 생불이라 일컬어 신봉함이 비할 데가 없었다 한다"고 기술하고 있다. 이 점은 정이의 공초 기록과도 일치한다. 정이는 예순이 "오랫동안 먹

---

33) 이긍익, 『(국역) 연려실기술』,(민족문화추진회, 1986), 472쪽.
34) 『公私見聞錄』은 모두 4책으로 구분되어 있는데, 효종의 다섯째 사위인 정재륜이 궁중에 출입하면서 보고 들은 역대의 선행이나 경계로 삼아야 할 일들을 기록해 놓은 책이다. 예순과 관련된 일화는 『公私見聞錄』 1부에 소개되어 있다.
35) 『光海君日記』, 15年3月癸卯條.

고 자지 않아도 생생하였으며 온몸에 향기가 나고 광채가 났다"고 증언하였다. 물론 정이의 진술은 불교 초심자의 주관적인 관찰에 지나지 않는다고 치부할 수도 있다. 하지만 한 가지 분명한 사실은 정이라는 젊은 여인의 눈에는 예순이 "생불이나 미륵의 현신"으로 보였을 만큼 경외심을 일으키며 수행자로서의 신비스러운 면모를 보여 주었다는 점이다.36) 장지연張志淵도 「진휘속고」에서 예순의 글과 언변이 뛰어나고 계행 또한 철저해 궁궐에서 그녀를 "불존"으로 여겼으며 심지어 "정향頂香의 예"를 행하기도 했다고 적고 있다.37)

　이와 같은 당대인들의 증언을 고려할 때 예순의 수행력이 범상치 않았음은 분명하다. 그렇다면 그녀는 과연 어떤 방식으로 수행을 하였을까? 본 논문의 주제와 연관시켜 한번쯤 제기해 볼 만한 질문이다. 그녀는 혼인 후 "오직 지극한 불도에 마음을 두어 8, 9년간 공력을 쌓으니 터득한 바가 있었다"고 했다.38) 이 말은 그녀가 불도를 공부하는 과정에서 모종의 진전을 경험했다는 뜻이다. 위에서 설명했듯, 예순을 불교로 안내한 장본인인 김자겸과 오언관은 둘 다 경전공부에 매진한 인물들이었다. 그렇다면 이들과 함께 불학을 공부한 예순의 교학에 대한 이해도 상당 수준이었을 것으로 추정된다. 또 한 가지 흥미로운 사실은 김자겸과 오언관 둘 다 선禪에 몰입했었다는 점이다.39) 그렇다면 이들의 직접적인 영향 아래 있던 예순 역시 선수행을 하지 않았을까 생각해

---

36) 이긍익, 『(국역) 연려실기술』, 472쪽.
37) '頂香의 예'란 향을 두 손으로 들고 합장한 뒤 머리 위로 올려 공경의 예를 표한 다음 그 향을 바치는 의식으로, 이 예를 표하는 대상은 부처와 같은 높은 위치에 있음을 의미한다.
38) 『光海君日記』, 15年3月癸卯條.
39) 김자겸은 '禪學'에 힘썼다는 기록이 있고, 오언관도 '禪'을 배우기 위해 사찰을 두루 유람했다는 기록이 있다. 『光海君日記』 6年8月己亥條.

볼 수 있다. "정이가 '선을 배우느라' 김자겸의 아내를 따라다녔다"는 오언관의 증언도 어느 정도 이런 추측을 가능하게 한다. 하지만 『연려실기술』에는 예순이 "절간을 떠돌아다니며 아미타불을 신앙하였다"고 되어 있다.40) 물론 극히 제한된 문구만으로 예순의 수행법에 대한 논의를 하기란 불가능하다. 그러나 그녀가 견성한 인물로 예경의 대상이 되었다는 기록으로 보아 수행의 경지가 보통을 넘어섰음은 사실인 듯하다.

인조반정 후 예순에 대한 기록으로는, 그녀가 인조 2년(1624) 인목대비의 명을 받들어 청룡사를 중창하고 광해군 때 억울하게 죽은 영창대군의 명복을 빌었다는 이야기가 『청룡사지』에 전한다.41) 또한 『봉선사본말사약지』에는 인조 8년(1630)에 예순이 회룡사 주지로서 다섯 번째 중창불사를 마쳤다는 기록이 남아 있다.42) 이런 기록들은 당시 예순이 상당히 영향력 있는 위치에 있었으며, 그것이 계해정사 후 그녀의 아버지가 누렸던 일등공신으로서의 권세와 무관하지 않음을 증명한다. 또한 사지의 자료는 예순이 광해군과 광해군의 정적인 인목대비 양쪽에서 모두 신임을 받을 만큼 인간관계가 폭넓고 정치력이 뛰어났음을 보여준다.

약간의 과장을 섞자면 예순은 천의 얼굴을 가진 여인이었다고 할 수 있다. 정사인 『광해군일기』와 야사인 『연려실기술』이 그녀를 평가하는 시각이 다르다. 조선 중기의 사회상을 비교적 사실적으로 전한다는 『어우야담』은 그녀의 구도역정을 강조하고, 어떤 늙은 궁인으로부

---

40) 이긍익, 『(국역) 연려실기술』, 472쪽.
41) 예순의 청룡사 중창에 관한 기록은 청룡사지편찬실, 『靑龍寺誌』(청룡사, 19/2), 137 141쪽 참조
42) 김월운, 『奉先寺本末寺略誌』(봉선사, 1977), 86쪽.

터 들은 이야기를 전한다는 『공사견문록』은 그녀의 효행을 강조하는 반면, 사지류는 그녀의 중창불사만을 언급하고 있다.43) 어떤 자료는 예순과 김개시의 돈독한 인간관계를 강조하지만, 어떤 자료는 예순이 정치적으로 늘 인목대비의 편이었으며 대비가 광해군의 핍박으로 서궁에 유폐되었을 때에도 그녀만이 변치 않고 대비를 찾았다고 기술하고 있다.

이렇게 예순에 대한 관점의 차이에도 불구하고 한 가지 확실한 것은, 그녀가 다양한 계층의 사람들을 끌어들이는 흡인력을 지닌 인물이었으며 이것이 결국 정치권력으로 작용했다는 점이다. 조선의 비구니들은 대개 죽은 남편의 극락왕생을 빌고 과부로서의 여생을 조용히 보내려는 소극적인 동기에서 출가하는 경우가 많았다. 예순도 과부의 신분이기는 했으나 그녀의 출가 동기와 경위는 일반 여성들의 경우와 구별된다. 깨우침을 이루겠다는 적극적인 이유에서 출가를 감행했고, 구도의 길에 들어선 이상 성불에 장애가 되는 사회의 금기나 부당한 외압에 굴하지 않는 기상을 지켰다.

4. 맺음말

예순의 경우에서 보듯, 조선시대 비구니에 대한 문헌자료들은 그 자료가 작성된 정치적, 사회적 맥락과 작성자의 이해관계에 따라 동일한

---

43) 아이러니하게도 『公私見聞錄』에 예순의 기록이 남은 것도 결국 그녀의 효행에 대한 저자의 유교적 관점 때문이다. 이는 조선시대의 시선집에 뽑힌 승려시 중에 효도에 대한 시가 더러 있는 현상과 같은 맥락에서 이해될 수 있다. 이 현상의 좋은 예가 『大東詩選』 총림편에 실린 비구 山立의 「寫懷」라는 작품이다. 불교문학 작품에 대한 시선 편찬자의 유교적 관점에 대해서는 김상일, 「역대 시선집 소재 승려시 연구」, 『불교문학과 불교언어』(이회문화사, 2002), 151~152쪽 참조.

사건에 대해 정반대의 입장을 취하기도 한다. 그러나 예순은 매우 다행스러운 경우이다. 후대의 연구자들에게는 상치되는 기록이라도 너무나 소중한 자료이며, 상치되기 때문에 오히려 연구의 동기는 커진다. 조선시대에는 법명만 알려지고 전기적 자료가 전무한 비구니가 곳곳에 산재해 있다. 예컨대, 예순 외에도 조선 후기의 비구니로서 아름다운 한시를 남긴 시승이 두 명 더 있다. 그러나 우리는 이들의 법명이 혜정慧定과 담도潭桃라는 것 외에 아무런 정보도 갖고 있지 않다.[44] 마찬가지로 순천 지역에 전해오는 '자운선사紫雲仙師' 전설은 임진왜란 때 비구니들의 활약상을 암시하는 대단히 중요한 구전자료이다.[45] 많은 학자가 승군의 지대한 공적을 논하지만, 우리는 이 국가적 위기에 비구니들이 무엇을 했을까 하는 질문조차 제기해 보지 않았다. 겨우 알려진 것이 왜군에 희생된 이태원 운종사 비구니들의 전설과 같이 슬픈 내용들이다.[46]

조선시대 비구니들은 조용히 그러나 슬기롭게 출가승단의 역사를 지켜왔다. 이들이 재가신자와 산중 비구사찰의 연결고리로서 조선불교의 존속에 막중한 기여를 했음은 이미 밝혀진 바 있다.[47] 그러나 조선의 비구니들이 단순히 교량 역할만 한 것은 아니다. 예순의 행적에서 확인했듯, 조선의 비구니들은 불굴의 의지로 자신이 처한 시대의 벽을

---

[44] 혜정은 「佛前祝」, 「雨聲孤寺秋」를, 담도는 「歲暮」, 「次蒼虎軒韻」을 남겼다. 이 네 편의 한시는 『海東詩選』에 전한다. 『海東詩選』의 편차가 1766년에서 1767년 사이에 이루어졌음을 감안할 때 이 두 비구니의 사망 하한 시기는 대략 1766년 이전으로 잡을 수 있다.
[45] 이 구비문학 작품은 비구니 '寶雲', '寶月', '寶蓮'에 대한 것이다. 순천승주향토지편찬위원회, 『順天昇州鄕土誌』(순천문화원, 1975), 272~275쪽.
[46] 이 전설은 이태원의 지명이 '異胎院'에서 '梨泰院'으로 바뀐 경위를 설명하고 있다. 이곳에 위치했던 운종사 비구니들이 왜군에게 집단으로 겁탈을 당한 뒤 아기를 낳음으로써 관에서 할 수 없이 이곳에 토막을 짓고 살게 했다는 내용이다.(이경재, 『한양 이야기』, 가람기획, 2003, 89~98쪽)
[47] 정석종·박병선, 「朝鮮 後期 佛敎政策과 願堂(1): 尼僧의 存在樣相을 中心으로」, 『민족문화논총』 18·19, 233~236쪽.

넘고자 노력했다. 날이 갈수록 배불정책이 강화되던 시절에 구도의 길을 포기하지 않고 염불과 간경, 사경, 진언 수행을 하면서 종교 탄압이 없는 극락을 발원했다.

그러나 여성종교사가 일반적으로 그렇듯, 이들의 삶과 수행의 족적은 역사의 전면에 나타나지 않는다. 모든 사회적 체제가 무너진 1909년 조선 말에도 563명의 비구니가 각지에서 도량을 지키며 여성 출가수행의 전통을 지탱하고 있었다.48) 그때와 지금의 승단을 숫자상으로 비교할 때 비구승의 수는 큰 차이가 없는 반면, 비구니의 수는 거의 9배 내지 10배로 증가했다.49) 불과 한 세기 만에 한국 여성의 잠재력이 이렇게 극적으로 표출된 예가 그리 흔하지 않을 것이다. 이 '화려한' 부활은 조선이라는 암흑기에도 수행의 불씨를 꺼뜨리지 않기 위해 온갖 노력을 다한 비구니스승이 존재한 덕분이다. 오늘날 한국 비구니승단의 활기찬 모습에서 우리는 강인한 자생력을 지닌 조선 비구니들의 모습을 본다. 이 논문에서는 은둔의 베일이라는 다분히 낭만적인 수사에 가려진 조선시대 비구니들의 삶이 기실 매우 역동적이었음을 밝히고자 했다. 이 베일을 벗기고 이들의 살아 있는 모습을 객관적으로 조명하기 위해 우리는 사서 외에도 문학과 같은 주변 자료를 폭넓게 살펴야 한다. 특히 승가 내에 전수되어 온 생활 자료가 또 다시 기억의 저편으로 사라지기 전에 채록될 수 있도록 조직적인 노력을 기울여야 할 것이다.

---

48) 박희승, 『이제, 승려의 입성을 許함이 어떨는지요: 시련과 도전의 한국불교근세사』(들녘, 1999), 265~257쪽.
49) 2004년 대한불교조계종 통계자료집에 의하면 구족계를 받은 비구와 비구니의 수는 각각 4,646명과 4,673명으로 비구니가 비구보다 조금 더 많다. 조계종 통계자료에 대해서는 조계종 공식 웹사이트(http://www.buddhism.or.kr/library/statistics/board.asp) 참조.

참고문헌

『公私見聞錄』.
『光海君日記』.
『大東詩選』.
『成宗實錄』.
『於于野談』.
『燃藜室記述』.
『靑龍寺誌』.
『太宗實錄』.

김월운, 『奉先寺本末寺略誌』, 봉선사, 1977.
박희승, 『이제, 승려의 입성을 허함이 어떨는지요: 시련과 도전의 한국불교근세사』, 들녘, 1999.
순천승주향토지편찬회, 『順天昇州鄕土誌』, 순천문화원, 1975.
유몽인, 『나 홀로 가는 길』, 신익철 역, 태학사, 2002.(마침표)
이경재, 『한양 이야기』, 가람기획, 2003.
한우근, 『儒敎政治와 佛敎-麗末鮮初 對佛敎施策』, 일조각, 1993.

김상일, 「역대 시선집 소재 승려시 연구」, 『불교문학과 불교언어』, 이회문화사, 2002.
김영미, 「고려시대 비구니의 활동과 사회적 지위」, 『한국문화연구』 1, 이화여대 한국문화연구소, 2002.
김응철, 「정업원과 사승방의 역사로 본 한국의 비구니 승가」, 『전통과 현대』 7, 1999.
이기운, 「조선시대 淨業院의 설치와 불교신행」, 『종교연구』 25, 한국종교학회, 2001.
이순구, 「朝鮮後期 女性의 信仰生活」, 『역사학보』 150, 역사학회, 1996.
이영화, 「조선 초기 불교의례의 성격」, 한국정신문화연구원 석사학위논문, 1993.
이은순, 「조선시대 성리학 정착과 여성의 신앙활동」, 『사학연구』 54, 한국사학회, 1997.
장지연, 「震彙續攷」, 『張志淵全書』 2, 단국대학교 동양학연구소, 1979.
정석종·박병선, 「朝鮮後期 佛敎政策과 願堂(1): 尼僧의 存在樣相을 中心으로」, 『민족문회논총』 18·19, 영남대학교, 1998.

한국 근현대 비구니의 수행

해 주*

1. 머리말

　전통은 하루아침에 이루어지는 것이 아니라 오랜 세월 동안 많은 사람들의 노력을 통해 전승되어 온 것이다. 전통 속에 녹아 있는 선인들의 족적은 뒤따라가는 후학들에게 귀감이 되고 힘이 되어 준다. 불교가 한국에 전래되던 때부터 시작된 한국의 비구니승가는 현재 1,600여 년의 오랜 역사와 수행전통을 지니고 있다.
　그런데 선대의 비구니들은 거의 저술을 하지 않았고, 제자들 역시 스승의 행장과 가르침을 어록으로 남기지 않았다. 그래서 선대 비구니들의 삶과 수행은 다만 구전되어 오는 말씀과 현재의 승가 모습을 통해 미루어 알 수 있을 정도이다. 다행히도 최근에는 앞서 살다 간 비구니들의 수행여정에 관심을 갖고 그 삶을 추적하여 기록한 자료들과 관련 문헌이

---

* 동국대학교 교수.

늘어나고 있어¹) 수행의 편린이나마 알려지게 되었다. 이에 본고에서는 관련 문헌 자료들에 의거하고 보충하면서 한국 근현대 비구니 수행의 모습을 고찰해 보기로 한다. 이 글이 수행과 깨달음에 도움이 되고 앞으로 계속될 비구니 연구에 징검다리가 될 수 있기를 기대해 본다.

2. 근현대 비구니사의 시대 구분과 약사

대한불교조계종교육원에서 펴낸 『조계종사曹溪宗史: 근현대편』에서는 한국불교사에서의 근현대를 다음의 네 시기로 구분하고 있다.

① 근대 교단의 태동(1876~1910)
② 민족불교의 시련과 극복(1910~1945)
③ 불교의 자주화와 교단 개혁(1945~1962)
④ 대한불교조계종의 성립과 발전(1962~1999)

이는 1876년 강화도조약이 체결되어 개항이 시작된 시점을 근대의 시작으로 보고,²) 1945년 8·15해방 이후부터를 현대로 본 것이다. 근대

---

1) 비구니의 수행에 관한 최근 자료로서 주목할 만한 것으로는 먼저 『깨달음의 꽃』(도서출판 여래, 1998)과 『깨달음의 꽃』 2(도서출판 여래, 2001)를 들 수 있다. 이 책은 하춘생 불자가 근현대를 살다간 비구니 32人의 행적을 찾아서 '한국의 비구니'라는 제하로 『법보신문』(1990. 4. 16~1996. 11. 26)과 『주간불교』(1996. 10. 29~1999. 12. 21)에 연재한 것을 출판한 것으로, 32비구니의 문도들에게 전해오는 일화와 직·간접으로 가르침을 받아 알고 있는 내용들로 되어 있다. 또 한국비구니연구소에서 펴낸, 지방승가대학에서 '비구니 원로를 찾아서'라는 기획으로 탐방하여 회보(「운문회보」 4~42, 1983. 4. 15~1992. 11. 6)에 실은 것을 비구니 관련 신문·잡지의 기사들과 함께 실은 『한국비구니연구소총서』 I·II(2003)가 있다. 이 밖에 대한불교조계종교육원에서 펴낸 『禪院總覽』(2000), 『講院總覽』(1997), 『近代禪院芳啣錄』(1996), 『曹溪宗史: 근현대편』(2001), 『한국근현대불교사연표』(2000) 등에서 비구니 관련 내용을 알 수 있고, 한국불교승단정화사 편찬위원회에서 펴낸 『韓國佛敎僧團淨化史』(1996)에서도 비구니의 활동을 보여 주고 있다.

는 다시 1910년의 한일합방을 기점으로 전후로 나뉘고, 현대는 1962년 대한불교조계종3)의 성립을 중심으로 전후로 나뉜다.

근현대의 비구니사도 전반적으로 종단사 내지 불교사와 그 흐름을 같이하지만 비구니들의 변화는 더욱 괄목할 만하다. 선원과 강원의 설립 및 재건, 지계・참선・간경・교육・염불・주력, 가람수호・대중교화・복지사업 등이 활발해졌으며, 종무행정관리 및 사회참여도 그 이전에 비해 놀랄 만큼 적극적으로 전개해 갔다. 특히 종단의 정화불사와 개혁에 대다수가 적극 동참하였고 문도별 법맥을 정비하였으며, 전국비구니를 결속시키는 모임으로 우담바라회優曇鉢羅會를 결성(1968)하여 1985년에 창립된 전국비구니회의 기초를 다졌다.

이러한 비구니의 활동을 중심으로 근현대 비구니사의 시대를 다음과 같이 근대와 현대로 나눈 다음 현대를 다시 대한불교조계종이 성립된 1962년을 기점으로 하여 둘로 나누어서 두 시대, 세 시기로 구분하여 살펴보기로 한다.

1) 근대불교시대(1876~1945)
2) 현대불교시대 (1945~1985)
   ① 교단정화개혁 참여기(1945~1962)
   ② 자주적 단합과 발전기(1962~1985)

---

2) 한국 근대불교의 시작은 국호를 대한제국으로 고친 1897년으로 보기도 하고, 승려의 도성 출입금지가 해금된 1895년으로 이해하기도 한다. 본고에서는 대한불교조계종교육원에서 펴낸 『曹溪宗史: 근현대편』(2001)의 시대 구분을 따른다.
3) 한국불교사에서 조계종이라는 명칭이 등장하는 첫 현존사료는 「高麗國曹溪宗堀山下斷俗寺大鑑國師之碑」(1172)이나, 조계종의 연원은 신라 말부터 형성되기 시작한 선문구산이다.(김영태, 『한국불교사개설』, 경서원, 1986, 294~297쪽) 근대 이후의 조계종은 1941년 조선불교조계종이 출범하면서 역사의 전면에 부각되었고, 1945년 한국불교조계종으로 바뀌었다가 1962년에 통합 종단이 들어서면서 현재의 대한불교조계종으로 정착되었다. 대한불교소계종의 종헌은 1962년 3월 22일에 제정되어 1962년 3월 25일에 공포되었다.(대한불교조계종 총무원, 『대한불교조계종 법령집』, 1995년 초판, 2001년 개정판)

여기서 하한년도는 대한불교조계종 전국비구니회가 창립된 1985년까지로 한다. 전국비구니회가 결성된 이후로는 전국비구니회관 건립을 위시하여 더욱 눈부신 변화와 발전이 전개되고 있으므로, 전국비구니회의 창립과 발전사에 대해서는 앞으로 별도의 고찰을 기대해 본다.

1) 근대불교시대(1876~1945)

이 시기는 근대 교단이 태동하고 민족불교가 일본강점기에서 시련과 극복을 함께한 시대이다. 1910년 5월에 국가 궁내부에서 조사한 결과에 의하면 당시의 사찰 수는 958개였고, 비구는 5198명, 비구니는 563명이었다.[4)]

만공월면滿空月面(1871~1946) 스님은 근대 교단을 태동케 한 승풍진작의 수행결사[5)]를 이끌었던 경허성우鏡虛惺牛(1849~1912) 스님의 선법을 이었는데, 이 만공 스님의 영향으로 1916년 1월 수덕사 견성암에 최초로 비구니선원이 개설되었으며,[6)] 1918년에는 통도사 옥련암玉蓮庵이 비구니강당으로 정해져 비구니강원교육이 이루어졌다.[7)] 1918년의 전체

---

4) 대한불교조계종교육원,『한국근현대불교사연표』(2000), 21쪽,『皇城新聞』, 1910. 5. 5;『大韓每日申報』, 1910. 5. 6.
5) 근대 승풍을 진작시킨 수행결사의 시작은 1899년부터 경허 스님이 일으킨 정혜결사이다. 스님은 해인사에서 결사를 시작한 후에도 1903년까지 통도사, 범어사, 화엄사, 송광사 등을 순력하며 선원을 복원하고 수행을 이끌었으며, 이러한 결사의 생활을 청규에서 세부적으로 규정하였다.(대한불교조계종교육원,『曹溪宗史: 근현대편』, 31쪽)
6)『한국근현대불교사연표』, 227쪽,『선원총람』, 679~680쪽에서는 창건 시부터 선원으로 출발한 견성암이 최소한 1913년 이전에 있었을 것으로 추정하는데, 창건의 공덕주는 道洽 스님이다. 만공 스님의「견성암방함록서」(1928)는 견성암선원이 명실상부한 비구니선원으로 확고히 자리잡게 하는 기틀을 마련해 주어 여법하게 제1회 안거자를 배출하였다고 한다.(『근대선원방함록』, 231~233쪽, 만공문도회,『만공법어』(덕숭산 능인선원, 1982), 212~213쪽 참조)
7)『한국근현대불교사연표』, 227~228쪽,『朝鮮佛教叢報』第10號(大正7年7月), 582쪽.『朝鮮

비구니 수는 1,275명이었다.[8]

그 후로 비구니에 의해 선원과 강원이 개설되어 참선과 간경의 열기가 고조되었다. 비구니선원으로 수덕사 견성암(1916)에 이어 내장사 소림선원(1924, 세만), 동화사 부도암(1927, 성문), 직지사 서전(1928, 성문), 대승사 윤필암(1931), 월정사 지장암(1937, 본공), 해인사 국일암(1944, 대원), 해인사 삼선암(1945, 성문) 등이 차례로 개원되었으며, 통도사 옥련암(1918)에 이어 보문사(1936)와 남장사 관음강원(1937)에서 비구니강원생이 함께 이력을 볼 수 있었다. 물론 비구니선원과 강원이 개원되기 이전에도 비구니들이 전국 각지에서 수선안거를 하거나[9] 개인적으로 인연이 닿는 사찰과 강백스님에게서 이력과목을 배울 수 있기는 하였지만,[10] 비구니들이 함께 모여 수행하고 교육받는 여법한 수행도량이 이루어지게 되었다는 것은 그 의의가 매우 크다고 하겠다.

또한 예로부터 비구니가 주석했던 사찰을 중창하여 전통을 계승하거나(청룡사, 상근) 범패 등의 법요의식을 전수받기도 하였으며(긍탄·천일), 조국의 독립과 중생의 이고득락을 발원하는 만일염불회(1936, 자현: 보문사)를 개설하는 한편 사찰을 신축하고 개방해서 일반 대중이 기도하고

佛敎叢報』는 30본산 연합사무소에서 발간한 불교잡지로서 1917년 3월 20일에 창간되어 1921년 1월 20일 통권 22호로 종간되었다.(김광식 편·윤창화 사진, 『1900~1999 한국불교 100년』, 민족사, 2000, 25쪽) 『朝鮮佛敎叢報』에 대해서는 金光植·李哲敎, 『韓國近現代佛敎資料全集 解題版』(민족사, 1996) 25~26쪽 참조.

8) 『한국근현대불교사연표』, 30쪽. 참고로 1985년 1월 조계종단의 승려 수는 비구 7533명, 비구니 4030명이다.(서종범 편, 『曹溪宗史 資料集』, 1989, 3쪽)
9) 비구니들은 전국의 선원에서 안거하면서 만공 스님과 한암 스님을 비롯하여 당대의 큰스님들에게서 직접 참선 지도를 많이 받았으며, 묘엄 스님이 1944년에 대승사 대승선원에서 수신할 때는 청담·성철·우봉·서암·윤포산·자운·종수·청안 스님과 함께 정진하였다고 한다.(불학연구소 편, 『선원총람』, 345쪽)
10) 비구니들이 개인적으로 경을 배웠던 장소와 강사스님은 동학사 만우, 통도사 서해담, 청암사 극락전 고봉경욱, 해인사 고경, 국일암 타불, 서울 응선암 대은 스님을 들 수 있다.

염불하는 도량으로 삼아 신행을 지도하기도 했다.

이처럼 불교교단이 근대화되던 변환의 시기에 비구니들은 참선·간경·염불·의식·가람수호 등의 정신을 구현하는 데 모자람이 없을 만큼 힘껏 수행하면서 동시에 어려운 시대상황 속에서 대중과 아픔을 함께해 갔다.

2) 현대불교시대(1945~1985)

(1) 교단정화개혁 참여기(1945~1962)

현대불교시대를 대한불교조계종의 성립을 기점으로 둘로 나눌 때, 그 전기는 해방 후 불교의 자주화를 이룩하고 한국전쟁 이후 불교교단정화에 적극 동참하여 교단개혁을 이루어 낸 시기라 할 수 있다.

정화운동의 전말을 적은 일지인 『한국불교승단정화사』를 보면, 비구와 대처 간에 본격적인 충돌이 일어난 1954년 8월부터 그 다음해인 1955년 8월까지의 일을 소상히 알 수 있으며, 비구니들이 얼마나 적극적으로 정화불사에 동참하였는지도 잘 알 수 있다. 단적으로 『한국불교승단정화사』의 서문인 범룡梵龍 스님의 「감격사」[11]만 보아도 정화운동 당시 비구니들의 정화의지와 역할을 충분히 알 수 있다고 하겠다. 정화일지에 담겨 있는 전국승려대회를 열게 된 내력을 보면,[12] 비구니들도 비

---

11) 한국불교승단정화사 편찬위원회, 『韓國佛敎僧團淨化史』(1996), 11~12쪽. "또한 비구니 대중 근 백여 명은 총무원(태고종) 측 대중의 왜색마술에서 벗어나서 善心을 발하여 정통불교를 신앙하도록 기원하는 마음에서 조계사 뒷마당(총무원 앞) 永板에 엎드려 降魔 伏地群像을 보고 감격이 컸습니다."
12) "우리 比丘僧·尼들은 이것을 袖手傍觀하고 放置할 수는 없었다."(한국불교승단정화사 편찬위원회, 『韓國佛敎僧團淨化史』, 37쪽) "이로부터 우리 首座들은 全國 比丘僧·尼 大會를 召集하여 그 席上에서 公決하고 相對方 中央總務院과 對話하여 宗團을 바로잡고 傳統佛敎를 세워 佛祖의 慧命을 이어 나아가자는 데 異口同聲으로 協力合心하여 全國 比丘僧·

구와 함께 정화에 처음부터 동참하였으며(1954년 12월 11일의 집회 인원은 비구 211명, 비구니 221명이다),13) 불교계 정화가 종막을 고하게 되었다는 1955년 8월 12일의 소명자료에는 전국승려대회 회의록의 참석인원이 위임장을 포함하여 비구 430명(위임장 48명), 비구니 571명(위임장 140명), 도합 1001명으로 명기되어 있다.14) 정화운동이 진행되어 감에 따라 비구니의 참석 열기가 점점 고조되면서 비구니의 단결된 힘이 정화의 종막에 이바지한 것을 알 수 있다.

정화 과정에서 중추적인 역할 또한 적지 않았으니, 그것은 종회의 참석 인원과 정화추진위원회에서의 역할을 통해서도 확인할 수 있다. 1954년 9월 30일의 정화일지는 제1회 임시종회 개최의 일을 담고 있는데 그때의 참석인원이 146명으로서 비구 116명, 비구니 30명이었다.15) 그해 11월 3일에는 제2회 임시종회를 개최하고 10명의 비구니를 보선하여 추가했는데, 추가된 비구니는 정금광鄭金光·정수옥鄭守玉·이인홍李仁弘·이성우李性宇·이연진李蓮眞 등이다.16) 1954년 12월 22일과 23일의

尼들에게 急遽 通文을 돌리고 首座들이 직접 往訪도 하여 이 뜻을 通한 바 全國 僧·尼들이 속속 禪學院으로 雲集되어 그 數가 近於百名이었다."(한국불교승단정화사 편찬위원회, 『韓國佛敎僧團淨化史』, 40쪽)

13) 그러나 비구니의 정화 참여가 처음에는 비구들 사이에 찬반양론이 있었고, 대회의 명칭도 '전국비구승대회'였다. 1954년 12월에 개최된 제3차 대회부터 대회의 명칭에 비구니도 들어가게 되었고, 12월 10일에는 '제3회 전국비구비구니대회'의 기념사진이 촬영되었다. 12월 11일의 정화일지에는 221명의 비구니가 집회에 참석하였음을 적기하고 있다.
1954년 교단정화 당시 慧春 스님은 "자신의 안심입명만을 위해 앉아 있을 수 없다"며 도반들과 함께 분연히 정화불사에 동참해 救宗의 염원을 불태웠고, 快愈 스님은 당시 수정암 立繩인 김정행 스님과 함께 도보로 속리산에서 대전역까지 가서, 대전역에서 기차를 타고 상경하여 정화불사에 참여했다고 한다.(하춘생, 『깨달음의 꽃』 2, 67·136쪽)

14) 한국불교승단정화사 편찬위원회, 『韓國佛敎僧團淨化史』, 644쪽.

15) 그때 통과된 헌장 중 제4장을 『평화신문』(제2497호, 2면)에서는 '사찰을 우리에게'라는 제하에 "중을 비구(미혼 남승) 비구니(미혼 여승) 우파색(기혼 남자신도) 우파이(기혼 여자신도) 등 사부중으로 나누어서 비구 비구니를 비구승단이라 칭하고 우파색 우파이는 호법중이라 칭하여 비구승단에서 호법중을 영도하게 하였다"라고 소개하였다.(한국불교승단정화사 편찬위원회, 『韓國佛敎僧團淨化史』, 70쪽)

대회에서 재차 강조한 불교정화대책안(비구 366명, 비구니 441명 총 807명의 서명으로 치안국에 제출)17)은 다음 몇 가지 점에서 크게 주목된다. 첫째, 승려의 일상수행의 방편을 지계·참선·염불·간경·지주持呪의 5가지로 나누었으며, 승려가 수도와 교화의 의무를 가짐을 명시하였다는 것이다. 둘째, 사찰의 총섭이 되는 자격을 대찰이나 중소사찰을 막론하고 안거와 강원 수료를 조건으로 하되 비구와 비구니 사이에 아무런 규제가 없다는 것이다. 그래서 정화 후로는 비구니들이 사찰의 주지로 많이 임명되었는데, 심지어는 본사인 동화사 주지로까지 발령되었다.18) 셋째, 종회의원의 자격 또한 비구와 비구니에 차별이 없게 하되, 다만 숫자상 비구니는 비구의 1/6로 한다는 것이다. 수적으로 보아 완전 동등한 자격은 아니라고 해도 그 비율은 현재의 종회의원 비구니 비율보다는 많다.19) 정화 당시 비구니의 능력과 역할, 그리고 교단의 정서 등을 볼 수 있다고 하겠다.

비구니 종회의원들과 대표들은 대회기간 동안 대회의 경위, 내역 등을 알리고 대회의 원만한 회향을 위해 경무대와 문교부의 간담회에 참

---

16) 한국불교승단정화사 편찬위원회, 『韓國佛教僧團淨化史』, 110쪽. 1955년 8월 12일 정화일지 (3)에 중앙간부명단 종회의원 명단이 무순으로 56명 명기되어 있는데, 그 중에 李仁弘, 李性宇, 鄭守玉, 朴慧玉, 金法一, 鄭淨行 등의 비구니 종회의원 명단이 보인다. 56명의 명단은 다음과 같다.
하동산, 이효봉, 박인곡, 최원허, 이대의, 윤월하, 신소천, 민청호, 민도광, 이대미, 정금오, 김향곡, 정봉모, 김지효, 김적음, 박범룡, 이용봉, 김경우, 김대월, 김탄허, 소구산, 조금담, 문정영, 최월산, 유석암, 이성철, 이청담, 박승수, 강석주, 손경산, 김대원, 국묵담, 원보산, 윤고암, 임석진, 김서운, 김홍경, 박문성, 송홍근, 고경덕, 김혜진, 김완석, 이동헌, 이인홍, 김자운, 이성우, 정수옥, 박혜옥, 김법일, 정정행, 채동일, 박벽안, 양청우, 김고송, 구한송, 정수옥.
17) 한국불교승단정화사 편찬위원회, 『韓國佛教僧團淨化史』, 199~208쪽.
18) 『동아일보』 제9995호(1955년 8월 14일)에는 「전국 623개소 사찰주지를 비구승니로 임명」이라는 기사가 게재되었다.
19) 현재는 종회의원 81명 중 비구니는 10명이므로 비율로 보면 약 1/8밖에 안 된다.

여하는 등 힘든 역할을 마다하지 않았다. 그리고 정화대회가 종결된 후에는 비구니들도 사찰의 주지로 임명되어 가람을 수호하고 대중을 애호함으로써 비구니의 수행도량을 훌륭히 건설해 나갔다. 1955년 동화사가 정화되자 성문性文(1893~1974) 스님이 비구니로서는 최초로 교구본사인 동화사 주지로 취임하여 도량불사를 원만히 성취하였다. 이후 비구니들이 주지로 부임하여 사찰별로 미해결된 정화의 마무리 작업도 단행하였음이 보인다(수인·법일·광호). 정화운동이 일어난 이후 비구니의 활동이 활발해지고 크게 증대됨을 볼 수 있다.

이 시기에 중창·개원된 비구니선원은 해인사 국일암(본공, 1948), 회룡사(도준, 1954), 범어사 대성암(만성, 1956), 내원사 동국제일선원(수옥, 1957), 동화사 부도암(상명, 1957), 대원사(법일, 1957: 동국제일선원), 석남사 정수선원(인홍, 1957), 동화사 양진암(성련, 1958), 동화사 내원암 선원(장일, 1959) 등이다. 비구니강원으로는 운문사(금룡, 1955: 수인)[20]와 동학사(대현, 1956: 광호)[21]가 복원되고 화운사 강원이 개설되었다(1957, 지명), 당시의 비구니들이 도제양성을 위한 가람수호에 얼마만큼 열의를 가졌는지 알 수 있다. 『한국근현대불교사연표』에는 강원은 물론이고 선원의 개원까지도 교육 부문에 수록하고 있다. 참선수행을 위한 도량을 마련하

---

20) 운문사 강원의 시작은 금룡 스님이 초대 주지로 취임한 지 3년 후인 1958년이다. 당시 통도사 강주 오혜륜 스님을 모시고 강당을 개설하였다.(한국학문헌연구소 편, 『雲門寺誌』, 亞細亞文化社, 1983, 247쪽, 불학연구소 편, 『강원총람』, 446쪽)

21) 동학사 강원은 순조 16년(1816) 경 만화 스님이 중창한 연후에 강원을 개설한 것으로 추정되며, 비구니강원으로서는 1956년 2월에 대현 스님이 주지로 취임하면서 경봉용국 스님을 강사(1956~1966)로 모시면서 개원되었다.(불학연구소 편, 『강원총람』, 360쪽) 동학사 미타암 운달 스님의 술회에 의하면, 이러한 비구니강원의 개원에는 당시 미타암에 주석 중이던 지현 스님의 숨은 공로가 컸으니, 지현 스님은 총무원장에게 대현스님을 주지로 추천하고 주지스님과 함께 경봉 스님을 모셨다. 지현 스님은 강원을 개원하는 데 힘쓴 후 대성암을 비롯한 전국의 선원에서 입승 소임을 맡아 비구니들의 선수행을 지도하였다고 한다.

고 지속적인 외호가 필요한 까닭이라고 하겠다.

그런데 근대와 달리 현대에 접어들면서 주목되는 점은 참선·간경과 수행도량의 개설에서 더 나아가 포교를 위한 가람수호에도 노력을 아끼지 않았으며 유치원과 양로원을 개설하여(혜옥) 어린이 포교와 노인복지에 눈을 돌렸다는 점 등이다. 한국전쟁 후에는 고아들을 돌보기도 하고(만선) 또 정화개혁의 교단 사정에 발맞추어 종회의원으로서 종무행정(금광·수인·수옥·법일·인홍 등)에도 깊이 참여하였다.

(2) 자주적 단합과 발전기(1962~1985)

현대불교시대 후기는 통합종단으로서의 대한불교조계종이 성립(1962)된 이후로부터 대한불교조계종 전국비구니회가 창립된 해(1985)까지이다. 이 시기에 비구니들의 모임인 대한불교비구니 우담바라회優曇鉢羅會가 발족되었는데(1968), 1985년 9월 5일에 석남사에서 대한불교조계종 전국비구니회로 재결성되었다.[22]

정화운동의 결과로 비구와 대처의 화동종단이 이루어진 것이 대한불교조계종이다. 대처승들도 승려로서의 기득권을 인정하여 사찰에서 함께 머물기로 하되 가족 부양의 의무는 지지 않기로 한 것이다. 그 후 대처 측은 1970년에 태고종으로 따로 등록하여 분규가 일단 종식되면서 조계종은 비구와 비구니만의 종단이 되었다. 교단의 개혁 과정에서 개혁에 동참하면서 역사적 자각과 자주적 단합의 힘을 각성한[23] 비구니

---

22) 전국비구니회, 『비구니』(불기 2547년), 42쪽.
23) 『동아시아의 불교 전통에서 본 한국 비구니의 수행과 삶』의 서문(서문에 대신하여, 8쪽)에서 조은수는, 한국 비구니승가가 최근 30년 내 괄목한 발전을 이룬 이유를 6가지로 살펴보면서 그 첫째로 '집단적인 응집력'을 들었다. 비구니들이 상대적으로 좁은 환경에서 비교적 큰 집단을 형성하고 살아왔음을 주목하고 있다.

들은 자체적으로 우담바라회를 발족하였다. 우담바라회 발기위원회가 내세운(1968) 강령(叢林의 建立, 布敎의 合理化, 福祉社會建設)24)은 비구니의 위상을 정립하고 향후 비구니를 통한 한국불교의 발전상을 제시하였다고 할 수 있다.

비구니들은 이러한 전체 모임과 더불어 각기 소속된 문중별 계보를 정리하기도 하였다. 문중계보의 정리는 비구니의 역사의식에서 이루어졌고, 그것이 우담바라회를 발족케 한 토대가 되었다고도 하겠다. 현재 알려진 문중으로는 계미문중·법기문중·보운문중·봉래문중·수정문중·삼현문중·육화문중·청해문중 등이 있다.25)

이처럼 정화운동에 동참하여 대한불교조계종 창립에 큰 기여를 한 비구니들은 좀 더 역사의식을 가지고 단합하여 문중계보를 정리하고 우담바라회를 운영하였는데(회장: 은영·천일·지명 등), 이로 인해 전국비구니회가 창립(회장: 혜춘)되었고, 비구니종단인 보문종이 창종(1972, 긍탄·은영)되기도 했다. 이러한 흐름 속에서 비구니들은 종단의 종무행정에 적극 참여하고 기여(종회·계단)하게 되었으며, 또한 대중교화(일엽·천일·광호·세등 등)와 사회복지(은영·자현)에 더욱 힘을 쏟는 한편 해외포교도 단행하였다(광호).26) 뿐만 아니라 1981년에는 비구니승가대학을 설립하여27) 대학교육도 권장함으로써 많은 비구니들이 비구니승가대

---

24) 優曇鉢羅會 발기위원회가 내세운 강령은 다음과 같다.(www.kbiguni.org)
　1. 叢林의 建立: 佛敎現代化의 役軍을 양성하기 위한 比丘尼叢林을 創立한다.
　1. 布敎의 合理化: 佛敎의 大衆化를 위한 布敎의 合理化를 摸索勵行한다.
　1. 福祉社會建設: 衆生濟度를 위한 社會事業을 展開하여 佛國土建設을 促進한다.
25) 문중계보를 밝힘으로써 한국비구니의 사자상승을 그려볼 수 있을 것이므로, 비구니 문중에 대해서는 이후 별도의 고찰을 기대해 본다.
26) 도심포교와 해외포교에 있어서 한마음선원의 대행 스님을 빼놓을 수 없을 것이다. 이후 많은 연구가 이루어질 것으로 생각된다.(동국대학교 석림동문회 편, 『한국불교현대사』, 시공사, 1997, 111쪽)

학, 중앙승가대학, 동국대학교 등에서 새로운 방법으로 경학을 시작하기도 하였다.

이러한 변화의 시기에도 가람을 중창하고 새로이 신축하여 가람수호에 매진함은 여전하였으니, 선원(도준·인홍·본공·혜춘·세등·상륜·원만·일휴·명안·육문·뇌묵·선용·지명 등)28)이 지속적으로 개설되었고, 개심사(자민)·봉녕사(묘엄) 강원29) 및 삼선승가대학(지광·묘순)30)이 개원되었다. 이를 토대로 비구니들은 철저한 지계생활로 일관된 결사와 참선·간경·염불·주력 같은 수행의 전통을 계승하고 전승하였다.

3. 수행의 양상

1) 수행 양상의 분류

근현대 승가에서 실천한 수행 덕목으로는 한암漢岩(1876~1951) 스님이 주창한 참선·간경·염불·의식·수호가람의 승가오칙僧伽五則31)이

---

27) 비구니승가대학(학장: 묘엄)은 1981년 3월 2일 서울 성라암에 설립되었으나, 2년 후인 1983년 2월에 중앙승가대학에 통합되었다.
28) 석남사 심검당 선원(인홍, 1963), 해인사 약수암 죽림선원(법공, 1970), 승가사 제일선원(상륜, 1971), 흥륜사 천경림선원(원만, 1971. 선원장: 혜해), 세등선원(세등, 1972), 해인사 보현암 선원(혜춘, 1972), 청룡사 심검당 선원(윤호, 1972), 청암사 선원(1974), 회룡사 선원(도준, 1974. 1980), 불영사 천축선원(일휴, 1978), 법주사 수정암선원(1978), 미타사 선원(명안, 1981), 백홍암 선원(육문, 1981), 월정사 육수선원(뇌묵, 1982), 용홍사 백운선원(선용, 1984), 화운사 능인 선원(지명, 1984) 등.
29) 봉녕사 강원은 1974년 3월에 묘전 스님과 현 강주인 묘엄 스님이 개원하였다.
30) 삼선승가대학은 1978년에 의정부 약수선원에서 지광 스님과 강사 묘순 스님에 의하여 최초의 통학강원인 주림강원으로 개원되었다.
31) 한암문도회가 펴낸 『漢巖一鉢錄』(민족사, 1995), 15쪽 및 27~30쪽에서는 한암 스님의 법어로 僧伽五則(禪, 念佛, 看經, 儀式, 守護伽藍)을 들면서, 이는 수행인이 반드시 갖추어야 할

회자되고 있으며, 정화운동 시 불교정화대책안의 수행승 정의에 보이는 것으로는 지계·참선·염불·간경·지주持呪와 총림수호 및 교화 등이 있다.32) 여기서는 근현대 비구니의 수행 양상을 크게 참선, 간경·교육, 가람수호·대중애호, 염불기도·포교복지, 종무행정의 5분야로 나누어 보기로 한다. 이 중 가람수호33)는 선원과 강원을 개설하여 도제양성의 도량을 마련한 것과 일반 대중교화를 위한 포교의 장을 편 것이 다시 구분될 수 있다. 구족계를 받고 계를 지키는 것은 모든 비구니들이 기본적으로 수지한 덕목으로 간주하여 분류에 넣지 않았다. 그리고 개인에 따라서는 오롯이 한 가지 수행을 하는 경우도 있으나, 대부분은 두 가지 이상을 겸수하였으며 전 분야에 걸쳐서 두루 섭렵한 경우도 있다.

근현대를 살다간, 후학들에게 귀감이 되는 비구니34)의 수행 양상을

다섯 가지 본분사라고 강조하고 있다. 그런데 이 수행자의 기본으로 강조된 다섯 가지 수행 덕목을 승가오칙이라고 표현한 것은 『한암일발록』의 편찬위원장인 혜거 스님이 그 책을 편집할 때 붙인 이름이라고 한다.(한암문도회·김광식, 『그리운 스승 한암스님』, 오대산 월정사, 2006, 209~210쪽)
32) 각주 17) 참조
33) 승가오칙에서는 수행자가 참선, 염불, 간경, 의식을 수행할 수 있는 선근이 없거나 부득이 이를 수행할 수 없을 경우에는 수호가람의 원을 세워 가람을 수호 보전하고 수행자를 존중하여 외호한다면 선근이 익어 필경 발심하게 되리라 하여, 수호가람을 제5칙으로 삼은 것이라고 한다.(한암문도회, 『漢巖一鉢錄』, 30쪽) 그러나 본고에서는 가람수호 역시 참선과 전혀 다르지 않은 동일한 수행공덕이 있다고 보고 수행 양상을 다섯 가지로 분류한 것이다.
34) 귀감이 되는 모든 비구니들을 다 살필 수 없고, 단지 조계종 교육원에서 펴낸 『선원총람』과 『강원총람』, 『한국근현대불교사연표』와 하춘생의 『깨달음의 꽃』에서 언급한 스님들을 중심으로 하고 입적한 스님에 한하였다. 스님들의 생몰연대는 다음과 같다. 상근 1872~1951, 긍탄 1885~1980, 법희 1887~1975, 금룡 1892~1965, 성문 1895~1974, 월혜 1895~1956, 일엽 1896~1971, 자현 1896~1988, 만성 1897~1975, 수인 1899~1997, 도준 1900~1992, 혜옥 1901~1969, 수옥 1902~1966, 정행 1902~2000, 대영 1903~1985, 도원 1904~1971, 법일 1904~1991, 진오 1904~1994, 선경 1904~1996, 만선 1906~1989, 본공 1907~1965, 쾌유 1907~1974, 윤호 1907~1996, 인홍 1908~1997, 은영 1910~1981, 친일 1912~1977, 광호 1915~1989, 장일 1916~1997, 창법 1918~1984, 혜춘 1919~1998, 응민 1923~1984, 세등 1926~1993.

일단 5분야에 배대해 본다.(차례는 무순)

(1) 참선

상근·긍탄·법희·금룡·성문·월혜·일엽·만성·수인·도준·혜옥·수옥·정행·대영·선경·법일·도원·진오·만선·본공·윤호·쾌유·인홍·광호·장일·창법·혜춘·응민·세등.

(2) 간경과 교육

경봉·긍탄·법희·금룡·성문·수인·혜옥·수옥·정행·법일·본공·은영·광호·세등.

(3) 가람수호와 대중애호

① 선원 : 세만·성문·만성·도준·법일·도원·진오·본공·윤호·쾌유·인홍·혜춘·대원·수옥·상명·선진·인홍·성련·장일·원만·세등.
② 강원 : 금룡·수인·정행·은영·광호·자현·세등.
③ 교화사찰 : 윤호·사득·태수·수능·상근·수인·은영·자현·혜옥·도준·만선·성문·광호·수옥·법일·성윤.

(4) 염불기도와 포교복지

① 염불주력과 기도의식 : 상근·천일·긍탄·자현·성문·수인·본공.
② 포교·복지 : 자현·만선·수인·혜옥·수옥·일엽·세등·천일·광호·혜옥·은영.

(5) 종무행정

① 종무 : 긍탄·인홍·쾌유·수인·혜옥·수옥·법일·은영·혜춘·천일·장일·혜춘.
② 계단 : 정행·광호·수인·인홍.

2) 구체적 수행상

(1) 참선

조계종이 선종이라는 면에서 볼 때 그 핵심이 되는 수행은 단연 참선이라고 할 수 있을 것이다. 비구니들도 교단의 흐름에 따라 거의 다 참선수행을 하였으며, 치열한 수선안거와 3년결사 등의 정진을 거쳐 깨달음을 인가받고 당호와 법호 그리고 전법게나 법게를 받았다. 당시 비구니들은 만공(법희·본공·만성·선경·일엽·윤호) 스님을 비롯하여 한암(선경·대영·윤호), 용성(혜옥), 성철(인홍), 전강(창법) 스님에게 당호·법호와 전법게를 받았으며, 구하·효봉·동산·경봉·향곡·청담·혜암 스님들에게서도 선수행의 지도와 격려를 받았다. 비구니들은 당대의 큰스님들에게 거의 절대적인 영향을 받고 참선수행을 해 나갔던 것으로 보인다.

그러나 한편으로는 비구니들 스스로 많은 비구니선원을 개원하여 비구니 수행자들을 외호하였으며, 대중과 함께 화두를 들면서 선원장(법희·인홍·장일)과 입승(본공·만성·선경·월혜·일엽·장일·창법·혜춘)을 직접 맡아 청규와 수행지침에 따른 선수행 지도를 아끼지 않았다. 또 대선사와 선문답을 하거나(선경) 찾아온 납자들과 법거량을 하여 공부를 점검하고 가르침을 주었으며(만성), 도반들을 경책하며 깨침의 도를 주고받기도 하고, 결제법어(선경)와 임종게(법희·인홍·정행) 또는 유훈(만성·쾌유)을 통해 후학을 지도하고 법을 전승하기도 하였다. 수선 중에 의거한 경전과 어록으로는 『금강경』(본공)·『선문촬요』(월혜)·『달마사행론』(본공) 등이 보인다.

그렇다면 비구니들의 발심·수행·오도·인가·지도·청규·전법·법거량 등등의 구체적인 모습은 어떠한가? 이 점은 대단히 중요하고 궁금하지 않을 수 없다. 본고에서는 지면관계상 일일이 살펴보지는 못하고, 단지 그 몇몇 사례만 더듬어 보기로 한다.

우선 첫째로 근현대의 비구니 선맥은 누구에게서 어떻게 시작되었는가? 비구니 선맥은 묘리법희妙理法喜(1887~1975) 스님으로부터 시작된다는 것이 공인되어 있다. 법희 스님은 비구니선원으로서는 최초로 개설된 견성암에서 수선안거 중 깨달음을 얻었고(30세, 1916), 만공 스님으로부터 법을 인가받아 묘리당이라는 당호와 전법게[35]를 받았다. 그 역사적인 순간은 다음과 같이 전해진다.

> 만공 스님이 하루는 '가섭찰간화'[36]를 들어 대중에게 한마디씩 말해 보라고 하니, 침묵의 대중 속에서 불현듯 한 니승이 단정히 일어나 대답하였다. "물고기가 못 속에 헤엄치니 물빛이 흐려지고, 새가 창공을 나니 깃털이 떨어집니다." 만공 스님이 다시 만해 스님의 '흰 눈속에 복사꽃이 조각조각 흩날린다'[37]는 구절을 들어 대중에게 물었다. "흩날린 꽃송이 어느 곳에 있는고?" 그 니승이 대답하였다. "흰눈이 녹아지니 한 조각 땅입니다." 만공 스님이 칭송하였다. "다못 일편지를 얻었도다."[38]

법희 스님은 그 후로도 사불산 윤필암 등 전국 선원에서 계속 수선

---

35) "萬像寂滅釋迦面 寂滅滅已眞歸面 佛祖遷化二三千 妙理眞光永不昧."(만공문도회, 『滿空法語』, 덕숭산수덕사 능인선원, 1982, 201~202쪽) 이 전법게는 보덕사 법희 스님의 비석 앞 별도의 표지석에 새겨져 있어서, 李智冠이 펴낸 『韓國高僧碑文總集: 朝鮮朝·近現代』(가산불교문화연구원, 2000), 1083~1085쪽에는 탄허택성이 지은 법희 선사의 비문과 함께 수록되어 있다. 『禪院總覽』(681쪽)에는 眞歸面이 眞面目으로 되어 있다.
36) 『無門關』(『大正新修大藏經』 48, 295下).
37) 만해 스님의 오도송 마지막 구절(雪裏桃花片片飛)이다. 오도송의 인연은 임중빈, 『한용운 一代記』(정음사, 1974), 69~70쪽에 소개되어 있다.
38) 『깨달음의 꽃』, 27~28쪽. 이 내용은 탄허 스님이 1979년에 지은 「妙理比丘尼法喜禪師塔碑小引」, 『方山窟法語: 呑虛大禪師法語集』(오대산 월정사, 2003), 330~333쪽에 전하고 있는데, 그 소상한 사연은 『滿空法語』의 '迦葉利竿'(123쪽)과 '雪裏桃花: 龍雲法士'(134~135쪽)에 보인다.

안거하였으며, 1966년(80세) 이후로 10여 년 동안 견성암 비구니총림원장으로 주석하면서 선풍을 드날렸다.

만공 스님으로부터 인가와 법호를 받은 스님 가운데는 또 본공계명本空戒明(1907~1965) 스님이 있다. 본공 스님은 후학 비구니들에게 당당하게 깨달음을 향해 가는 귀감이 되고 있으니, 그것은 스님이 읊은 오도송(견성암, 29세, 1935)에서도 잘 나타나고 있다.

> 어찌 불법에 비구, 비구니가 있으며 세간과 출세간이 있겠는가?
> 어찌하여 북北이 있고 남南이 있으며 어찌 너와 내가 있을 수 있으리요.39)

법거량으로 오도의 경계를 잘 드러내 보인 예로는 45세(1941) 때 만공 스님에게서 법을 인가받은 만성萬性(1897~1975) 스님을 들 수 있다. 스님은 세연이 다해 갈 때 문도들에게 번거로운 상을 내지 말고 수장식水葬式으로 할 것을 유훈하였으나, 열반 후 문도들은 차마 수장식은 하지 못하고 산중장으로 다비하였다. 스님이 범어사 대성암에 입승으로 주석(1956년 이후)하면서 납자제접에 들어가 대중애호에 온 힘을 다하고 있을 때 한 젊은 운수납자가 찾아와 법거량한 것이 다음과 같이 전해진다.

> "도를 닦음이 있습니까?"
> "닦은 바가 없다."
> "생사를 해탈함이 있습니까?"
> "누가 너의 생사를 줄로 묶어 놓았더냐!"
> "성불함이 있습니까?"
> "본래 범부가 없노라."40)

---

39) 하춘생, 『깨달음의 꽃』, 92쪽; 불학연구소 편, 『선원총람』, 839~843쪽; 「운문회보」 10(1984); 한암문도회・김광식, 『그리운 스승 한암스님』, 291~315쪽 등 참조

안거시 대중을 세차게 용맹정진으로 몰아넣었던 담연선경湛然禪敬 (1904~1996) 스님의 동안거 결제법어(1974)는, 본래 마음은 머리도 꼬리도 없어 걸림이 없음을 깨달은(35세, 1938) 스님의 오도 경계를 잘 드러내 보이고 있다.

> 겨울날 자욱하게 덮인 흰 눈을 보라. 백의관음은 온 누리를 하얗게 둘러 덮고, 내원사 선원을 향하여 쉬지 않고 설법하는 그 묘법은 마치 냇물 흐르듯 한다. 이 묘법은 육신으로는 설할 수 없고 들을 수 없고 볼 수도 없으며, 또한 허공으로 볼 수도 들을 수도 설할 수도 없건만, 능히 보고 능히 듣고 능히 설하는 이 묘한 놈이 무엇인고!
> 끊임없이 죽어도 죽지 않는 소식, 이것이 진여자성眞如自性 자리이니 그 소식을 아는가?[41]

1928년에 조선총독부에서 간행한 『조선승려수선제요朝鮮僧侶修禪提要』[42])에는 결제안거 시에 각 선당에서 지켜야 할 안거개시일 등의 청규절목淸規節目과 특수한 관례가 선원의 청규로 수록되어 있으니 비구니도 크게 그 청규에서 벗어나지 않았겠으나, 그 외의 특별한 수행지침으로는 일엽一葉(1896~1971) 스님과 원허인홍圓虛仁弘(1908~1997) 스님이 평생 지켰던 만공 스님의 유훈과 성철 스님이 내린 12가지 청규[43])를 들 수 있다.[44] 일엽 스님은 38세(1933) 때 수덕사 견성암에 안착하여 홀연히

---

40) 하춘생, 『깨달음의 꽃』, 55~56쪽, 불학연구소 편, 『선원총람』, 711~715쪽 참조
41) 하춘생, 『깨달음의 꽃』, 121~122쪽, 불학연구소 편, 『禪院總覽』, 701쪽 참조
42) 朝鮮總督府學務局宗敎課, 『朝鮮僧侶修禪提要』(昭和3年)에 대해서는 김광식·이철교, 『韓國近現代佛敎資料全集 解題版』, 75~76쪽 참조
43) 하춘생, 『깨달음의 꽃』 2, 49~50쪽. 이는 성철 스님이 수행하면서 스스로에게 다짐한 12가지 항목(十二銘; 目不注 簪裳之儀, 耳不傾 塵俗之談, 手不捉 錢幣之寶, 肌不接 絹帛之綾, 身不近 檀家之施, 影不過 尼寺之垣, 鼻不齅辛葷之菜, 齒不齧 生靈之肉, 心不繫 是非之端, 意不轉 逆順之機, 禮不揀 童女之足, 舌不弄 他人之咎)에 해당하니, 十二銘은 퇴옹 성철, 『해탈의 길: 수도자에게 주는 글』(장경각, 2004), 117~121쪽에 전한다.

한 소식을 접한 후 25년 동안 산문 밖을 나가지 않은 채 입승 소임을 보았는데,45) 만공 스님에게서 '백련도엽白蓮道葉'이라는 법호와 함께 "성품이 백련같이 되어 물들지 않게 된 후에 이 산을 내리라"(性若白蓮後始之出山)는 말씀을 들었으며(1934), "첫째, 세세생생 참선밖에 할 것이 없음을 알아야 할 것이요, 둘째, 정법의 스승을 여의지 않아야 할 것이요, 셋째, 살아서 육체와 남이 되어야 할 것이요, 넷째, 남이 곧 나인 줄 알아야 할 것이요, 다섯째, 제일 무서운 것이 허공인 줄 알아야 할 것이다"라는 유훈을 받아 평생의 지침으로 삼았던 것이다.46)

월혜月慧(1895~1956) 스님은 금강산 신계사 법기암에서 한 소식을 얻은 후 견성암 출신의 응함應函, 응준應俊 스님과 함께 윤필암을 선방으로 개척한 선진 스님을 은사로 출가(42세, 1936)하여 백척간두진일보의 자세로 철야기도와 참선수행에 임했다. 윤필암에서 입승의 소임을 맡으면서 선종의 중요어록을 집대성한 『선문촬요禪門撮要』를 통하여 선지를 배우기도 하였다.47)

그 밖에 대영·도준·인홍·혜춘·창법·진오·윤호·수인·응민·장일 스님 등 많은 스님들의 정진오도와 수선지도는 지속적으로 비구니의 참선수행이 이어지게 하는 큰 원동력이 되었다.

---

44) 일엽, 인홍 스님이 수지하고 경책으로 삼은 내용은 후학들에게도 수행의 기본이 되었으며, 쾌유(특별기도 애쓰지 말고 조석예불 잘할 것. 구설을 듣고 중노릇하면 금이 간 그릇과 같으니 자기 몸 소중히 가꾸며 중노릇 잘할 것. 성불은 만행과 수선안거에서 찾을 수 있으니 결코 소홀히 하지 말 것), 장일(남는 것은 공부밖에 없다. 부지런히 갈고 닦아 견성회향의 주인공이 되거라) 스님을 비롯하여 비구니들이 제자 법손들에게 특별히 경책하고 유훈으로 남긴 말씀들도 전승되고 있다.
45) 불학연구소 편, 『近代禪院芳啣錄』 536쪽에 一蕖(荷葉) 스님이 1935년 동안거부터 입승 소임을 맡은 것이 보인다.
46) 김일엽, 『靑春을 불사르고』(문선각, 1962), 266~277쪽, 하춘생, 『깨달음의 꽃』, 78~79쪽, 임중빈, 『金一葉文集: 미래세가 다하고 남도록』(인물연구소, 1974) 참조
47) 불학연구소 편, 『禪院總覽』, 829~836쪽; 하춘생, 『깨달음의 꽃』, 105~118쪽 참조.

(2) 간경과 교육

불교의 근대화는 주로 교육 부문에서 두드러졌다. 1902년에 서울 동대문 밖에 원흥사가 창건되면서 여기에 불교연구회가 설립되었는데, 이 불교연구회에 의해 1906년에 명진학교明進學敎(현 동국대학교)가 설립되었다. 명진학교는 근대적인 불교교육을 도입하기 위하여 설립된 것으로, 초기에는 승려만 입학할 수 있었으나 1953년 종합대학으로 승격하면서부터는 일반 학생도 입학하여 교육받게 되었다. 그리고 기초학교의 성격을 띤 근대적 학교도 전국 사찰에 세워졌다.[48]

전통강원은 일제강점기에도 계속 유지되었다. 강원교육은 1910년 이후 신학문의 거센 도전에 밀려 1920년대 중반까지 거의 도태되다시피 했다가 1925년부터 침체된 강원이 부흥되었다고 한다.[49] 1928년에는 강원 출신 학인들을 주축으로 한 조선불교학인대회[50]가 열렸는데, 이 대회에서는 신학문을 가미한 강원교육 제도의 개선을 강력하게 내세우기

---

48) 명진학교처럼 기초학교의 성격을 띤 근대적 학교가 전국 사찰에 설립되었으며(김광식, 『우리가 살아온 한국불교백년』, 민족사, 2000, 25쪽), 1915년에는 중앙의 불교고등강숙을 불교중앙학림으로 개편하고 지방에는 불교지방학림을 두어 근대식 교육제도를 확립하였으니, 초등학교 과정의 보통학교, 중등학교 과정의 지방학림, 전문학교 과정의 중앙학림에 이르는 근대 승가교육 체계가 완성된 것이다(대한불교조계종교육원, 『曹溪宗史: 근현대편』, 70쪽). 『朝鮮佛敎叢報』 제8호(1918. 1)에는 大正 6년 말 당시의 僧尼 數가 6742명, 地方學林, 佛敎專門, 普通學校 등의 학생수가 1114명(중앙학림 60명 포함)이라고 게재하였다.(불학연구소 편, 『講院總覽』, 797~798쪽)
49) 지방학림의 설립으로 전통강원은 점차 문을 닫았다. 불교계의 신교육강화정책으로 강원은 폐교되어 1916년부터 지방학림으로 전환되고 구학 중심의 교육은 쇠퇴하였다. 1917년 무렵만 해도 전통강원이 지방학림과 상당수 병존하고 있었으나 1920년에 들어서는 대다수 전통강원이 자취를 감추고 만다. 그러다가 근대 교육기관의 교육효과에 대한 불신과 전통강원 교육에 대한 신뢰로 강원의 부흥을 기하였으니, 1925년에 해인사 전문강원이, 1926년에 범어사와 개운사에 전문강원이 복원되었으며, 이후 건봉사·유점사·통도사 등 전국 각지에 강원이 복원되기에 이르렀다.(대한불교조계종교육원, 『曹溪宗史: 근현대편』, 70·105쪽)
50) 『한국근현대불교사연표』, 236쪽; 김광식, 『우리가 살아온 한국불교백년』, 61~62쪽. 학인대회의 성과를 토대로 강원 제도와 그 교과 과정의 개혁을 주장하는 논설(「조선불교 학인대회를 보고」)이 『불교』 제46호(1928. 5)에 실리기도 하였다.(불학연구소 편, 『강원총람』, 810~811쪽)

도 하였다. 그 와중에도 비구니강원이 설립되어 비구니강원교육이 시작 되었으니, 『조선불교총보朝鮮佛教叢報』 제10호(1918)에서는 '니생강당尼生 講堂'이라는 제호 아래 "경상남도 양산군 불찰대본산 통도사에서 대정 7년(1918)에 산내말사 옥련암에 설립하고 해담海曇 율사를 강사로 정하 였는데 사방에서 니생尼生이 운집한다고 하니, 이로써 장래 여승교육이 크게 발전되리라고 일반이 기대하더라"51)라고 게재하고 있다.

근현대 비구니의 간경수행이나 강원교육도 참선수행의 경우처럼 비 구 스님들의 지도에 의해서 시작되었다. 처음에는 비구니들은 개인적으 로 학덕이 높은 스님을 찾아가 따라 모시면서 공부하기도 했다. 그러나 점차 비구니강원이 체계적으로 이루어져 가면서부터 비구니로부터 비구 니에게 강맥이 전승되기에 이르렀다.

근대 이후 강설과 전법포교에 뛰어난 비구니로 널리 알려진 '3대 강 백'이자 '3대 법사'는 금룡金龍·혜옥慧玉·수옥守玉 스님이다.

월광금룡月光金龍(1892~1965. 金光이라고도 함)52) 스님은 운문사에서 신 선덕 스님을 은사로 출가(18세, 1909)하여 통도사에서 해암 스님에게 일 대시교를 마치고, 31세(1922)때 구하천보九河天輔(1872~1965) 스님에게 월광이라는 당호를 받고 입실하였다. 그 후 30여 년 동안 비구니 법사 로서 설법 교화하였다. 부산 소림사에서는 10여 년에 걸쳐 매년 3달 가 량 『법화경』과 『화엄경』 산림을 열었고, 개운사의 주지로 주석하는 동 안에는 불교정화운동에 참여하여 스님들을 격려하기도 했으며, 정화 후 에는 운문사 초대 주지로 취임하여(1955) 비구니강당을 개설하였다(강주: 혜륜).53) 평소에 후학들에게 "항상 계행을 스승으로 삼아 만법도생하는

---

51) 각주 7) 참조
52) 하춘생, 『깨달음의 꽃』, 183~194쪽 참조

데 조금도 게을리 해서는 안 된다"라고 경책했던 스님은 매일 새벽예불 전에 일어나 좌선과 간경으로 하루 일과를 시작하였다. 상좌(日照, 海雲 등)에게는 강설하고 사경하던 경의 수행정신을 담은 법명을 지어 주기도 하였으며, 제자들에게 대학에 진학하여 현대 학문을 배우도록 권장하기도 했다. 후에 전국비구니회 회장을 역임하게 된 광우 스님에게 가사와 대단주 등 법장을 전하였으니(1958), 이는 비구니가 비구니에게 건당한 최초의 사례가 된다.

정암혜옥晶岩慧玉(1901~1969)[54] 스님은 14세(1914)에 삼선암에서 문오 스님을 은사로 사미니계를 수지한 후 『초발심자경문』과 '구시화문口是 禍門'을 교훈삼아 김천 청암사 극락전에서 사미니과를 수료하였고, 이어서 해인사 국일암에서 사집과를, 법주사 수정암에서 대교과를 마쳤다. 스님은 사미니과를 수료하던 15세(1915) 때 이미 청암사에서 법상에 올라 『초발심자경문』을 강설하였다. 당시 청암사 주지였던 대강백 대운병택大雲丙澤(1868~1936) 스님이 혜옥 스님의 강백으로서의 자질을 알고 설단을 마련해 주었다고 한다. 그 후 29세(1929) 때 해인사 용성 스님을 계사로 구족계를 수지하고 정암당이라는 당호를 받았다. 해인사 삼선암과 밀양 표충사 등에서 수선안거하였으며, 1956년에는 청암사 주지로 부임하여 청암사 백련암에서 강설하였다. 스님은 새벽 3시에 일어나 예경을 마치면 어김없이 『화엄경』「보현행원품」을 독경하였고, 일요일에는 김천포교당·교도소·양로원 등을 두루 찾아다니며 법문을 설하는

---

53) 정화 후 1955년 운문사 비구니 초대주지로 부임한 정금광 스님이 1958년에 통도사 강주 오혜륜 스님을 모시고 운문사에 강당을 개설하니, 이것이 운문사 강원의 시작이다. 그런데 비구니가 운문사 강주로 부임한 것은 제4대 주지(1966) 묘전 스님 때 묘엄 스님이 처음이며, 그 뒤 제5대 주지(1970) 태구 스님 당시에 현 학장인 명성 스님이 부임하였다.(한국학문헌연구소, 『雲門寺誌』, 247쪽, 불학연구소 편, 『강원총람』, 446쪽)
54) 하춘생, 『깨달음의 꽃』, 195~206쪽 참조.

등 대휴사에서 입적(69세)할 때까지 전법활동을 쉬지 않았다.

화산수옥華山水玉(1902~1966)55) 스님은 16세(1917)에 수덕사 견성암에서 묘리법희 스님을 은사로 출가하였으며, 선·교·율을 겸비하였고 특히 한시에 뛰어났다. 21세(1922)에 해인사 고경古鏡 스님 회상에서 사미과와 사집과를 수료하였는데, 해인사 강원에서 갑자년 봄에 읊은 시가 있다.56) 후에 법상좌 명성 스님은 수옥 스님의 영전에서 건당할 때에 이 시를 다음과 같이 깊이 새겨 음미하였다.

이 마음 편안함이 산처럼 부동하니,
물 밖의 영욕 놀라울 게 없네.
고요히 경 읽자 뜻이 절로 맑아지니,
세상의 옳다 그르다 아랑곳없네.57)

수옥 스님은 서울의 응선암 대은大隱 스님 회상에서 사교과·대교과를 수료(28세, 1929)한 후에 만공 스님 회상에서 선리를 참구하다가 일본으로 유학 가서 미노니중학림 전문과정 3년을 수료하였다(36세, 1937).58) 귀국해서는 상주 남장사 관음암 불교전문강원의 강사를 3년 동안 역임하고 제1회 사미과와 사집과 수료식을 가졌는데(1943), 이때 12명의 학인이 졸업했다. 스님은 그 후 서울 보문사 불교강원(1936년에 비구니 영명 스님을 강사로 개설)의 강사로 부임하였고(46세, 1947), 한국전쟁 직후 다시 남장사 관음불교강원 강사로 취임하여 비구니 교육에 열중하였다. 정화

---

55) 『禪敎兼修定慧圓明比丘尼華山堂守玉和尙碑銘』, 智冠 撰, 『韓國高僧碑文總集: 朝鮮朝·近現代』, 1193~1198쪽, 『깨달음의 꽃』, 207~220쪽 참조.
56) 화산수옥, 『華山集』(천성산 내원사, 1996), 130~131쪽, "安心不動如山岳, 物外榮枯何所警. 宴坐誦經意自淨, 摠忘世上是非情."
57) 화산수옥, 『華山集』, 149쪽.
58) 수옥 스님이 임제종 비구니학림(尼衆學林) 수학시 기념촬영한(1939년 5월) 사진이 김광식 편·윤창화 사진, 『1900~1999 한국불교 100년』(민족사, 2000)에 사진 No.382로 실려 있다.

후에는 내원사 주지로 부임하여 내원사를 동국제일선원으로 자리매김 시켰으니, 그 공로로 당시 조계종 총무원장과 대통령으로부터 공로상과 문화훈장 등을 받았다.

비구니강원은 선원이나 선사에 비하여 강사와 강원이 많이 부족했지만, 그런 중에도 많은 비구니 강사가 강원에서 간경수행을 지도하였다. 법희 스님은 동학사 만우 강백에게 경전 어록을 수료하였고(1910), 수인 스님은 통도사 서해담 화상에게 일대시교를 수료했으며(1914~1922), 광호 스님은 청암사에서 고봉경욱 화상에게서 『법화경』을 배우고(1916) 통도사 고경 강백에게서 대교과를 수료했으며(1937~1944), 성문 스님은 해인사 국일암 타불 스님에게서 대교과를 수료하였고(1926), 법일 스님은 대원사 강원 대교과를 수료하였다(1940). 또 긍탄 스님은 동학사에서 사집과를 수료하고(1903) 『화엄경』을 인간하여 보문사 대웅전에 봉안하였다(1917).

현대로 접어들면서 점차 비구니강원교육이 확대되고 체계적으로 이루어져 갔으며, 비구니로부터 비구니에게 강맥이 전승되기도 하였다. 성능복문性能福文 스님에게서 전강을 받았던(1958) 명성 스님은 다시 수옥 스님의 영전에서 건당을 하였다(1983).[59] 오늘날은 강원이 기초교육기관으로서 대부분의 사미니들에게 경율론 삼장을 가르치고 인천의 사표가 될 수 있도록 수행교육을 행하고 있으니, 그러한 비구니강원으로는 동학사(1956)・운문사(1958)・봉녕사(1974)・청암사(1987)・삼선승가 대학(1978) 등이 있다.[60]

---

59) 명성 스님은 1985년 11월에 興輪・一眞・戒昊・妙靜 스님에게 전강하였으니, 이는 비구니가 비구니에게 직접 전강한 최초가 된다. 그 후 계속해서 묘엄・명성・묘순・일초 스님이 제자들에게 전강하였다.
60) 현재 화운사와 개심사 강원은 운영되고 있지 않다.

(3) 가람수호와 대중애호

근현대 비구니들이 참선과 간경 못지않게 심혈을 기울였던 불사는 가람수호이니, 피폐된 사찰을 중창·신축하여 수행대중의 외호와 도제양성에 이바지한 것이다. 가람수호의 성격에 따라 절을 크게 셋으로 나누어 보면 선원과 강원, 그리고 포교도량으로서의 사찰이다.

근현대 선원은 주로 참선수행하는 스님들에 의해 지속적으로 개설되어 갔다. 근대 이후 첫 비구니선원인 견성암이 만공 스님에 의해 비구니에게 맡겨졌다가, 비구니 세만 스님이 1924년에 내장사에 소림선실을 신축한 이래 비구니에 의해 수많은 선원이 지어졌다.

선원을 개설하고 가람을 수호하면서 도제양성에 유달리 열정이 많았던 분으로 먼저 혜월성문慧月性文(1895~1974)[61] 스님을 들 수 있다. 스님은 대교과를 수료(32세, 1926)한 후 무자화두로 정진하면서 직지사 서전과 동화사 부도암을 선방으로 개설하였고(34세, 1928), 정화 후에는 비구니로는 최초로 교구본사 동화사 주지로 부임하였다(61세, 1955). 해제철에는 도반들과 정토 구현을 발원하면서 염불을 권하였다. 또한 스님은 "교육 없이 교화 없다"라고 하면서 후학들의 대학 진학을 권장하였으니, 광우 스님은 은사의 교육열에 힘입어 비구니로서는 처음으로 동국대학교 불교대학을 졸업했다(1956).

정화 후 비구니들이 주지로 부임하여 피폐된 사찰을 중창하여 비구니선원으로 거듭난 곳으로는 내원사·석남사·대원사가 대표적이다. 수옥 스님이 내원사를 중창하였고, 인홍 스님이 석남사, 법일 스님이 대원사를 일구었다.

---

61) 불학연구소 편, 『선원총람』, 768쪽; 하춘생, 『깨달음의 꽃』, 41~52쪽 참조

원허인홍(圓虛仁弘, 1908~1997)[62] 스님은 후에 한국 비구니승가의 상징적 존재인 조계종 전국비구니회 총재로 추대(80세, 1987)된 사실에서 알 수 있듯이, 비구니승가의 출가정신과 위상을 정립하는 데 큰 역할을 담당하였다. 스님은 한암 스님의 법문을 듣고 감회를 느껴(세간에 영화롭고 욕되는 일들, 알고 보니 거품이요 몽환이로다. 오늘 법문 듣고 모두 잊으니, 천지가 내 것이요 광명뿐일세) 곧바로 지장암으로 가서 우정자 스님을 은사로 출가(34세, 1941)하였다. 생전에 늘 "중은 이름 자체가 수행"이라고 강조하면서 청규를 따르는 철저한 구도와 가행정진의 수범을 보인 스님은, 1956년 이후 10여 년 동안 조계종 중앙종회의원을 역임하면서 불교정화에 앞장서기도 하였다.

인홍 스님은 월내 묘관음사 성철 스님 회상에서 얻은 '육근을 청정히 하라'는 내용이 담긴 12가지 청규[63]를 수행의 기본으로 삼아서 오로지 마음 찾는 일에만 몰두하여 정진하던 중에 한 소식을 얻었다(42세, 1949). 이듬해 한국전쟁이 발발했을 때 만행을 하던 중 봉암사 백련암에서 갑자기 들이닥친 인민군으로부터 위기를 모면한 일화는 구도자로서의 수행력과 위의가 어느 정도였는지 잘 보여 준다. 정화 후 가지산 석남사 주지로 취임(50세, 1957)하여 40여 년 동안 석남사를 중창하였으니 그 가람수호의 원력 또한 타의 모범이 되었고, '가지산 호랑이'로 불리며 비구니의 위풍을 드날리면서 비구니의 정체성을 확립시켰다. 다음과 같은 열반송을 남겼다(90세, 1997).

---

62) 石鼎,「勤修定慧隨緣行化比丘尼圓虛堂仁弘禪師寂照塔碑銘幷序」, 이지관 편,『韓國高僧碑文總集: 朝鮮朝·近現代』, 1247~1251쪽, 불학연구소 편,『선원총람』, 776~783쪽, 하춘생,『깨달음의 꽃』2, 41~57쪽, 한암문도회·김광식 편,『그리운 스승 한암스님』, 317~328쪽 참조.
63) 각주 42)와 같다.

삼세불조三世佛祖 가신 길을 나도 가야지,
미수생애米壽生涯 사바의 길 몽환 아님이 없도다.
일엽편주처럼 두둥실 떠나가는 곳,
공중에 둥근 달 밝을 뿐이네.64)

법일法一(1904~1991)65) 스님은 지리산 대원사에서 문성文成 스님을 은사로 출가(33세, 1936)하여 대원사 강원에서 대교과를 졸업하고(37세, 1940) 만공고봉 스님 회상(쌍계사 국사암)에서 용맹정진하였다. 대원사 주지로 부임(1955)한 이후 40여 년 동안 대원사 중창에 온 힘을 쏟았다. 스님은 후학대중을 위한 가람정비에 일생을 바치면서도 기도와 참선을 한시도 놓지 않았으며, 조계종 중앙종회의원(1953)으로 활약하는 등 원력보살의 길을 걸었다.

이 밖에 금룡 · 수인 · 광호 스님을 위시하여 많은 스님들이 비구니의 간경수행과 교육을 위해 강원을 복원하고 도량을 수호하였다. 또한 윤호 스님을 비롯한 수많은 스님들의 가람수호의 정신도 수행방편으로 길이 전승되고 있다.

(4) 염불의식과 포교복지

염불주력과 기도의식은 승가 개개인의 수행방편으로 권장되고 수행되다가 점차 재가대중을 교화하는 포교의 방편으로 일반화되어 갔다. 긍탄 · 천일 스님 등은 여기에 더하여 대중에게 범패와 바라 등의 법요의식을 전수하기도 하였다. 그리하여 불교복지발원으로 자리이타행을 원만히 성취해 간 비구니들이 계속 이어져 갔다.

---

64) 불학연구소 편, 『선원총람』, 777쪽.
65) 불학연구소 편, 『선원총람』, 718~721쪽, 하춘생, 『깨달음의 꽃』, 249~262쪽 참조.

인월자현印月慈賢(1896~1988)66) 스님은 자리이타의 대승정신을 몸소 실천해 보인 원력보살로서, 일생을 부처님을 모시고 기도·염불하면서 폐허가 된 옛 절을 중창(원통사, 1936)하고 새 도량을 창건(1959, 보현사 등)하여 만인의 기도처로 개방해서 조국 독립을 위한 천일기도와 만일염불회를 열었다. 또한 무의탁 어린이를 돌보고 청소년교화와 노인복지에 앞장서면서 불국토 구현을 염원하였다. 이러한 스님의 생활불교 원력은 그것을 실천할 도제의 양성으로 이어졌으니, 1979년 4월 보현사에 중앙불교승가학원을 개원하도록 배려하였던 것이다. 이 승가학원은 중앙승가대학교의 효시이다.

천일天日(1912~1977)67) 스님은 27세(1938)에 석불사 주지로 취임하여 석불사를 중창하고 불교의식절차를 대중화하는 데 공헌하였으며, 간경과 화두참구에도 열중하였다. 또한 비구 운문雲門 스님과 함께 석불사 경내에 불교계 최초로 어린이회를 구성하고 어린이법회를 개설하였으며, 고아들을 섭수하여 기르는 등 일찍이 복지에도 힘썼다.

고아들을 길러 수행자의 길로 접어들게 인도해 준 스님으로는 만선萬善(1906~1989)68) 스님을 빼놓을 수 없다. 스님은 40여 년 동안 고아를 길러 100여 명의 아이들을 사회로 배출하였는데, 그 중 6명이 출가해서 스님의 유지를 받들고 있다.

(5) 종무행정

비구니승가의 발전을 위해 우담바라회優曇鉢羅會, 전국비구니회를 탄

---

66) 하춘생, 『깨달음의 꽃』 2, 159~172쪽 참조.
67) 하춘생, 『깨달음의 꽃』 2, 187~198쪽.
68) 하춘생, 『깨달음의 꽃』 2, 229~240쪽.

생시키고 회장(은영·천일·지명·혜춘·광우)을 역임한 스님들과, 중앙 종회의원으로 활동하면서 비구니의 위상을 정립하기 위해 노력한 스님들, 그리고 계단에 참여(정행·광호·수인·윤효·법일·태구·법형……)하여 계율수지에 헌신한 스님들의 활동 역시 넓은 의미에서 수행의 일환이라 아니할 수 없을 것이다. 물론 종무행정만을 담당했던 것이 아니라 주로 참선, 간경, 가람수호하면서 또는 교화활동을 하면서 전체 비구니들을 위하여 원력보살행을 실천한 경우이기 때문에 굳이 따로 나눌 필요는 없다고 볼 수도 있을 것이다. 그러나 수계계단과 입법행정 등에 참여하여 비구니회를 이끌어가는 일은 비구니승가 전체의 수행 방향과 위상 정립에 있어서 대단히 중요한 일이다. 나아가 이사무애 내지 사사무애의 행이야말로 모두가 지향해야 할 대승불교의 보살도이다. 그래서 종무행정을 따로 떼어 수행방편의 한 분야로 설정한 것이다.

조계종 전국비구니회의 초대회장이 된 혜춘慧春(1919~1998)69) 스님은 해인사 약수암에서 창호彰浩 스님을 은사로 출가(1951)한 뒤 성철 스님과 법연을 맺고 평생 동안 그 영향 하에 선지를 익혔으며, 석남사 상선원 입승을 10년 동안 역임(43~52세)한 뒤 해인사 보현암 선원을 창건(54세, 1972)하여 납자를 제접하였다. 스님은 이사理事에 걸림이 없었으니, 1954년 불교정화 당시에는 자신의 안심입명만을 위해 앉아 있을 수 없다며 도반들과 정화불사에 동참했으며 대중의 이익을 위해서라면 노구를 돌보지 않고 원력을 세웠다. 그리하여 전국비구니회의 초대회장직을 수행하면서 비구니회관 건립을 위해 온 힘을 다 쏟았다. 또한 장일 스님 등 50여 명의 스님들과 함께 청해문도회를 발족(1985)하였으며,70) 자비원력

---

69) 불학연구소 편, 『선원총람』, 747~753쪽, 하춘생, 『깨달음의 꽃』 2, 59~73쪽 참조
70) 3년 후인 1988년에 『靑海門徒系譜』를 청해문도계보편찬위원회에서 편찬 간행하였다.

의 실천으로 후에 정부로부터 국민훈장 모란장을 수여(1988)받기도 했다.

정행淨行(1902~2000) 스님은 스님의 법호처럼 일거수일투족이 청정행 그대로였다. 스님은 대교과를 수료하고 동학사 주지를 역임하였으며 전국 선원에서 78하안거를 성만했다. 61세(1962)부터 삼선암에 주석하면서 입적하는 순간까지 용맹정진하여 대중의 모범이 되었다. 81세(1982)에는 첫 비구니 전계사가 되어 이후 10여 년 동안 조계종 단일계단(제2·3·4·5·7·8·9·10·11·12·13, 특1회) 비구니 별소계단 전계대화상을 역임하며 비구니수계의식을 주도했다. 다음의 임종게를 남겼다.

이렇게 왔다 이렇게 감이여,
백 년의 생애가 한순간이로다.
만리 하늘은 늘 한 빛이요,
청산은 그대론데 흰구름만 흐르네.71)

광호(1915~1989)72) 스님은 전국비구니 금강계단 존증아사리를 역임하였으며, 전국비구니회의 고문으로서 역시 비구니계의 큰 별로 알려져 있다. 또 비록 조계종에서 분리하여 별도의 보문종을 창종해 나갔으나 긍탄73)·은영74) 스님은 비구니들에게 역사적 자각을 불러일으키고 중생교화의 방편을 개발해 나감으로써 수행의 귀감이 되었다.

---

71) "如是來如是去兮, 百年生涯刹那間. 萬里長天一樣色, 靑山不動白雲流." 하춘생, 『깨달음의 꽃』 2, 23~39쪽. 불학연구소 편, 『선원총람』, 768~769쪽 참조)
72) 하춘생, 『깨달음의 꽃』, 155~165쪽 참조
73) 하춘생, 『깨달음의 꽃』, 235~247쪽 참조
74) 하춘생, 『깨달음의 꽃』, 263~275쪽, 안덕암, 『寶庵大師 宋恩榮스님 一代記』(대한불교보문종 은영문도 일동, 1984) 참조

4. 수행의 특징

지난 한 세기의 한국 근현대는 급변의 시기였다. 비구니 역시 그 변화의 물결을 타고 많이도 변하였다. 교단이 처한 어려운 상황 속에서 교단정화와 개혁에 적극 참여하였으며, 고조된 역사인식 하에 자주적 단합을 시도하면서 전통의 수행을 계승하는 한편으로 새로운 수행 양상도 개척해 나갔다. 그러한 근현대 비구니 수행의 특징은 다음과 같이 정리해 볼 수 있다.

첫째, 참선과 간경 중심의 원융수행이다. 지난 100여 년 동안 비구니의 주된 수행법은 단연 참선이었다. 거의 대부분이 평생을 전국 각지의 선원에서 수선안거하였으며, 용맹정진하고 오도하여 납자들을 제접하였다. 그러나 시간이 흐르면서 참선만이 아니라 지계·염불·간경·교학·가람수호·기도·교육·포교·복지·종무행정 등 일체 불사가 수행방편이 되었고, 대부분의 비구니는 이러한 다양한 방편을 두 가지 이상 함께 수행하게 되었다. 즉 선원과 강원 등 수행도량을 만들어서 가람을 수호하는 일이 참선 혹은 간경과 병행하게 된 것이다. 또 지계·염불·예불 등 일상사 속에서의 간경 후에 참선수행의 길로 나아가기도 하고, 참선하는 와중에 어록을 공부하기도 하였다. 그런가 하면 경학을 깨달음의 주요 수행방편으로 삼아 후학 지도에 전념하면서도 아울러 대중교화를 위한 강설을 행하기도 하였고, 또 포교의 방편으로 염불·기도·의식을 행하면서 그 와중에 비구니의 단합과 종단의 개혁을 위한 종무행정에 적극 참여하기도 하였다.

둘째, 교육과 도제양성에 많은 힘을 기울이고 법맥을 전승하였다. 비구니들은 자신의 수행과 아울러 도제양성에도 많은 힘을 쏟았으니, 비구니교육과 도제양성의 모습은 여러 가지로 말할 수 있다.

① 비구니들이 대부분 상좌를 받아들여 사미니계와 비구니계를 수지함으로써 여법한 수행자가 될 수 있도록 스승으로서의 역할을 다했으며, 법상좌를 두어 법맥을 이어가게 하기도 했다. 계사로는 용성·만공·한암·자운 스님을 비롯해서 큰스님들이 모셔졌는데, 사미니계를 비구니 은사스님에게서 받았다는 경우도 보인다.

② 비구니전문강원에서는 이력과목을 가르쳐 후학을 양성하고 강맥을 전승하였다. 비구니가 비구니에게 강맥을 전승하게 된 것은 한국불교사에서 획기적인 일의 하나로 손꼽을 수 있다.

③ 선원장과 입승 소임을 맡아 납자들을 제접하고 대중의 수행을 지도하였다.

④ 선원과 강원을 개설함으로써 많은 대중이 참선과 간경수행을 할 수 있도록 배려하고 애호하였다.

⑤ 비구니대학을 건립하는 등 대학교육을 장려하였다.

셋째, 가람수호를 통해 교단의 발전에 이바지하였다. 비구니들은 사찰을 중창·신축하여 가람을 수호하는 불사를 근현대를 지나오면서 꾸준히 이루어 감으로써 교단의 발전에 이바지하였다.

넷째, 불교의 대중화와 포교 및 복지활동에 동참하였다. 매일 조석으로 행해 오던 염불기도의식을 일반 대중의 교화를 위한 방편으로 대중화시켜 갔고, 어린이 포교, 양로원 운영 등 포교 및 복지사업에 눈떴다. 이러한 실천생활불교의 염원은 불교의 대중화를 촉진시켰다.

다섯째, 역사적 자각과 자주화를 바탕으로 교단행정에 참여하고 전국 비구니의 힘을 결집한 전국비구니회를 창립하였다. 그러나 비구니의 참정 문제는 여전히 더 개척해 가야 할 주요 분야로 남아 있으니, 1960

년대 우담바라회優曇鉢羅會가 발원했던 비구니총림만 해도 여전히 미해결의 과제로 남아 있는 것이다.

여섯째, 근대에서 현대로 내려오면서 수행방편의 비중이나 선호도에 변화가 보인다. 근대에는 참선이 단연 제일 강조되었고 선원 건립과 가람수호도 주로 참선수행을 위한 불사였으나, 현대에 접어들면서 점차 간경교육에도 무게가 실리게 된다. 후기로 내려오면서는 점점 더 포교나 복지 등 이타행의 수행방편을 찾는 일이 늘어 감을 볼 수 있다.

일곱째, 이상과 같은 비구니의 수행은 성불과 불국토 건설을 위한 대원력의 소산이다. 비구니 자신의 수행과 후학양성 그리고 대중교화가 끊임없이 이루어질 수 있었던 것은 성불의 원이 깊기 때문으로, 그 원력이 『화엄경』의 보현행원력에 포섭됨을 미루어 알 수 있다.

5. 맺음말

이상과 같이 한국 근현대(1876~1985)의 비구니의 수행 양상과 특징에 대하여 살펴보았다.

근대기(1876~1945)에는 승풍의 진작으로 참선수행의 열풍이 일었고, 비구니들이 함께 모여 참선하고 간경하며 교육받는 여법한 수행도량이 비구니들에 의해 이루어지기 시작하였다. 현대로 접어들면서 교단이 어려운 상황에 처하게 되자 비구니들도 교단의 정화와 개혁에 적극 참여하여 대한불교조계종이 창립(1962)되는 데 기여하였고, 이어서 고조된 역사인식 하에 자주적 단합을 시도하여 우담바라회優曇鉢羅會를 결성하고 드디어 전국비구니회를 창립하였다.

이러한 근현대를 살다간 비구니의 수행 양상은 크게 참선, 간경·교육, 가람수호·대중애호, 염불기도·포교복지, 종무행정 등의 5분야로 나눌 수 있다. 이 가운데 한 가지 수행만 오롯이 한 경우도 있으나 거의 대부분은 두 가지 이상을 겸수하였으며, 전 분야에 걸쳐서 두루 섭렵한 경우도 있다. 이러한 수행의 특징은 무엇보다도 참선과 간경을 위주로 한 원융수행이었다. 그런데 근대에는 참선이 단연 제일 강조되었으며 선원 건립과 가람수호도 주로 참선수행을 위한 불사였으나, 현대에 접어들면서 점차 간경교육에도 무게가 실렸으며 후기로 내려오면서는 점점 더 이타행의 수행방편을 찾는 일이 늘어 갔다. 또한 교육과 도제양성에 힘을 기울여서 비구니가 비구니에게 직접 법맥을 전승하였으며, 가람수호와 교단행정 참여를 통해 교단의 발전에 이바지하였다.

한국 비구니승가가 오늘날 세계에서 그 유례를 찾아볼 수 없을 정도로 그 위상이 높은 까닭에 대해서 의아해 하는 사람들이 많다. 필자는 그 이유로서 한국에 불교가 전래된 이래로 비구니들이 지켜 온, 이상과 같은 수행전통이 있으며 그 원동력은 『화엄경』의 끝없는 원력임을 서슴없이 든다. 조계종의 소의경전인 『금강경』에서 강조되는 '공'에 바탕한 무진원력행은 불국장엄의 보살행을 펼쳐 가게 하는 원동력이 된 것이다.

법이나 제도, 종파 등에 기준을 둔 것이 아니라 개인에 따라서 참선하기도 하고 간경하기도 하는 등 사람에 따라 방편을 달리했던 근현대 비구니들의 구체적인 수행의 모습이, 아직은 생존해 있는 가까이 모셨던 법손들에 의해 앞으로 계속적으로 밝혀지길 기대한다. 그리하여 한국의 비구니들은 물론이고 전 세계 불자들의 신앙과 수행에도 귀감이 될 수 있기를 바라마지 않는다.

참고문헌

김광식,『우리가 살아온 한국불교백년』, 민족사, 2000.
김광식 편, 윤창화 사진,『1900~1999 한국불교 100년』, 민족사, 2000.
김광식・이철교,『韓國近現代佛敎資料全集 解題版』, 민족사, 1996.
김영태,『한국불교사개설』, 경서원, 1986.
김일엽,『청춘을 불사르고』, 김영사, 2002.
대한불교조계종교육원,『曹溪宗史: 근현대편』, 2001.
대한불교조계종총무원,『대한불교조계종 법령집』, 1995년.
동국대학교 불교학과 동문회,『동국대학교 불교학과 인명록(1906~2005)』, 2005.
동국대학교 석림동문회 기획・편찬,『한국불교현대사』, 시공사, 1997.
만공문도회,『만공법어』, 덕숭산 능인선원, 1982.
불학연구소 편,『강원총람』, 대한불교조계종교육원, 1997.
_____,『近代禪院芳啣錄』, 대한불교조계종교육원, 2006.
_____,『선원총람』, 대한불교조계종교육원, 2000.
_____,『수행법 연구』, 조계종출판사, 2005.
_____,『한국근현대불교사연표』, 대한불교조계종교육원, 2000.
서종범 편,『조계종사 자료집』, 1989.
안덕암,『寶庵大師 宋恩榮 스님 一代記』, 大韓佛敎普門宗恩榮門徒一同, 1984.
오대산 월정사,『方山窟法語: 呑虛大禪師法語集』, 2003.
우정상・김영태,『韓國佛敎史』, 신흥출판사, 1976(초판1969).
이지관 편,『한국고승비문총집: 조선조・근현대』, 가산불교문화연구원, 2000.
_____,『한국불교계율전통』, 가산불교문화연구원, 2005.
임중빈,『김일엽문집: 미래세가 다하고 남도록』, 인물연구소, 1974.
_____,『한용운일대기』, 정음사, 1974.
전국비구니회,『비구니』, 불기 2547년.
朝鮮總督府學務局宗敎課,『朝鮮僧侶修禪提要』, 昭和3年1928.
중앙승가대학 불교사학연구소 편,『한국 현대불교사 일지』(『僧伽』제12호 별책), 1995.
하춘생,『깨달음의 꽃』, 도서출판 여래, 1998.
_____,『깨달음의 꽃』 2, 도서출판 여래, 2001.
한국학문헌연구소 편,『雲門寺誌』, 亞細亞文化社, 1983
한국불교승단정화사 편찬위원회,『韓國佛敎僧團淨化史』, 1996.
한국비구니연구소,『한국비구니연구소 총서』 Ⅰ・Ⅱ, 2003.

한암문도회, 『漢巖一鉢錄』, 민족사, 1995.
한암문도회·김광식, 『그리운 스승 한암스님』, 오대산 월정사, 2006.
華山守玉, 『華山集』, 천성산 내원사, 1966 초판(1996 재증보).

김광식, 「1930년대 강원 제도 개선문제」, 『승가교육』 2, 대한불교 조계종 교육원, 1998.
_____, 「근대한국 선원청규의 개요와 성격」, 『승가교육』 5, 대한불교 조계종 교육원, 2004.
김일엽, 「나의 수도생활」, 『佛教思想』 11, 불교사상사, 1962,
박포리, 「현대 한국 비구니사찰의 설립에 대한 고찰」, 『동아시아의 불교 전통에서 본 한국비구니의 수행과 삶』, 한마음선원, 2004.
전해주, 「한국 비구니 승가의 현황과 방향: 대한불교조계종을 중심으로」, 『종교교육학연구』 8, 한국종교교육학회, 1999.
조은수, 「서문」, 『동아시아의 불교전통에서 본 한국비구니의 수행과 삶』, 한마음선원, 2004.
혜원, 「현대한국선원청규의 모습과 나아갈 방향」, 『승가교육』 5, 대한불교조계종교육원, 2004.
「朝鮮佛教總報」 8(1918). 第拾號(大正7年).

www.kbiguni.org

국제화시대 한국 비구니의 위상과 역할

석담 · 이향순*

1. 머리말

현대 과학 물질문명의 급속한 발전은 불교의 전파에도 지대한 영향을 미쳐 이제 불교는 아시아를 벗어나 유럽과 미주, 오세아니아와 아프리카에까지 퍼지고 있다. 이들 지역에서 발심하여 출가하는 수행자들이 늘면서 이들의 수행 방식은 오랜 불교 전통을 지닌 우리의 관점에서 볼 때 여러 가지 새로운 측면을 제시한다. 이 글의 목적은 변화하는 세계 여성불교계에서 한국 비구니교단이 어떤 위치에 있는지 살펴보고 국제화시대에 한국 비구니들이 지향해야 할 바를 제시하는 데 있다.

먼저 한국 비구니들의 위상을 정확하게 이해하기 위해 우리와 같은 대승불교권인 중국, 타이완, 베트남, 일본, 티베트 교단의 현황을 살펴본 후, 스리랑카, 태국, 미얀마, 캄보디아 등 상좌부의 여성 수행자교단

---

* 석담: 미국 버지니아대학 박사과정 수료; 이향순: 미국 조지아대학 교수.

들을 살펴보겠다. 한국 비구니들의 역할 부분에서는 다른 나라 여성 수행자들과의 교류와 연대에 논의의 초점을 맞추겠다.

2. 해외 여성 수행자교단 현황

1) 중국

중국에서는 1980년대부터 공산정권하에 거의 폐허가 되었던 비구니 사찰이나 암자들이 하나둘 복원되기 시작했다. 현재 중국 전역에는 비구니 암자들이 많다.[1] 대표적인 예로, 산서성山西省의 오대산五臺山에는 5개의 비구니 사찰에 500여 명의 비구니가 살고 있으며 360여 명의 비구니학인들이 공부하는 비구니 전문 교육기관이 있다.[2] 광주廣州의 무주암無住庵에는 40여 명의 비구니들이 모여 안거를 하는데, 조동종曹洞宗계 참선수행을 하는 도량이다.[3] 또한 남부의 사천四川 지방에도 성도成道에 위치한 철상사鐵像寺와 중국의 영산 아미산峨眉山에 자리한 복호사伏虎寺가 있다. 철상사는 1940년대에 비구 능해能海 스님(1886~1967)이 세운 사찰로 계율은 사분율을 지키고, 중국 본토에 있는 절로서는 유일하게 티베트 겔룩파의 교리와 수행 방식을 따른다. 철상사는 중국의 유일한 비구니 고승인 융연隆蓮 스님(1909~)에 의해 복원됐으며, 1983년에

---

1) Hema Goonatilake, "Nuns of China: Part I: The Mainland," *Sakyadhita: Daughters of the Buddha*, ed. Karma Lekshe Tsomo(New York: Snow Lion Publications, 1988), pp. 112-118.
2) http://www.oslocoalition.org/html/project_china/report_china_visit_2002_(english).html.
3) Bhikshuni Ngawang Chodron, "A Summer in China: A Famous 325-year-old Nunnery Rebuilt, It's Extraordinary Abbess, and the Ordination of 783 Bhikshunis," *Sakyadhita Newsletter: International Association of Buddhist Women*, Vol. 6, no. 1(Spring, 1995).

티베트불교의 교리와 수행을 가르치는 비구니 전문교육기관 사천니중불학원四川尼衆佛學院을 설립했다. 현재 40여 명의 비구니학인들이 상주하면서 불전과 율장을 공부하고, 20여 명의 소임을 보는 비구니들도 함께 거주한다. 융연 스님은 1982년 그동안 중국 불교사에 사라졌던 이부승二部僧비구니구족계 수계 제도를 철상사에 부활시켜 21명의 비구니에게 수계식을 거행했다. 그 후 융연 스님은 중국의 거의 모든 비구니수계식에 비구니 전계화상傳戒和尙으로 참여해 왔다. 융연 스님은 철상사에서 멀지 않은 성도시내에 위치한 애도당愛道堂 주지도 겸임하며 그곳에서 정토신앙 수행생활을 하는 비구니들과 재가불자들을 위해 주말마다 강의도 하고 법문도 한다.4) 아미산에 자리한 복호사는 중국 정부로터 '명예로운 여성단체'라는 상을 받은 곳으로 100여 명의 비구니들이 상주하며 주로 정토신앙에 의거해 수행하는 도량이다.

복호사의 비구니생활을 집중적으로 연구한 학자 친 웬지에 의하면, 중국의 여성들은 불교에 입문하기 위해 부모의 허락을 받아야 함은 물론, 합법적인 시민으로서 정부의 승인도 받아야 하고, 직장인이면 직장상사의 허락도 받아야 한다. 중국인들은 딸이 비구니가 되는 것을 집안의 망신이라 여기며, 비구니가 되는 젊은 여성들은 대부분 가난한 농촌 태생의 저학력 소지자들로서 비구니의 사회적 위상은 매우 낮다.

게다가 중국 정부는 불교교단 내에서 가장 민주적이고 자발적으로 이루어져야 할 현안들에 대해 일일이 간섭하고 통제한다. 그 현안들이란 예컨대, 몇 명의 비구, 비구니를 득도시키는가? 어느 사찰을 복원해야 하는가? 불교단체의 장을 누가 맡는가? 하는 세세한 사항들이다. 이

---

4) Ester Bianch, *The Iron Statue Monastery "Tixiansi": A Buddhist Nunnery of Tibetan Tradition in Contemporary China*(Firenze: L. S. Olschki, 2001).

와 같이 중국의 비구교단과 비구니교단은 정부의 철저한 간섭과 통제 하에 있다. 물론 불교의 각 단체장들은 모두 비구들이 차지하고 있고, 비구니는 기껏해야 비구니사찰이나 암자의 주지를 한다.

현재 중국 비구니교단에서는 불교의식을 집전할 수 있는 능력을 지닌 극소수의 비구니들만이 높은 위상을 누린다고 할 수 있다.5) 노스님 세대들은 1980년대에 폐허가 된 비구니암자들을 복원하기 위해 비구사찰 주위의 암자에서 비구들을 위해 일을 하며 경제적으로 도움을 받고 살았기 때문에 불교교리 공부나 수행에 전념할 엄두를 내지 못했다고 한다.6) 따라서 지금 중국 비구니교단이 당면한 가장 큰 문제는 젊은 비구니들에게 율장과 경전을 강의하거나 수행을 지도할 자격을 갖춘 비구니스승을 중국 자체 내에서 찾기 어렵다는 것이다. 다수의 중국 비구니들이 홍콩에 가서 구족계를 받기도 하지만 엄청난 경비를 부담해야 한다. 근본적으로 이 문제를 해결할 수 있는 가장 바람직하고 쉬운 방법은 동족인 타이완 비구니교단의 눈부신 발전을 역수입하는 것이다. 타이완의 비구나 비구니 고승들을 초대해서 중국의 비구니들에게 불전강의를 하게 하거나, 재질이 있는 젊은 비구니들을 타이완으로 유학시켜 불교교육을 받게 하면 된다. 타이완은 중국 비구니들로 하여금 타이완에서 무료로 불교를 공부할 수 있는 좋은 조건을 제시하고 있다. 하지만 중국 정부는 외화를 벌어들이기 위해 타이완 불자들이 중국 사찰에 보내는 보시금과 순례는 허용하면서도 정치적인 이유로 타이완 비구, 비구니 고승들의 중국 교단에 대한 접근은 엄금하고 있다.

---

5) Wen-jie Qin, "The Buddhist Revival in Post-Mao China: Women Reconstruct Buddhism on Mt. Emei," Ph. D. Dissertation(Harvard University, 2000).
6) Wen-jie Qin, "The Buddhist Revival in Post-Mao China: Women Reconstruct Buddhism on Mt. Emei," Ph. D. Dissertation.

2) 타이완

1965년에 타이완에서 가장 존경받는 비구 큰스님인 인순印順 대사와 성엄聖嚴 대사가 "비구니들은 팔경법八敬法에 얽매일 필요가 없다"라고 공식적인 발표를 했다. 이 획기적인 발표 후 타이완의 비구니교단은 1980년대에 이르러 눈부신 발전을 이루었다.[7] 현재 타이완은 '비구니의 천국' 또는 '비구니를 위한 무한의 세계'라고 불릴 정도로 세계에서 비구니의 사회활동이 가장 눈부시고 비구니교단이 번성하는 곳이다. 3만여 명의 승려인구 중 80%가 비구니이고, 비구니와 비구의 비율은 8대 2를 이룬다.[8] 타이완에서 가장 존경받는 성직자 가운데 두 분이 비구니임을 감안할 때, 타이완 비구니들이 사회에 미치는 영향이 어떠한지 짐작할 수 있다.

타이완에서 추앙받는 고승들로 불광산파佛光山派를 창립한 비구 성운星雲 대사와 함께 두 비구니가 자주 언급된다. 타이완에서 가장 큰 자선단체인 '자제회慈濟會'를 이끄는 비구니 증엄證嚴 법사와 화범華梵대학을 설립한 교육자이자 화가이면서 선사禪師인 비구니 효운曉雲 법사이다.[9] 타이완 비구니들이 각계각층의 지도자로서 불교계를 주도해 나가는 것은, 타이완 불교사를 창조해 나가는 것이다. 인류역사상 어느 곳에서도 여성들이 종교사를 주도해 간 적이 없음을 고려할 때, 오늘날 타이완 비구니교단에서 일어나는 일들은 역사상 유례가 없는 경이로운

---

7) Elise Anne DeVido, "The Infinite World of Taiwan's Buddhist Nuns"(http://www.riccibase.com/doctile/rel-bu04.htm).
8) 2003년 필자가 어느 타이완 비구니와 나눈 대화.
9) Yu-chen Li, "Crafting Women's Religious Experience in a Patrilineal Society: Taiwanese Buddhist Nuns in Action(1945-1999)," Ph. D. Dissertation(Cornell University, 2000).

현상이라 하겠다. 불교학을 하며 여성과 종교의 역사에 대해 연구하는 서양 학자들은 타이완의 비구니들이 불교사를 새로 쓰고 있다고 말할 정도이다.

하지만 번성하는 타이완의 비구니교단에서도 봉착해 있는 큰 문제들이 없지 않다. 그 문제들 가운데 대표적인 것 세 가지만 언급하겠다.

첫째, 대부분의 타이완 비구니들은 비구를 은사로 삭발해서 비구의 상좌가 되는 점이다. 세계적으로 유명한 여성운동가이자 학자인 어떤 서양 비구니의 말을 빌면, 타이완의 번성하는 비구니교단의 큰 그림은 전권을 지닌 비구은사 한 사람을 정점으로 해서 비구니상좌들이 개미군단과 같이 조직되어 있는 형세인데, 이 조직에서는 비구니들이 비구은사를 위해 위로부터 심지어 부엌살림까지 도맡아 철저히 봉사를 하며 희생을 하는 셈이다. 결과적으로 타이완 비구니들의 정상에는 비구들이 서 있으며, 비구니는 비구와 동등한 위상을 이루지 못한다는 것이다. 이 문제의 근본적인 원인은 비구은사 제도에 있다. 율장에 의거해 볼 때, 비구니는 반드시 비구니스승을 은사로 삼아 삭발해야 하고 비구니스승 밑에서 식차마나式叉摩那로서의 수련을 거쳐야만 비구니구족계를 받을 수 있다. 비구가 비구니상좌를 두는 것은 율장에 어긋나는 일이며, 비구니가 비구스승을 은사로 삼아 식차마나 수련을 거쳐서 비구니구족계를 받는 것도 율장에 어긋나는 일이다.

둘째, 타이완 비구니교단의 폐해를 일컫는 '산두주의山頭主義'라는 표현이 있다. 이는 비구니 큰스님들을 중심으로 구성된 불교단체들이 경쟁심과 시기심, 파벌주의 때문에 전국적인 규모의 불교행사를 할 때에도 전혀 협력을 하지 않는 경향을 가리킨다. 물론 산의 정상에 서 있는 비구니 큰스님들끼리도 서로 화합하지 않는다. 문자 그대로 높은 산들

이 자신들의 높이만 자랑하면서 제자리에 서서 절대 움직이지 않듯이 말이다.10)

셋째, 타이완 비구니들의 활동폭이 사회 각계각층으로 넓어지면서 자연히 바쁘게 돌아가는 세속사의 소용돌이에 휘둘리게 되고, 정작 수행자의 본분인 수행을 등한시하는 경향이 있다.11)

3) 베트남

베트남의 불자들은 베트남전쟁 기간 동안 수많은 사찰이 파괴되고 전후 공산정권하에 불교 박해까지 있었지만 기적적으로 불교신앙을 잘 지켜 왔다. 현재 베트남에는 세 개의 불교종파가 있다. 첫 번째 종파는 육조 혜능慧能 조사祖師의 간화선 수행전통을 이으며 임제臨濟 선사의 불성사상을 신봉하는 선종계로서 이 종파에 속한 비구니는 만여 명에 이르는데, 이는 베트남 비구니 인구의 70%를 차지한다. 두 번째 종파는 1946년에 확립된 탁발승파 비구니들인데, 천여 명 정도의 규모로서 이들은 대승불교와 상좌부 전통의 교리와 수행을 선별해서 함께 신봉한다. 세 번째 종파로서 200여 명으로 이루어진 상좌부계통의 여성 수행자교단이 있다. 이 세 파는 비록 서로 다른 전통을 따르지만, 모두 베트남의 중앙 불교단체에 소속되어 잘 화합하고 있다. 특히 선종계 비구니와 탁발승파의 젊은 비구니들은 대학이나 불교전문기관에서 나란히 앉아 함께 교육을 받는다. 그리고 비구니수계식에도 함께 참석해 사분율에 의

---

10) Elise Anne DeVido, "Reaching All Generations: Buddhist Outreach in Taiwan," '세7차 세계여성불자대회'(타이완) 논문집, 2002.
11) Elise Anne DeVido, "Reaching All Generations: Buddhist Outreach in Taiwan."

거해 구족계를 받는다. 베트남의 비구니들은 팔경계법八敬戒法을 지키지
않으며, 비구와 거의 동등한 지위를 누리면서 활발하게 사회복지, 포교,
봉사활동에 참여하고 있다.12)

4) 일본

일본 최초의 비구니들은 백제에서 비구니구족계를 받았으나, 일본
으로 돌아가서 비구니교단을 확립하는 데는 실패했다.13) 엄격한 전통
불교의 입장에서 보면 현재 일본의 여성 출가수행자들을 비구니라고
부를 수 있는 교단적인 기반은 없는 셈이다.14) 소수의 조동종계 여승들
과 정토종계 여승들이 삭발을 하고 독신생활을 하며 선수행을 하지만,
그들은 대승불교의 율장인 사분율의 348계를 지키지 않고 도원道元 선
사가 창안한 16계를 지키기 때문에15) 이들을 엄격한 의미에서 비구니
고 부르기는 어렵다. 또한 일본의 재가여성불자들 가운데 승려를 남편
으로 둔 사람은 단기간의 수련을 거친 후 성직에 임명되기도 한다. 대

---

12) Thich Nu Dien Van Hue, "Buddhist Nuns of Vietnam"; Thich Nu Dong Anh, "A Survey of the Bhikkuni Saṅgha in Vietnam"; and Thich Nu Tri Lien, "Nuns of the Mendicant Tradition in Vietnam," *Bridging Worlds: Buddhist Women's Voices across Generations*, ed. Karma Lekshe Tsomo(Taipei: Yuan Chuan Press, 2004).
13) Karma Lekshe Tsomo, "Translator's Introduction to 'The History of Buddhist Nuns in Japan,'" *Buddhist-Christian Studies*, Vol. 12(1992), pp. 143-146.
14) Tessho Kondo, "Nuns of Japan: Part I," *Sakyadhita: Daughters of the Buddha*, ed. Karma Lekshe Tsomo(New York: Snow Lion Publications, 1988), pp. 124-126.
15) 일본 조동종계 여승의 16戒는 다음과 같다. "(1)귀의불. (2)귀의법. (3)귀의승. (4)악행을 하지 말라. (5)선행을 하라. (6)모든 중생을 해탈케 하라. (7)살생하지 말라. (8)도둑질하지 말라. (9)음행하지 말라. (10)거짓말하지 말라. (11)술을 마시지 말라. (12)사부대중의 허물을 말하지 말라. (13)간탐하지 말라. (14)불보를 비방하지 말라. (15)법보를 비방하지 말라. (16)승보를 비방하지 말라."(Paula K. R. Arai, *Women Living Zen: Japanese Soto Buddhist Nuns*, New York: Oxford University Press, 1999, p. 166)

개 정토종계나 선종계 승려의 부인들이다. 이들의 역할은 승려인 남편을 보조하는 것이다. 사찰 운영의 잡무를 보거나 신도 상담, 고아원이나 탁아소 운영, 다도나 꽃꽂이 강의를 하거나 장례식이나 제사 준비 등을 한다.16)

5) 티베트

티베트의 불교사에는 아예 비구니가 존재한 적이 없다.17) 티베트의 여성 출가수행자들은 '아니'라 불리는데, 이들은 36계를 수지한다.18) 대다수의 아니들은 결혼하지 않은 젊은 나이에 출가하여19) 비구와 똑같

---

16) Tessho Kondo, "Nuns of Japan: Part I," *Sakyadhita: Daughters of the Buddha*, ed. Karma Lekshe Tsomo, p. 125.
17) Kim Gutschow, *Being a Buddhist Nun: The Struggle for Enlightenment in the Himalayas*(Cambridge: Harvard University Press, 2004), p. 93.
18) 티베트의 사미와 사미니를 위한 36戒는 다른 불교 전통의 사미, 사미니 10계를 더 세분화한 데다 몇 가지 항목이 보태진 것이다. 티베트 사미니 36戒의 구체적인 계목은 다음과 같다. "(1)사람을 죽이지 말라. (2)동물을 죽이지 말라. (3)벌레 있는 풀을 사용하지 말라. (4)벌레 있는 물을 먹거나 사용하지 말라. (5)도둑질하지 말라. (6)음행하지 말라. (7)진실이 아닌 것을 말하지 말라. (8)증거 없이 모함하거나 사소한 이유 때문에 모함하지 말라. (9)승단 안에 파당을 만들지 말라. (10)편을 가르지 말라. (11)재가불자의 신심을 떨어뜨리게 하지 말라. (12)비구가 고의로 거짓말한다고 모함하지 말라. (13)비구가 편들고 있다고 모함하지 말라. (14)사찰 소임자를 비방하지 말라. (15)비구가 한 줌의 음식을 얻기 위해 법을 설하고 있다고 모함하지 말라. (16)비구가 부분적으로 바라이법을 범했다고 모함하지 말라. (17)계율 지키는 것을 거부하고 비난하지 말라. (18)발우에 음식을 더 받기 위해 반찬으로 밥을 덮지 말라. (19)술 마시지 말라. (20)노래하지 말라. (21)춤추지 말라. (22)음악을 하지 말라. (23)보석으로 치장하지 말라. (24)화장하지 말라. (25)향수를 바르지 말라. (26)목걸이를 하지 말라. (27)사치스런 침대를 사용하지 말라. (28)높은 침대를 사용하지 말라. (29)사치스런 평상에 앉지 말라. (30)높은 평상에 앉지 말라. (31)12시(정오) 이후에는 먹지 말라. (32)금을 받지 말라. (33)은을 받지 말라. (34)재가자의 복장을 하지 말라. (35)승복을 벗지 말라. (36)은사나 수계사를 비방하지 말라." 이 계율은 티베트어에서 영어로 번역된 것을 옮긴 것이다.(Jamgon Kongtrul Lodro Taye, *Buddhist Ethics*, trans. & ed. The International Translation Committee founded by the V.V. Kalu Rinpoche, New York: Snow Lion Publications, 1998, pp. 102-104·372)
19) Kim Gutschow, *Being a Buddhist Nun: The Struggle for Enlightenment in the Himalayas*(Cambridge: Harvard University Press, 2004), pp. 11-12.

은 승복을 입고 삭발을 하고 36계를 지키며 독신수행을 하지만, 교단 내의 아니의 지위는 비구에 비길 수 없을 만큼 낮다. 아니들은 비구니 율장을 읽을 권리도 연구할 권리도 없다. 이들은 비구니구족계를 받을 자격이 없는 존재들이라고 치부되기 때문이다.[20] 이들은 재가신도들의 존경도 받지 못할 뿐만 아니라 경제적인 지원도 거의 없다. 티베트의 불자들은 전생에 죄가 많고 업장이 두터우면 부정한 여자의 몸을 받는다고 믿는다. 자연히 아니들에게 보시를 하거나 집안의 대소사에 독경이나 축원을 해 달라고 부탁하지 않는다. 여성인 아니들에게 보시를 해 봤자 아무런 공덕을 받지 못한다고 믿는다.[21] 이런 이유로 아니들은 이생에 공덕을 많이 지어 내생에 남자로 태어나기 위해 노력하는데, 그중에도 비구들을 위해 봉사하는 것이 가장 복을 많이 짓는 행위라 믿기 때문에 비구사찰의 행사에 보상도 받지 않고 하녀들처럼 부엌일을 비롯한 온갖 허드렛일을 다 한다. 아니들은 비구를 위한 일이라면 일반 주부들처럼 빨래, 요리, 소똥 줍기 등 무슨 일이든 자발적으로 하고 싶어한다.[22] 결과적으로 티베트 비구들은 사회의 유지급에 속하지만 아니들은 가장 가난한 계층에 속한다.[23]

아니들은 삭발을 하고 법의를 걸치고 독신수행을 하면서도, 동네의

---

20) Kim Gutschow, *Being a Buddhist Nun: The Struggle for Enlightenment in the Himalayas*, p. 184.
21) Kim Gutschow, *Being a Buddhist Nun: The Struggle for Enlightenment in the Himalayas*, pp. 6-7 · 13, 16-19 · 66-67 · 187-188.
22) Kim Gutschow, *Being a Buddhist Nun: The Struggle for Enlightenment in the Himalayas*, pp. 159-167. 현지에서 티베트 아니들의 생활을 연구한 종교인류학자인 킴 캇츄는 어느 날 어떤 비구가 뻣뻣이 서서 장난삼아 계속해서 마룻바닥에 성냥개비를 던지는 동안 한 아니가 싫다거나 불평 한마디 없이 참을성 있게 계속해서 그 비구 앞에 허리를 굽히며 성냥개비를 줍는 장면을 목격했다고 한다.(Kim Gutschow, *Being a Buddhist Nun: The Struggle for Enlightenment in the Himalayas*, p. 135)
23) Kim Gutschow, *Being a Buddhist Nun: The Struggle for Enlightenment in the Himalayas*, p. 34.

부녀자들과 섞여서 화덕 옆에서, 마굿간에서, 방앗간에서, 들판에서 부엌일, 빨래, 보리 볶고 빻기, 물대기, 농토에 풀매기, 추수하기, 도리깨질하기, 곡물 나르는 일 등 부녀자들이 하는 온갖 잡일을 하며 품삯을 받아 생활한다. 다만, 아니로서 계율에 어긋나는 낫질만은 하지 않는다.24) 꼭두새벽에 일어나 해가 질 때까지 하녀처럼 일에 시달리며 살기 때문에 불전을 연구하고 수행에 전념할 시간을 갖지 못한다. 배움과 수행에 전념할 수 없기 때문에 자연 그들의 지위도 향상될 수 없다. 아니들은 법당의 예불에 참석하거나, 국가의 명절 또는 불교 명절날 긴 불교의식에 참석할 때가 편히 쉴 수 있는 가장 행복한 시간이라고 하니,25) 아니들이 얼마나 빈곤하고 열악한 환경에서 생활하는지 상상할 수 있다. 지난 20여 년간 티베트 망명정부의 달라이라마를 비롯 극소수의 고승들은 서양불자들의 성화에 못 이겨 아니의 지위에 대한 관심을 보였지만, 대부분의 티베트 비구들은 아니들의 지위를 높이려 하지 않을 뿐만 아니라 서양불자들이 아니들을 위해 보시금을 보내는 데 대해서도 곱지 않은 눈으로 쳐다보며 '분개'한다고 한다.26) 그러나 최근 외부의 압력을 의식한 듯, 아니들에게 구족계를 줄 수 있는 길을 모색하려는 움직임이 일고 있다. 이를 위해 티베트불교로 출가한 서양 비구니들이 공식적인 기구를 만들어 활동을 벌이고 있다.27)

---

24) Karma Lekshe Tsomo, "Change in Consciousness: Women's Religious Identity in Himalayan Buddhist Culture," *Buddhist Women across Cultures: Realizations*, ed. Karma Lekshe Tsomo(Albany: SUNY Press, 1999), pp. 181-183.
25) Kim Gutschow, *Being a Buddhist Nun: The Struggle for Enlightenment in the Himalayas*, pp. 78-84 · 92-145.
26) Karma Lekshe Tsomo, "Change in Consciousness: Women's Religious Identity in Himalayan Buddhist Culture," *Buddhist Women across Cultures: Realizations*, ed. Karma Lekshe Tsomo, pp. 169-189.
27) Sakyadhita, *Sakyadhita Newsletter: International Association of Buddhist Women*, Vol. 14(2006), no. 1, p. 6.

6) 스리랑카

11세기 이후 스리랑카에서는 비구니교단이 완전히 사라졌다.[28] 오늘날 스리랑카에는 사미니10계를 지키거나 재가10계를 지키며 삭발을 하고 독신 수행생활을 하는 3,000여 명의 다사실마타(십계를 지키는 어머니)들이 있다. 다사실마타들은 가난한 시골이나 도시 지역 출신으로 싱할라 불자들로부터 존경이나 경제적 지원을 받지 못할 뿐더러 사회적 지위도 아주 낮다. 이들은 일반 재가자도 아니고 구족계를 받은 비구니도 아닌 여성불자 수행자들이다.[29]

하지만 1970년대부터 극소수의 다사실마타들과 재가여성불자들은 스리랑카에 비구니교단을 부활시키기 위해 부단한 노력을 해 왔다.[30] 마침내 1988년 5명의 스리랑카 다사실마타들이 미국 캘리포니아에 있는 타이완 불광산파의 서래사西來寺에서 최초로 타이완 전통의 비구니구족계를 받았다. 이어서 1996년 12월에 인도의 녹야원에서 10명의 다사실마타들이 한국 전통의 비구니구족계를 받았다. 또한 1998년 2월에 인도의 보드가야에서 대만 불광산파의 주최로 거행된 이부승비구니구족계 수계식에서 20명의 다사실마타들이 비구니구족계를 받았다. 그로부터 한 달 후인 3월, 스리랑카에서 비구니교단이 사라진 후 9세기 만에 스리랑카 비구승들의 거센 반발에도 불구하고 상좌부의 팔리율장에 의거해서 이부승비구니구족계 수계식이 행해졌다. 스리랑카의 담불라(Dambulla)

---

28) Karma Lekshe Tsomo, "Change in Consciousness: Women's Religious Identity in Himalayan Buddhist Culture," ed. Karma Lekshe Tsomo, *in Buddhist Women across Cultures: Realizations*, p. 11.
29) Nirmala S. Salgado, "Unity and Diversity Among Buddhist Nuns in Sri Lanka," *Innovative Buddhist Women: Swimming against the Stream*, ed. Karma Lekshe Tsomo(Surrey: Curzon Press, 2000), pp. 30-41.
30) 2004년 필자가 스리랑카 비구니 쿠스마(Kusuma) 스님과 나눈 대화.

에서 거행된 이 수계식에서 22명의 새로운 비구니가 탄생했다. 상좌부의 팔리율장에 의하면 비구니는 311계를 지킨다. 이 역사적인 사건이 있은 후 거의 매년 스리랑카에서는 비구니구족계 수계식을 거행하며, 오늘날 스리랑카에는 구족계를 수지한 비구니가 400여 명31) 있다.32)

7) 태국

태국은 세계에서 가장 많은 불교신자 인구를 가진 국가이지만, 이들의 역사에도 비구니가 존재한 적이 없다. 오늘날 태국에서 삭발을 하고 흰색의 법복을 입고 10계나 8계 또는 5계를 지키는 여성불자들을 매지 혹은 매치(두타행을 하는 어머니)라 부른다. 오늘날 태국에는 만여 명의 매지가 있으며, 대부분의 매지들은 가난한 시골이나 도시 태생으로 도와줄 가족도 친척도 없는 수행자들이다. 매지들은 조직화된 교단도 없고, 재가불자들로부터 재정적인 지원이나 존경도 받지 못한다. 태국의 재가불자들은 매지에게 보시를 하면 많은 복을 받지 못한다고 믿고, 매지 자신들 또한 신도들의 복전이 되어 줄 수 없다고 믿는다. 대부분의

---

31) 찻수만 카빌싱에 의하면, 현재 스리랑카에는 200여 명의 비구니가 있다고 한다(Songdhannkalyani Temple, *Yasodhara: Newsletter on International Buddhist women's Activities*, Vol. 21/4, no. 84, July-Sept, 2005, p. 19). 하지만 스리랑카인인 쿠스마 스님은 현재 스리랑카에는 모두 400여 명의 비구니가 존재한다고 본다(Bhikkuni Kusuma, "Nuns and Society in Sri Lanka," *Sakyadhita Newsletter: International Association of Buddhist Women*, Vol. 14, no. 1, Spring, 2004). 두 사람의 주장에 큰 차이가 있고 어느 쪽이 옳은지 확인하기는 어렵지만, 스리랑카에서 비구니의 수가 지속적으로 증가해 온 것만은 사실인 것 같다.

32) Karma Lekshe Tsomo, "Mahaprajapati's Legacy: The Buddhist Women's Movement," *Buddhist Women across Cultures: Realizations*, ed. Karma Lekshe Tsomo(Albany: SUNY Press, 1999), pp. 11-13; Bhikkuni Kusuma, "Nuns and Society in Sri Lanka," *Sakyadhita Newsletter: International Association of Buddhist Women*, Vol. 14, no. 1, Spring, 2004); Tessa J. Bartholomeusz, *Women under the Bo Tree: Buddhist Nuns in Sri Lanka*(Cambridge: Cambridge University Press, 1994).

매지들은 비구사원에서 주지의 허락을 얻어 사원 내에 살면서 비구승들을 위한 공양물 준비, 빨래, 청소 등을 하는 대가로 최소한의 생계비를 받는다. 하지만 일부의 매지들은 생존을 위해 걸식을 하며 산다. 아주 극소수의 매지들은 고아원이나 학교를 운영하기도 하고 복지단체에서 봉사활동을 하기도 한다. 자연히 도시 출신의 고등교육을 받은 여성들에게 매지의 삶은 흥미로운 대상이 못 된다.33)

하지만 1971년에 태국에 최초로 비구니교단을 세우려고 시도한 여성이 있었다. 그녀의 이름은 보라마이 카빌싱(Voramai Kabilsingh, ?~2003)으로 보라마이 카빌싱은 1971년에 타이완에서 비구니구족계를 수계했다. 보라마이 카빌싱이 비구니구족계를 받고 태국으로 돌아가 비구니교단을 설립하려고 했을 때, 태국 비구들은 무자비하게 이를 방해했다. 가장 큰 이유로 내세운 것이 보라마이 카빌싱이 받은 비구니구족계의 성격이다. 그녀가 받은 대승불교권의 비구니구족계는 상좌부불교의 팔리율장을 따르는 태국의 불교 전통에 어긋나는 일이라 공격하면서 그녀의 구족계 수계를 인정할 수 없다고 강하게 반발했다.

보라마이 카빌싱의 딸인 찻수만 카빌싱(Chatsumarn Kabilsingh)은 방콕의 탐마사트대학에서 불교철학을 가르치는 교수였는데, 그녀도 어머니의 뒤를 따라 삭발했다. 보라마이 카빌싱이 비구니구족계를 받은 지 30년 후인 2001년 방콕 교외에 있는 모친의 절에서 사미니계를 받았다. 찻수만 카빌싱은 2003년 2월에 스리랑카에서 상좌부의 팔리율장에 의해 거행된 이부승비구니구족계 수계식에서 '담마난다'라는 법명으로 비구

---

33) Sid Brown, *The Journey of One Buddhist Nun: Even against the Wind*(Albany: SUNY Press, 2001); Karma Lekshe Tsomo, "Mahaprajapati's Legacy: the Buddhist Women's Movement," *Buddhist Women across Cultures: Realization*, ed. Karma Lekshe Tsomo, p. 14.

니구족계를 받았다. 대부분의 열성적인 재가불자들은 보라마이 카빌싱의 대를 잇는 딸 찻수만 카빌싱이 태국에 비구니교단을 설립하기 위해 벌이는 활동에 강력한 지지를 보내고 있다. 하지만 태국의 많은 비구들은 아직도 거세게 이를 반대하고 있다.[34]

태국의 매지들은 이런 반대와 방해에 굴하지 않고 꾸준히 자신들의 위상을 높이려는 노력을 해 온 결과, 최근 말레이시아에서 열린 세계여성불자대회에서는 매지들에게도 승가교육의 기회가 주어지기 시작했다는 고무적인 발표가 있었다.[35] 또한 한국비구니회장인 명성 스님이 세미나를 통해 불교가 국교라 해도 과언이 아닌 태국에 비구니가 없다는 것은 어불성설이라면서 태국의 종정스님에게 비구니승단이 정립되도록 적극적인 협조를 바란다고 간청한 바 있다.

8) 미얀마

미얀마에서는 11세기경에 상좌부계통의 비구니교단이 스리랑카로부터 전해졌고, 13세기까지 그 교단이 존재했었으나, 정확하게 언제 이 비구니교단이 사라졌는지는 알 수 없다. 현재 미얀마에는 삭발을 하고 엷은 분홍색 법의를 입고 8계나 10계[36]를 지키는 여성들을 틸라신(도덕

---

34) Ito Tomomi, "New Beginnings: The Bhikkuni Movement in Contemporary Thailand," *Bridging Worlds: Buddhist Women's Voices across Generations*, ed. Karma Lekshe Tsomo(Taipei: Yuan Chuan Press, 2004), pp.120-124; Songdhannkalyani Temple, *Yasodhara: Newsletter on International Buddhist women's Activities*, Vol. 19/4-23/4(2003-2005).
35) 이 같은 사실은 두 편의 논문을 통해 알려졌다. Mae chii Kritsana, "Thai Buddhist Nuns and the Thai Buddhist Nuns' Institute", '제9차 세계여성불자대회'(말레이시아) 논문집, 2006; Monica Lindberg Falk, Mae chii Srisalab Upamai, and Mae chii Yupin Duangchan, "Initial Six Years of the First Buddhist College for Nuns and Laywomen in Thailand," '제9차 세계여성불자대회'(말레이시아) 논문집, 2006.

성을 지닌 자)이라 부르는데 그 수는 6만여 명에 이른다. 틸라신의 지위는 태국의 매지나 스리랑카의 다사실마타들보다는 훨씬 높다. 틸라신들은 여성 성직자로서 재가불자들로부터 약간의 인정도 받고 존경도 받으며 경제적 지원도 받는다. 물론 비구승가가 받는 높은 존경과 풍부한 경제적 후원과는 비교가 안 될 정도이지만······. 소수이긴 하나 학덕과 수행을 갖춘 틸라신들도 있어 재가자들에게 경론을 강의하기도 한다. 일부의 틸라신들은 여성을 위한 사원에 모여 살면서 불전 연구도 하고 수행에 전념하기도 한다.

하지만 다수의 틸라신들은 사회복지활동을 하며 재가불자들처럼 비구들을 모시느라 공양을 준비하고 허드렛일을 하는 데에 상당한 시간을 보낸다. 비구들을 위해 봉사하는 것이 복을 많이 짓는 지름길이라고 믿기 때문에 틸라신들의 생활은 이 복 짓는 일에 집중되어 있다. 재가불자들도 틸라신은 비구만큼의 복전이 되어 줄 수 없다고 믿기 때문에 비구에게 보시하는 양의 10분의 1만을 틸라신에게 보시한다. 그러나 아직 틸라신들 사이에 비구니교단을 부활시키려는 본격적인 움직임은 일지 않고 있다.[37]

---

36) 틸라신의 10戒는 다음과 같다. "(1)산 생명을 죽이지 말라. (2)주지 않는 것을 갖지 말라. (3)음행하지 말라. (4)거짓말하지 말라. (5)술 마시지 말라. (6)때 아닌 때 먹지 말라. (7)노래하고, 춤추고, 풍류하지 말며, 구경도 하지 말라. (8)꽃다발을 쓰거나, 보석을 갖거나, 향을 바르지 말라. (9)높고 큰 평상에 앉지 말라. (10)금, 은, 보화를 지니지 말라." 틸라신들의 8戒는 위의 10戒 중 6번째까지는 똑같고, 7번과 8번을 합쳐서 하나의 계율로 지키며, 9번째의 戒를 포함한다. 설명을 부가하자면, 10戒와 8戒를 수지하는 틸라신의 차이는 10戒 중 마지막 10번째 계율을 수지 하느냐 않느냐의 차이이다. 10번째 戒는 '금, 은, 보화를 가지지 말라'인데, 현대인의 삶 속에서 돈을 지닐 수 있느냐 없느냐의 의미로 해석된다. 다시 말해, 10戒를 수지하는 틸라신들은 돈을 지닐 수 없기 때문에 전적으로 재가불자들의 경제적 도움에 의지해 살아가야 한다. Karma Lekshe Tsomo, "Mahaprajapati's Legacy: The Buddhist Women's Movement," *Buddhist Women across Cultures: Realizations*, ed. Karma Lekshe Tsomo, p. 37.
37) Karma Lekshe Tsomo, "Mahaprajapati's Legacy: The Buddhist Women's Movement," *Buddhist Women across Cultures: Realizations*, ed. Karma Lekshe Tsomo, pp. 9-11; Daw Su Su Sein, "Nuns of Burma,"

9) 캄보디아

캄보디아에는 비구니들이 존재한 적이 없다. 5계나 8계, 10계를 지키며 삭발을 하고 흰색의 법의나, 흰색 상의에 검정색 치마의 법복을 입고 사는 캄보디아 여성불자 성직자들을 '돈치'라고 부른다. 현재 돈치의 정확한 숫자는 알려져 있지 않지만, 대개 만여 명에 이를 것으로 추산된다. 이들의 대부분은 자녀를 다 키워 놓은 후 나이가 들어 삭발을 한 경우이다. 가난한 집안의 저학력자들로 삭발을 한 후에도 불교 전문 교육을 받을 기회가 전혀 주어지지 않는다. 돈치들도 태국의 매지나 스리랑카의 다사실마타들처럼 낮은 사회적 지위와 빈곤한 환경에서 살아가고 있다. 캄보디아 재가불자들은 돈치에게 보시를 하는 것은 거지에게 동냥을 하는 정도의 복밖에 받지 못한다고 믿기 때문에, 이들에 대한 경제적 지원을 하지 않는다. 일부의 돈치들은 비구사원에서 비구들을 위해 일을 하면서 살아가고, 일부는 가정에 머물면서 손자들을 돌보거나 가사에 종사한다. 이들의 지위를 높이려고 노력하는 어느 돈치에 따르면, 돈치들은 스리랑카와 같은 비구니교단의 부활이라는 건 엄두도 내지 못하며, 체계적으로 불교 전문 교육이나마 받을 수 있는 기회가 주어지길 바란다고 한다. 소수의 열성적인 여성들이 돈치의 지위와 생활을 향상시키려고 노력하고 있지만 아직도 갈 길이 멀다.[38]

Sakyadhita: Daughters of the Buddha akyadhita, ed. Karma Lekshe Tsomo(New York: Snow Lion Publications, 1988), pp. 109-111.

[38] Hema Goonatilake, "Rediscovering Cambodian Buddhist Women of the Past," *Innovative Buddhist Women: Swimming against the Stream,* ed. Karma Lekshe Tsomo(Surrey: Curzon Press, 2000); Heike Löschmann, "The Revival of the Don Chee Movement in Cambodia," *Innovative Buddhist Women: Swimming against the Stream,* ed. Karma Lekshe Tsomo(Surrey: Curzon Press, 2000), pp. 84-95.

3. 한국 비구니의 위상

　36년의 일제강점기에 적지 않은 비구들이 일신의 세속적 안위와 영화를 추구하고 식민지 불교정책에 굴복하여 일본 승려들처럼 결혼을 하고 처자식을 거느리는 대처승으로 전락해 갔다. 하지만 한국의 비구니들은 불타의 근본 출가정신을 저버리지 않고 한국불교의 독신수행승 전통을 고스란히 이어왔다. 1954년부터 한국 승가에 일기 시작한 불교정화운동 때에도,[39] 비구보다 수적으로 훨씬 많은 비구니가 정화불사를 성공적으로 이끄는 데 결정적인 역할을 했다. 수적으로 비구니가 비구보다 우세했던 만큼, 비구니들은 정화불사 동안에 수많은 집회의 동원령에 자발적으로 참여하여, 가사장삼을 여법하게 수하고 질서정연하게 묵묵히 열을 지어 비구들과 나란히 행진하며 집회를 이끄는 데 크게 공헌했다.[40] 하지만 정화불사가 끝난 후 비구들은 공로에 따라 각 본사와 큰절의 주지로 임명을 받은 데 비해, 정화불사에 동참했던 비구니들은 운이 좋으면 큰절의 산내 암자나 하나 얻었고, 대부분의 비구니들은 공에 대한 대가를 바라지 않는 진정한 불제자로서의 길을 걸었다.[41]
　정화 이후, 많은 땅과 신도들을 소유한 산중의 본사와 큰절들의 배당에서 비구니들은 철저히 배제되는 등 비구승 위주의 승단 운영으로 인해 부당하고 불평등한 대우를 받으면서도 한국의 비구니들은 절망하거나 희망을 잃지 않았다. 오히려 여성이라는 장점을 잘 활용하여 도시 주변에 크고 작은 수많은 암자를 설립해 갔다. 한국 경제의 급성장 속

---

39) 대한불교조계종교육원, 『조계종사 근현대편』(교육원 불학연구소, 2001), 191쪽.
40) 이경순, 「한국불교 정화관련 인사 증언채록(3): 수덕사 견성암의 덕수 스님, 보인 스님, 정화 스님」, 『선우도량』 13(대한불교조계종 선우도량, 1998).
41) 법철, 「시론: 팔경계를 악용하는 사람들」, 『불교춘추』 4(불교춘추사, 1996), 9쪽.

에 재가불자들은 생계에 바빠지고 시간에 쫓기면서 자연히 자신들의 주거지와 가까운 비구니암자에 들려 참배를 하게 되고, 부지런하고 청결하게 도량을 잘 가꾸며 청정하게 계행과 수행에 열중하는 비구니들을 점차 선호하게 되었다. 반면, 오늘날에도 일부의 비구들은 일제 식민통치 잔재를 청산하지 못한 채 일제 치하의 잔습을 변형시켜 소위 은처隱妻를 거느리면서도 버젓이 조계종의 독신승 행세를 하는 등 한국불교의 전통인 독신수행승 제도를 혼탁하게 만들고 있다.42)

한국 비구니교단은 높은 교육열과 엄격한 계율 수지 및 수행정신에 힘입어 1980년대부터 눈에 띄게 성장하기 시작했다. 1982년에는 그동안 한국 승가에서 사라졌던 이부승비구니구족계 수계식 제도를 부활해, 부산 범어사 대성암에서 니전계사尼傳戒師 정행淨行 스님을 모시고 비구니 구족계식을 가졌다.43) 오늘날 한국의 비구와 비구니의 성비는 거의 동등하며, 비구니들은 사회복지와 포교 분야에서 그 활동이 매우 두드러진다. 그리고 한국 비구니는 재가불자들로부터 비구 못지않은 존경과 경제적 후원도 받는다.

그동안 비구니들은 재가자들에 대한 자신들의 위상을 높이는 데는 성공했지만, 승단 내에서는 비구와 동등한 지위를 누리지 못하고 있다. 예를 들면, 소수의 배정으로 그치고 마는 종회의원의 수, 교구본사 주지 임명에 있어서 비구니 소외, 비구 주위의 종단행정 운영 등을 들 수 있다. 비구니들도 종단행정 제반사에 비구와 동등하게 참여하고 결정할 수 있는 기회를 달라고 요구하지만, 대다수 비구들의 거센 반발에 부딪

---

42) 김광식, 『아! 청담: 36인의 생생한 증언으로 엮어낸 국내최초 대담집』(화남, 2004), 32쪽.
43) 대한불교조계종계단위원회, 『單一戒壇二十年』(토방, 2001); Karma Lekshe Tsomo, *Sisters in Solitude: Two Traditions of Buddhist Monastic Ethics for Women*(Albany: SUNY Press, 1996), pp. viii-ix.

치고 있다. 위에서 필자는 각국의 여성 수행자들이 비구니교단을 부활하거나 건립하려고 할 때 부딪치는 가장 큰 벽이 비구승들의 거센 반발이라고 지적했다. 비구니의 위상 정립에 관한한 한국의 상황도 예외라 할 수 없다.

하지만 다른 나라 여성 수행자들에 비해 한국의 비구니들은 상대적으로 높은 지위를 누려 왔으며, 한국 비구니교단의 미래는 밝고 무한한 가능성을 지니고 있다고 본다. 한국불교는 임제 선사의 불성佛性사상을 철저히 신봉하며 사원寺院 위주의 선수행 전통을 잘 지켜오고 있다.[44] 불성사상은 중생은 갖가지 겉모양을 떠나 모두 불성을 지녔으며, 열심히 수행하면 언젠가는 모두 다 성불할 수 있다고 믿는 만민평등사상이다. 중국의 불교사에서도 임제의 선禪사상이 유행할 때, 훌륭한 비구니선사들이 많이 배출되었고, 비구니의 지위도 가장 높았다.[45] 일제강점기하에서도 전통선의 불성사상을 철저히 신봉했던 만공滿空(1871~1946) 선사나 한암漢岩(1876~1951) 선사 같은 선덕禪德들은 비구와 비구니에게 동등하게 선수행을 지도했다.[46] 또한 6·25사변의 폐허 속에서도 운허耘虛(1892~1980) 스님이나 경봉鏡峰(1885~1969) 스님 같은 분은 동학사東鶴寺에서 비구와 비구니를 차별하지 않고 불교에 대한 전문교육을 시키는 데 전력을 다했다.[47] 이 같은 선덕들과 비구 강사스님들의 은혜로 오늘날 한국 비구니계에는 젊은 세대를 지도할 수 있는 훌륭한 비구니스

---

44) Robert E. Buswell, Jr., *The Zen Monastic Experience: Buddhist Practice in Contemporary Korea*(New Jersey: Princeton University Press, 1992), pp. 149-53.
45) Beata Grant, "Female Holder of the Lineage: Linji Chan Master Zhiyuan Xinggang(1597-1654)," *Late Imperial China*, Vol. 17, no. 2(December 1996).
46) 하춘생, 『깨달음의 꽃』 1·2(여래, 1998).
47) 윤청광 편, 『회색 고무신』(시공사, 2002).

승들이 배출되었다. 이런 선례가 있었으므로 오늘날 한국 승단 내에서는 수행이나 교육에 관한 한 비구와 비구니에게 동등한 기회가 주어지고 있다고 할 수 있다.

현재 한국의 비구니교단은 그 성장세나 사회활동에 있어 타이완의 비구니교단을 뒤따라가고 있다고 할 수 있다. 위에서 지적한 타이완 비구니교단의 근본적인 문제점을 감안할 때, 한국 비구니의 위상은 세계 불교계에서 가장 높은 그룹에 속한다.[48] 물론 한국 비구니교단도 여러 가지 문제점을 안고 있지만, 타이완 비구니교단처럼 근본적인 문제점은 없다고 할 수 있다.

구체적으로 한국 비구니교단의 대표적인 장점을 세 가지만 들자면 다음과 같다.

첫째, 한국의 여성 출가자는 율장에 따라 비구니은사 아래 삭발수계하는 전통을 고스란히 지켜 왔다. 비구니스승의 지도 아래 사미니, 식차마나의 수련 기간을 거쳐 비구니구족계를 받는다. 한국 비구니들은 비구승단과는 독립된 단체로 비구니들의 문제는 비구니교단 자체 내에서, 비구들의 간섭 없이 자주적으로 해결해 나간다. 다시 말해, 한국 비구니교단의 가장 정상에는 비구니가 서 있으며 비구니가 비구니를 대표한다. 게다가 1982년에 부활된 이부승비구니구족계 수계식 제도는 한국 비구니교단의 정통성을 확고히 하는 데 결정적인 계기가 되었다. 바로 이런 이유로, 비구니교단이 없는 각국의 여성 수행자들이 비구니교단을 건립하기 위해 현존하는 비구니교단의 모델을 찾을 때, 한국의 비구니교단

---

[48] 이 그룹에는 타이완 비구니교단과 베트남의 선종계 비구니교단이 포함된다. 베트남의 비구니인구 중 70%를 차지하는 선종계 비구니들도 한국의 비구니들과 비슷하게 높은 위상을 누리는 것으로 보인다.

을 주목하는 것이다. 한국 비구니교단의 정통성과 청정승가정신 및 교단의 위상은 세계 어디에 내놓아도 자랑할 만하다.

둘째, 한국 비구니들의 위상이 이 같이 높은 데에는 임제선의 사원 위주 선수행 전통이 큰 몫을 한다. 한국의 비구와 비구니는 오늘날에도 동·하안거 제도를 철저히 지킨다. 중국에서 시작된 임제 선사의 선수행 전통은 중국에서는 이미 사라진 지 오래이고, 대부분의 타이완 비구니들도 안거 제도를 지키지 않으며 아예 이 제도를 모르는 비구니들도 많다고 한다.[49]

셋째, 한국에는 화합승가를 상징하는 대표 기구인 '전국비구니회'가 존재한다. 조계종의 비구니들은 대부분 이 기구에 소속되어 있다. 까르마 렉셰 쏘모 스님에 의하면, 세계 어느 불교국가에도 전국비구니회라는 단체는 없다고 한다. 불교국가에서조차 비구니들이 소속된 종파나 개인적인 이해관계 때문에 하나의 단합된 대표 기구를 결성하지 못한다는 것이다.[50] 그동안 전국비구니회가 취약한 조직력 때문에 교단 내에서 강력한 의사 표현과 행동력을 보이지 못한 아쉬움도 있지만, 세계에서 유일하게 한국 비구니교단만이 가진 이 조직은 어떤 방식으로든 더욱 활성화되어야 한다. 동남아국가나 티베트의 여성 수행자들이 조직력도 없고 그들의 목소리를 대변해 줄 지도자나 스승도 없이 열악한 수행

---

49) 2002년 여름 타이완에서 '제7차 세계여성불자대회'를 마치고, 까르마 렉셰 쏘모 스님, 타이완 대회 집행위원장이었던 仁朗 법사, 한국 중앙승가대학의 本覺 스님, 본각 스님의 통역을 맡았던 필자가 모여 대담하던 중, 2004년 차기 대회지인 한국에서는 대회 기간이 해제 기간과 겹치면 안 된다고 하자, 인랑 법사가 놀라면서, "아직도 한국의 비구니들은 안거 제도를 지키느냐?"라고 물었다. 필자는 이 예상치 않은 반응에 놀라, "아니, 승려가 안거 제도를 안 지키다니?"라는 농담조의 답을 한 적이 있다. 인랑 법사에 의하면, 대다수 타이완 비구니들은 안거 제도를 잘 모를뿐더러 지키지도 않는다고 했다.
50) 2003년 필자가 까르마 렉셰 쏘모(Karma Lekshe Tsomo) 스님과 나눈 대화.

환경을 답습하는 현실을 감안할 때, 전국비구니회의 활동은 다른 나라 여성 수행자들에게 좋은 본보기가 될 수 있다. 2004년 서울에서 개최된 세계여성불자대회는 전국비구니회를 중심으로 뭉쳐 있는 한국 비구니 교단의 위상과 역량을 세계의 여성불자들에게 보여 준 좋은 기회였다.

4. 한국 비구니의 역할

정보산업의 발달과 함께 급속히 세계화되어 가는 이 시점에서 한국 비구니들은 어떤 역할을 해야 할 것인가? 지면관계상 중요한 사항 몇 가지만 짚어 본다.

첫째, 한국 비구니의 역사와 정체성을 체계적으로 정리해야 한다. 조선 5백 년과 일제강점기 및 6·25 전쟁이라는 격동기를 거치면서 소실되고 지워진 한국 비구니의 역사를 복원해야 한다. 최근 입적하셨거나 지금 연로하신 비구니 큰스님들의 일대기와 생활사를 하루 빨리 채록해야 한다. 그리고 이를 바탕으로 한국 비구니에 대한 연구를 본격적으로 진행해야 한다. 한국불교학에서 비구에 대한 연구량에 비하면, 비구니에 대한 연구는 전무하다 해도 과언이 아니다. 아무리 한국 비구니들이 불타의 근본 출가정신과 정통성을 잘 지키는 청정승가로서의 위상이 높다고 해도 이들의 수행과 삶에 대한 본격적인 연구가 행해지지 않는다면 한국의 비구니들은 "강력하지만 고립된"[51] 승가라는 이미지를 벗어날 수 없다. 본격적인 연구서들이 쏟아져 나와 한국 비구니의 역사와 전

---

51) Karma Lekshe Tsomo, "Mahaprajapati's Legacy: The Buddhist Women's Movement," *Buddhist Women across Cultures: Realizations*, ed. Karma Lekshe Tsomo, pp. 18-19.

통이 제대로 알려진다면, 이것은 다른 나라의 여성 수행자들을 진정으로 돕는 길이기도 하다. 영국 출신인 텐진 팔모 스님에 의하면,[52] 서양 비구니들이 동남아나 티베트의 수행자들에게 비구와 동등한 권리를 요구하라고 권하면, 남성 위주의 문화에서 자란 동양 여성들은 그런 요구를 하기 어렵다는 답을 한다. 그러나 같은 동양문화권에 속하는 한국이나 타이완 비구니들은 비구들과 같은 위상을 누리며 활동한다는 것을 알게 됨으로써, 그들은 비구니 위상 정립에 대한 자긍심과 신념을 갖게 된다고 한다.[53] 그러므로 학자들이 적극적으로 한국 비구니에 대한 연구에 참여하고 그 결과물을 출판할 수 있도록 격려해야 한다.

둘째, 수행환경이 열악한 다른 나라의 수행자들을 정신적으로 또한 물질적으로 도와야 한다. 중요한 것은 이런 사업이 일회성 행사의 성격을 띠어서는 안 된다는 점이다. 비구니교단이 없는 동남아와 티베트 지역에서도 의식이 깨어 있는 수행자들은 자신들의 수행환경을 향상시키고자 끊임없이 노력하며 비구니교단을 건립하려고 노력하고 있다. 1996년 12월에 인도의 녹야원에서 한국의 비구·비구니들이 동남아 여성 수행자들을 위해 이부승비구니구족계 수계식을 거행함으로써 스리랑카 비구니교단의 부활을 도운 일은 스리랑카불교사에 한 획을 긋는 사건이었다.[54] 동남아나 티베트의 여성 수행자들을 돕는 사업은 전국적인 단위가 아니라 각 사찰이나 암자 또는 스님들의 작은 모임을 통해서도

---

[52] Tenzin Palmo, *Reflections on a Mountain Lake: Teaching on Practical Buddhism*(Ithaca: Snow Lion Publications, 2002).
[53] 2002년 타이완에서 필자가 텐진 팔모(Tenzin Palmo) 스님과 나눈 대화.
[54] 시대불교신문사, 「최초의 비구니인 마하파사파제 이후 처음으로 가진 수계식」, 『시대불교』 144(1997. 1. 1), 5면. 1996년 12월 인도의 녹야원에서 비구니 구족계를 받은 스리랑카 비구니들이 2002년 타이완에서 개최된 세계여성불자대회에서 필자를 만나자 자기들이 한국 비구니 전통에 따라 수계한 사실을 고마워하고 자랑스러워하는 것을 보았다.

가능하다. 신림동의 어떤 비구니스님이 오래전부터 스리랑카 다사실마 타들을 도와 비구니구족계를 받게 해 주었던 일이 아주 좋은 예이다.[55]

그러나 이와 관련해 한국의 비구니들이 꼭 염두에 두어야 할 사항이 있다. 동남아나 티베트의 수행자들이 비록 가난과 편견에 시달리고 있지만 신앙심과 구도열만큼은 누구에게도 뒤지지 않는다. 한국의 비구니들은 같은 출가불제자로서 이들이 실천하는 청빈과 검소와 구도의 정신을 본받아 우리의 수행 여건을 다신 한 번 돌아보는 계기로 삼아야 하며, 또한 이들의 전통신앙과 수행 방식을 철저히 존중해 주는 자세를 가져야 한다.

셋째, 한국의 비구니들은 포교에 뛰어난 능력을 발휘해 왔다. 국내에서는 어린이와 청소년포교 뿐 아니라 호스피스, 군포교에도 활약하고 있다. 한국의 비구니들은 일본 최초의 출가수행승을 배출시킨 백제 비구니들의 법손으로서 해외포교에도 눈을 돌려야 한다. 그러나 이것이 직접 해외로 나가 절을 세우는 것만을 가리키지는 않는다. 세계는 날로 좁아지는데 문명 간의 갈등은 더욱 심화되고 있다. 지금 세계 각지에서 종교를 빌미로 벌어지고 있는 힘의 대결을 교훈 삼아 비구니들은 타종교, 타문화와의 대화에 적극적으로 참여해야 한다. 이런 점에서 최근 삼소회의 종교화합을 위한 활동은 대사회적으로 여성 성직자들의 열린 마음과 자세를 보여 주는 좋은 선례를 남겼다.

앞으로 더욱 활발해지게 될 비구니들의 사회활동과 관련해서는 타이완 비구니교단의 활동을 눈여겨 볼 필요가 있다. 이들의 시행착오를 잘 분석하여 한국 비구니들의 대외적인 활동 지침을 세우는 데 참고로

---

55) 운월, 「샤카디타대회 참가기: 여성불교의 힘, 새로운 불교의 가능성」, 『불교평론』 27(3)(불교평론사, 2000), 290~291쪽.

하면 좋을 것이다.

넷째, 국제화와 함께 한국 사회도 전문화되어 가고 있고 따라서 성직자에게도 그에 걸맞은 지식과 교양 수준을 요구한다. 비구니들도 이런 변화에 능동적으로 대처해야 한다. 은둔주의와 산승의 이미지만을 강조하던 시대가 지났다. 이런 변화의 한 예가 외국어교육의 필요성이다. 그동안 전통강원 및 승려교육의 새로운 방향에 대해 많은 고민과 논의가 있었다. 그러나 모든 비구니가 다 외국어를 능숙하게 구사해야 할 필요는 없다. 그리고 전통 승가교육의 틀을 버려야 할 필요도 없다고 본다. 중요한 것은 비록 소수라 하더라도 고도의 전문적인 지식과 안목을 갖춘 비구니를 길러 내야 한다는 점이다. 어느 분야든 재질이 보이는 젊은 스님들에게 교육과 훈련의 기회를 주고 또한 재정적인 뒷받침도 해 주어야 한다. 이를 비구니 개인의 원력과 시주에 맡길 것이 아니라 인재양성에 대한 조직적이고 체계적인 접근이 필요하다.

여기에 부언하자면, 전문지식과 연륜을 갖춘 비구니들이 소신껏 활동할 수 있는 여건을 마련하는 일도 시급하다. 비전문가들의 정치논리에 휘둘려 이들의 전문성을 살려 주지 못하고 능력이 소모되는 안타까운 일이 벌어지지 않아야 한다.

다섯째, 우리 사회 내에서 진행되고 있는 국제화에 눈을 돌려야 한다. 예컨대, 증가 일로에 있는 이주노동자들과 그 가족들 중에는 불교도들이 적지 않다. 이들의 인권과 복지에 비구니들이 관심을 가져야 한다. 특히 농촌 지역으로 이주해 온 동남아 여성들의 정착과 복지 및 그 자녀들의 복지를 위해 비구니들이 상담 및 교육을 제공하는 것도 이 시대가 요구하는 포교와 복지활동의 일환이다.

여섯째, 비록 그 수가 많지는 않으나 한국으로 출가한 외국인 비구니나 앞으로 출가를 고려하는 외국인 여성들에게 문호를 개방해야 한다. 이들의 교육을 비구니교단에서 담당해야 한다. 형식만이 아니라 실질적이고 구체적인 지침이 필요하다. 최근 필자가 인터뷰한 한 캐나다 여성의 경우 한국에 온 뒤 2년 동안 늘 절을 찾으며 출가 준비를 했으나 마지막에는 결국 티베트에서 출가하기로 결심을 굳혔다는 고백을 했다. 구체적인 이유는 밝히지 않았으나 한국 승단에서의 뿌리 깊은 외국인에 대한 배타적인 분위기가 상당히 작용한 것 같았다. 언어와 문화의 경계를 넘어 한국으로 출가하고자 하는 외국인들은 우리 승단의 귀한 인력이기도 하다. 이들의 국제적인 시각과 문화적 배경을 적극 수용하고 활용할 수 있어야 한다.

마지막으로, 조계종 승단의 절반이 비구니이다. 비구니승단은 종단의 중요한 의사결정과 집행에 적극적으로 참여해야 한다. 이를 위해서는 먼저 비구니승단 자체의 의사결정 과정을 투명하게 하고 비구니승단 다수의 목소리가 정확하고 효율적으로 종단 제반사에 반영되도록 행정구조를 개선해야 한다. 이는 한국 비구니교단의 미래뿐만 아니라 한국불교계의 미래를 위해 매우 중요한 일이다.

5. 맺음말

불교 여성 수행자교단의 지위는 각국의 승단사와 체제에 따라 차이가 난다. 이 차이로 인해 여성 수행자의 활동과 역할은 조금씩 달라지기도 한다. 그러나 어느 나라든 여성 수행자교단은 공동적으로 비구승단에 비해 상대적으로 열등한 위치에 있다. 비교적 승단 내의 성차별이 덜하다고 알려진 대승불교권 내에도 티베트과 같이 비구니가 될 수 있는 제도적인 장치가 아예 존재하지 않는 곳도 있고, 일본처럼 전통적인 비구니구족계보다 단순화된 계를 지키는 곳도 있다. 여성 수행자들이 성차별의 벽을 극복하고 상구보리 하화중생의 대의를 실현할 수 있는 여건을 갖추기 위해서는 외부의 도움도 중요하지만 우선 수행자 개개인이 사회현실에 대해 깨어 있는 마음과 혜안을 갖추는 것이 더 시급하다. 이런 면에서 최근 서양인 비구니들이 조직력과 리더십을 통해 동남아나 티베트 여성 수행자들의 수행환경을 개선하고 비구니계맥을 설립, 복원하기 위해 노력하는 모습은 타이완 비구니교단의 활약과 함께 한국의 비구니들에게 좋은 전범을 제공한다.

한국 비구니교단의 미래는 밝다. 다른 어느 비구니교단보다 교육 수준이 높고 강력한 수행전통이 내면화되어 있기 때문이다. 여기에 비구니교단의 결속력도 뛰어난 편이다. 국제화, 세계화, 정보화 등의 구호 속에서 한국 비구니에게 거는 사회의 기대는 높아졌다. 청정승가의 상징으로서 한국의 비구니들은 변화하는 한국 사회에 정신적인 구심점이 되어 주어야 한다. 전통의 장점을 지키되 변화에 유연하게 대처할 수 있는 넓은 시각을 길러 '고립된 승가'라는 오명을 탈피하고 '개방된 승가'로 전환될 수 있도록 부단한 노력을 기울여야 할 것이다.

참고문헌

김광식, 『아! 청담: 36인의 생생한 증언으로 엮어낸 국내최초 대담집』, 화남, 2004.
대한불교조계종교육원, 『조계종사: 근현대편』, 교육원 불학연구소, 2001.
대한불교조계종계단위원회, 『單一戒壇二十年』, 토방, 2001.

윤청광 편, 『회색 고무신』, 시공사, 2002.
하춘생, 『깨달음의 꽃 1·2』, 여래, 1998.

법철, 「시론: 팔경계를 악용하는 사람들」, 『불교춘추』 4, 불교춘추사, 1996.
시대불교신문사, 「최초의 비구니인 마하파사파제이후 처음으로 가진 수계식」, 『시대불교』 144, 1997.
운월, 「샤카디타대회 참가기: 여성불교의 힘, 새로운 불교의 가능성」, 『불교평론』 27(3), 불교평론사, 2000.
이경순, 「한국불교 정화관련 인사 증언채록(3): 수덕사 견성암의 덕수스님, 보인스님, 정화스님」, 『선우도량』 13, 대한불교조계종 선우도량, 1998.

Arai, Paula K. R., *Women Living Zen: Japanese Soto Buddhist Nuns*. New York: Oxford University Press, 1999.
Bartholomeusz, Tessa J., *Women under the Bo Tree: Buddhist Nuns in Sri Lanka*, Cambridge: Cambridge University Press, 1994.
Bhikkuni Kusuma, "Nuns and Society in Sri Lanka," *Sakyadhita Newsletter: International Association of Buddhist Women*, Vol. 14. no. 1(Spring), 2004.
Bhikshuni Ngawang Chodron, "A Summer in China: A Famous 325-year-old Nunnery Rebuilt, It's Extraordinary Abbess, and the Ordination of 783 Bhikshunis," *Sakyadhita Newsletter: International Association of Buddhist Women*, Vol. 6, no. 1(Spring), 1995.
Bianch, Ester, *The Iron Statue Monastery "Tixiansi": A Buddhist Nunnery of Tibetan Tradition in Contemporary China*. Firenze: L. S. Olschki, 2001.
Brown, Sid, *The Journey of One Buddhist Nun: Even against the Wind*, Albany: SUNY Press, 2001.
Buswell Jr. Robert E., *The Zen Monastic Experience: Buddhist Practice in Contemporary Korea*. New Jersey: Princeton University Press, 1992.

Daw Su Su Sein, "Nuns of Burma," *Sakyadhita: Daughters of the Buddha*, ed. Karma Lekshe Tsomo, New York: Snow Lion Publications, 1988.
DeVido, Elise Anne, "Reaching All Generations: Buddhist Outreach in Taiwan," '제7차 세계 여성불자대회'(타이완) 논문집, 2002.
_____, "The Infinite World of Taiwan's Buddhist Nuns," http://www.riccibase.com/docfile/rel-bu04.htm.
Falk, Monica Lindberg, Mae chii Srisalab Upamai, & Mae chii Yupin Duangchan, "Initial Six

Years of the First Buddhist College for Nuns and Laywomen in Thailand," '제9차 세계여성불자대회'(말레이시아) 논문집, 2006.

Goonatilake, Hema, "Nuns of China: Part I: The Mainland," *Sakyadhita: Daughters of the Buddh*, ed. Karma Lekshe Tsomo, New York: Snow Lion Publications, 1988.

_____, "Rediscovering Cambodian Buddhist Women of the Past," *Innovative Buddhist Women: Swimming against the Stream*. ed. Karma Leskshe Tsomo, Surrey: Curzon Press, 2000.

Grant, Beata, "Female Holder of the Lineage: Linji Chan Master Zhiyuan Xinggang (1597-1654)," *Late Imperial China*, Vol. 17, no. 2(December), 1996.

Gutschow, Kim, *Being a Buddhist Nun: The Struggle for Enlightenment in the Himalayas*, Cambridge: Harvard University Press, 2004.

Ito Tomomi, "New Beginnings: The Bhikkuni Movement in Contemporary Thailand," *Bridging Worlds: Buddhist Women's Voices across Generations*, ed. Karma Lekshe Tsomo, Taipei: Yuan Chuan Press, 2004.

Jamgon Kongtrul Lodro Taye, *Buddhist Eithics*, trans. & ed. The International Translation Committee founded by the V.V. Kalu Rinpoche, New York: Snow Lion Publications, 1998.

Karma Lekshe Tsomo, ed. *Buddhist Women across Cultures: Realizations*, Albany: SUNY Press, 1999.

_____, "Change in Consciousness: Women's Religious Identity in Himalayan Buddhist Culture," *Buddhist Women across Cultures: Realizations*, ed. Karma Lekshe Tsomo, Albany: SUNY Press, 1999.

_____, "Mahaprajapati's Legacy: The Buddhist Women's Movement." *Buddhist Women across Cultures: Realizations*, ed. Karma Lekshe Tsomo, Albany: SUNY Press, 1999.

_____, *Sisters in Solitude: Two Traditions of Buddhist Monastic Ethics for Women*, Albany: SUNY Press, 1996.

_____, "Translator's Introduction to 'The History of Buddhist Nuns in Japan,'" *Buddhist-Christian Studies*, Vol. 12, 1992.

Kondo Tessho, "Nuns of Japan: Part I," *Sakyadhita: Daughters of the Buddha*. ed. Karma Lekshe Tsomo, New York: Snow Lion Publications, 1988.

Li Yu-chen, "Crafting Women's Religious Experience in a Patrilineal Society: Taiwanese Buddhist Nuns in Action(1945-1999)," Ph. D. Dissertation, Cornell University, 2000.

Löschmann, Heike, "The Revival of the Don Chee Movement in Cambodia," *Innovative Buddhist Women: Swimming against the Stream.* ed. Karma Leskshe Tsomo, Surrey: Curzon Press, 2000.

Mae chii Kritsana, "Thai Buddhist Nuns and the Thai Buddhist Nuns' Institute," '제9차 세계 여성불자대회'(말레이시아) 발표 논문, 2006.

Salgado, Nirmala S, "Unity and Diversity Among Buddhist Nuns in Sri Lanka," *Innovative Buddhist Women: Swimming against the Stream.* ed. Karma Lekshe Tsomo, Surrey: Curzon Press, 2000.

Sakyadhita(The International Association of Buddhist Women), *Sakyadhita Newsletter: International Association of Buddhist Women*, Vol. 14(2006), no. 1.

Songdhannkalyani Temple, *Yasodhara: Newsletter on International Buddhist women's Activities,* Vol. 19/4-23/4, 2003-2005.

Tenzin Palmo, *Reflections on a Mountain Lake: Teaching on Practical Buddhism,* Ithaca: Snow Lion Publications, 2002.

Thich Nu Dien Van Hue, "Buddhist Nuns of Vietnam," *Bridging Worlds: Buddhist Women's Voices across Generations,* ed. Karma Lekshe Tsomo, Taipei: Yuan Chuan Press, 2004.

Thich Nu Dong Anh, "A Survey of the Bhikkuni Saṅgha in Vietnam," *Bridging Worlds: Buddhist Women's Voices across Generations,* ed. Karma Lekshe Tsomo, Taipei: Yuan Chuan Press, 2004.

Thich Nu Tri Lien, "Nuns of the Mendicant Tradition in Vietnam," *Bridging Worlds: Buddhist Women's Voices across Generations.* ed. Karma Lekshe Tsomo, Taipei: Yuan Chuan Press, 2004.

Qin Wen-jie, "The Buddhist Revival in Post-Mao China: Women Reconstruct Buddhism on Mt. Emei," Ph. D. Dissertation, Harvard University, 2000.

http://www.oslocoalition.org/html/project_china/report_china_visit_2002_(english).html.

제2부
한국 비구니선사 조명

# 비구니 선풍의 중흥자, 묘리법희 선사

효 탄*

1. 머리말

우리는 근세 선풍의 중흥자에 대하여 주저없이 경허성우鏡虛惺牛 (1849~1912) 선사를 내세운다. 경허 선사는 조선의 쓰러져 가는 선풍을 붙들어 일으키고 근세 선수행의 새벽을 연 독보적 인물이기 때문이다. 여기에 다시 비구니계에 영원히 꺼지지 않는 선풍의 시작을 알리는 인물이 있으니 묘리당妙理堂 법희法喜 선사1)라 하겠다.

비구·비구니는 출가 승단僧團의 양 날개이다. 새에 양쪽 날개가 있어야 잘 날 수 있고, 수레에 두 바퀴가 있어야 제대로 길을 갈 수 있듯이 둘은 조화를 이루며 가야 한다. 조계종은 사교입선捨敎入禪하여 깨달음을 얻는 수행전통을 가지고 있다. 전국에는 여러 곳의 선원이 있으며, 눈 푸른 납자들이 정진하고 있다.2) 우리 모두에게는 항상 깨침의 과제

---

* 운문승가대학 강사.
1) 妙理法喜 禪師는 이하 줄여서 '法喜 禪師' 또는 '법희 스님', '스님'으로 칭하기로 한다.

묘리법희 선사 영정

가 주어져 있으며 각자 수행자로서의 걸음을 늦추지 않고 있다.

묘리법희妙理法喜(1887~1975) 선사는 경허 선사의 법제자인 만공滿空(1871~1946) 선사로부터 직접 법을 인정받았으며, 최초의 비구니선원인 견성암見性庵을 일으키고 전국에 비구니선원을 열게 된 단초를 마련하였다. 이렇듯 비구니로서 깨달음을 얻어 전법하며 많은 후학을 제접하고 길러낸 인물을 조명하는 일은 뜻 깊은 일이 아닐 수 없다. 물론 선학先學의 노력이 없었던 것은 아니나,[3] 이렇게 다시 근현대 초창기 비구니 스님의 행적을 조명한다는 것은 참으로 다행한 일이 아닐 수가 없다.

2. 비구니 선풍을 일으켜 세우다

1) 행장

평생을 하루같이, 하루를 평생같이 여법하게 수행자로서 한 치의 흐트러짐 없는 삶을 살다 간 수행자의 자취를 글로 다 기록하고 표현할

---

2) 선원은 총림선원, 일반선원, 특별선원으로 나누어지며, 총 97개 선원에 약 1,700여 명의 대중이 수행하고 있다.(대한불교조계종교육원 자료)
3) 조영숙, 『법의 기쁨 사바세계에 가득』(민족사, 1998); 하춘생, 『깨달음의 꽃』(도서출판 여래, 1998), 25~39쪽.

수는 없다. 그러나 이를 기록에 남기고자 함은 후대인들의 귀감을 삼아 수행하고자 하는 바램에서이다. 우선, 법희 선사의 간략한 행장을 살펴보면4) 다음과 같다.

법희 스님은 1887년 2월 9일 충남 공주군 탄천면 신기리에서 출생하였다. 그 후 1890년 3월 9일(음) 할머니와 어머니의 등에 업혀 동학사東鶴寺 미타암彌陀庵에서 귀완貴完 스님을 은사로 입산 출가(4세)하였다. 당시 미타암은 비구니 수행도량으로 널리 알려진 곳이었다. 1901년 동운東雲 스님을 계사로 사미니계를 수지(15세)하고 1910년 해인사에서 혜광 스님을 계사로 구족계를 수지(23세)하였다. 이후 동학사에서 만우萬愚 강백에게 경전어록 등 부처님의 일대시교一代時敎를 배웠으며, 경북 청암사靑巖寺에서 박고봉朴高峰(1890~1961) 스님에게서 『법화경』을 배웠다(24세). 이때 고봉 스님은 법희 스님에게 사교입선捨敎入禪을 강조하였으며 수덕사 만공 선사를 찾아 수행하도록 권유하였다.

이후 스님은 참선정진할 곳을 찾아 남포를 거쳐 덕숭산德崇山 수덕사修德寺 견성암見性庵으로 자리를 옮겼다. 당시 덕숭산에서 만공 선사가 선풍을 크게 드날린다는 이야기를 들은 까닭이다. 스님은 만공 선사 아래에서 참선정진을 거듭하던 중 깨침을 얻고 만공 선사로부터 법을 인가받기에 이르렀다(30세). 이후 스님은 견성암에서 대중의 수행을 살피며 이곳에서 보림保任의 시간 대부분을 보냈다.

그러나 이에 머물지 않고 인연 닿는 대로 사불산四佛山 윤필암潤筆庵·지리산 구층암九層庵·정릉 인수재·가야산 보덕사報德寺·천성산 내원사內院寺·삼각산 승가사僧伽寺 등 전국 선원에서 두루 안거하

---

4) 呑虛 撰, 「禮山報德寺比丘尼妙理堂法喜禪師塔碑」, 이지관 편, 『한국고승비문총집: 조선조·근현대』(가산불교문화연구원, 2000), 1084~1085쪽.

였다(1916~1966). 이어 1966년에는 덕숭산 수덕사 견성암 비구니총림의 원장에 취임(80세)하였으며, 1975년 3월 9일(음) 세수 89세 법랍 85세로 입적하였다.

이러한 법희 선사의 행장을 다시 간략히 살펴보면 크게 3시기로 나눌 수 있다. 첫째, 출생에서 출가한 이후 사미니계와 비구니계를 수지하여 계법戒法을 청정하게 하였으며, 경전과 어록 등을 섭렵한 시기(1세~ 24세, 1887~1910)이다. 둘째, 사교입선의 뜻을 가지고 충남 수덕사 견성암 만공 선사 회상에서 수행 정진하여 깨침을 얻은 시기(25세~30세, 1911~ 1916)이다. 셋째, 깨침을 얻은 후 견성암과 가야산 보덕사 · 사불산 윤필암 등 여러 곳을 다니면서 보림 수행을 하고 제자 등을 제접하며 1966년 견성암 비구니 초대 총림의 원장을 역임한 후 입적(30세~89세, 1916~ 1975)하기까지이다.

2) 증오證悟

만공 선사 영정

법희 선사의 삶 가운데 우리가 특별히 눈여겨 볼 부분은 만공 선사에게 깨달음을 인가받은 일과, 그 후 보림을 하면서 철저히 수행정진하고 후학들의 정진을 돕는 시기의 언저리이다. 더구나 스님께서 경허 선사의 법을 이은 만공 선사로부터 직접 법을 전해 받은 일은 비구니의 선풍에 새 장을 여는 단초를 마련한 중요한 일

옛 견성암. 만공 선사를 모시고

이었다. 그러나 스님께서 스스로가 남기신 깨달음의 차제次第에 관한 기록은 아무것도 없으며 문도들이 따로 스님의 행적을 기록한 일도 없다. 오도송도, 열반송涅槃頌도, 법어도 남아 전하는 것이 없으며 단지 생존에 계신 몇몇 분들의 증언이 있을 뿐이다. 그러나 다행히 1968년 출간한 『만공법어滿空法語』5)에 법희 선사와 관련한 법거량 2~3편과 전법게 傳法偈가 있으며,6) 스님이 열반한 지 5년만인 1979년 보덕사에 세운 탑비에 스님의 행적과 만공 선사와의 법거량을 수습하여 기록한 것이 전한다.

---

5) 『滿空法語』1권 1책. 권두에는 惠菴이 쓴 봉향송과 鏡峰의 序辭, 圓潭의 간행사가 있다. 내용은 상당법어 42편, 거량 57편, 게송 57수, 서문 3편, 발원문 3편, 기타 수행찬·법훈 등으로 구성되어 있고, 책의 마지막에 만공 선사의 자세한 행장이 들어 있다. 혜암, 벽초, 원담 등 만공문도회 발행, 1968년, 1982년 재발행. 본 논문은 1982년판을 전거로 함.
6) 만공문도회, 『만공법어』, 123·134·201쪽 참조. 법희 스님과 관련한 글은 거량 "迦葉刹竿話", "雪裏桃花: 龍雲法士"에, 그리고 전법게는 게송 "妙理比丘尼法喜"에 수록되어 있다.

법희 선사는 부처님의 경전을 두루 섭렵하고 다시 발심하여 25세 때 만공 선사의 회상에서 화두참선을 시작하였다. 이때 스님이 처음 든 화두는 '만법귀일萬法歸一 일귀하처一歸何處'였다.7) 화두를 결택받은 후 잠시도 늦추지 않은 정진으로 견처見處를 얻고 다시 더욱 정진하여 만공 선사로부터 법을 인가받았다. 만공 선사가 하루는 '가섭찰간화迦葉利竿話'8)를 들어 대중을 둘러보고는 말하였다.

"석가모니부처님의 제자 아란 존자가 가섭 존자에게 묻기를, '세존께서 당신에게 금란가사와 백옥발우를 전한 것 외에 무슨 법을 특별히 전하셨습니까'하니, 가섭 존자가 답하기를, '문 앞의 찰간대를 거꾸러뜨려라'고 했다. 이 '가섭의 찰간'에 대하여 너희들은 한마디씩 일러 보아라."
침묵의 대중 속에서 불현듯 스님이 단정히 일어나,
"물고기가 못 속에 헤엄치니 물빛이 흐려지고, 새가 창공을 나르니 깃털이 떨어집니다."
하였다. 이에 대하여 만공 선사는,
"쉬운 일이 아니다."
라고 하였다.9)

스님은 여기서 더욱 분발하여 잠시도 놓치지 않고 참선수행을 계속하였다. 드디어 만공 선사로부터 덕숭산에 들어온 지 5년여 만에 깨우침을 얻고 법을 인가받게 되었으니(30세, 1916), 전법게를 통해서 이를 확인할 수 있다.

---

7) "萬法歸一 一歸何處: 是甚麼" 화두는 만공 선사가 初見性을 이룬 화두이다. 만공 선사는 후학에게 이 화두 주기를 즐겨 하였다. 이러한 전통은 후일 만공 선사의 법을 이은 惠庵, 圓潭 선사가 대중 제접 시에도 자주 거론된다.
8) 『無門關』 22則, 「迦葉利竿話」.
9) 만공문도회, 『만공법어』, 123~124쪽, "師告衆云, 阿難問迦葉金襴外別傳何法, 迦葉召阿難, 阿難應喏, 迦葉道, 倒却門前刹竿着, 今日大衆試道看, 畢竟別傳意旨怎麼生, 法喜尼出衆召和尙師答, 法喜尼云, 魚行水濁, 鳥飛毛落, 和尙云, 不是順事."

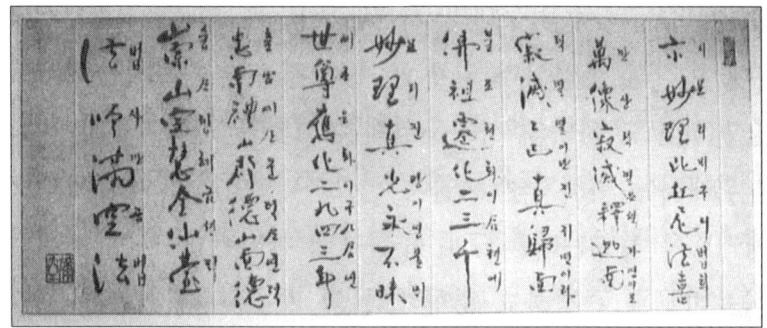

만공 선사로부터 받은 전법게

일만상一萬相 적멸함이 석가불의 면목이요
적멸함도 멸하여 다한 곳이 진귀조사眞歸祖師 면목이로다
불조佛祖가 천화遷化한 지 2·3천 년에
묘한 이치 참된 광명길이 매하지 않도다.10)

이에 만공 선사는 '묘리妙理'라는 법호를 내렸다. 묘리법희妙理法喜는 '묘한 이치를 깨달으니 법의 기쁨이 가득하다'라는 뜻이다. 이때 법희 스님의 기쁨은 지극하였다. 더구나 대선지식인 스승 만공 선사의 기쁨은 더 말할 나위가 없었다.

일찍이 부처님께서 처음 법륜을 굴리실 때 콘단냐(교진녀)가 깨달음을 얻으니 "콘단냐는 깨달음을 얻었다. 콘단냐는 깨달음을 얻었다"11)하고 크게 기뻐하던 일을 우리는 기억한다. 또한 만공 선사 역시 경허 선사에게서 전법도생傳法度生의 부촉을 받고 많은 제자를 길러 내는 데 온갖 정성을 기울이신 분이다. 더구나 '부처님의 혜명慧命이 꺼지지 않는 중대사'를 밝히는 데 있어 비구냐, 비구니냐 하는 분별상이 없으셨다.12)

---

10) 만공문도회, 『만공법어』, 201쪽, "萬像寂滅釋迦面. 寂滅滅已眞歸面. 佛祖遷化二三千, 妙理眞光永不昧."
11) 『中阿含經』 204, 「라마경」.

우리는 부처님 당시에 깨달음을 얻어 아라한과阿羅漢果에 오른 많은 비구니를 어렵지 않게 찾아볼 수 있다.13)

우리나라의 경우에도 역사상에 두각을 나타난 비구니들이 보인다. 통일신라시대의 경우, 기록으로 나타난 사실은 비록 적은 숫자지만 내용으로는 상당히 귀중한 의미를 갖는다. 이들은 자신의 수행뿐 아니라 대사회 교화활동을 하였다.14) 반면 고려시대에는 많은 비구니의 숫자에 비해 이상하리만큼 부정적인 기록만 적혀 있다.15) 이것은 역사가의 편견 때문인 것으로 보이나, 좀 더 연구해야 할 일이다. 조선시대는 그야말로 억불의 시대였던 만큼 온갖 제약을 받아야만 하는 어려운 상황이었다.16) 그런 5백여 년 간의 암울한 긴 공백을 안고 20세기에 들어서면서 겨우 승니僧尼의 본래 입장을 깊게 생각하기 시작한 것이다.

---

12) 만공문도회, 「發願文」, 『만공법어』, 216쪽. 만공 선사는 여러 곳에서 佛祖의 慧命을 잇는 일에 대하여 언급하고 있다(曉呑, 「滿空月面의 선사상 연구」, 『한국선학』 6, 한국선학회, 2001)
13) 『長老尼偈經』(Theri-gatha), V. 221.
14) 신라 법흥왕의 妃는 永興寺를 짓고 출가하였으며, 진흥왕의 비 역시 출가하여 말년을 보냈다. 원광 스님의 점찰법회에 한 비구니가 점찰보를 시주하였으며, 安興寺 비구니 智惠는 선도산 성모의 도움을 받아 점찰법회를 恒規的으로 열게 하였다는 등등의 기록이 보인다(『三國遺事』, 권3의 「興法」·'原宗興法厭髑滅身'과 권7의 '感通'·'仙桃聖母隨喜佛事' 참조). 또한 출가 승려의 수가 많아짐에 따라 都維那娘을 두어 國統을 보좌하게 하였다. 백제의 경우 비구니 法明이 일본에 건너가『유마경』을 독송하고 병자들을 고쳤다고 한다.(이능화 편, 『朝鮮佛敎通史』 上, 경희출판사, 1968의 백제시대 편 참조)
15) 『高麗史』 곳곳에 비판적인 불교 기사가 보인다. 이것은 『고려사』 찬술자의 성향을 보아 짐작되는 면이 없지 않으나, 당시의 불교에 대한 정치사회상의 단면을 잘 보여 준다. 이러한 문제는 『조선불교통사』 下에도 비판없이 그대로 싣고 있다.(이능화 편, 『조선불교통사』 下의 「花紋苧布尼婢織成」, 471쪽과 「琉璃土瓦僧侶燔造」, 472쪽 참조)
16) 조선불교는 숭유억불정책으로 말미암아 일대 수난을 당하였다. 이에 부당함을 항거하여 현종 때 白谷은 「諫廢釋敎疏」라는 長文을 올리기도 하였다. 고종 32년(1895) 이후 승니의 도성 금지가 완화되기도 하였다. 일제강점기의 우여곡절을 겪는 와중에 조금씩 비구니들의 활동도 시작되었다. 예를 들면 1912년 비구니 四得이 고성 楡岾寺에 토지를 헌납하여 선원의 자산으로 삼았으며, 1913년 양양 新興寺 內院庵의 비구니 金壽永이 사재를 헌납하여 선원을 개설하였고, 1916년 장안사 주지 洪尙根 비구니가 백미 500두를 楡岾寺에 헌납하고 법화대회를 개최하였다. 1924년 정읍 內藏寺의 비구니 世晩이 小林禪院을 신축하였다.

법희 선사는 '나는 누구인가?', '비구니도 깨달음을 얻을 수 있는 것이 아닌가?' 하는 생각에 골몰하셨다. 일찍이 부처님께서는 해탈을 얻는데 성性의 불평등을 말씀하신 것이 아니었다.17) 오직 수행 정진이 어려운 것이기 때문에 여성의 몸으로서 이루어 낼 수 있겠는가 하는 우려를 하셨을 뿐이다.18) 따라서 좀 더 철저한 구법수행자가 되기 위해서는 금강석처럼 견고한 의지를 키워야 되는 것이다. 대신심大信心으로 대의단大疑團을 일으키고 대분심大忿心으로 용맹정진하여야 한다. 이와 같이 물러서지 않는 신심과 분심 그리고 철산에 맞닥뜨린 의단을 가지고 용맹전진하여 20세기 비구니승단에 새로운 희망의 빛을 던져 준 분이 법희 스님이었다. 스님이 만공 선사로부터 법을 인가받음으로써 적어도 비구니승단의 선법禪法에 대해서 비로소 이야기를 시작할 수 있게 되었다. 따라서 비구니 선풍의 중흥자로 묘리법희 선사를 먼저 꼽을 수 있는 것이다.

어느 날 만해 한용운 스님이 오도송悟道頌을 지어 와서 이르되,
"남아男兒가 이르는 곳마다 다 내 고향인데,
몇 사람이나 객의 수심愁心 가운데 지냈던가.
한 소리 큰 할喝에 3천세계를 타파하니,
설한雪寒에 도화桃花가 조각조각 나르네."
라고 하였다. 이에 만공 선사가 이르되 "흩날린 꽃송이 어느 곳에 있는가" 하니, 이에 대하여 만해 스님은, "거북털과 토끼뿔이로다" 하였다. 선사가 크게 웃으며 다시 대중에게 한마디씩 일러 보라고 하니, 법희 스님이 이르기를,
"흰 눈이 녹아지니 한 조각 땅입니다."

---

17) 『法華經』, 「提婆達多品」, "比丘尼八敬戒, 女性變性成佛, 龍女變性成佛."
18) 摩訶闍波提와 5백 여인의 출가를 요청하는 아난의 질문에 부처님은 "여성도 출가하면 아라한과를 증득할 수 있다"고 답하였다.(『四分律』, 「健度部」; 『大正藏』 22, 923a)

하였다. 만공 선사께서는,
"다못 일편지一片地를 얻었도다."
라고 칭송하였다.19)

이 구절은 1917년 만해卍海 스님이 첫 깨달음을 얻고 자내증自內證의 기쁨을 읊은 것을 만공 스님에게 보인 것에 대하여 법희 스님이 대답을 하니, 이에 대하여 선사께서 인정을 한 부분이다.

큰 깨달음을 얻은 법희 스님에게 만공 선사는 몇 가지 당부를 하셨다. 그 가운데 "절대로 법상에 올라 법을 설하지 말라"는 것이었다. 그것은 비구니 선맥禪脈이 자리 잡기도 전에 꺾일 것을 우려한 만공 선사의 사려 깊은 안목이었다. 스님은 이와 같은 당부를 평생 지켰다. 혹 법에 대하여 묻는 이가 있으면 "예전에 조실스님께서 이와 같이 말씀하셨지" 하면서 만공 선사의 가르침을 전해 주는 것으로 그쳤다.20) 깨우침에 승속僧俗이 따로 있고 비구·비구니가 따로 있는 것은 물론 아니다. 그러나 깨달음을 얻는 일이 어려울 뿐 아니라, 비구니가 깨달음을 얻어 인가를 받는 일은 희귀한 일이기 때문이었다. 뿐만 아니라 당시의 시대적 상황으로는 비구니가 법을 얻었다 하여 법상에 올라가서 법을 설하는 일은 오히려 시비를 자초하는 것이었다. 또한 비구니에게는 항상 따라다니는 '비구니팔경계比丘尼八敬戒'가 있었으며, 또한 '여인오장설女人五障說'이 있었다.21) 부처님 시대에 많은 비구니가 깨달음을 얻었던 것

---

19) 만공문도회, 『滿空法語』(1968), 「雪裏桃花」, 134~135쪽, "在京韓龍雲法士, 作悟道頌而頌而送來云, 男兒到處是故鄉, 幾人長在客愁中. 一聲喝破三千界, 雪裏桃花片片飛. 師反問云, 飛者落在什麼處? 雲法士答云, 龜毛兎角. 師大笑云, 更請大衆, 各下一轉語. 法喜尼出衆云, 雪消一片地. 師云, 只得一片地."
20) 법희 스님의 제자 相崙 스님(용인 法輪寺)의 증언.
21) 구체적으로 比丘尼八敬法『大正藏』 22, 923ab;『四分律』 48권, 「健度章」), 比丘尼五障碍說(『불설초일명삼매경』)을 가리킨다.

이 사실이다.22) 부처님의 진정한 뜻은 근기의 차이가 있을지언정 성의 차별을 말씀하신 것이 아니었다. 위와 같은 일은 설령 부처님의 직설直說이라 할지라도 그 본 뜻은 시대적 상황과 대중의 질서를 위함이며, 비구니들을 보호하기 위함이었다. 그런데 스님의 깨달음의 성취는 '여인불성불女人不成佛'23)의 선입견을 여지없이 무너뜨린 모범적인 자취를 남긴 것이다. 비구들도 얻기 어려운 일을 해냈다는 것은 대중에게 많은 환희심과 함께 의혹을 불러왔다.

일화 한 토막을 소개하면 다음과 같다.

1962년경 젊은 비구 수좌가 보덕사 수각 앞에서 "법희 스님이 만공 선사한테 법을 받았다는데 나도 법을 물어봐야겠다"고 소리를 치며 스님의 처소에 올라오니 스님께서 동방아를 입으시고 밖으로 나오며 방에 영접하여 정중히 큰절을 올리었다. 그러자 그 비구는 아무 말 없이 나갔다.24)

한편, 또한 내원사에서 1965년 하안거 중 향곡香谷 큰스님과 법희 스님 법거량이 있었다. 향곡 큰스님께서 큰소리로, "법희가 만공 선사에게 법을 받았다는데 살림살이가 어떠한가" 하면서 법희 스님 방에 들어오셨는데 스님은 미동도 없

比丘尼八敬戒法은 다음과 같다. (1)100세 비구니라도 初夏를 지낸 비구를 보거든 마땅히 일어나 예를 하여야 한다. (2)비구니는 비구를 꾸짖거나, 비구의 파계 등을 비방하지 말라. (3)비구의 죄를 거론하거나 設戒, 自恣를 막지 말라. (4)비구니가 되기 전 비구스님으로부터 비구니계를 乞受하라. (5)비구니로서 僧殘罪를 범하였으면 마땅히 비구승단에서 반 달 동안 참회하라. (6)반 달마다 비구승단으로부터 가르쳐 줄 사람을 구하라. (7)비구가 없는 곳에서 하안거를 하지 말라. (8)하안거를 해제하였거든 마땅히 비구승단에 가서 見·聞·疑 三事를 자자할 스님을 찾아야 한다.
女人五障說은 다음과 같다. (1)여인은 악하고 교태가 많은 까닭에 帝釋天이 될 수 없다. (2)음란방자하여 절제가 없는 까닭에 梵天이 될 수 없다. (3)경만불순하고 정교를 毁失하는 까닭에 魔天이 될 수 없다. (4)숨기는 태도가 여느네 가지여서 轉輪聖王이 될 수 없다. (5)색에 집착하고 겉모양과 속마음이 다른 까닭에 부처가 될 수 없다.
22) 『長老尼偈經』(Theri-gatha), V.221; 서형석, 「불교사의 위대한 여인들」 1~18, 『여성불교』 248~265(한국비구니연구소 편, 『비구니와 여성불교』 4, 500-569쪽에 재수록) 참조
23) 『法華經』, 「提波達多品」 제12, '女性變性成佛.'
24) 1962년 당시 시자 소임을 맡은 상륜 스님 증언.

이 앉아 계시다가 주장자를 향곡 스님께 내미셨다. 이에 향곡 큰스님께서는 아무 말 없이 일어서서 방에서 나가셨다.[25]

이러한 것들은 스님의 법력과 도량의 넉넉하심을 그대로 보여 주는 일이라 하겠다.

3) 오후悟後의 보림과 수행

스님은 한 소식의 진리를 터득한 이후에도 낮에는 스스로 채소밭을 일구며 대중 일에 앞장서는 청규淸規의 모범을 보였고, 밤에는 가일층 화두참구에 들어 선납자로서의 본분을 다하는 등 후학들의 귀감이었다.[26] 그리고 무엇보다도 언제 어느 자리에서나 자신을 드러내려 하지 않았고 항상 낮은 자리에 처하였다. 또한 평생 손에서 일을 놓지 않고 대중을 보살피는 일로 일생을 보냈기에 가까이 모시고 있던 이들조차 스님의 경지를 가늠하기 어려웠다.[27]

특히 스님은 견성암과 보덕사를 오가며 대중을 말없이 살폈다. 수행자들에게 공부할 수 있는 시간을 더 많이 주기 위해서였다. 평생 동안 손에서 일을 놓지 않은 스님의 생활은 도를 깨친 후에도 여전히 이어졌

---

25) 1965년 당시 시자 소임을 맡은 상륜 스님 증언.
26) "스님께서 잠을 두 시간 이상 자는 것을 보지 못했다. 낮에는 운력하고 도량의 풀을 뽑았다. 얼마나 일을 하셨는지 손가락이 크게 휘어져 있었다. 달밤에도 남몰래 텃밭에 호미질을 했고, 주무시는가 싶어 보면 앉아서 참선하고 계셨다."(상륜 스님의 증언)
당시 만공 스님의 덕숭산청규를 소개하면 다음과 같다. "一. 立繩의 지도를 절대 복종할 사, 一. 身命을 액기지 말고 勇猛으로 정진할 사, 一. 금번 山林에 參學 了畢하기를 同盟할 사, 一. 선원 내에 묵언을 엄중할 사, 一. 禪定中 睡魔를 嚴禁할 사, 一. 山林 중 出他를 不許할 사, 一. 청규를 한 가지라도 위반할 시난 추출할 사"(불기297년 갑신(1944) 음10월 說 滿空)
27) 만공 선사의 법을 이은 정혜사 벽초 선사는 "너희 스님의 진가는 200년 후에나 알 수 있을 것이다"고 하셨다.(상륜 스님의 증언)

고, 일하면서 늘 선정禪定에 들어 있는 일상은 입적할 때까지 계속되었다. 이러한 스님의 삶은 그 자체가 그대로 법문이었다.

덕숭산 수덕사 견성암은 수행하기 좋은 3대 조건인 훌륭한 스승과 도량 및 도반을 갖춘 호서湖西의 제1비구니선원이 되기에 손색이 없었다.28) 더구나 당시의 대선지식인 만공 선사가 있었다. 선사는 덕숭산에 오래 머물면서 많은 제자를 제접하였으니, 선사의 덕화德化에 많은 납자가 모여들어 보리회상菩提會上을 이루었다. 또한 비구니로서 깨달음을 이룬 법희 스님이 있었으니 독립된 비구니 수행도량을 갖추기에 부족함이 없었다. 그런 의미에서 스님은 어엿한 비구니선원의 시작을 마련한 인물이라고 하여도 과언이 아닐 것이다. 만공 선사는 이에 견성암에 방함록芳啣錄을 내렸다.

> 이르노니 어떤 것이 방함芳啣인가?
> 고해苦海를 여의고 각안覺岸에 오르는 것이 방함이니라.
> 이르노라 어떤 것이 고해를 여의고 각안에 오르는 것인가?
> 고해에 고해가 없고 각안에 각안이 없는 도리가 고해를 여의고 각안에 오르는 법이니,
> 영산靈山도 같은 방함이며, 용화龍華도 이와 같이 방함이니라. 애돌하도다!29)

이로써 견성암은 1927년 동안거를 시작으로 많은 비구니 납자가 선 수행을 하는 전통을 지켜 오게 되었다. 스님은 일편지一片地를 얻은 후에도 견성암에서 많은 시간을 지내며 수행하였다. 그런데 특기할 만한 일은 스님은 원주院主・병법秉法・미감米監・도감都監 등 대중을 외호

---

28) 만공문도회, 「나를 찾는 법: 참선법 27항」, 『만공법어』, 253쪽.
29) 만공문도회, 「견성암 방함록 서」, 『滿空法語』, 212~213쪽.

하는 일을 30여 년간 거의 도맡다시피 하였다는 것이다.30) 스님은 깨달음을 얻기까지는 시간을 쪼개며 화두를 놓치지 않으려고 치열한 구도를 하였다. 그러나 깨달음을 얻고 난 이후, 반드시 큰 방에서 죽비를 잡고 납자들을 제접한 것이 아니었다. 아마도 큰 스승이신 만공 선사께서 주실籌室로 계신 까닭이리라. 그러나 더 깊은 뜻은 자신이 어려운 일을 도맡아 함으로써 납자들에게 정진할 시간을 더 많이 할애해 주고자 함이었다. 이렇게 스님은 평생 손에서 일을 놓지 않고 대중을 보살피는 일로 일생을 보내었다.

이와 같이 후학들의 수행을 도운 구체적인 예로 아래의 일엽·만성·수옥 스님 3인을 들 수 있다. 후배인 일엽一葉 스님(1896~1971)은 세속에서 문필가로, 신여성으로 이름을 떨쳤던 인물로서 1928년 당시 만공 선사가 주석하고 계시던 금강산 마하연으로 입산하였다. 그 이후 열심히 정진하여 1933년에는 만공 선사에게서 '백련도엽白蓮道葉'이라는 법호를 받으며, 줄곧 견성암에서 입승立繩을 지내며 대중을 제접하였다. 법희 스님은 먼저 깨쳤다고 죽비를 잡고 납자들을 지도하지 않았다. 항상 스님은 대중외호와 그들의 수행을 살폈으며, 일엽 스님으로 하여금 입승의 자리에서 죽비를 잡게 하였으니 그것은 후배인 일엽 스님을 두호하려는 스님의 따뜻한 배려에서였다.31)

---

30) 견성암에서의 제1회 동안거는 1927년 籌室 滿空(58세), 院主 法喜(42세), 立繩 道成(56세)이었고, 법희 선사의 이와 같은 대중외호의 일은 스님이 평생 유지해 온 뜻이다.(불학연구소 편, 『근대선원 방함록』, 대한불교조계종교육원, 2006, 232~288쪽 참조)
31) 16회 1935년 동안거 방함록을 보면 籌室 滿空, 院主 法喜(50歲) 立繩 荷葉(41세)이다. 원주는 대중의 공양을 총지휘하는 대중외호의 직책으로, 스님은 30년간 이 직을 수행하였다. 荷葉은 일엽 스님의 堂號이다. 일엽 스님은 이후 1935년~1939년, 1942~1947년까지 입승을 지냈다. 그 이후 전란 등 어지러운 시기를 거쳐 1960년경까지 입승을 지냈다. 법희 스님은 후배인 일엽으로 하여금 후배 선납자를 지도하고 큰방을 지키는 입승 소임을 보게 하고, 자신은 후원을 총괄하는 직무를 수행하였다. 이것은 일엽 스님을 배려한 일로 알려져 있

법희 스님의 이와 같은 대중외호는 만성萬性 스님(1897~1975)의 경우에도 마찬가지였다. 만성 스님은 1933년 나이 37세에 견성암으로 늦게 출가하였다. 입산한 후 만성 스님은 자신의 출가가 늦음을 한탄하여 더욱 분발심을 일으켰다. '상근上根은 7일이요, 중근中根은 3·7이요, 하근下根은 1백일이라'는 가르침에 따라 1백일 정해 놓고 참선정진하였다. 이때 만성 스님은 사방 1평의 땅을 벗어나지 않는 치열한 정진을 하였다. 그러던 중 3·7일이 되는 날 법희法喜를 느끼게 되었다. 한편, 만성 스님은 크게 분발심을 내어 정진에 몰입한 나머지 대중 운력運力 등에 소홀히 하게 되니, 그와 같은 행동은 눈에 띄게 되었다. 이때 대중에서는, "만성 스님은 왜 운력을 하지 않는 거야?", "대중공사를 붙여야 돼"라는 소리가 빗발쳤다. 그러나 법희 스님은 그냥 말없는 가운데 무진법문無盡法門을 펴서 대중의 비난을 조용히 잠재울 뿐이었다. 뿐만 아니라 스님은 만성 스님 몫의 일을 남몰래 해 주셨다. 이러한 보이지 않는 도움이 있은 후에야, 만성 스님은 수행에 몰입할 수 있었던 것이다. 이로써 만성 스님은 1941년(45세) 만공 선사로부터 법을 인가받게 되고, 그 뒤 제방을 유력한 뒤 부산 범어사 대성암大聖庵에 비구니선원을 여는 데 중추적 역할을 수행하게 되었던 것이다. 이렇듯 스님은 대중에서 어려운 소임을 맡아 누구보다 철저히 해냈고 운력할 때는 다른 사람의 몫까지 드러나지 않게 처리해 주었다. 그리하여 후배를 키우는 데도 자신의 몸을 아끼지 않았다.

수옥守玉(1902~1966) 스님은 일찍이 1917년(16세)에 견성암으로 출가하여 은사이며 법사이신 법희 스님의 지도 아래 정진하였다. 스님은 대

다.(불학연구소 편, 『근대선원 방함록』 참조)

교大教를 마친 뒤에 일본에 건너가 3년간 수학하였으며 1937년 3월 경북 상주 남장사南長寺 관음암 불교전문강원 강사를 역임하였다(36세). 1940년 다시 견성암에 입방하여 5하夏를 성취하고32) 1947년(46세) 3월에는 서울 탑골 승방 보문사普門寺 불교전문강원 강사를 역임하였으며, 한국전쟁이 일어나자 다시 견성암에서 6하를 성취하였으며 이때 견처見處를 얻어 득법得法하였다.33) 다시 수옥 스님은 1951년(50세) 7월 비구니로서는 처음으로 충남 덕산 보덕사 주지로 부임하였다.34) 또한 1955년(54세)에는 천성산千聖山 내원사內院寺 주지로 부임하여 이후 10여 년 동안 진력하여 내원사를 남방의 비구니 선 수행 도량으로 일구어냈다.35) 이때 법희 스님은 수옥 스님과의 인연에 따라 보덕사와 내원사에 주석하시게 되었다. 훗날 보덕사와 내원사가 훌륭한 비구니선원으로 가꾸어진 데에는 법희 스님의 보이지 않는 덕화德化가 작용하였음은 물론이다.

이렇듯 법희 스님은 일편지를 얻은 후에도 용맹정진의 고삐를 늦추지 않았다. 사불산 윤필암, 지리산 구층암九層庵과 상무주암上無主庵, 서울 정릉 인수재, 충남 덕산 보덕사, 천성산 내원사, 삼각산 승가사 등 인연에 따라 전국의 수행처를 돌며 안거 수선의 철저한 자기 수행과 후학 지도에 한 치의 소홀함도 없었다. 스님이 가는 곳에는 늘 납자들과 신심 있는 이들이 몰려들었고36) 훌륭한 도량이 만들어졌다. 또한 춘성春性·

---

32) 불학연구소 편, 「견성암선원」, 『근대선원 방함록』; 「陽山內院寺比丘尼華山堂守玉和尙碑」 (이지관 편, 『한국고승비문총집: 조선조·근현대』, 1197~1198쪽).
33) 智冠 撰, 「陽山內院寺比丘尼華山堂守玉和尙碑文」(이지관 편, 『한국고승비문총집: 조선조·근현대』, 1197쪽).
34) 보덕사는 만공, 보월, 금오 스님 등 역대의 선승들이 머물렀다. 보덕사와 인연하여 「堪辭蟬子: 於報德寺供養水瓜時, 報德寺吟」의 글이 보인다.(만공문도회, 『만공법어』, 90·185쪽 참조)
35) 화산수옥, 『華山集』(천성산 내원사, 1966); 경봉, 『月光閑話』(통도사 극락호국선원, 1979)에는 수옥 스님과 내원사 관련 및 경봉 화상 글이 다수 보인다.

금오金烏・전강田岡・경봉・향곡・고봉 스님 등 당대의 대선사들이 찾아와 법거량을 하곤 하였다. 이렇게 묵묵히 본분사本分事를 지키며 후학을 도운지 50여 년, 한국불교 비구니선풍의 새로운 장을 열게 되었던 것이다.

한편, 해방 후 정화운동淨化運動(1954~1962)37)이 한창일 때도 스님은 원칙을 지키셨다. 왜색倭色이 판을 치고 대처승帶妻僧 일색의 혼란한 불교 현실에서 수도승들이 들고 일어선 것은 당연한 일이었다. 모든 수도승이 결의하여 절집에서 친일의 잔재를 몰아내자고 들고 일어났을 때 비록 나이의 관계로 전면에 나설 수는 없었으나, 스님께서는 묵연히 이를 지원하셨으며 또한 선정삼매禪定三昧를 놓지 않으셨다. 스님에게 정화는 원칙에 대한 믿음과 자신의 신념을 지키는 것이었으며, 바로 자신의 내부로부터 시작하는 것이었다. 말 없는 수행정진과 대중외호를 통해서 정화운동을 후원한 것이었다. 오늘날 그러한 버팀목이 있었기 때문에 우리가 정화운동 후 다시 평온한 길을 수순할 수 있었던 것이며, 밝은 등불이 켜져 있기에 한국의 비구니가 길을 잃지 않은 것이다.

만년에 이르러 하루는 자신의 열반에 대하여 제자들에게 말하였다. "가을이 좋은가, 봄이 좋은가?" 제자들이 한결같이 "봄이 좋지요" 하니, "그러면 내가 가는 날은 내가 온 날과 같을 것이다"라고 하셨다.38) 과연 스님의 말씀대로 대중이 편안한 날, 스님이 이 사바세계에 오신 날

---

36) 정릉 인수재의 경우가 이에 해당한다.
37) 1954년~1962년간 전개된 불교계 정화운동은 일제 잔재의 청산, 청정수행 가풍의 유지를 취지로 출발하였다. 정화운동은 1954년 이승만의 정화유시가 도화선으로 되어 본격적으로 시작되었는데 이후 비구와 대처의 다툼으로 번져 간 측면이 없지 않으나, 오늘날의 정통 불교종단인 조계종의 태동을 일구어 내었다.(불학연구소 편, 「정화운동과 한국불교 전통의 회복」, 『曹溪宗史』(대한불교조계종교육원, 2001), 191~214쪽)
38) 제자 상륜 스님의 증언. 법희 선사는 1975년 3월에 입적하였다.

법회 선사 부도와 탑비(충남 보덕사 소재)

과 그 비슷한 날 1975년 3월에 입적하셨다. 탄허 스님이 찬한 스님의 비문에는 다음과 같은 월산 스님과 탄허 스님의 조시弔詩가 전한다.

법회 노스님이 열반에 드니
건곤乾坤이 빛을 잃은 듯 대중이 다 슬퍼하고
해가 서산에 떨어지고 달이 동산에 떠오르듯이
이 덕숭산에 봄이 와서 잎이 피고 꽃이 피었도다.[39]

맑은 시냇물로도 그 깨끗함을 견줄 수 없으며
나는 백설白雪로도 그 소박하고 청결함을 어찌 비교하랴
수백 년 전과 수백 년 후라도
이처럼 진실되고 성스러운 일은 없을 것이라고 여겨진다.[40]

---

39) 「禮山報德寺比丘尼妙理堂法喜禪師塔碑」(이지관 편, 『한국고승비문총집: 조선조·근현대』), "法喜老鶴西天飛, 乾坤失色日與光, 日落西山月出東, 此日崇山春色滿."
40) 「妙理比丘尼法喜禪師塔碑」(이지관 편, 『한국고승비문총집: 조선조·근현대』). 1979년 11월 14일 충남 덕산에 報德寺 건립.

한편, 스님의 문도로서는 춘일春日(열반)·영명靈明(열반)·수옥守玉(열반)·영호永浩(열반)·도원道圓(열반)·장용粧湧·혜능慧能(열반)·정화貞和·수찬守贊(열반)·원성圓性(열반)·도일道一(열반)·상륜相侖·월덕月德·도전道全(열반)·정운淨雲(열반)·무생無生(열반)·금목金目(열반)·현성賢性(열반) 등이 있다.41) 그 가운데 은상좌이면서 법제자이신 수옥 스님은 남방에 내원사內院寺를 중창하였고,42) 정화 스님은 수원에 정혜사定慧寺를 창건하여 큰 법회를 이끌고 있다. 또한 상륜 스님은 삼각산 승가사僧伽寺를 중창하여 면모를 일신한 대 공덕주이며 근래에는 용인에 법륜사法輪寺를 창건하였다. 현재 법회 스님의 2백여 명이 넘는 법손들은 문보門譜를 형성하며 더욱 번성하고 있다.43)

3. 맺음말

법희 선사의 행장 및 사상을 조명하는 일은 쉽지만은 않은 일이다. 그것은 남아 있는 기록이 손꼽을 정도이고 대부분 구전으로 일화가 남아 있기 때문이다. 구전도 연로하신 분들의 기억인지라 지금이라도 정리하여 기록하는 일이 과제이다. 부처님 당시에 많은 비구니들이 아라한의 지위에 올랐으며 부처님께서는 승만부인勝蔓夫人에게, "보광普光이라는 이름의 붓다가 될 것이다"라고 하셨다. 뿐만 아니라 한국에 있어

---

41) 呑虛 撰, 「禮山報德寺比丘尼妙理堂法喜禪師碑文」(이지관 편, 『한국고승비문총집: 조선조·근현대』, 1085쪽).
42) 智冠 撰, 「梁山內院寺比丘尼華山堂守玉和尙碑文」(이지관 편, 『한국고승비문총집: 조선조·근현대』, 1197~1198쪽).
43) 이 책의 219쪽 「법희 선사 법계도」 참고(조영숙 편, 『법의 기쁨 사바세계에 가득』, 220~221쪽 참조)

서도 사표師表가 되는 많은 비구니가 존재하였다. 그러한 가운데 현대 비구니의 법맥·선맥의 장을 새롭게 쓰게 한 법희 선사의 자취는 높게 사도 부족하지 않을 것이다. 새 시대는 고단한 역사의 길을 걸어온 인류가 어머님 품안 같은 본향本鄕으로 돌아가는 시대가 되어야 한다. 그렇다면 깨침을 얻을 수 있는 잠재력을 가진 비구니 및 여성불자들이 좋은 사표를 의지하여 모든 인류의 참된 행복과 자기 자신의 영적 성숙에 이바지하는 삶을 지향해야 할 것이다.

참고문헌

『無門關』.
『法華經』.
『長老尼偈經』(Theri-gatha).
『中阿含經』.

경봉, 『月光閑話』, 통도사 극락호국선원, 1979.
만공문도회, 『만공법어』, 1968; 덕숭산 정혜사 능인선원, 1982 재발행.
불학연구소 편, 『근대선원 방함록』, 대한불교조계종교육원, 2006.
_____, 『선원총람』, 대한불교조계종교육원, 2000.
이능화 편, 『朝鮮佛敎通史』, 경희출판사, 1968
이지관 편, 『한국고승비문총집: 조선조·근현대』, 가산불교문화연구원, 2000.
조영숙, 『법의 기쁨 사바세계에 가득』, 민족사, 1998.
하춘생, 『깨달음의 꽃』, 도서출판 여래, 1998.
한국비구니연구소 편, 『비구니와 여성불교』 4, 한국비구니연구소, 2003.
화산수옥, 『華山集』, 천성사 내원사, 1966.

불학연구소 편, 「정화운동과 한국불교 전통의 회복」, 『曹溪宗史』, 대한불교조계종교육원, 2001.
서형석, 「불교사의 위대한 여인들」 1~18, 『여성불교』 248·265.
효탄, 「滿空月面의 선사상 연구」, 『한국선학』 6, 한국선학회, 2001.

법희 선사 법계도

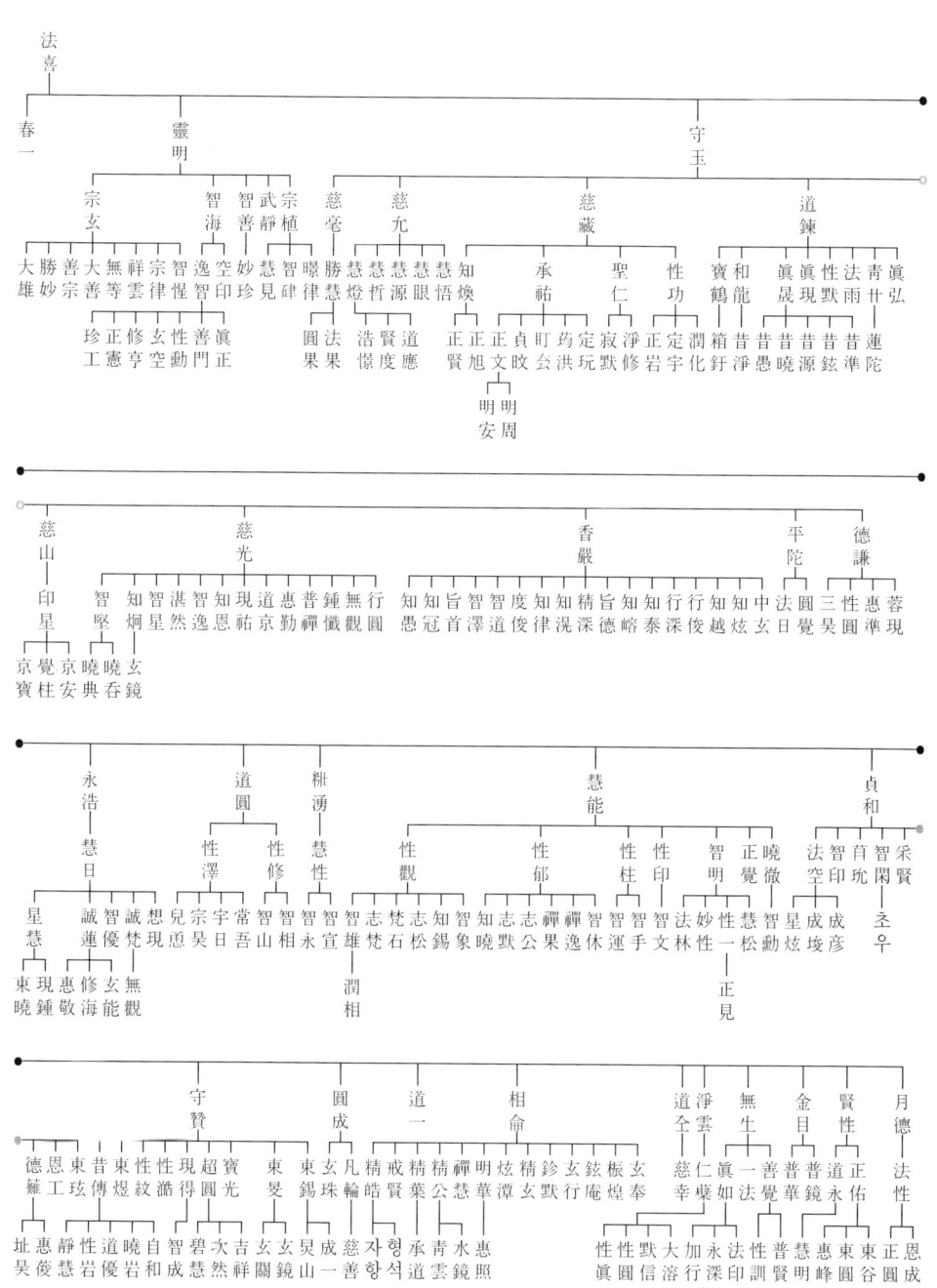

일엽 선사의 출가와 수행

경 완*

1. 머리말

　불교가 한국에 최초로 전래되던 삼국시대부터 현재까지 한국의 비구니승단은 전전상속傳傳相續되고 있다. 이는 전 세계적으로 유래를 찾기 어려운 일로 한국사의 지난한 과정과 대비하면 그 굳건함과 청정함이 찬탄받아 마땅하다. '비구니 수행전통 연구'는 한국 사회의 근간인 종교사를 살피는 일이며 세계의 절반인 여성이 이룩한 수행사를 고찰하는 일이다. 불교학의 입장에서는 한국 비구니사를 정립하는 일이기도 하다.

　근세의 비구니 수행전통 연구는 여성이 비로소 자주적인 인격체로 정체성을 찾아가던 시대여서 더욱 중요성을 지닌다. 구한말에 태어나서 경제부흥이 일어나던 1970년대에 금생을 마친 일엽一葉 선사의 삶은 한국

---

* 수덕사 환희대 교무스님.

일엽 선사 영정

비구니 수행전통 연구에서 가장 중요한 주제 중 하나가 될 것이다. 일엽 선사는 만공 큰스님으로부터 '하엽당백련도엽비구니荷葉堂白蓮道葉比丘尼'라는 당호와 함께 인가를 받으셨다. 이에 근거하여, 출가 전후를 불구하고 모두 일엽 선사 또는 선사라는 칭호로 통일하였다. 또한 후손된 도리로 송구하오나 이하 본문에서는 논지의 전개를 위해 존칭어는 생략하였다.

일엽 선사의 역설적 생애는[1] 당대에도 지대한 영향을 미쳤으며 입적한 지 35년이 지난 지금까지도 반향이 계속되고 있다. 문학과 여성학계 일반에서 일엽 선사에 대한 연구가 지속되고 있는 것이 그 단면이다.[2] 그러나 대부분의 성과물은 문인文人으로서의 명성과 신여성 선각자에 초점이 맞춰져 있는 데 불과하다. 최근 들어 철학적 관점에서 일엽 선사의 사상을 연구한 논문 한 편이 나와 있으나,[3] 다른 부분에 비

---

1) 김일엽, 「서문」(이기홍), 『당신은 무엇이 되었삽기에』(문화사랑, 1997), 4~8쪽.
2) 대표적인 연구로 성낙희의 「김일엽 문학론」, 정영자의 「김일엽의 문학연구」, 이태숙의 「'여성해방론'의 낭만적 지평: 김일엽론」, 노미림의 「樋口一葉와 김일엽의 여성성 대조」, 김현자, 「자유의길, 구도의 글쓰기」, 신달자, 「신여자 김일엽의 파격과 종교적 귀의」, 유진월, 「김일엽의 『신여자』 출간과 그 의의」 등 다수의 논문이 있다. 자세한 서지정보는 논문 말미의 참고문헌 참조.
3) 박진영, 「김일엽: 한국불교와 근대성의 또 하나의 만남」, 2004. 이 논문은 '동아시아 전통에서 본 한국 비구니의 수행과 삶'(2004. 5. 20~22) 국제학술대회에서 처음 발표되었다. 참고로 영어본은 "Gendered Response to Modernity: Kim Iryeop and Buddhism," *Korea Journal*, 45/1(Spring 2005), pp. 114-141이다.

하면 절대적으로 부족하다.

일엽 선사의 수행이 누구보다 철저하고 치열하였음에도 불구하고 현상적으로 드러난 결과물만이 학자들의 주의를 끌었던 것이다. 학문적 연구라는 작업의 특성상 전해지는 문헌자료가 대상이 될 수밖에 없고, 선사는 약 30여 년간 절필하고 작품을 남기지 않았기 때문에 이것은 당연한 귀결이라고 볼 수도 있다.4) 그러나 학문은 종합적인 면목을 보아야 한다. 선사의 성찰이 준엄하였듯 그 업적의 탐색도 그 전체를 드러낼 수 있어야만 한다.

사찰을 찾은 외국인들이 일엽 선사와 함께

그러므로 본고는 일엽 선사의 출가와 수행 과정을 되돌아봄으로써 선사의 생애를 총체적으로 확대시켜, 여류문인으로 또는 사상가나 여성운동가로만 평가받던 일엽 선사의 업적을 현현하여 불교사상가이자 선사(禪師)로서의 진면목을 드러내고자 한다. 또한 본고는 현대를 살아가는 우리들에게 귀감이 되는 존경받는 비구니상을 정립하며, 비구니의 사회적 역할을 새로운 방향으로 모색하는 계기가 될 것이다. 일엽 선사의 수행과 불교관을 반조함으로써 현재 우리의 수행을 반성하며 이제까지의 수행전통을 미래에 참신한 방향으로 개척하는 성과가 될 것이다.

---

4) 입산 후 30년간 절필하시고 수행에만 전념하셨기 때문에 남기신 문학 작품이 상대적으로 입산 전의 작품이 대다수이다. 입산 이후의 삶은 불교학·철학 등에서 국외자로 남아 있었다.

2. 일엽 선사의 출가

제2장에서는 출가를 기점으로 출가 이전과 출가까지의 생애를 두 절로 구분하여 논한다.

1) 출가 이전의 생애: 유년과 청년시절

일엽 선사의 출가를 언급하기 전에 이미 잘 알려진 입산 전의 생을 살펴보겠다.[5]

일엽 선사는 1896년 음력 4월 28일 평안남도 용강군龍岡郡 삼화면三和面 덕동리德東里에서 부친 김용겸金用兼 씨와 모친 이마대李馬大 여사의 장녀로 출생하였다. 속명은 원주元周이다. 부친의 조상은 본래 개성의 권문가였으나 후일 평안도로 낙향하여 정착한 곳이 용강군이었다. 그래서 그 지역에선 가장 지체가 높은 지역의 유지였다고 한다. 대대로 단명하는 집안이라 선사의 부친도 일찍이 조실부모했으나 부친은 보기 드문 천재여서 당시 향교의 향장鄕長을 지냈기에 김 향장, 김 제당이라고 불리며 존경을 받았다고 한다. 후일 일엽 선사의 부친은 목사가 되어 이웃 사랑하기를 내 몸같이 하며 평생 감사하는 마음가짐이 생활화되어 자족하게 일생을 마쳤다.[6]

---

[5] 이하 일엽 선사의 삶에 대한 기록은 『미래세가 다하고 남도록』上(인물연구소, 1974)의 「진리를 모릅니다. 나의 회상기」 편과 『청춘을 불사르고』(김영사, 2002)를 근거로 하였다. 이 가운데 「진리를 모릅니다. 나의 회상기」은 1971년 12월부터 1972년 6월까지 『여성동아』에 투고한 글이다. 자세한 인용은 각주에 서지사항으로 기록하였다.
[6] 이와 관련하여 기독교에서 연구한 자료가 나와 있다. 김미영, 「1920년대 신여성과 기독교의 연관성에 관한 고찰: 나혜석, 김일엽, 김명순의 삶과 문학을 중심으로」, 『현대소설연구』 21(현대소설학회, 2004)이다.

모친은 일찍 개화한 생활력 강한 여인으로서, 일엽 선사를 장녀로 하여 5남매를 두었으나 모두 요절한 까닭에 일엽 선사는 기대를 한 몸에 받았다고 한다. 어머니는 당시 여자가 학교를 다니는 것은 엄두도 못 내던 시절임에도 불구하고 선사를 삼숭三崇보통학교에 입학시킨다. 입학 전에 모친이 이런저런 집안 사정으로 입학을 미루자 소학교 동창이던 윤심덕尹心悳의 청을 빌어 입학하게 되었다고 일엽 선사는 윤심덕과의 일화에서 회고하고 있다.

12세 되던 1907년에 선사는 「동생의 죽음」7)이라는 시를 쓴다. 이것은 일엽 선사가 쓴 최초의 신체시이다. 최초로 알려진 최남선의 신체시 「해에게서 소년에게」보다 1년을 앞선 것이어서 신체시의 효시로 보아야 마땅하며 국문학사에서 분명히 고쳐야 할 부분이라고 생각한다.8)

> 그러나 열두 살 소녀가 동생의 죽음을 겪었을 때, 땅이 꺼지는 듯한 슬픔을 맛보았다. 그 슬픔의 충격은 자각自覺을 부채질했다. 비애의 참담한 감정을 나는 글줄로 옮기기 시작하니 말이다. 「동생의 죽음」이란 시 작품은 그때 쓴 것이었다.9)

3년 후 선사가 소학교를 졸업하던 해인 1909년에 모친은 출산 후 산후가 좋지 않아 병사하였고 그때 태어났던 남동생도 얼마 후에 죽는다. 1915년 선사는 중학교를 졸업하고 이화학당에 입학한다. 이 무렵부터 이미 기독교 신앙에 회의를 일으켜 기독교 교리에 의심을 가지게 되었다.10) 그 해에는 부친마저 별세하게 되는데 당시 17세였던 일엽 선사

---

7) 김일엽, 「동생의 죽음」, 『당신은 나에게 무엇이 되었삽기에』, 36~37쪽에 원문이 실려 있다.
8) 월송·임중빈, 「김일엽의 인간과 문학」 대담, 『문학시상』 27(문학사상사, 1974), 412쪽.
9) 김일엽, 『미래세가 다하고 남도록』 上, 274~275쪽.
10) "계신 하느님, 나신 부처님은 이미 형상이니 같은 偶像이고, 더구나 안 계신 하느님을 마음

는 부친과의 각별한 정에도 불구하고 목사였던 부친이 찬미가를 부르면 승천하였을 것을 믿으면서도 신앙의 공황과 무종교 상태로 빠지게 되었다.

부친이 재혼하여 얻은 남아 있는 유일한 혈육이었던 이복여동생 인주마저 1919년에 사망한다. 이때의 심정을 글로 발표한 산문「동생의 죽음」11)이『신여자』 3호에 전한다. 같은 해 3·1운동이 일어났을 당시에는 자신의 집에서 전단을 작성하여 살포하기도 하였다.12)

이후 일본으로 유학을 가 동경 일신日新에서 수학하고,13) 1920년 동경 영화학교英和學校 수료 후 귀국하여 최초의 여성종합잡지『신여자新女子』를 창간한다.『신여자』는 여성 스스로 편집한 최초의 잡지이다.14) 더욱이 기고는 여자에 제한한다고 하여 여성의 자각과 개화를 선도하고 있다. 실제로 창간호에 축사를 보내 온 몇몇 남성들과 고문인 양백화를 제외하고는 모두 여성들로 필진이 구성되어 있다. 여성의식을 고취하는 논문이 대부분이었고 나혜석의 만화 2편을 넣어서 흥미를 유발시키며 사상을 전달하는 방식을 취하기도 하였다.15)

이 무렵 일엽 선사는 이미 불교의 교리를 접하게 된다. 간접적으로

으로 만드는 것은 마음의 우상인 것이다."(김일엽,「진리를 모릅니다: 나의 회상기」,『미래세가 다하고 남도록』上, 276쪽); "무소부지인 하느님이 선악과를 따 먹을 줄을 왜 몰랐을까?…… 하느님의 창조적 의도에서 나온 것이니 선악에 대한 책임은 하느님께 있을 것이 아닌가?"(김일엽,『미래세가 미래세가 다하고 남도록』上, 331쪽) 참조.
11) 김일엽,『미래세가 다하고 남도록』上, 390~398쪽.
12) 김일엽,『一葉禪文』(문화사랑, 2001), 289·340쪽.
13) 박진영,「김일엽: 한국불교와 근대성의 또 하나의 만남」, '(2004 국제학술대회) 동아시아의 불교 전통에서 본 한국 비구니의 수행과 삶' 논문집, 4쪽.
14) 관련 논문으로 유진월의「김일엽의『신여자』출간과 그 의의」가 있으며 단행본 이배용 외『우리나라 여성들은 어떻게 살았을까?』에도 최초의 여성주간으로 기록되어 있다. 최근 유진월은『新女子』잡지 1호~4호를 묶어서 현대 국어의 번역본과 함께『김일엽의 '신여자' 연구』(푸른사상사, 2006)를 출판하였다.
15) 유진월,『김일엽의 '신여자' 연구』, 37쪽.

전달받는 형식이었으나 훗날 이것이 위기를 극복하게 해 주었다고 회고하고 있다.

> 그토록 실력 없는 나의 자유는 어린애의 손에 날선 칼을 들려 준 것만 같았다. 그러한 위난에서 나를 살린 것은 불법佛法이었다. 불문에 들어와서 크게 느끼던 그 환희는 반세기를 두고 오늘도 꿈에 비친다.16)

여성해방 또는 '영靈과 육肉'의 문제라는 화두를 풀어 가기 위해 선택한 것이 불법에의 정진이었다.17) 당당하고 자주적인 일엽 선사의 성품과 불교의 진리가 잘 계합되었기 때문이다. 1927년부터 종단의 기관지인 월간 『불교사』에 관여하며 1932년경까지 문예란을 담당했던 것도 불교와의 인연이다.18)

2) 불교입문과 출가

일엽 선사가 입산하려는 생각을 품게 된 것은 질곡 많던 세상사에서 무상을 느껴 사랑도 못 믿을 것이라는 내용의 글을 『동아일보』에 기고한 후부터이다.

> 나는 내게 있는 것은 다 쏟아 놓고 지내는 그러한 여인이라,…… 그때 곧 입산하려는 생각을 품게 된 것이다.19)

---

16) 김일엽, 『미래세가 다하고 남도록』 上, 332쪽.
17) 이태숙, 「'여성해방론'의 낭만적 지평: 김일엽론」, 『여성문학연구』 4, 19쪽.
18) 월간 『佛敎』는 1924년 7월 15일에 창간되었다. 처음에는 되경 권상보 스님이 발행인이었으나, 1931년 10월부터 1937년 2월호까지는 만해 한용운 선사가 주재하였다.
19) 김일엽, 『미래세가 다하고 남도록』 上, 320~321쪽.

이렇듯 출가의 배경에는 '신여성으로 살아가기'의 어려움이 있었다. 매순간 순수하게 몰입하였던 생활이었으나 결국에는 회의와 무상無常이 찾아들었다. 이 순간에 불교의 가르침이 빛을 발하여 깊은 성찰을 하게 된 것이다.

일엽 선사의 출가에는 만공滿空 큰스님과의 인연을 간과할 수 없다. 만공 큰스님은 불교의 지도자이며 대선지식이었다. 특히 비구니제자들을 많이 두었다. 비구니스님이라 하여 차별을 두지 않고 평등하게 제접하여 깨달음으로 나아가게 하였다. 일엽 선사도 만공 큰스님의 생존 시에는 물론이고 열반하신 후에도 가르침을 받들어 지켰다. 수덕사에서 수행한 것도 만공 큰스님 영향이었다.

> 만공 스님이 대가인 줄을 알게 되어……, 결국 큰스님이 계신 이 덕숭산德崇山 수덕사修德寺로 오게 되었다. 여기로 온 이 일은 참으로 내가 나를 믿을 만한 지혜로운 생각이었다.[20]

만공 큰스님과의 인연에 대한 글들은 곳곳에서 접할 수 있는데, 일엽 선사의 입산 동기로 볼 수 있는 글이다.

> 내가 귀의한 송 만공 스님을 처음 뵈었을 때 다음과 같이 말씀하셨다. "세상을 버리고 산에 들어와서 하는 공부는 '먼저 살고 보자!'는 것이다. 즉 끝없는 생명이 살아나는 일인 것이다.…… 다만 누구나 자기의 전체적 생명력을 회복하여…… 인간은 우주가 자체화한 인간이기 때문에 우주의 생리도 내 마음대로 처리되는 것이다. 그리고 시공과 한가지로 미래세가 다함이 없는 생명을 가지고 현실생활에 자유자재함을 얻어 어느 때나 어느 곳에서나 안심입명安心立命, 즉

---

[20] 김일엽, 『미래세가 다하고 남도록』 上, 328쪽.

열반을 하게 되는 것이다. 그때는…… 일체애一切愛·평등애平等愛, 즉 자비심을 얻어서 쓰게 되는 것이다."21)

요컨대 우주 자체인 인간의 생명을 회복하여 대자유와 대자재를 얻을 수 있으니 그것이 안심입명이며 열반이라는 법문이었다. 일엽 선사는 이 법문을 듣고 환희용약하였다고 술회하고 있다. 이 무렵에는 『불교』지를 주관하며 계속하여 글도 발표하는데, 1930년 무렵의 시와 작품들은 모두 불교적 색채가 짙은 작품들이다. 일엽 선사는 철저하게 생활하였고 순수하게 사랑하였다. 그러면서도 주체적 정신으로 살아갔다. 다음의 문장에는 세계의 근본원리인 무상을 체득하고 입산수도하여 잃어버린 생명체를 거두기 위하여 출가하였음이 나타난다.

나는 순정적이고 철저하면서도 나의 주체적 정신은 잃어버리지 않았다.…… 편애하지 않았기에 오래 고통스럽지를 않았다.22)
더구나 문화인이 되려면 대 문화인인 부처님의 문하로 직접 들어가야 할 것을 알고 나는 입산을 하게 됐다.23)

일엽 선사는 1933년 6월 금강산 마하연에서 주석하고 계시던 만공 선사를 법사로 금강산 서봉암棲鳳庵에서 이성혜李性慧 비구니를 은사로 하여 입산한다. 출가하여 필명筆名으로 쓰이던 일엽을 그대로 법명으로 사용하고 있다. 이것에 대해 '일엽一葉'이 달마 대사와 관련된 이름인 것을 밝혀 낸 논문이 있다.24) 이 논문에서는 달마 대사가 일엽편주로

---

21) 김일엽, 『미래세가 다하고 남도록』 上, 322~323쪽.
22) 김일엽, 『미래세가 다하고 남도록』 上, 329쪽.
23) 김일엽, 『미래세가 다하고 남도록』 上, 335쪽.
24) 노미림, 「樋口一葉와 김일엽의 여성성 대조」, 『일어일문학연구』 40(한국일어일문학회, 2002), 146~147쪽, "한국의 소설작가, 이광수가 김원주의 동경 유학시절, 한국의 樋口一葉가 되라

물을 건너간 것이 인도에서 중국으로 건너올 때라고 했는데, 이것은 잘 못된 전고典故이다. 달마 대사가 일엽편주로 물을 건너간 것은 사실이 나 그저 중국이라고 함은 맞지 않다. 달마는 남인도에서 중국으로 들어 와 양무제梁武帝에게 선禪을 전하려 하였다. 그러나 달마 대사는 양무제 와의 문답을 통해 아직 시절인연이 되지 않았음을 알고 소림사 소림굴로 떠났고, 이곳에서 면벽 9년의 초인적 수행을 한다. 이것이 유명한 '절로 도강折蘆渡江'의 고사로 달마 대사가 북위北魏의 소림굴로 향하면서 양 자강을 건너던 바로 그 모습이다. 일엽이 문인으로 활약하던 당시 사용 했던 필명임에도 불구하고, 선종 초조이신 달마 대사의 전고로 비롯된 이름이었기 때문에 그대로 선사의 법명으로 사용하게 된 것이다.

어린 시절을 기독교적 세계관으로 보냈으나, 무상체득과 만공 큰스 님과의 인연이 선사를 불교로 인도하였음을 알 수 있다. 그 외에 불교의 교리에 깊이 몰두할 수 있었던 원인은 어린시절부터 남달랐던 깊은 집 중력(일종의 定)을 들 수 있다. 앞에서 잠깐 윤심덕과의 초등학교 시절을 언급한 바 있듯이 윤심덕의 청으로 학교에 다니게 된 일엽 선사는 심덕 을 은인으로 여겼다고 한다. 활발하고 영리한 심덕은 때로 선생님을 속 이기도 했는데, 한번은 못된 장난으로 자신의 잘못을 일엽 선사에게 뒤 집어씌우자 선생님은 두 사람 모두에게 체벌을 가하였다. 심덕은 한 대 맞으면서 쓰러져 울곤 했는데 일엽 선사는 아파 괴로운 그 순간에 '우 선 편안해져야겠다'는 생각이 들었다고 한다. 그렇게 마음을 다스리자 어느 순간 아픔을 느낄 수 없었다고 회고하고 있다.

고 붙여 준 것이다. 히구치 나츠가 이 호를 쓰게 된 유래는 인도의 왕자, 達磨大師가 '한 잎의 갈대(蘆:아씨)를 배로 삼아'(一葉片舟) 중국을 건너간 고사에서 비롯되었다고 한다. 김원주는 일엽 선사의 俗名이다, '樋口一葉' 뒤에 '이'가 아닌 '가'라는 조사를 붙인 것은 일본어 발음이 히구치 이치요이기 때문이다.

철썩철썩 들리는 매 소리와 함께 무슨 물체가 종아리에 슬쩍 스쳐가는 것을 희미하게 느꼈을 뿐 아무런 감각도 없었다.…… 아프다, 슬프다 하는 것이 모두 느낌을 그 당처當處에 둔 까닭이다.…… 느낌이란 것은 느낌 자체가 있는 것이 아니라 느낌을 느끼기 때문에 감각하게 된다. 나는 여덟 살 때에 아프다는 것은 아프다는 느낌을 두는 데 느껴질 뿐, 아프다는 느낌만 없으면 아픈 생각도 나지 않는다는 것을 두 번이나 경험했다.25)

어린이들을 천진불이라고 한다. 어린이의 마음은 순수하여 불성에 가깝기 때문이다. 여덟 살 무렵의 이 에피소드가 일엽 선사의 출가가 다생의 인연으로 연결되어 있음을 짐작할 수 있게 한다. 아픔은 단지 느낌이어서 마음을 바꿔 느낌만 없으면 아프지도 않았다는 것이다. 어린아이였으나 '방하착放下着'의 도리를 알고 있었던 것이다. 이는 다생인과의 원리에 근거하여 일엽 선사가 전생부터 수행해 온 증거라 짐작된다.

3) 사회와 불교계의 반응

당시 여성의 출가에 대한 사회적 통념은 실연을 당했다거나 생의 의욕을 상실했거나 부모형제를 일찍 여의어 의탁할 곳을 찾는 방법으로 비쳐졌다. 「수덕사의 여승」 노래를 듣고 쓴 글에 여승에 관한 해석이 들어 있다.

여승이라는 것은 수도하는 여인이라는 말이다. 수도라는 것은 길을 닦는다는 뜻인데 길은 두 길이 있다. 그 하나는 현실적인 세상살이의 길이요, 다른 하나는 이 삶의 바탕이며 생명의 본원인 정신적인 길이다.…… 이 두 가지 길을 다 닦아 놓아야 완전한 인간으로 완전한 삶을 이룰 수 있다.26)

---

25) 김일엽, 『미래세가 다하고 남도록』 上, 285쪽. 후일 윤심덕이 불법을 만나도록 해 주지 못한 것을 안타까워하고 있다.

출가는 즉 수도를 통해 완전한 인간이 되어서 생을 완성하기 위해 선택한 삶인 것이다. 인간의 의미를 완인完人으로 보고 성불이 곧 성인간成人間이니, '인간이 될 수 있다'는 자신감으로 입산하신 것이다. 출가승은 "정신적으로 초월하는 것"27)이어서 「수덕사의 여승」 노래가사에 대한 평에서 출가에 대한 세간의 의심을 불식시키는 언급이 보인다.

> 이러한 가사와 같이 감상적이고 저속한 노래가 인기를 끌어 감명 깊게 듣는 사람이 많다는 것은 나를 회복하는 공부가 무엇인지도 알지 못하는 대중이 많다는 증명이니 참으로 슬픈 일이 아닐 수 없다.28)

이미 여성 최초의 문사文士로서 이름을 날리던 일엽 선사의 출가는 센세이션을 불러일으킨다. 『조선중앙일보朝鮮中央日報』의 기사나 기타 잡지에서 선사의 출가를 취재하고 탐방하는 기사를 찾아볼 수 있다.29) 신문이나 잡지가 주요한 대중매체였던 시절임을 감안하면 그 영향이 얼마나 큰 것이었는지 짐작할 수 있다. 실지로 출가한 이후로 일엽 선사를 찾아와 가르침을 청하거나 때로는 호기심으로 방문하는 사람들이 줄을 이루었다고 한다. 다음은 소설가 방인근의 회고이다.

> 예산 수덕사는 김일엽이 있어서 명소가 되었다. 김활란金活蘭 박사, 작가 최정희崔貞熙 여사 등이 방문하였다. 여자들이 많이 찾아와서 그의 설법을 들어서 그 제자가 된 여자도 많다.30)

---

26) 김일엽, 『一葉禪文』, 187쪽, 김일엽, 『미래세가 다하고 남도록』 上, 382쪽.
27) 김일엽, 『一葉禪文』, 131쪽.
28) 김일엽, 『一葉禪文』, 189쪽.
29) 『조선중앙일보』(1934. 11. 8)에 「고행의 여승 金一葉女史 방문기」로, 개벽사의 잡지 『신여성』 7(7)에는 「당대 여인생활 탐방기, 여류문사 김일엽씨 편」으로, 잡지 『女苑』 8·10에는 「僧房의 詩人 金一葉」이라는 제목으로 실려 있다.

이렇듯 일엽 선사의 문하가 되기 위해 찾아오는 여성이 수없이 많았으나 사자상승師資相承이 중시되는 한국불교의 전통을 넘어서서 일불제자一佛弟子라는 대승적 사상으로 다른 스님 문하로 제자를 삼아주곤 하였다. 그러함에도 불구하고 일엽 선사의 덕화德化는 수덕사 환희대歡喜臺를 비롯하여 전국 각지에서 이어졌다. 일엽 선사를 찾아오는 사람이 여성만 있었던 것은 아니다. 현재 명성만 들어도 "아!" 할 만한 큰스님들도 일엽 선사의 문집 『청춘을 불사르고』를 읽고 발심하셨다는 얘기를 종종 전해 듣는다.31)

사회적 반응에 대비해 불교계 내에서의 반응도 크게 다르지 않았다. 문인으로서의 명성과 신여성과 선각자로 겪었던 삶의 질곡이 편견을 조성한 것이다. '잠시 하다 그만 두려니, 공부도 제대로 못할 것이고, 수행 생활도 견디지 못할 것'이라 하여 백안시하였다고 한다. 언젠가는 방문하는 사람이 줄을 잇자 도반스님들로부터 대중수행환경에 방해가 된다는 질책도 들었다. 심지어는 대중에 방해가 되지 않으려고 찬방에서 공부하다 지병인 해소가 악화되기도 하였다. 사회와 불교계의 곱지 않은 평판에도 불구하고 이후 일엽 선사의 삶은 속세에서도 그랬듯이 철저하고 강인한 수행으로 이어졌다. 수행 과정은 아래 장에서 상세히 살펴보겠다.

이상에서 살펴본 바 일엽 선사의 출가는 세 가지로 요약된다.

첫 번째는 무상에 대한 철저한 인식과 그것의 해결을 통해 대자유의 길로 나아가려는 탐색과 명상의 결과라는 것이다.32)

---

30) 김일엽, 『一葉禪文』, 314쪽.
31) 이와 관련한 일화는 다음 기회를 기약한다.
32) "이처럼 다양한 김일엽의 작품을 읽으면서 느끼게 되는 것은 표면상으로 이 작품들의 내용이 서로 모순을 보일지라도, 그 내면에서는 놀랍도록 일관된 사고가 전개되고 있다는 사실이다. 한마디로, 김일엽의 삶과 작품은 그녀의 자아를 찾기 위한 긴 탐색, 그 자아를 찾을 수 있는 자유에 대한 탐색, 그리고 그 자아의 성격에 대한 명상이었다.…… 그녀가 직면하

두 번째는 만공 큰스님과의 인연이다. 역사와 인생에서 선지식 한 분의 역할이 얼마나 중요한가를 알게 해 주는 단면이다.

세 번째는 앞서 기술한 윤심덕과의 어린 시절 추억에서 추론하였던 다생겁래 동안 닦아 온 수행의 결과라는 것이다.

3. 일엽 선사의 수행

불문에서는 행주좌와行住坐臥 어묵동정語默動靜이 수행문 아님이 없으니, 일엽 선사의 수행도 이와 같이 철저하였다. 본 제3장에서는 일엽 선사의 법문을 골자로 주제별로 불교관佛敎觀, 수행修行, 회향回向의 3절로 정리하여 논하겠다.

1) 불교관: 불·법·승에 관하여

일엽 선사의 업적 가운데 제외할 수 없는 것이 불교와 선에 대한 명석한 이해이다. 스님은 불교교리를 체화하였을 뿐만 아니라 창조적 해석을 성취하고 있다. 동아시아 불교의 공통성이며 최근 들어 한계점으로 지적되는 한문불교를 일반 대중이 이해하기 쉬운 한글을 사용하여 설명하고 있다. 일엽 선사는 설법·법문·포교가 비구스님의 전유물처럼 되어 있던 그 시대에 비구니로서 선사들이나 조사어록 등 그 외 비구

지 않으면 안 되는 것은 삶의 근본조건인 無常에의 인식이었고, 이는 사랑을 통해 자신이 꿈꾸어 온 자유의 한계이기도 하다."(박진영, 「김일엽: 한국불교와 근대성의 또 하나의 만남」, '(2004 국제학술대회) 동아시아의 불교 전통에서 본 한국 비구니의 수행과 삶' 논문집, 6~8쪽)

큰스님의 법문을 녹음기처럼 답습하지 않았다. 본인의 사상과 자기수행의 숨결이 들리는 간절한 포교수상록을 집필하였다.

본 절에서는 일엽 선사의 불교에 대한 명쾌한 논리를 삼보三寶에 관한 것만 추출해서 고찰하고자 한다. 첫째, 부처님(佛)과 둘째, 그 가르침(法)과 셋째, 그것을 따르는 제자(僧)이다.

먼저 부처님과 불교에 대한 탁월한 해석이다.

> 만유와 만유의 원소인 정신까지 하나로 화한 것을 불佛이라 한다.…… 불佛 외에 다른 특별한 존재는 있지 않다.33)

> 불은…… 영원의 편안을34) 얻는 인간인 것이다. 그러므로 불은 너, 나, 천당, 지옥, 곧 자타가 일시로 편안함을 얻게 하는 존재, 곧 안정된 우주를 자재화한 인간일 뿐이다.35)

> 믿음의 대상은 구원을 얻을 길을 가르칠 뿐, 구원은 내가 얻는 것이다. 그래서 학자나 사상가도 이론과 생각이 통일된 뒤인 상기의 구경에 이른다면 거기서 한 번 맹렬한 용기로 상멸인 무의 단애로 뛰어들어야 거기서 각을 얻어 해결을 짓는 것이다.36)

> 시간도, 장소도 귀천도 가릴 것 없고, 아무 수속도 없이 다만 아무 때나 간절한 마음으로 연락만 되면 가르쳐 주실 부처님이란 대 선생이 계시지 않는가.37)

> 벌레도 '나는 천상천하에 유아독존'이라고 할 수 있어요, 그것은 생명의 본체가 같기 때문입니다.38)

---

33) 김일엽, 『一葉禪文』, 172쪽.
34) 원문에는 '편안의 편안을'로 되어 있는 것을 『一葉禪文』의 편집자이신 월송 스님의 견해에 따라 '편안을'로 교정하였다.
35) 김일엽, 『一葉禪文』, 71~72쪽.
36) 김일엽, 『一葉禪文』, 67쪽.
37) 김일엽, 『一葉禪文』, 77쪽.
38) 김일엽, 『一葉禪文』, 124쪽.

불법이란 우주 자체를 말하는 것이고, 성불이란 완전한 인간을 말하는데 그 인간의 대표가 부처님이라고 합니다.39)

일엽 선사에게 부처님은 만유이며 인간으로서 이루어야 할 최종 목표인 '완전한 인간'이다. 불성은 누구나 갖추고 있기 때문에 벌레라도 생명의 본체는 같다. 부처님은 우주 자체이지만 나를 가르쳐 주실 선생님이라고 설법하고 있다.

일엽 선사는 출가 이후 만공 큰스님의 유훈에 따라 철저하게 수행하였다. 문장가를 꿈꾸었고 불교초심자일 때만 해도 강렬하게 소망하였던 대문호의 길도 포기하였다. 이것은 스스로 불교에 대해 철저히 이해하였고 믿었기 때문이다. 다음은 가르침(法) 중에서 '불이법不二法'에 대한 글만 뽑아 보았다. 사실 선사의 글에는 '불이법' 외에도 불교의 교리에 대한 명철한 논리가 무궁무진하나, 선禪 도리와 불법은 종종 '불이법'에 다름이 아니다. 일엽 선사의 가르침에서도 선으로 나아가는 전제로서 '불이법'에 대한 철저한 인식이 보인다.

현실이 꿈이요……40)

사랑이 곧 원수다. 슬픔의 어깨 너머로 기쁨이 웃고 있다.…… 적이 곧 이아利我적 존재다.…… 불합리가 즉 합리다.41)

극악極惡은 지선至善의 짝이다. 극흉極凶은 최길最吉의 대상이다.42)

---

39) 김일엽, 『一葉禪文』, 128쪽.
40) 김일엽, 『一葉禪文』, 90쪽.
41) 김일엽, 『一葉禪文』, 101쪽.
42) 김일엽, 『一葉禪文』, 89쪽

내 현실인 내 꿈을 꿈으로 알지 못하고, 그렇다고 현실을 철저히 긍정할 줄도 모르고 그저 오욕에 팔려 헤맬 뿐이다.[43]

이러한 인식은 곧 수행의 강열한 의지로 이어지고 재가가 아닌 꼭 출가해서 수행해야 하는 당위의 설명으로 이어지고 있다.

다음은 승려에 대한 인식이다.

중이란 일체 인정으로 인한 번뇌와 망상을 끊기 위하여 머리를 깎고 생래生來로 익혀 온 망습妄習을 무너뜨려…… 망습을, 정습으로 만들기 위하여 학생이 칠판 밑으로 들어와 앉는 것같이 세간을 버리고 출가입산하는 것이다.[44]

이 몸이 있을 때 속성速成을 하려면 승단으로 와야 하고[45]

쉽게 독립적 정신을 얻으려면 전문적 수련이 필요한 것은 사실이다. 그래서 언제나 승단적 대구속大拘束을 치른 그 대가로 세세생생世世生生적 대자유大自由를 얻게 되기 때문에 구태여 출가위승出家爲僧을 하는 것이다.[46]

그런데 중이라고 하는 것은 산중에 들어왔다고 중이 아니고 집을 나왔대서 중이 아니에요, 정신적으로 초월하는 것을 말해요.[47]

출가라는 것은 대자유를 얻기 위하여 승단이라는 대구속을 치른 것이며, 마치 학생이 칠판 앞에 앉는 것과 같이 당연한 일이다. 그러나 출가하였다고 다 승려는 아니며 정신적으로 출가하여 애욕을 여의여야 진

---

43) 김일엽, 『一葉禪文』, 86쪽.
44) 김일엽, 『一葉禪文』, 208쪽.
45) 김일엽, 『一葉禪文』, 68쪽.
46) 김일엽, 『一葉禪文』, 118쪽.
47) 김일엽, 『一葉禪文』, 131쪽.

정한 승려라는 것이다.

이상에서 불교관을 불·법·승으로 나누어 고찰하였다. 일엽 선사의 사상은 실로 불가사량이나 논지의 전개를 위해 삼보로 구분하여 논하였다. 이후 심도 깊은 연구를 기대한다. 다음은 구체적으로 수행해 가는 과정을 살펴보겠다.

2) 수행: 참선·기도·염불에 관하여

본 절에서는 준엄한 수행 과정을 참선·기도·염불이라는 세 가지 방면으로 살펴보겠다. 선사라 하여 참선 외 기도와 불사는 사도로 생각하기도 하는 경우가 있으나, 선사에게는 모두 도인의 일상사였다. 일엽 선사는 누누이 승이 되어 불교의 가르침을 체득하는 길은 오직 나를 알아 얻는 것이라 하였다. 나를 아는 수행법으로는 간화선을 제일로 들고 있다. 이어서 참선을 하는 실제적인 자세한 방법론과 화두 드는 법, 공안 등에 대해서도 설명한다. 이 사상은 「참선과 심득」 등 단편의 문장 안에서도 설명이 이루어지고 있지만 일엽 선사의 모든 글에서 일관되게 전개된다.

불법, 곧 '나'를 알아 얻는 법은 오직 참선법뿐이다.[48]

참선은 몰아적 심신信心을 넘어 단일경單一境에 이르러야 하기 때문에 내 몸은 법당 곧 선실禪室이요, 내 정신은 공부인工夫人이라 행주좌와行住坐臥 어묵동정語默動靜에 늘 정진을 할 수 있다.…… 초학자로는 조용한 곳에 돌아앉아 익혀 가게 되는데 허리를 펴고, 고개를 반듯하게 들고, 눈을 반개半開하고, 평좌平坐

---

48) 김일엽, 『一葉禪文』, 117쪽.

를 한 후에 '화두話頭'를 들어 의심을 하여 가는 것이다. 선성先聖의 1천 7백 공안이 있지만 현전에 내가 일용하고 있는 그 어느 것이나 다 '화두'가 안 되는 것이 없다.49)

사량분별思量分別을 제거하고 분별없는 무위지경無爲之境으로 인도하기 위한 방편은 여러 가지가 있겠지만 우선은 모든 망상妄想을 끊어라. 시심마是甚麽(이것이 무엇인고?)의 마음으로 선禪을 추구하여라. 그 선이 곧 마음이니 마음을 대오大悟하여 자유자재하는 것만이 최상의 승도僧道를 수행하는 사람이라 하겠다. 일체 만법과 일체 만물이 선 아닌 게 없다.50)

한 조각 세계에 집착하지 않는 것. / 유일의 갈 길이 정신통일51)

현실을 남김없이 버려야 현실의 모두인 완전한 나를 얻는 것이다. 즉 다 버려야 다 얻어지는 원리원칙인 때문이다.52)

일엽 선사는 만공 선사의 법하에 귀의한 이후로 어느 누구보다도 선문의 청규를 철저히 지키며 깊은 신심으로 장좌불와長坐不臥의 대용맹정진까지 하였다. 특히 30년간 산문을 나가지 않고 입승직立繩職을 지켰다.

30년 동안 한 번도 산문 밖을 나가지 않으신 채 입승직을 지켰던 사실은 전체 불교계에서도 퍽 드문 일로 그 누구도 하기 힘든, 삶을 초월한 의지와 인내의 소산이었습니다. 그로 인하여 배출된 수많은 후학들이 한국불교계의 큰 줄기를 이루고 있을 뿐 아니라 덕숭산 수덕사 비구니 총림 또한 비구니 제1의 선원으로 자리 잡게 되었습니다.53)

---

49) 김일엽, 『一葉禪文』, 118쪽.
50) 김일엽, 『一葉禪文』, 139쪽.
51) 김일엽, 『一葉禪文』, 161쪽.
52) 김일엽, 『一葉禪文』, 170쪽.
53) 김일엽, 『一葉禪文』, 345쪽. 후기 월송 스님이 쓰신 글이다.

선수행에 대한 의지로 출가 이후에는 만공 큰스님의 지도 아래 지속적인 노력을 기울인다. 때로는 자신을 재촉하며 면려한다.

입산 초에 스님인 만공 선사의 말씀이 세상에서도 생적 절대 평등권을 말하지 않는가?…… 부처는 누구며, 나는 누구냐? 부처는 자기 소유권을 다 찾아 자유자재하게 사는데 나는 왜 중생으로 이 고생을 하는가? 하는 분개한 마음으로 나도 내 것을 찾을 수 있다는 자신을 만만하게 가지고 용맹스럽게 정진을 하면 삼 일도 멀고 칠 일도 더딘 것이라 하시는 것이다. 나는 그 말씀을 듣고 '응! 귀의 불이 귀의자성이로구나!' 하는 생각이 났던 것이다.54)

그 과정은 준엄하며 치열하였다. 때로는 고통으로 때로는 잠깐의 환희로 다가왔다. 그 일은 일엽 선사 자신의 글로 생생하게 전한다.

우선 이 육체까지 남이 되어 의욕이나 영적 요구까지 버리는 정진력을 얻게 되어야 겨우 악도惡道에 떨어지지 않게 된다. 만일 이 자리에서 정진력을 얻지 못하면 천만 조각의 자아의 파편에 의존한 이 역아적逆兒的 인간 몸이나마 내 세에는 다시 받기 어려울 것이다.55)

삼라만상과 일체존재는 다 나의 육체적 분신이요, 정신적 파편이니, 그것을 모두 모아 한 조각 일념을 만들어 보려고 앉은 그 자리에서 종일 일어나지 않아도 보고, 한 칠일씩 갈빗대를 땅에 대어 보지도 않는 날도 있게 되기를 한 삼년 하니 광명일색으로 순간 지난 것이 하룻밤을 지나기도 하고 못 알아듣던 법문을 깨달아지는 것을 견성見性-각覺이라는 생각으로 스님 앞에서 우쭐대어 보기도 하였으나 오히려 꾸지람을 들을 재료밖에 되지 못한 그때의 절망은 과연 세상에서 당하던 여러 가지 슬픈 일에 비할 수가 없었던 것이다.56)

---

54) 김일엽, 「나의 수도생활」, 『불교사상』 11(불교사상사, 1962), 110쪽.
55) 김일엽, 『一葉禪文』, 80쪽.
56) 김일엽, 「나의 수도생활」, 『불교사상』 11, 111쪽.

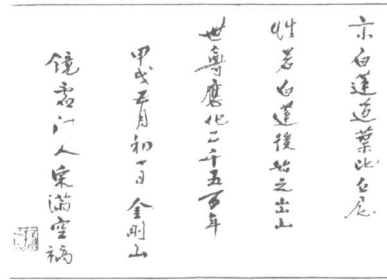

누구나 발심하여 입산수도하는 이상
성품이 백련같이 되어
세속에 물들지 않게 된 다음에 출산하게 되어야
어떤 생활을 하거나 법에 어긋남이 없을 것이다.

만공스님 친필 性若白蓮後始之出山

    정定을 얻기 위해서 계戒에 청정하여야 한다. 계율과 청규에 청정하셨음을 알 수 있는 글이 '만공 큰스님의 유훈 5조'로 전해져 온다. 이것으로 만공 큰스님이 열반한 이후에도 그 가르침을 평생의 신조로 삼았음을 알 수 있다.

> 만공 큰스님의 유훈5조遺訓五條 — 일엽의 특별신조
> ① 세세생생에 참선밖에 할 것이 없음을 알아야 할 것
> ② 정법사正法師를 여의지 않아야 할 것
> ③ 살아서 육체와 남이 되어야 할 것
> ④ 남이 곧 나인 줄을 알아야 할 것
> ⑤ 제일 무서운 것이 허공인 줄을 알아야 할 것[57]

    만공 선사께서 고구정녕苦口丁寧히 일러주신 말씀이 친필로도 남아 있다. 발심하여 출가하였으니 성품을 백련같이 맑게 하라는 글이다.[58]

---

57) 김일엽, 『미래세가 나하고 남도록』, 下, 133쪽, 김일엽, 『一葉禪文』, 165쪽. 이외에도 만공 큰스님의 친근한 모습의 일화와 가르침을 곳곳에 묘사하고 있는 것을 유고집을 통해서 살펴볼 수 있다.
58) 김일엽, 「性若白蓮後始之出山」, 『一葉禪文』, 149쪽.

갑술년(1934)에는 만공 스님께 "하엽당荷葉堂 백련白蓮 도엽道葉 비구니比丘尼"(일엽이 연꽃처럼 되었고, 성품도 백련과 같으니, 도를 이루는 비구니가 되었도다)59)라는 당호堂號와 도호道號가 담긴 법문을 받는다. 이는 이미 한 소식을 얻었고 그것을 인가하였음을 보여 주는 증거로 보인다.

일엽 선사의 간화선에 대한 글이 상대적으로 적게 보이는 것은 참선은 체득하여 얻어야 하는 것이라는 사상을 가지고 있었기 때문이다. 다음은 그 사상의 일면을 잘 보여 주고 있다.

> 어쨌든 말씀이나, 문구는 일면만 보여 주는 것입니다. 그러므로 석가불이 49년 동안 유세하시고도 한 말씀 한 일이 없노라고 하지 않았습니까?60)

일상생활에서의 수행도 엄격하였다. 늘 시은施恩의 무서움을 깨우쳐 주곤 하셨다고 한다. 손상좌인 월송 스님의 회고가 기록으로 남아 있다.

> 겨울밤 실수하여 석유등잔불을 꺼뜨려 성냥을 두 개피 허비하는 것을 꾸중하셨고 외부에서 노스님께 온 편지봉투의 안 부분을 이용하여 포교문을 쓰셨으며 헌 문종이 버린 것까지 손으로 펴서 편지지를 대신할 정도로 검소한 생활을 하셨다. "생산을 할 줄 모르는 우리 승려는 시주은施主恩의 무서움을 알고 물건을 아껴 써야 한다. 참 중 되기가 얼마나 어렵다는 것을 아느냐?"고 말씀하시면서 이와 같이 모든 생활에 일관된 행동을 하셨으며 노후에는 환후의 괴로움을 참고 견디시며 하룻밤에 3시간 이상 취침하신 적 없이 꼬박 날을 밝히시곤 하셨다. 관광철이면 노스님을 뵈러 온 수많은 사람들을 위하여 기력이 허락하시는 한 몇 시간씩 법문하셨고 일개 귀먹은 촌로일지라도 끝까지 불법을 알아듣도록 강론하셨다.61)

---

59) 김일엽, 『一葉禪文』, 270쪽. 갑술년(1934) 3월초2일에 받은 글이다.
60) 김일엽, 『一葉禪文』, 219~220쪽.
61) 이월송, 「나의 노스님 김일엽」, 『法輪』 33(법륜사, 1971), 80쪽.

'시은이 막중함에 검소하고 질박한 생활로 감은하는 생활을 하였다. 귀먹은 촌로에게도 끝까지 불법을 알아듣도록 하였다'는 것에서 알 수 있듯 일엽 선사의 보은과 포교의 원력은 출판과 견성암 불사로 이어진다.

다음 3절에서는 수행의 자비회향을 살핀다. 불은佛恩과 시은을 갚기 위해 일엽 선사가 노년에 출판과 견성암 불사 등으로 노고하는 모습이다.

3) 회향: 출판과 견성암 불사

수행에 매진했던 일엽 선사는 출가 후 몇 년간은 불교잡지에 글을 내며 문필활동을 계속하셨다. 그러나 스승이신 만공 큰스님의 유지에 따라 30여 년간 절필한다.

> 내가 입산 초에 스님62)이 "세속에서 익힌 습성의 것은 선·악간에 모두 버려 백지화하여야 되는데 그대는 여류시인이란 소리를 들었다는데 글을 읽고 쓰고 하던 습관을 정신으로까지 싹 씻어 버릴 수가 있겠는가?"…… 나는 "하라는 대로 시행하겠습니다." 서약하고……63)

이렇듯 절필하였다가 다시 문장을 쓰게 된 것은 자리이타自利利他와 불교의 가르침을 대중에게 전하려는 포교의 원력이었다. 글을 쓰는 이유에 대해 당시에 다음과 같이 술회하고 있다.

> 가장 먼저 해야 할 일로서 불교적 골수骨髓사업인 나를 찾는 법을 위한 수문修文은 하나도 찾아볼 수 없고64)…… 육체적인 한 목숨의 잘못되는 것도 큰일이

---

62) 여기서는 만공 큰스님을 가리킨다.
63) 김일엽, 「나의 수도생활」, 『불교사상』 11, 112쪽.
64) 김일엽, 『一葉禪文』, 218쪽.

라는데 세세생생인 영원한 목숨이 살아갈 길을 모르고 세상 사람들에게 일보一
步의 활로인 이 길을 가르쳐 주지 않을 수 없다는 것까지 느끼게 된 것이다.65)

아래는 1961년 수상록 『어느 수도인의 회상』 출간에 즈음하여 발표한 글이다. 선사는 글쓰기를 다시 시작한 목적을 당당하게 드러낸다.

30년쯤 참아온 일은 예삿일인 셈이다. 인간문제를 정말 해결할 나의 나머지 날들은 아직 알 길이 없다. 그러나 해결 지을 법은 알았기 때문에 이 글로 천하에 전하려는 것이다. 이 글은 누구나 읽어야 할 인생 만년계萬年計의 참고문이다. 하지만 현대에는 거짓의 모든 종교가, 학자, 교사들이 나의 작품의 대의大義에 체달하신 모든 부처님의 육계肉髻에까지 빈틈없이 올라앉았으니 이 작품의 오의奧義를 알아보기는커녕 매력조차 느끼는 인간이 적으리라 생각하니 서글픈 일이다. 30년의 짧지 않은 시간의 노력이 아까워서가 아니라 일체존재는 생을 포기할 도리가 없고 어차피 살지 아니할 수는 없는데, 생의 차비인 그 편안을 얻는 유일의 방법-가장 가깝고 쉬운 그 법을 알려고조차 아니하는 그 일이 얼마나 딱한 일인가?66)

수행을 위해 한 30년쯤 글쓰기를 참은 것은 당연한 일이라고 하심下心하고 있다. 다시 책을 출판하게 된 동기는 중생을 깨우쳐 주기 위해서이다. 이미 인간문제를 해결 지을 법을 알았기 때문이다. 다만 일엽 선사가 설파한 도리는 모든 사람이 만년을 두고 참고해야 할 문장인 것이 분명하나, 깊은 뜻은 차치하고 흥미조차 일으키지 못할 것을 가련하게 생각하고 있다.

일엽 선사의 노심초사와는 다르게 전작이 『어느 수도인의 회상』인 수상집 『청춘을 불사르고』는 당시 비소설계의 베스트셀러가 되었다.

---

65) 김일엽, 「나의 수도생활」, 『불교사상』 11, 112쪽.
66) 김일엽, 「30년 침묵을 깨뜨리고」, 『一葉禪文』, 193쪽.

막대하게 들어온 인지세는 한 푼도 사사로이 쓰신 바 없이 전액을 견성암 총림 불양답(佛養沓)[67]을 마련하는 데 희사하였다. 이것은 일엽 선사의 "중은 불·법·승 삼보 중 하나이니 자신의 노력으로 수입되는 것도 삼보의 물건"[68]이라는 사상의 실천에 다름이 아니다.

일엽 선사는 "종교의 목적이 누구에게 의지하려는 것은 아니라"고 하였다. 그러나 "믿음이란 가르침을 받을 정신이므로 가르침을 받기 위해서는 나의 혼신을 다 바쳐야 하고, 그 믿음으로 가르침을 받아 자율적 인간이 되자는 것"[69]이라고 하였다. 그러나 일반 신도를 교화하기 위해 종교의식과 기도는 필수조건이며, 기도·제사·염불 등은 불자들의 소망과 행복을 성취하기 위한 방편문이다. 일엽 선사는 기도와 의식을 행함에 개인적인 소망성취를 초월하여 자신을 도로 찾는 일이 본분사임을 밝혔다.

기도는 내 것을 도로 찾는 일이다.[70]

돈, 쌀, 향, 초 등을 준비해 가지고 불전(일체가 불전이지만 중생심으로)에 나아가 몸의 수고와 의식을 갖추어 기도를 하는 것이 본식이지만, 그리 못되는 경우에는 다만 염불만으로 기도를 한다.…… 어디서나 향념(向念)만 가지고, 흩어지는 마음을 조절시키며, 일심으로 "관세음보살, 관세음보살" 하고 고성염불을 한 뒤 삼매경에 이른다면 관세음보살님과 연락이 될 수 있다. 그때가 심구(心口)가 상응하게 된 참된 염불이며, 자타가 끊어진 자아에 이르는 자리도, 얻으려는 그것의 대가도 이미 지불되어 정신의 향상과 함께 소원이 성취되는 것이다.[71]

---

[67] 불양답이란, 善糧을 만드는 농토 즉 절이나 사중에 귀속되어 대중에게 식량을 공급하는 전답이다.
[68] 김일엽, 『一葉禪文』, 229쪽.
[69] 김일엽, 『一葉禪文』, 78쪽.
[70] 김일엽, 『一葉禪文』, 96~97쪽.
[71] 김일엽, 『一葉禪文』, 114~115쪽.

"관세음보살!" 할 때마다 만사에 의욕이 난다. "관세음보살"을 염불하게 될 때는 합치가 되고 합치가 되면 소인인 나도 무너지고, 대성인 관세음보살도 다 무너지는 경지가 된다. 그때에야 정말 '나'라 하는 내 정신을 버리는 생명의 본체에 들어가게 된다.72)

기도는 내 자신을 발견하는 일이며 중요한 것은 장소나 금전이 아니라 마음이다. 일심으로 염불하고 기도하면 몸과 마음이 관세음보살과 합치되어 정신의 향상과 소원이 성취되며 궁극에는 생명의 본체로 들어갈 수 있다고 간파하고 있다.

일엽 선사의 원력은 참선도량을 만드는 견성암 불사로 이어진다. 이는 선사의 불교적 사명감과 대자비심을 엿볼 수 있는 부분이다.

> 불교적 사명은 전 인류를 불문佛門으로 인도하고 나를 찾는 법을 가르쳐서 완인完人을 이루게 하는 데 책임을 져야 합니다.73)

1966년에 일엽 선사는 덕숭산 수덕사에서 비구니총림원 기공식을 봉행하였다. 이는 스승이신 만공 선사의 유지를 받든 것이기도 하다. 만공 선사가 입적하시기 전 무궁화 낙화落花로 '세계일화世界一花'라는 글을 쓰셨다. 원효 대사의 예언을 빌어 장차 덕숭산에 도인이 날 것이라는 뜻이었다. 또한 덕숭산이 수도장으로서의 조건이 갖추어진 한국제일의 선원이니 동구불출洞口不出하고 공부하라는 당부의 말씀이기도 하였다. 당시 수덕사는 비구들과 수적으로 더 많은 비구니가 있었으나 안온하게 수도할 도량이 없었다. 이에 선사는 총림원 불사를 시작하게 된다. 불사

---

72) 김일엽, 『一葉禪文』, 137쪽.
73) 김일엽, 『一葉禪文』, 220쪽.

를 위해 저술활동 외에도 1967년 8월 25일부터 31일에는 춘원 이광수 작품 『이차돈의 사』를 포교극(손주상좌인 월송 스님 주연)으로 각색하여 명동국립극장에서 상연, 총림원 건립기금에 충당하였다.

이후 4년 후인 1971년 음력 1월 2일 총림원 별실에서 세수 76세 법랍 38세로 입적한다. 일엽 선사의 영결식은 한국 최초의 '전국비구니장'으로 거행되었다. 일엽 선사의 제사와 관련하여 재미있는 이야기가 전해진다. 후일을 걱정하는 제자들에게 늘 구두선처럼 "내 제사 걱정은 하지 말거라" 하였다고 한다. 결국은 말씀대로 음력 설날이 기일이라 기제와 신년다례를 함께 봉행하여 후손들의 번거로움을 덜어 주기도 하였다.

4. 맺음말

이상에서 일엽 선사의 출가와 수행을 살펴보았다. 일엽 선사는 여성이 사회적 지위를 얻지 못하던 시대에 태어나 역설적 인생을 불문에 귀의함으로 자아완성의 길로 회향하였다. 다른 여류들이 대부분 불행하게 인생을 마감한 데 비하여, 비구니로서 먼저 백련처럼 성품을 깨끗이 하고 뒤에는 불교와 대중을 위해 집필과 연극 공연, 견성암 불사 등을 이루는 업적을 남겼으며 선사의 본분사를 성취하였다.

일엽 선사의 선문禪文 집필에서 간화선에 대한 글이 상대적으로 적어 보이고 대부분이 불교교리인 것은 글을 쓴 목적이 대중포교였기 때문이다. 참선이란 스스로 체득해야만 하므로 헛되이 언어로서 부가하지 않았던 것이다. 남겨진 유고 중 짧은 단상의 대부분은 '나에 대한 참구와 참선을 한 심득'이며 개인의 정서를 함축적으로 표현하는 문장 장르인 시를 이용하여 '오도시悟道詩'74)를 남기고 있다.

일엽 선사의 계몽정신은 출가 전에도 그 이후에도 이어지고 있다. 선사가 살아냈던 시대는 톨레랑스가 허용되지 않던 시대였다.75) 입산 전에는 문인이라는 정체성과 여성으로서의 자각이 끊임없이 사회를 계몽하게 하였다. 출가 후에는 "미래세가 다하고 남도록"76) 수행하여 도를 얻었으며, 노년에는 나의 노래를 부르는 것, 즉 인연 있는 유정有情·유정無情 들에게 자비보시로 설법을 베풀었다. 선사가 일생을 두고 보였던 일관성은 자유에 대한 탐색과 자아에 대한 명상에 다름이 아니다.

본고는 일엽 선사에 대한 연구에서 상대적으로 소홀히 다루어져 왔던 출가와 수행에 관해 상고詳考한 의의가 있다. 그러나 일엽 선사의 광대무변한 사상과 수행을 전부 논하기에는 역부족이었다. 부족한 부분은 후속작업으로 남겨 둔다. 불교학·불교사·선시 등은 물론이고 시·소설·평론 등 문학작품에 대한 연구와 여성학에서의 역할 등 연구할 분야는 무궁무진하다.

숙세의 인연으로 일엽 선사의 문하에 4대손 제자로 입문하여 선사의 법향 안에 살면서도 귀중함을 인식하지 못하였다. 오직 선사의 혜안대로 "학문은 배움보다 깨달음에 의의가 있다. 학문은 배우는 것을 목적으로 하지 말고 한 글자 깨닫는 것을 목적으로 해야 한다. 학문은 인간이 되자고 배우는 것이다. 학문은 진리 탐구를 목표로 하지만, 느끼고 생각하고 글로 쓴 그 진리는 벌써 진리가 아닌 비진리이다. 불출구不出口의 진리가 진리이다"77)라는 가르침에 항상 잠심潛心하고자 한다. 본

---

74) 김일엽, 「悟道頌」, 『一葉禪文』, 44쪽; 김일엽, 「悟道시 3장」, 『一葉禪文』, 46~47쪽.
75) 물론 현재도 크게 달라진 것은 아니다.
76) 김일엽, 「나의 노래」, 『一葉禪文』, 22~24쪽.
77) 김일엽, 『一葉禪文』, 109쪽.

고가 일엽 선사 수행의 일부분만이라도 반조하여 자신을 성찰하는 계기가 되었으면 하는 바람이다.

참고문헌

김일엽, 『당신은 나에게 무엇이 되었삽기에』, 문화사랑, 1997.
_____, 『미래세가 다하고 남도록』上·下, 인물연구소, 1974.
_____, 『一葉禪文』, 문화사랑, 2001.
_____, 『청춘을 불사르고』, 김영사, 2002.

김미영, 「1920년대 신여성과 기독교의 연관성에 관한 고찰: 나혜석, 김일엽, 김명순의 삶과 문학을 중심으로」, 『현대소설연구』 21, 한국현대소설학회, 2004.
김영란, 「한국의 초창기 여류시인 김일엽」, 『숙대학보』, 숙명여자대학교 학생위원회, 1981.
김율봉, 「僧房의 詩人 金一葉」, 『女苑』 8·10, 여원사, 1962.
김일엽, 「나의 노래 외: 김일엽 遺作禪 시집」, 『문학사상』 27, 문학사상사, 1974.
_____, 「나의 수도생활」, 『불교사상』 11, 불교사상사, 1962.
_____, 「나의 入山記: 김일엽 미발표유고」, 『수필문학』 33, 수필문학사, 1975.
_____, 「落花: 時調」, 『佛敎』 96, 1932.
_____, 「落花流水: 時調 」, 『佛敎』 96, 1932.
_____, 「노래가 듣고 싶은 밤」, 『東光』 4(3), 동광사, 1932.
_____, 「때 아닌 눈: 佛敎詩壇」, 『佛敎』 106, 1933.
_____, 「또 한 해를 보내면서」, 『佛敎』 103, 1933.
_____, 「無題: 佛敎詩壇」, 『佛敎』 101·102, 1932.
_____, 「普成高普入學試驗때」, 『佛敎』 107, 1933.
_____, 「봄의 하루: 隨筆」, 『第一線』 2(5), 개벽사, 1932.
_____, 「佛敎誌: 佛敎詩壇」, 『佛敎』 100, 1932.
_____, 「佛門投足二週年에」, 『佛敎』 68, 1930.
_____, 「社會相의 가지가지」, 『佛敎』 105, 1933.
_____, 「暑中雜感」, 『佛敎』 99, 1932.
_____, 「愛慾의 나흔 悲劇」, 『佛敎』 95.

_____, 「어린 봄: 時調」, 『第一線』 3(3), 개벽사, 1933.
_____, 「여신도로서의 신년감상」, 『佛敎』 91, 1932.
_____, 「龍岡溫泉行」, 『佛敎』 88, 1931.
_____, 「慈悲. 一」, 『불교』 92, 1932.2.
_____, 「자유의길, 구도의 글쓰기」, 『(작고여성문인 문학 재조명 세미나) 시인 김일엽 선생』, 한국여성문학인회, 2003.
_____, 「靑春: 佛敎詩壇」, 『佛敎』 95, 1932.
_____, 「行路難: 佛敎詩壇」, 『佛敎』 94, 1932.
김현자, 「김일엽 시의 자의식과 구도의 글쓰기」, 『한국시학연구』 9, 한국시학회, 2003.
노미림, 「김일엽의 여성성 고찰」, 『여성연구』 67, 한국여성개발원, 2004.
_____, 「樋口一葉와 金一葉의 여성성 대조」, 『일어일문학연구』 40, 한국일어일문학회, 2002.
노영희, 「김일엽의 작품세계: 『신여자』시대의 작품을 중심으로」, 『한림일본학연구』 5, 한림대학교한림과학원일본학연구소, 2000.
매일신보사, 「因習과 傳統에 反抗 年少出家한 金一葉: 허치던 소문을 거더드리고서 只今은 城北스위트 홈에」, 『每日申報』(2면), 1930. 2. 13.
박숙자, 「신여성의 무의식의 닻, 어머니: 모던 걸에서 포스트모던 걸까지」, 『여성과 사회』 15, 한국여성연구소, 2004.
박진영, 「김일엽: 한국불교와 근대성의 또 하나의 만남」, '(2004 국제학술대회) 동아시아의 불교 전통에서 본 한국 비구니의 수행과 삶' 논문집, 2004.
성낙희, 「김일엽 문학론」, 『아시아여성연구』 17, 숙명여자대학교 아시아여성연구소, 1978.
신달자, 「신여자 김일엽의 파격과 종교적 귀의」, 『(작고여성문인 문학 재조명 세미나) 시인 김일엽 선생』, 한국여성문학인회, 2003.
『신여성』 편집부, 「당대 여인생활 탐방기, 여류문사 감일엽씨 편」 4, 『신여성』 7(7), 개벽사, 1933.
월송·임중빈, 「김일엽의 인간과 문학」 對談, 『문학사상』 27, 문학사상사, 1974.
유남옥, 「소설에 나타난 양성성: 1920년대 단편을 중심으로」, 『어문논집』 4, 숙명여자대학교한국어문학연구소, 1994.
유진월, 「김일엽의 『신여자』 출간과 그 의의」, 『비교문화연구』 5, 경희대학교부설비교문화연구소, 2002.

이귀선,「구원과 십자가에 대한 사도 바울의 이해」,『논문집』 10, 서울여자대학교, 1981.
이규태,「이규태 역사에세이 37: 가출 신여성 이야기」,『조선일보』, 조선일보사, 1999. 11. 26.
이덕화,「신여성문학에 나타난 근대체험과 타자의식」,『여성문학연구』 4, 한국여성문학학회, 2000.
이배용,『우리나라 여성들은 어떻게 살았을까2』, 청년사, 1999.
이상경,「『남녀연합토론집: 附 여사 강연』과 김일엽의 여성론」,『여성문학연구』 10, 한국여성문학학회, 2003.
이상진,「김일엽 소설 연구」,『문학과 의식』 26, 문학과 의식사, 1994.
이월송,「나의 노스님 金一葉」,『法輪』 33, 법륜사, 1971.
이인복,「1920년대의 페미니즘 문학 연구」,『문학과 의식』 36, 문학과 의식사, 1997.
이태숙,「'여성해방론'의 낭만적 지평: 김일엽론」,『여성문학연구』 4, 한국여성문학회, 2000.
이희경,「여성문학의 흐름에서 본 1920년대 여성 시」,『한국언어문학』 48, 한국언어문학회, 2002.
정영자,「김일엽의 문학 연구」,『睡蓮語文論集』 14, 부산여자대학교 국어교육학과 수련어문학회, 1987.
조선중앙일보사,「고행의 여승 金一葉女史 방문기」,『조선중앙일보』(4면), 1934. 11. 8.
중외일보사,「결혼이 지은 지옥을 버서나 결혼의 '파라다이스로' 하윤실 부인 김일엽」,『中外日報』(3면), 1929 .11 .2.
한운사,『영원한 삶을 찾아 '김일엽'』, 명서원, 1983.
허영자,「한국현대여류시에 나타난 여성의식: 제1·2·3기 여류를 중심으로」,『인문과학연구』 10, 성신여자대학교인문과학연구소, 1990.

정암당 혜옥 스님의 수행과 포교

수 정*

1. 머리말

과거의 훌륭한 수행과 전통은 오랜 세월을 거치면서 여러 사람에 의해 지속적으로 발전, 전승되어 왔다. 이 과정 속에서 선대의 행적을 보다 면밀하게 살펴보는 일은 오늘날 바람직한 수행자상을 세우는 일일 뿐 아니라 미래로 나아가는 데 훌륭한 나침반 역할을 하리라 생각한다.

우리나라에 대자대비한 부처님의 가르침이 전해진 지도 1,700여 년이 되었다. 이처럼 불교는 오랜 세월을 두고 여러 경로와 형태로 전해오면서 숱한 사건과 인물을 낳았다. 그러나 인물사적으로 볼 때 한국불교의 역사가 비구스님 중심으로 기술되고 전해지다 보니, 비구니스님들에 대한 역사적 기록은 미미한 상태다. 물론 비구니스님들의 삶이 대부분 외부와 떨어진 곳에서 개인 수행 위주로 이루어진 것을 한 원인으로

---

* 동학승가대학 강사.

정암당 혜옥 스님

꼽을 수 있을 것이다. 이러한 문제를 자각한 전국비구니회가 지난 2006년 6월 1일 서울 일원동 전국비구니회관 법룡사에서 한국 비구니스님의 수행전통을 확립하고 미래의 좌표로 삼기 위해 '비구니 수행전통 포럼'을 개최하여 비구니의 수행을 역사적·사상적·문화적 측면에서 고찰했던 것은 대단히 의미 있는 일이라 하겠다.

근현대 한국불교 비구니사에서 '대강백大講伯'의 칭호를 받으며 비구니교육을 선도적으로 이끌어 나간 인물로 금광金光·혜옥慧玉·수옥守玉 등 세 스님을 손꼽을 수 있다. 하지만 아쉽게도 한국불교의 유구한 법맥을 잇고 빛나는 종통을 수호하기 위해 부처님의 가르침에 따라 상구보리 하화중생의 보살행을 실천하던, 이 스님들의 쩌렁쩌렁한 기백과 정신 그리고 법향은 세월의 흐름에 따라 삶의 자취와 강학講學 그리고 포교의 흔적 등은 찾아보기 어렵게 되었다. 그나마 다행스러운 일은 세 분 스님을 귀감 삼아 투철한 소명의식을 가진 비구니스님들이 후배들을 가르치며 그 명맥을 이어 나가고 있다는 사실이다. 이런 정신은 한국 비구니의 위상을 높이는 것은 물론 한국불교 중흥에도 한몫하고 있다고 해야 할 것이다.

역사는 흘러도 그 교훈은 후세에 남기 마련이다. 이는 세상의 모든 것이 덧없이 변하더라도 불법의 진리만은 한결같아서 늘 변함이 없는 이치와 같다고 할 것이다. 이런 측면에서 볼 때, 비록 큰스님들의 육신은 사라졌지만, 그 정신은 길이 남아 오늘날 큰 빛이 되어 우리를 일깨워 주고 있는 것이다.

특히 보현행자의 삶을 살다 간 정암당晶岩堂 혜옥慧玉(1901~1969) 스님은 수행과 교학의 깊이가 남달라 지금도 후학들에게 큰 가르침을 주고 있다. 하지만 안타깝게도 혜옥 스님의 발자취를 더듬어 볼 수 있는 기록은 거의 남아 있지 않다. 스님의 행적을 더듬어 볼 수 있는 길은 스님을 따르던 후학들을 통해 구전되어 오던 내용과 어른들의 증언 그리고 몇몇 관련 자료들뿐이다. 미흡하지만 이러한 자료들을 통해 혜옥 스님의 향훈香薰을 따라 스님의 장엄했던 생애와 행화를 되짚어 보고자 한다.

2. 출가와 구도

정암당 혜옥 스님은 1901년(고종 5) 1월 18일 경북 금릉군 대덕면 추양리에서 태어났다. 밀양 박씨 가문의 동재와 모친 김혜순 사이에서 출생한 세 자매 가운데 둘째이다. 그러나 스님은 3살 때 부친께서 돌아가시자 신심이 돈독한 모친이 해인사 삼선암으로 데려가면서부터 불교와 인연을 맺었다. 이때부터 스님은 자연스럽게 불교에 훈습되면서 부처님의 제자로서 성장하게 된다.

정암당 혜옥 스님은 평생 계행을 청정하게 지켰으며, 길을 가다가 고기 굽는 냄새가 나기만 하여도 "아이구, 송장 타는 냄새가 나는구나" 하면서 얼굴을 찌푸렸다는 일화가 지금까지 전해질 정도로 철저하게 계행을 지켰다. 불퇴전의 원력을 바탕으로 한 스님의 용맹정진은 여기에서 그치지 않았다. 혜옥 스님은 『초발심자경문』의 '구시화문口是禍門'을 교훈 삼아 김천 청암사 극락전에서 사미과를 수료하였다. 이로부터 한 단계 더 성숙한 견지에서의 스님의 구도 열정은 더욱더 불타오르기 시작했다. 그것은 바로 강백으로서의 자질이었다. 해인사 국일암에서 사집과를 수료하고, 속리산 법주사 수정암에서 대교과를 이수하는 등 배움의 열정을 한시도 내려놓지 않았다. 이러한 배움의 의지는 무한한 수행과 계행으로 다져진 의지 때문이었다. 당시는 물자가 귀한 시대였던 만큼 풍족한 여건 속에서 배움의 길을 가지는 못했다. 하지만 스님은 칡잎이나 모래 위에 글을 써 가면서 공부에 대한 의욕을 불태웠다고 한다. 이처럼 스님에게 교학은 생명이었다. 또한 독경할 때는 목소리가 너무도 낭랑하여 독경소리만으로도 온 도량이 극락세계가 된 양 환희심으로 충만했다고 도반스님들은 당시를 회고하며 증언했다.

혜옥 스님의 굳건한 수행의지는 속가 어머니의 영향도 컸다. 스님이 출가하여 사미니계를 받는 모습을 지켜보면서 환희심으로 발심하여 어머니도 출가하여 혜순이라는 법명을 받았다. 혜순 스님은 구마라집鳩摩羅什의 어머니처럼 늘 혜옥 스님의 공부를 지극정성으로 도왔다고 한다. 물자가 귀해 옷감도 넉넉하지 않던 시절, 청암사 백련암에 머물던 혜순 스님이 법주사 수정암에서 공부하고 있는 스님을 위해 새 풀옷을 입고 가서 해우소에 가서 서로 갈아입고 돌아올 정도로 혜옥스님의 구도정신에 대한 흠모심으로 인한 뒷바라지 모습은 모든 사람으로부터 부러움을 자아내기도 했다.

어린 시절부터 비범한 이상理想을 지녀 신동으로 알려졌던 스님은 동자승으로 밀양에서 심상소학교를 마치고, 1914년 14세 되던 때 삼선암에서 대비당大悲堂 문오文晤 스님을 은사로 사미니계를 수지했다. 은사 문오 스님은 사미니 때부터 예불을 익혀 30여 년 동안 법당과 각 전각 조석예불을 지성으로 드린 까닭으로 삼선암 스님들 뿐 아니라 해인사 모든 대중으로부터 삼선암 부전으로 불렸다. 문오 스님은 또 일자무식이었다고 전해지지만, 축원을 세 번 읽어 주면 그 자리에서 바로 외워 축원을 했을 정도로 기억력이 뛰어났던 분이다. 특히 팔만사천 부처님의 방대한 가르침의 정수인 『법화경』과 『화엄경』을 글자 한 자마다 나무아미타불을 염하시며 처음부터 끝까지 모두 읽고 원만회향을 했을 정도로 스님의 정진력 또한 은산철벽銀山鐵

문오 스님 부도탑 봉안 기념

壁을 타파할 정도로 맹렬했다. 스님은 전형적인 한국불교 출가수행자의 길을 걸었다. 평생을 철저한 예불과 엄격한 수행으로 살다 간 스님의 법구에서는 오색영롱한 사리 2과가 나왔다고 전해진다. 이로 인해 당시 비구니는 부도를 세우지 못한다는 불문율이 있었음에도 평생 일여하게 수행을 하고, 대중들에게 베푸신 덕화德化로 삼선암 앞 길 옆에 부도를 모시게 됐다.

문오 스님은 제자들에게 "불교의 버팀목은 율律과 선禪이다. 특히 율은 얇은 유리그릇과 같아서 깨지기 쉽고 깨지면 결국 선과 교를 담을 수 없으니, 자신에게는 계율로써 청정함을 견지하고 여기에 선과 교를 닦아라"고 가르쳤다. 계율을 지킴에 있어 내가 처한 현실을 정확하게 인식하고 한 걸음 늦추면서 앞일을 처리하는 것이 올바른 지계정신임을 늘 강조했다. 혜옥 스님은 이러한 은사스님의 영향으로 평생을 청정한 지계행 속에서 제자들에게 모범을 보였다.

3. 수행과 교육연찬

혜옥 스님 법상

혜옥 스님은 문오 스님 문하로 출가한 후 곧바로 청암사로 향한다. 스님이 청암사 백련암에서 『초발심자경문』 1,000독을 마친 날, 하루 일과를 마무리하고 잠자리에 들려고 누웠는데 천장에 『초발심자경문』 글의 내용이 훤하게 써어 다 보였다고 한다. 처음부터 『초발심자경문』을 다 외웠던 스님이지만, 15세의 어린 나이에 강의를 시작한 스님은 이후부터 강의에 힘이 생기기 시작했고 듣는 이들이 감동을 받아 신심이 충만해지기 시작했다고 한다. 청암사 극락전에서 공부를 하던 어느 날, 원인 모를 재난이 발생했다. 그런데 당시 주지 김대운金大雲 스님이 '청암사를 중창한다'는 불사 취지로 스님에게 법문을 청한 일이 있었다. 스님은 아직 법좌에 오를 만큼 배움이 미흡하다며 사양의 뜻을 한사코 내비쳤지만, 청암사 대중의 간곡한 청으로 결국 법상에 올랐다. 1915년, 불과 15세 때의 일이다. 사부대중이 모인 자리에서 당당하게 법상에 올라 『초발심자경문』을 강설했다. 특히 스님은 『초발심자경문』 가운데서 아래의 내용을 후학들에게 늘 강조하였는데, 이 대목은 스님의 삶을 그대로 보는 듯하다.

主人公아 聽我言하라 幾人이 得道空門裏어늘……
其二는 自財를 不悋하고 他物을 莫求어다. 三途苦上에는 貪業이 在初요, 六度門中에는 行檀이 居首요, 慳貪은 能防善道요, 慈施는 必禦惡徑하나니라. 如有貧人이어든, 雖在窮乏이라도 無悋惜하라. 來無一物來요 去亦空手去라. 自財도 無戀志

어든 他物에 有何心이리요. 萬般將不去하고 唯有業隨身이라. 三日修心은 千載寶
요 百年貪物은 一朝塵이라.
頌曰,
三途苦本因何起오,
只是多生貪愛情이로다.
我佛衣盂生理足커늘,
如何蓄積長無明고.
(주인공아 내말을 들어라 몇 사람이 공문 속에서 도를 얻었거늘…… 그 두 번째
는 자기의 재물을 아끼지 말고 다른 사람의 물건을 구하지 말지어다. 삼도三途
고통을 받는 데는 탐업이 처음에 있고, 육도문 가운데는 보시를 행하는 것이
제일이니라. 아끼고 탐하는 것은 능히 선도를 막고, 자비로운 보시는 반드시 악
한 길을 막느니라. 만약 가난한 사람이 와서 구걸하거든, 비록 가난함에 있더라
도 아끼지 말아야 한다. 태어날 때도 일물一物도 없이 옴이요. 갈 때 또한 빈손
으로 돌아간다. 자기의 재물도 생각하는 뜻이 없거든 다른 사람 물건에 무슨
마음이 있겠는가. 만 가지를 가져가지 못하고, 오직 업만 있어서 내 몸을 따름
이니라. 삼 일 동안 닦은 마음은 천년의 보배요, 백 년 동안 탐한 물질은 하루
아침 티끌이라.
삼도의 괴로움의 근본이 무엇을 인하여 일어났는고
다만, 다생에 탐하고 아낀 정 때문이라.
우리 부처님의 의발로 사는 이치가 족하거늘
어떻게 축적하여 무명만 기르는고……)

법문을 마치자 대중들이 모두 크게 감명을 받고 스님께 큰 절을 올
렸다고 한다. 이때부터 혜옥 스님은 '사미니법사'로서 큰스님의 대접을
받기 시작했다. 남녀의 평등을 강조하는 작금의 시대에도 지금도 불교
계는 '비구니팔경계법比丘尼八敬戒法'을 운운하는데, 당시 상황으로서는
감히 상상하기조차 어려운 일이었을 것이다. 특히 사미니가 법상에 올
라 강설을 했다는 그 자체만 보아도 스님의 교학과 법력의 수준이 얼마
나 높았는지 가늠케 한다.

1929년 4월(20세)에 해인사 국일암에서 김호월金湖月 스님을 계사로 구족계를 수지하고 '정암당晶岩堂'이란 당호를 받았다. 그 후 용성 스님에게 참선 지도와 전법을 받음으로써 혜옥 스님은 출가수행자의 구비 조건을 갖추었다. 사교입선捨敎入禪, 즉 먼저 교학을 수학하고 수선修禪의 길로 들어선 것이다. 이후 해인사 삼선암에서 6안거를 성만하시고, 밀양 표충사 대원암에서 수선안거 3하夏를 성만하는 등 강백이면서도 참선수행에 정진하는 한국불교 출가수행자의 모범적인 표상이 된 것도 이즈음이다.

　선과 교를 겸수해 깨달음으로 가는 길을 체득한 스님은 특히 무주상보시無住相布施 실천에 남다른 모습을 보여 주었다. 객승이나 신도가 찾아오면 가리지 않고 갖고 있던 것을 나누어 주어 시봉자는 의복을 마련하느라 며칠 밤을 새우기도 했다. 심지어 양말을 신지 않고 맨발로 스님의 방에 들어서면 당신이 신고 있던 양말을 벗어 주기도 했고, 객스님이 오면 아예 장롱을 열고 모두 내어 주는 바람에 시봉하던 스님들이 아예 장롱 문을 잠그기까지 했다고 한다. 어느 해에는 부처님 오신 날 행사를 마치고 나니 쌀 한 가마 살 돈밖에 남지 않아 대중이 걱정을 하자, "재물을 쌓아 놓고 살면 탐욕이 생기니 기도나 열심히 하라"고 하시며 납자의 일의일발一衣一鉢 본분사를 그대로 보여 주었다. 하지만 결국 그해에 사중스님들은 양식이 부족해 발우를 들고 탁발을 나가야 했다는 유명한 일화도 전해지고 있다.

　그뿐 아니라 후학들에게 귀감이 되는 수행자들이 그렇듯이 스님도 납자의 본분을 수지하며, 선교겸전禪敎兼全은 물론 모든 불사 등에도 소홀함이 없었다. 청암사 백련암에 주석할 때『법화경』을 강설하면서 단청불사를 원만히 회향하였다. 1936년 청암사가 수해로 큰 피해를 당했을 때에는 사찰 복구와 석탑을 세우기 위한 대중의 결집을 이끌어 내기도 했다. 이에 비추어 볼 때, 스님의 수행과 덕화가 얼마나 높았는지는 미루어 짐작할 수 있다.

4. 전법과 사회활동

1) 전법활동과 후학 지도

혜옥 스님은 수행과 포교, 어느 한 방면에도 소홀함이 없이 철저했다. 전법활동이나 인재양성(유치원 교육), 심지어 정화운동까지도 참여해 비구니스님들의 위상을 드높였다. 한 곳에 편안히 머물러 있지 않고, 스스로 전국을 다니며 전법행으로 일생을 보냈던 스님은 부처님이 보이셨던 '길'에서 전도행각을 본분사로 삼아 언제 어느 곳에서든 부처님의 말씀을 전하는 일에는 주저함이 없었다.

스님의 포교 행적을 잘 보여 주는 몇 가지 일화가 아직까지 전해지고 있다. 주석하던 사찰로 학생들이 수학여행을 오면 "삼귀의三歸依라도 알고 가라"며 그 자리에서 법문했고, 혹시나 신도들이 잡담을 하는 모습을 보면 "그 시간에 부처를 찾으라"며 호통을 치기도 했다. 경산포교당의 재운 스님은 당시 혜옥 스님의 포교활동에 대해 이렇게 회고한다.

> 청암사에 비구강원이 있던 시절에 고산 스님이 머무셨는데, 당시 혜옥 스님은 백련암에 주석하면서 수학여행을 온 학생들이나 관람객을 모아 놓고 '삼귀의' 계를 주고 부처님께 삼귀의로 예를 드리게 하고 법문을 하셨습니다. 그런데 법문을 학생들의 수준에 맞게 너무나 잘해서 고산 스님이 탄복을 하셨습니다.

혜옥 스님은 또 대웅전 앞을 지나다가 사람들이 주련 앞에 서 있으면 걸음을 멈추고 사람들에게 자세하게 설명해 주기도 했다. 상좌 인완 仁完 스님이 염불을 외우면서 법당 앞에 서 있었다. "너 그게 무슨 소리인지 아니?"라고 하면서 다음 게송을 설명했다.

刹塵心念可數知,　세계 티끌 수 같은 마음 헤아려 알고
大海中水可飮盡.　큰 바닷물을 마셔 다하고
虛空可量風可繫,　허공을 헤아리고 바람을 맬 수 있더라도
無能盡說佛功德.　부처님의 공덕은 다 설할 수 없도다.[1]

또 "부처님의 공덕은 참으로 대단하지? 이 글이 어디에 있느냐 하면 『화엄경』「입법계품」에 있는 것이야"라고 하시면서 평소에 즐겨 독송하시는 「보현행원품」을 그 자리에서 외우기도 했다고 한다. 다음은 「보현행원품」의 일부이다.

이때에 보현보살이 부처님의 수승하신 공덕을 찬탄하고 나서 모든 보살과 선재동자에게 말씀하셨다.
이 부처님의 불공덕佛功德은 부처님께서 32상 80종호와 10호를 구족하고 18불공법不共法을 성취하신 것이다. 이 공덕을 성취하려면 마땅히 10가지 광대행원을 성취하여야 한다.
첫째, 예경제불원禮敬諸佛願, 모든 부처님께 예배하고 공경하는 것이다.
둘째, 칭찬여래원稱讚如來願, 부처님을 찬탄하는 것이다.
셋째, 광수공양원廣修供養願, 널리 공양하는 것이다.
넷째, 참회업장원懺悔業障願, 업장을 참회하는 것이다.
다섯째, 수희공덕원隨喜功德願, 남이 짓는 공덕을 기뻐하는 것이다.
여섯째, 청전법륜원請轉法輪願, 설법하여 주기를 청하는 것이다.

---
[1] 實叉難陀 譯,『大方廣佛華嚴經』, 권80(『大正新修大藏經』 권10, 444下).
『大正新修大藏經』은 이하 『大正藏』으로 표기한다.

일곱째, 청불주세원請佛住世願, 부처님께서 이 세상에 오래 계시기를 청하는 것이다.

여덟째, 상수불학원常隨佛學願, 항상 부처님을 따라 배우는 것이다.

아홉째, 항순중생원恒順衆生願, 항상 중생을 수순하는 것이다.

열째, 보개회향원普皆廻向願, 지은 바 모든 공덕을 널리 회향하는 것이다.2)

願我臨欲命終時,　원하오니 이 목숨 다하려 하올 때
盡除一切諸障碍,　모든 업장 모든 장애 다 없어져서
面見彼佛阿彌陀,　찰나 중에 아미타불 친견하옵고
卽得往生安樂刹,　그 자리에서 극락세계 얻어지이다.3)

이렇게 혜옥 스님은 '항상 부처님과 같은 공덕을 짓고, 그 공덕을 중생을 위해 회향하는 삶을 살도록 노력해야 한다'고 당부하였다.

대구 실달선원에서 『법화경』을 강설하였는데, 항상 법화행자로서 대승보살의 삶을 살아야 한다고 간곡히 부탁하곤 하였다. 그때 태호·

『법화경』 강본　　　　　　　　실단선원 『법화경』 수업 기념

---

2) 唐般若 譯, 『大方廣佛華嚴經』, 권40(『大正藏』 권10, 844中).
3) 唐般若 譯, 『大方廣佛華嚴經』, 권40(『大正藏』 권10, 848上).

대은・계명・진기・재운 스님 등이 환희심 속에서 문강을 하였다.

혜옥 스님은 또 "삼일수심三日修心 천재보千載寶 백년탐물百年貪物 일조진一朝塵"이라는 『초발심자경문』의 경구를 애송하면서 제자들에게 용기를 북돋아 주었다. 아울러 『열반경』에 나오는 "제행무상諸行無常 시생멸법是生滅法 생멸법이生滅滅已 적멸위락寂滅爲樂"이라는 무상게無常偈를 교훈 삼아 스스로는 가행정진하였고, 후학들에게 독려하는 것도 잊지 않았다.

늘 새벽 3시에 일어나 예경을 마치면 어김없이 『화엄경』 「보현행원품」을 독경하는 일이 일과였고, 아침공양 후에는 『화엄경』을 독송하시는 등 하루 종일 경전을 손에서 놓지 않았다. 또 '탐욕'이라고는 좁쌀만큼도 없어서 당장 내일 아침거리가 없어도 걱정을 하지 않았다고 한다.

하루는 손상좌가 "스님 내일 아침거리가 없습니다" 하고 여쭈자, 스님은 "솥을 깨끗이 씻어 놓고 있으면 되니까 염려 말고 염불이나 해라" 하시고서 계속 글을 읽었다. 이처럼 스님은 물질에는 욕심이 없었던 반면, 글을 읽고 독송하는 일은 욕심이 많아 하루도 거르지 않았다. 수행에 대한 스님의 열망을 엿볼 수 있는 대목이다. 이러한 스님의 무욕행은 입적 시 장례식 비용이 없어 손주상좌인 재철 스님이 직접 장례비용을 빌리러 다녀야 했다는 것에서 더 잘 알 수 있다.

당시는 비구니가 교도소 법문을 나가는 일이 전무후무前無後無하였는데, 혜옥 스님은 일요일만 되면 김천포교당과 교도소・양로원 등을 두루 찾아다니며 법문을 하여 많은 수감자를 교화시키는 등 전법활동에도 쉼 없이 매진하면서 보현행을 실천했다.

1947년부터는 대구불교부인연합회의 초청으로 실달선원 주지로 부임한 스님은 일주문 쪽에는 유치원을 개설하고, 후문 쪽에는 강당을 신축하는 등 포교에 일대혁신을 불러일으켰다. 유아교육이 전무했던 대구에 유치원을 개설한 불사는 당시에는 상상조차 하기 힘든 일이었다. 유치원은 7회 졸업생을 배출한 후 아쉽게도 재정난에 부딪혀 매각해야 했지만,

실달유치원 제7회 졸업기념

스님은 이후 다시 대구시 중리동에 양로원을 개설하고 노인복지에 힘을 쏟았다.

당시 스님의 포교활동에 대한 일화를 소개한다. 스님이 대구 실달사 주지로 있으면서 제7회 유치원생을 배출하던 여름방학이었다. 지장기도회를 조직하여 입제 법문을 하던 날, 법을 설하는 스님이나 이를 듣는 대중 모두가 일심동체가 되어 환희심에 충만해지던 즈음 이적이 일어났다.

我有一卷經, 나에게 한 권의 경전이 있으나
不因紙墨成. 종이와 먹으로 이루어진 것이 아니다
展開無一字, 펼쳐도 한 글자 없지만
常放大光明. 항상 대광명을 발하고 있네.

스님이 입제 법문에 들어가면서 이 게송을 읊자마자 신장상에서 세 차례나 방광放光이 일어났다. 폭염의 더위마저 극락정토로 변하는 이적에 대중의 환호가 하늘을 찌를 듯 높았다. 이런 미증유의 사건에 환희심과 보리심을 일으켜 지장회 보살들은 폭염에도 아랑곳하지 않고 용맹정진으로 지장기도를 원만하게 회향했다. 이후 지장회 보살들은 평생 혜

옥 스님이 다른 절로 거처를 옮길 때마다 따라다니면서 스님을 극진히 모셨다고 한다.4) 당시 상좌인 인완(舊名은 正煥) 스님은 집전을 하였는데, 이때 나타난 서광을 보고 신심이 샘솟아 평생을 감정의 기복이 없는 무사도인처럼 현재까지도 염불수행을 하는 중이다. 오로지 부처님께 예불하고 기도하기 위하여 태어난 사람 같이 하루 사분정근, 오분정근을 하는데 그 모습 그대로 염불삼매에 든 것이다. 삼매에 들지 않고는 배어나올 수 없는 위엄과 위광을 후학들에게 보여 주고 계시다. 인완 스님의 수행정진을 바라보는 대중은 힘든 노구를 이끌고 용맹정진하는 모습에 저절로 고개가 숙여지고, 스님처럼 살아야겠다고 다짐하고 있다.

또한 이 당시 법회에 참석했던 신도들은 생의 무상함으로 지금은 늙거나 고인이 되었다. 하지만 이때의 신심으로 평생 동안 정진의 끈을 놓지 않았고 본인은 물론 대를 이어 가면서 신심을 키우고 있다. 그 당시 오홍정(보광월) 보살은 생활 형편도 좋았지만 신심이 돈독하기로 유명했다. 오 보살의 딸인 윤기수 보살은 을축생(1925)으로 경북여자고등학교를 졸업했으며, 지금 대구에 살고 있는데 당시 34살이었다. 윤 보살은 어머니로부터 그 당시의 이야기를 생생하게 전해 듣고 절에 나가게 되었는데, 혜옥 스님의 법문을 듣고 감명을 받아 불자가 되었고 오늘날까지 혜옥 스님에 이어 인완 스님을 모시고 있다. 오 보살의 며느리들도 시어머니를 따라 장한 신심으로 대휴사와 대구 근교 성전암 등 절에 다니면서 봉사활동으로 부처님의 가르침인 바라밀을 실천하고 있다.

혜옥 스님은 신도 한 명만 보아도 법문을 하시고, 손상좌가 눈에 보

---

4) 이 당시의 보살들은 거의 고인이 되고 없지만 현재 생존해 있는 사람들을 몇 명 꼽으면, 윤기수(대구), 이정화(대구, 법명 대지행), 서복실(서울), 원숙자(청주, 법명 법인성), 원봉학(김천) 보살이 있다.

이면 보이는 대로 앉혀 놓고 법문을 했다. 스님을 모셨던 스님들은 다음과 같이 회고한다.

애야, 들어봐라 "수구섭의신막범守口攝意身莫犯하라 여시행자능득도如是行者能得度하리라." 이게 무슨 뜻인고 하면, "입을 지키고 뜻을 거두어 몸으로 범하지 말라. 이와 같이 행하는 자는 능히 득도하리라." 경에 이런 말씀이 있는데 얼마나 좋으냐? 너희도 이렇게 수행해야 한다.

옛날 부처님 계시던 때, 제자 주리반특가라는 스님이 있었는데, 그 이름의 뜻은 뱀 잡는 땅꾼, 사노蛇奴라는 뜻도 되고, 주리는 작다(小), 반특가는 길(道)이라는 의미가 있다. 어머니가 여행을 하다가 길에서 낳았다고 해서 소로小路 즉 작은 길이라고 하기도 하고, 계도繼道라고 한다. 별명이 송추비구인데 '빗자루'라는 단어를 가르쳐 주면 '쓸어라'는 단어를 잊어버리고, '쓸어라'는 단어를 가르쳐 주면 '빗자루'라는 단어를 잊어버릴 정도로 기억을 못하는 비구였지. 500명의 비구가 90일 동안 게송을 하나씩 가르쳐 주어도 기억을 못하고 돌아서면 잊어버렸다. 앞엣것을 터득하면 뒤엣것을 잊어버리고, 뒤엣것을 터득하면 앞엣것을 잊어버렸어. 이렇게 둔한 사람이 어떻게 출가를 했느냐? 왜 이렇게 둔한 과보를 받았느냐 하면, 과거 전생에는 대법사였는데 누가 불법을 물으면 인색하게 대답을 잘해 주지 않았고 또 남을 가르치기를 아주 싫어해서 이런 과보를 받은 것이지. 그러나 과거숙세의 선근 때문에 부처님을 만나서 아라한이 되었거든. 하루는 형님이 창피하다고 집으로 돌아가라고 구박을 했어. 두 형제가 옥신각신하는 모습을 멀리서 보시고 주리반특가를 불렀어. 주리반특가가 너무 우둔한 것을 불쌍히 여기시어 그에게 안거를 시켜서 출입식出入息을 고르게 하라고 가르쳐 주셨어. 안거는 출입出入을 통제하고 가만히 한곳에 앉아서 공부하는 것이고, 출입식出入息은 숨을 내쉬는 출식出息과 들이쉬는 입식入息이야. 주리반특가가 이 숨쉬는 것을 관찰하여 비근원통鼻根圓通을 하여 부처님의 인가를 얻어 아라한(無學)이 되어 부처님 회상에 머무르게 되었다는 것이 『능엄경』에 나온다. 『아미타경』에도 주리반특가가 등장을 하지.

비구들이 순번으로 돌아가면서 비구니처소에 가서 법문을 하기로 되어 있었어. 처음엔 법문도 할 줄 모르고 우둔하기만 하니까 비구니들이 주리반특가가 오는 것을 꺼려했다. 그래도 부처님이 정한 법이기 때문에 비구니들은 싫어했지만 차례가 되어서 가게 되었다. 법문을 하려고 법회 장소에 들어갔더니 법상이 자기 키보다 높이 설치되어 있고 올라갈 사다리도 없었다. 비구니들이 웃으면서 가만히 지켜보고 있었다. 아무도 그가 아라한이 되었는지를 몰랐다. 주리반특가는 손을 들어 법상을 천천히 내려서 그 위에 앉아서 전에 늘 익혔던 법문을 했다. "守口攝意身莫犯, 如是行者能得度"(입을 지키고 뜻을 거두어 몸으로 범하지 말라. 이와 같이 행하는 자는 능히 득도하리라)라 하고 법상을 내려왔다. 신구의身口意 3업이 청정하면 도는 저절로 얻어지는 것이다. 입으로는 망어 기어 악구 양설을 하지 않고 독경 염불 간경을 하며, 뜻으로는 탐내고 성내고 어리석음을 끊고 마음 찾는 공부를 하며, 몸으로는 살생과 훔치는 것 음행을 끊고 부처님께 예배하고 공양하는 것이다. 3업業 청정을 통해 무진장의 업을 녹이고 지혜와 공덕을 이루어 선업을 쌓는 것이다. 이 3가지 모두가 마음이 6진 경계를 향하여 달아나지 않도록 살펴 챙기는 것이다. 명심하여 3업 청정에 힘써야 하느니라.

2) 사회활동과 의의

혜옥 스님은 이렇게 잠시도 쉬지 않고 경을 읽고 법문하는 것이 하루일과였으며, 자신에게는 "주인공아 청아언聽我言하라" 하시며 무상게를 즐겨 읽었다. 대구 북성로 2가 19번지에 위치한 실달선원은 옥골마당(옥사여서 사람을 많이 죽인 곳)이어서 밤이면 와자지껄하게 떠드는 소리가 들려왔다고 한다. 그래서 스님들이 늘 무서워했는데, 혜옥 스님이 경을 많이 읽은 뒤부터는 이 소리가 나지 않고 도량이 편안해졌다고 한다. 당시에는 대구에 비구니 사찰이 몇 개 되지 않았고, 대구역 근처에 절이 있었기 때문에 실달사는 객스님들로 항상 북적거렸다. 그러다보니 비구스님이 하룻밤 머물려고 할 때도 있었는데, 혜옥 스님은 "비구가 왜 비구니절에서 묵으려고 하느냐"면서 기어이 절에서 내보냈다고 한다. 특

서울 개운사 법화산림회향 기념

히 스님의 회상에 머무는 사람은 비구나 비구니 심지어 일반인이라도 조석예불을 거르는 것을 용납하지 않았다고 한다. 예불에 참여하지 않았을 때는 방문을 열고 발로 엉덩이를 걷어차는 바람에 객이라도 꼭 예불에 참례해야만 했던 것이다.

혜옥 스님은 숙세宿世의 선근으로 어려서부터 총기와 지혜가 뛰어나 듣고 배운 것을 다 암기했기 때문에 '걸어 다니는 대장경'이라는 별명도 갖게 됐다. 50세에 서울 마야부인회 주최로 금룡, 수옥 스님과 함께 서울 개운사에서 법화산림을 설시할 때 스님을 제1좌에 모신 것도 이러한 이유 때문이었는데, 이 일화는 비구니계에서 지금도 회자되고 있다. 3대 비구니강백이 한자리에서 너무나 유창하고 진실한 법문을 통해 대중에게 크나 큰 발심을 불러일으켰던 당시의 산림법회를 후학들은 비구니 설단說壇의 전형으로 여기고 있다. 이때 마야부인회는 법회를 회향하는 자리에서 법사스님들에게 은으로 만든 법륜마크(가사고리)를 증정하기도 했다. 그때 일주일 법문을 하고 남은 부분을 묘엄 스님과 명성 스님이 이어서 법문을 한 바 있다.

혜옥 스님은 불교교단의 정화에도 적극 동참하여 정화운동이 한창이던 1954년 한국불교계 중앙간부인 종회의원으로서 종무행정에도 참여하였다.5) 1954년 12월 22일부터 23일까지 양일간 열린 대회에서 불교정화대책안이 다시 강조되었는데, 내용은 다음과 같다.

> 첫째, 승려는 수행자로서 일상 수행하는 방편을 지계·참선·염불·간경·지주持呪의 5가지로 나누었으며, 수도와 교화의 의무를 가진다. 둘째, 사찰의 총섭이 되는 자격은 대찰이나 중소사찰을 막론하고 안거와 강원 수료를 조건으로 하되 비구와 비구니 사이에는 아무런 규제가 없다.

1955년 8월 1년여에 걸친 정화불사는 그 막을 내렸고, 전국 632개소 사찰주지를 비구승니로 임명하였으며, 본사 주지로까지 발령되었다. 스님은 이 모든 정화운동에 참여하였고, 이와 함께 중앙 종무행정에 참여해 비구니의 위상을 바로 높인 것은 스님의 또 다른 업적이라 하지 않을 수 없다. 당시 스님은 경북 김천시 증산면 평촌리 청암사(현 승가대) 초대 주지로 취임하여 임기를 마쳤다. 이후에도 김천시 평화동 수도사(지금은 폐사찰)와 대구 부인사, 경산포교당, 김천 용화사 등의 사찰에 주석하시면서 가람수호와 강설의 의지를 멈추지 않았다. 그리고 다시 청암사 백련암에서 수행정진한 후 1968년에 김천 지례의 대휴사로 거처를 옮겨 주석하면서 후진양성과 대중교화에 남다른 정진을 했다.

맏상좌 인완 스님은 몸이 불편한 가운데도 가행정진의 열정을 버리

---

5) 한국불교승단정화사 편찬위원회, 『한국불교승단정화사』, 457·547·651쪽.

지 않았던 은사스님을 자주 회고한다. 열반한 지 30여 년이 지난 지금도 자신의 수행에 은사스님의 한평생 삶이 수행의 나침반 역할을 톡톡히 하고 있기 때문이다. 평소 건강이 좋지 않았음에도 불구하고 관음보살 주력으로 병마를 이겨 내며, 한국불교 비구니계의 선지식으로 우뚝 선 은사스님을 한없이 존경했던 것이다.

"미인은 박복하고 나라의 큰 재목은 단명한다"는 말이 있다. 좀 더 오랜 기간 사바세계에 머물면서 반목과 질시 그리고 고통에서 헤매는 중생들을 제도해야 했던 혜옥 스님은 평소 신명을 바쳤던 '중생교화'라는 큰 원력을 유훈으로 남긴 채, 1969년 5월 26일 새벽 3시 사바에서의 보를 마감했다. 당시 스님의 세수는 69세요 법랍은 66세였다. 입적하시던 바로 그 시각까지도 관음주력을 놓지 않았던 혜옥 스님은 한 시대의 대강백답게 고고한 송학의 자태를 마지막까지 후학들에게 보이셨고, 흐르는 강물처럼 멈추지 않았던 스님의 법설法說은 오늘날까지도 후학들의 가슴을 적시고 있다.

혜옥 스님의 유훈을 받들어 전국 각지에서 전법의지를 고양시키고 있는 제자로는 대휴사 주지인 상좌 인완 스님과 고인이 된 정헌 스님, 정봉正奉 스님이 있다. 손자상좌는 제철齊哲 스님, 도영 스님이 있고 증손상좌로는 성우省佑·수정秀靜·성윤性昀·수경秀曔 스님이 있다. 2005년에 대휴사 주지인 제철 스님이 혜옥 스님의 업적을 기려 비석을 세웠다.

혜옥 스님 비명

이상과 같이 혜옥 스님의 구도와 수행 그리고 후학양성에 쏟아 부은 포교 부분의 노고는 한국불교계에 든든한 버팀목이 되어 우리나라 비구니승단 역사의 한 획을 이루는 역할을 하고 있다.

我此普賢殊勝行,	내가 지은 수승하온 보현행의
無邊勝福皆廻向.	가없는 수승한 복 회향하오니
普願沈溺諸衆生,	바라건대 고해 중의 모든 중생이
速往無量光佛刹.	속히 무량광불찰에 왕생하여지이다.6)

5. 맺음말

근현대 승가에서 실천 수행덕목으로 회자되는 것으로서 한암 스님(1876~1951)이 주창한 참선·간경·염불·주력·가람수호의 승가5칙이 있다. 이 덕목은 정화운동 당시 불교정화대책안의 수행승 정의에 나오는 것으로서, 지계·참선·염불·간경·지주와 총림수호 및 교화 등이 바로 그것이다. 개인에 따라서는 오롯이 한 가지 수행을 하는 경우도 있다. 하지만 대부분 두 가지 이상을 겸수하였으며, 모든 분야에 걸쳐서 두루 섭렵한 경우도 있다.

모든 분야에 걸쳐서 불교정화대책안의 수행승 정의를 몸소 실천했던 혜옥 스님은 20세기 급격한 변화의 물결 속에서 불학에 열중하였고, 교단이 어려운 상황에 처했을 때는 교단 정화와 개혁에 적극 동참하여 종무행정에 충실했다. 또 염불간경의 원융수행으로 자비행을, 교육과

---

6) 唐般若 譯, 『大方廣佛華嚴經』, 권40(『大正新修大藏經』 권10, 848中).

포교로 이타행을 실천하셨다. 그 누구보다도 불교정화대책안의 수행승 정의와 한암 스님의 승가5칙을 철저히 수행하신 분이다.

염불·간경·참선·포교·복지 등 여러 방면에 걸쳐 나타난 혜옥 스님의 실천의 원동력은 평소에 즐겨 읽으신『화엄경』「보현행원품」이었을 것이다. 철저한 지계행 속에 간경수행은『화엄경』을, 강의는 주로『법화경』을 하셨으며, 입적하시던 그 순간까지 관음주력을 놓지 않았다고 한다. 이와 같이 보현행자로서 보살의 행을 살다가 가신 혜옥 스님의 삶은 미력한 후학들의 수행에 오늘도 귀감이 되고 있다.

이상에서 볼 때, 혜옥 스님의 수행세계는 부처님의 근본정신을 믿고 이를 바탕으로 지혜를 닦아 자아를 완성하고 보살의 행원으로 중생을 위한 자비를 실천하자는 것이다. 대강백이신 혜옥 스님은 평생 청빈한 생활로 일관하면서 간경과 설법 그리고 포교를 통해 후학을 양성하였고 많은 중생의 마음을 깨우쳐 깨달음의 길로 인도했다. 우리는 이러한 선지식 혜옥 스님의 행화 속에서 보다 적극적인 수행관과 주체성을 찾아 비구니승단의 정체성을 회복해야 할 것이다.

참고문헌

鳩摩羅什 譯,『妙法蓮花經』, 권7.
般刺蜜帝 譯,『首楞嚴經』, 권10.
普照國師·元曉·野雲比丘 述,『初發心自警文』.
實叉難陀 譯,『大方廣佛華嚴經』권80.

하춘생,『깨달음의 꽃』, 도서출판 여래, 1998.
본각,『신문기사로 본 한국근현대 비구니자료집』, 한국비구니연구소, 2003.
불교신문사 편,『한국불교인물사상사』, 민족사, 2005.

한국불교승단정화사 편찬위원회, 『한국불교승단정화사』, 1996.

법보신문사, 「인물탐구」 74, 『법보신문』 806호, 2005.

화산당 수옥 스님의 생애와 사상

혜 등*

1. 머리말

　화산당華山堂 수옥守玉(1902~1966) 스님은 금룡金龍, 혜옥慧玉 스님과 더불어 한국 근현대 불교의 비구니계 3대 강백으로 잘 알려진 분이다. 그러나 스님은 강사에 머물지 않고 본분사本分事를 요달한 훌륭한 선승이었다. 뿐만 아니라 한국전쟁 후 잿더미가 된 천성산千聖山 내원사內院寺를 다시 일으켜 세운 대공덕주였다. 한편, 스님은 수도자로서 한 치의 흐트러짐이 없는 수행을 하면서도 세속을 초월한 고상한 취미를 선시禪詩에 담아낼 줄 아는 그런 분이었다. 한국 비구니불교사는 비록 행行은 있으나 그 자취를 더듬어 볼 수 있는 자료가 남아 있지 않은 안타까운 현실을 가지고 있다. 이와 같은 형편에서 비구니스님으로서 자신의 생각을 선시로 남겼다는 것은 후학을 위해서 매우 다행한 일이 아닐 수

---

* 군산 혜원사 주지.

없다. 또한 스님은 불교연극, 다도, 사찰전통요리, 예의범절 등을 어느 하나도 소홀히 하지 않음으로써 세간법이 곧 불법임을 몸소 실천하였다. 현재 스님에 관해 남아 있는 기록으로는 스님의 49재에 맞춰 출간한 『화산집華山集』(일명 『華山遺稿』)과 2000년에 찬한 비명碑銘, 2005년 내원사에 세워진 탑비 등이 남아 있다. 수옥 스님의 이러한 삶을 오늘날 새롭게 조명하는 이유는 우리뿐만이 아니라 후래의 많은 이들에게 채찍이 되기를 바라는 간곡한 마음에서이다.

2. 선·교·불사의 대종장, 화산당 수옥

1) 행적

화산당 수옥 스님은 1902년 11월 경남 진해시에서 출생하였다.1) 철이 들면서 세속에 뜻이 없더니 1917년(16세) 충남 수덕사 견성암으로 가서 당시 비구니계 선지식이신 묘리당妙理堂 법희法喜(1887~1975) 선사를 은사로 출가하였다. 이때는 스승이신 법희 선사가 월면만공月面滿空(1871~1946) 화상으로부터 전법을 받은 직후였다. 이후 스님은 청월淸月 스님을 계사로 1918년 6월 13일 사미니계를 수지(16세), 해인사 고경古鏡(1882~1943) 스님 회상에서 사미과·사집과를 수료하고(1922년 8월, 21세) 서울 응선암應禪庵 대은大隱 김태흡金泰洽 스님 강하에서 사교과·대교과를 수료(1929년 3월, 28세)하였으며 1929년 4월 백용성白龍城 스님을 계

---

1) 수옥 스님에 대해서 先學의 글이 있다.(하춘생, 「漢詩에 품은 깨침의 미학」, 『깨달음의 꽃』, 도서출판 여래, 1998, 208~220쪽 참조).

사로 구족계를 수지하였다(28세). 이어 용성 선사에게서 2년간 율문律文을 배우니,2) 이로써 선·교·율을 겸비하였다. 이후 월면만공 선사와 은사인 묘리법희 선사가 주석하고 있는 견성암에서 5하夏를 성취하였다. 그러나 스님은 이에 만족하지 않고 일본 경도京都 묘심사妙心寺 종립학교 부설인 미농니중학림美濃尼衆學林 전문 과정 3년을 수료(1937년 2월, 36세)하였다. 1938년에 귀국하여 유통교해流通敎海의 원력을 세우고 경북 상주 남장사南

위) 현재의 견성암
아래) 수옥 스님 일본유학시절

長寺 관음암觀音庵 불교전문강원 강사로 후학을 지도하였으니, 이는 강백으로서의 첫 걸음이었다(36세~39세). 그러나 다시 1940년 견성암으로 들어가서 7년간 각고정진하여 견처見處를 얻고 1945년 내장사에서 득법의 감회를 시로 남겼다.3) 이때 금강산 영원암·사불산 금룡사 등 유명한 곳으로 유력하였다. 1947년 3월에는 다시 서울 탑골승방 보문사普門寺 불교전문강원에서 권상로權相老·윤주일尹柱逸·안진호安震湖 등과 함께 80명이 넘는 학인에게 내전內典을 강의하였다(1947년 3월, 46세). 그러나 한국전쟁이 일어나자 부득이 강을 내려놓게 되었다. 전쟁 후 1951년 7월 충남 덕산 보덕사報德寺 주지에 부임하였으며(50세) 다시 1955년 3월

---

2) 「陽山內院寺比丘尼華山堂守玉和尙碑文」. 이하 「陽山內院寺比丘尼華山堂守玉和尙碑文」은 이지관 편, 『한국고승비문총집: 조선조·근현대』, 가산불교문화연구원, 2000, 1197~1198쪽 참조. 참고로 碑文의 글씨는 현 전국비구니회장인 명성 스님이 썼다.
3) 「陽山內院寺比丘尼華山堂守玉和尙碑文」.

에는 경남 천성산 내원사 주지에 부임하였다(54세). 이후 한국전쟁으로 폐허가 된 천성산 내원사를 10여 년의 각고 끝에 명실 공히 동국제일선원 東國第一禪院으로 다시 일으켜 세웠다. 1954년 조계종 교단정화 후 제2차 중앙종회에서 비구니도총섭比丘尼都摠攝으로 선출되었다. 1955년 4월 조계종 중앙종회의원에 선출되었으며(54세, 4선 역임), 1966년 2월 7일 세수 65세, 법랍 48세로 입적하였다.4)

2) 사상과 입전수수入廛垂手의 삶

(1) 수선납자의 위상

수옥 스님이 출가한 곳은 충남 예산군 덕숭산 수덕사 견성암이었다. 이때 덕숭산은 만공 화상을 주실籌室로 모시고 불보살의 회상과도 같이 많은 사부대중이 수선안거를 하고 있었다. 또한 이때는 은사인 법희 선사가 만공 화상으로부터 전법을 인가받은 직후였다(1916년, 법희 선사 31세). 만공 화상과 법희 선사는 입산 직후 이미 스님의 법기法器를 알아챘다. 선사들은 따로 법상을 마련하여 법을 펴는 것이 아니라 때와 장소를 가리지 않고 제자들의 공부를 점검하고 화두를 내리는 것이 일반이다. 수옥 스님은 법희 선사로부터 '석가와 미륵도 중생의 종인데, 그 주인은 누구인가?'라는 화두를 결택받아 참선수행하기 시작하였다.

모든 일에서는 그 출발점이 어디인가 하는 점이 중요하다. 초심의 출가자로서 선지식을 만나 화두정진의 법부터 익히기 시작한 것은 후일 수옥 스님의 일생을 좌우하는 일이 되었다. 또한 스님은 세속에 뜻 없는

---

4) 「陽山內院寺比丘尼華山堂守玉和尙碑文」의 註 참조

삶을 싫어한 것이 출가의 동기였던지라, 사뭇 그 화두수행의 자세가 남달랐으며 정진은 평생의 지표였다.

이러한 가운데 스님은 사미니계를 수지하고 다시 해인사의 고경古鏡 화상으로부터 사미과와 사집과를 수료하였다. 그러나 이에 그치지 않고 자리를 옮겨 서울로 올라가서 응선암에 계신 대은 김태흡 스님에게서 사교과·대교과를 졸업하였다. 당시에는 훌륭한 스승을 따라 이력履歷을 수행할 수 있는 풍토였다. 따라서 스승을 좇아 여러 곳으로 옮기면서 부처님의 일대시교一代時敎를 보았던 것이다. 이런 가운데 1929년에는 당시의 고승인 백용성(1863~1940) 선사를 의지하여 구족계를 수지하였으니 선禪과 율律을 갖춘 계행청정의 선납자로서의 위상을 갖추었다. 당시 이렇게 계율을 수지하고 대교의 이력을 마치는 일은 쉽지 않았던 것으로서, 스님의 남다른 수행력을 엿볼 수 있는 일이다. 그 후 스님의 행적을 보면 많은 제자를 배출해 낸 강사로서의 면모가 더 많이 알려져 있지만, 학인들에게 경전을 가르치면서도 잠시도 화두수행을 놓치지 않았다. 일본 유학을 떠나기 전 5하 동안을 견성암에서 수선안거하였으며, 남장사 관음암에서 강사를 역임한 뒤에도 다시 포단 위에 앉아 화두참구를 하였다. 이렇게 간경看經, 강경講經하는 가운데에도 화두참구를 놓치지 않는 수행은 계속되었다. 이러한 정진으로 말미암아 수옥 스님은 보문사 강사를 그만두고 다시 견성암에 들어가 수행하는 도중에 견처를 얻었다.5) 한편 만행 중에 들른 내장사에서 다음과 같은 득법의 경지를 읊었다.

---

5) 「陽山內院寺比丘尼華山堂守玉和尙碑文」, "廢寢忘餐하고 東西不變하며 人法雙亡하고 心識俱泯하니 形如枯木朽株하고 志若嬰兒赤子러니 驀然如透脫桶底之相似라 大千世界一泡沤요 三世諸佛眼中屑이로다."

수옥 스님이 주지로
부임하였던 충남 덕산 보덕사

兀然無事優遊客,	올연히 앉아 있는 자재로운 나그네!
圓寂堂中旅夢甘.	생사 꿈을 깨고서 원적한 그 모습.
細雨涼風盡日打,	비바람 종일토록 휘몰아치는데,
淸閑寂寂是仙庵.	원적圓寂한 그 경지가 부처의 경지일세.

이때 만공 선사는 '화중연화소식火中蓮花消息'이라고 기뻐하셨다. 스님의 선수행은 당시의 대선지식인 만공 선사와 은법사恩法師이신 법희 스님께 입은 바 은혜가 컸다. 해방 후 이듬해 만공 선사께서 입적하시니 선사의 탑전에서 "보살의 화현 친견하기 힘든 것, 우담발화 꽃처럼 태어나셨네. 바다 같은 깊은 은혜, 무엇으로 보답하리"(菩薩現身難得見, 優曇鉢華時降生, 遺恩若海何能答)라고 하였다.6) 이와 같이 만공 선사를 기리는 심정을 읊은 시 2편이 『화산집』에 전하고 있다.7)

스님의 선 수행은 여기에서 그치는 것이 아니었다. 1951년 보덕사 주지를 맡고, 다시 1955년 이후 전란의 와중에 잿더미가 된 내원사를 일으켜 세울 때에도 수행의 고삐를 잠시도 놓지 않았다.

---

6) 만공탑은 만공 선사의 입적(1946)을 기려 1949년 덕숭산 중턱에 세워졌다.
7) 화산수옥, 『華山集』(천성산 내원사, 1990), 54·56쪽의 「滿空老師舍利塔落成紀念時」와 「於滿空塔前」.

아래의 글은 스님의 수행을 엿볼 수 있는 대목이다.

1956년 4월 15일 결제법회 때 통도사 경봉 대종사가 상당上堂하여 이르니, "조주趙州가 남전南泉에게 묻되, '어떤 것이 도道입니까?' 답하여 이르되, '평상심平常心이 이 도라' 하였으니, 양광정楊光庭이 위산潙山에게 물어 말하되, '어떤 것이 도입니까?' 답하여 이르되, '무심無心이 이 도라 하였으니 무심과 평등심의 거리가 얼마나 되는가?'라 하였다.
(이에 대하여 경봉 대종사께서) '일러보라'"
라고 하셨다. 수옥 스님이 답하여 말하되,
"색色이 곧 공空이요, 공이 곧 색이라 하니, 색과 공이 이 하나입니까? 다른 것입니까?"
하니, 대종사께서 말씀하시되,
"나도 또한 그러하며, 너도 또한 그러함이다."
라고 하셨다.[8]

이러한 스님의 수행 살림살이는 결제 중 수선납자의 반半살림 공부를 점검할 때에 경봉 선사를 대신하여 후학들을 지도하게 하였다. 뿐만 아니라 큰방에서 『선관책진禪關策進』을 강하시기도 하였다. 이러한 것은 스님이 선과 교를 겸비한 안목을 갖추었다는 것을 여실히 보여 준다. 스님의 자비는 여기에서 그치는 것이 아니었다. 생전에 스님과 인연이 닿는 사람은 한 사람도 스쳐 보내지 않으셨다. 당시 산감山監을 지내는 사람들에게조차 평상심의 선禪의 정신을 담아 주고자 하셨다. 즉, 내원사 중창불사의 하루의 일과를 마친 뒤 틈틈이 서산 대사의 『선가귀감禪家龜鑑』을 강하시어 그들로 하여금 깨침을 주고자 하였다. 한편, 『화산집』에는 스님의 선적 취흥을 느낄 수 있는 선시 몇 수가 전하고 있다.

---

8) 「陽山內院寺比丘尼華山堂守玉和尙碑文」.

明明活路立斯身,　밝고 밝은 활로에서 몸을 세우니,
天下叢林是我隣.　천하의 총림이 나의 도량일세.
一自破除有漏見,　한 번에 스스로 유루견을 쓸어 버리자,
都然無事任遊人.　그저 한가롭게 일없이 노니는 사람.9)

頓然息妄休休來,　단박에 망상 쉬고 또 쉬어 버리니,
性上元無一點埃.　자성自性에 원래 한 점 티끌 없어라.
衲子生涯非別事,　납자의 생애 별 다른 일 아니네,
悠悠放曠隨緣諧.　유유자적하게 인연 따라 노닐레라.10)

(2) 대강백으로서의 삶

화산당 수옥 스님은 금룡金龍(1892~1965), 혜옥慧玉(1901~1969) 스님과 더불어 한국불교의 비구니계 3대 강백으로 더 잘 알려진 분이다.11) 지금까지도 수옥 스님에게서 경전을 익힌 스님들이 많이 생존해 있어 그 언저리를 전해 줄 정도이다.12) 물론 금룡, 혜옥 스님도 강을 하였다고는 하나 대중강원의 성격으로 법을 편 것은 아니었다. 스님은 수덕사 견성암으로 출가한 이래 물고기가 물을 떠난 일이 없듯이 대중의 곁을 잠시도 떠난 적이 없었으며, 권속 개념이 아닌 대중강원을 열었다. 이러한 스님은 해인사 고경 스님과 대은 스님에게 부처님의 일대시교를 익혔다. 이때의 심경을 스님은 다음과 같이 읊었다.

安心不動如山岳,　편안한 마음자리 태산泰山 같아서,

---

9) 화산수옥, 「偶吟」, 『華山集』, 42쪽.
10) 화산수옥, 「甲辰夏(1964)解制時」, 『華山集』, 104쪽.
11) 화산수옥·월광금룡·정암혜옥 스님은 1960년대 3대 강백으로 이름이 높았다.
12) 남장사 관음암 및 보문사에서의 受學弟子로는 光雨, 泰具(입적), 碧眼(입적), 普仁(입적), 智亨, 修蓮, 德修, 法俊(입적), 법관(입적), 혜명, 世燈(입적), 정오(입적), 영덕, 妙觀, 지연, 대원(입적), 덕현, 성환, 法印(입적), 명원, 景順, 재운(입적), 지택 스님 등이 있다.

物外榮枯何所驚.　세상의 행·불행이 보잘것없네!
宴坐誦經意自淨,　송경하는 그 마음 연꽃 같아서,
摠忘世上是非情.　세상의 시시비비 모두 잊었네.13)

　　이후 견성암 만공 선사 회상에서 수선안거 도중 1934년경 인연을 만나 일본으로 유학을 가게 되었다.14) 스님은 경도시 묘심사 종립학교 전문도량인 미노니중학림 3년 과정을 수료하여 두루 안목을 키웠다. 당시는 승니로서 사미·사집·사교·대교 과정의 이력을 마치는 것이 쉬운 일이 아니었으며, 일본으로 유학을 간 것은 더욱 귀한 일이었다. 스님은 이러한 어려운 과정을 거친 뒤 여기에서 그치는 것이 아니라 그 법을 펴는 첫걸음을 내딛게 되니, 이 또한 입전수수의 삶이었다. 그 첫걸음은 경북 상주 남장사 관음암 불교전문강원이었다. 스님은 이곳에서 강사를 3년 동안 역임하였다. 그런데 이 남장사 관음암강원은 일제하 대동아전쟁을 겪으면서 자연히 해체할 수밖에 없게 되었다. 이후 스님은 실참수행의 필요성을 느껴 다시 견성암으로 들어가 만공 선사와 법희 스님 회상에서 수행하였다. 이때 견처를 얻었으며,15) 일제의 압박으로부터 해방을 맞이한 것도 이즈음의 일이다. 다시 1947년 3월에는 탑골승방으로 더 잘 알려진 서울 보문동 보문사 불교전문강원에서 권상로, 윤주일, 안진호 등 일반인 교수들과 함께 나란히 강의를 하였다. 이때는 해방을 맞이한 설레는 마음이 아직도 가시지 않은 때였으며, 불교의 자주화와 교단개혁의 첫걸음을 떼기 시작한 시기였다.16) 이에 스님께서는 승단의

---

13) 화산수옥,「甲子春(1924)於海印寺講院」,『華山集』, 22쪽.
14) 당시 만공 선사와 迦産 처사 및 법희 선사의 적극적인 주선으로 일본유학이 이루어졌다고 한다. 그리고 '華山'이라는 당호도 일본유학 시 받았다고 한다.(慈光 스님 증언)
15)「陽山內院寺比丘尼華山堂守玉和尙碑文」.
16) 불학연구소 편,『曹溪宗史: 近現代編』(대한불교조계종교육원, 2001)의「8·15해방과 불교

교육불사教育佛事의 고삐를 다시 고쳐 잡았다.17) 이때의 심경을 스님은 다음과 같이 읊었다.

又迎新歲熱香祝,　새해를 맞이하여 향 사르고 비옵나니
雨順風調國泰安.　비바람 순조롭고 나라가 태평하며
佛日增光甘露降,　불일은 더욱 빛나고 감로 내리시어
常令天下無災難.　천하가 다 함께 재난이 없어지이다.18)

그러나 새로운 각오와 흥분도 잠시, 강의를 시작한 지 3년만인 대교大 敎수료식 당일 한국전쟁이 일어나게 되었고, 스님은 견성암으로 발길을 돌리지 않을 수 없었다. 그러나 전쟁의 와중인 1951년 7월 스님은 비구니로서는 최초로 충남 덕산면 소재의 보덕사에 주지 소임을 맡게 되니 중생교화의 원력보살로 거듭 태어나기 위한 수순隨順이었다. 그것도 잠시, 수옥 스님은 보덕사 주지 소임 도중 통도사 주지이신 구하九河 스님의 추천에 의해 천성산 내원사를 새로 중창할 임무를 띠고 자리를 옮기게 되었다.

한편, 스님은 내원사 중창을 이룩한 뒤에도 기념으로 화엄산림華嚴山林을 성대히 열었으며,19) 또한 스스로 부산 등지에서 법화산림法華山林을 하기도 하였으니, 선과 교를 아우르는 종장으로서의 그 넉넉함을 가히 짐작하게 한다.

의 자주화」 참조

17) 종단 차원에서의 교육문제에 대한 최초 접근은 훨씬 뒤인 1962년 12월 제2회 임시종회에서의 교육법 제정이다. 도제양성은 종단의 교육문제는 종단 3대 불사에 포함될 정도로 중요한 문제이다.
18) 화산수옥, 『華山集』, 58쪽.
19) 천성산에서는 화엄을 크게 폈다는 화엄벌이 있다.(이지관 편, 『한국고승비문총집: 조선조·근현대』, 1197~1198쪽)

3) 내원사 중창 대공덕주

스님의 행적 가운데 내원사에서의 삶은 1955년 3월부터 1966년 2월까지의 11여 년의 세월이었다. 스님의 삶이 언제나 수행자로서 치열하지 않은 것은 아니었으나, 특히 이 기간은 스님의 정열을 온통 쏟아 부은 원력보살로서의 삶이었다. 내원사는 통도사의 상선원上禪院으로 많은 고승들의 수행도량 역할을 해 왔었으나, 한국전쟁을 치

은사이신 묘리법희 선사를 모시고
(뒤는 상륜 스님)

르면서 잿더미로 변하였다. 이때 내원사를 중창할 적임자로 당시 통도사 주지인 구하(1870~1965)[20] 스님은 수행력과 탁월한 지도력을 갖춘 수옥 스님을 발탁하였다. 스님의 주지 취임은 내원사의 역할로 보아서나 비구니도량으로서의 첫걸음으로 볼 때 상당히 파격적인 것이었다.[21] 당시 사정이 전쟁 끝에 거의 전소한 내원사를 맨손으로 그것도 비구니의 몸으로서 일으켜 세운다는 것은 매우 어려운 일이었기 때문이었다.

그런데 이렇게 인연을 맺게 된 내원사는 스님에게 낯선 곳이기도

---

20) 九河 스님은 1911년 통도사 주지로 부임하였으며 당시 대처승들이 거주하며 누룩을 절에서 만들어 팔 정도로 심각했던 사찰 내 폐습을 일소하고, 즉시 강원과 선원을 복원했다. 1917년 30본산위원장(본사주지회의 의장)으로서 일본 시찰을 하기도 했으며 1950년에는 중앙총무원장에 취임했다. 스님은 일제강점기에 독립군 자금을 제공한 것으로도 유명하다. 당시 스님은 겉으로는 일본의 신문물을 배우러 일본에 드나들며 좋은 관계를 유지했지만 속으로는 상하이 임시정부에 많은 독립운동자금을 대는 큰 자금줄의 역할을 하고 있었다. 구하 스님의 입적에 대하여 수옥 스님은 크게 슬퍼하며 「謹輓通度寺九河老師」(화산수옥, 『華山集』, 106쪽)라는 시를 남겼다.
21) 仁弘 스님과 法日 스님 등이 각각 彦陽 石南寺(1957년 취임)와 晋州 大願寺(1959년 취임)에 비구니도량을 일으켜 세웠다. 시기적으로 수옥 스님이 앞선 것을 알 수 있다.

조실 경봉 노사를 모시고(내원사)

하였다. 왜냐하면 남장사 관음암 강사 시절이 있기는 하나, 이전 스님의 활동 무대가 주로 견성암, 보문사, 보덕사를 비롯한 북쪽이었기 때문이었다. 그러나 스님은 내원사와의 인연을 훌륭하게 이루어 내어 내원사를 남방의 대표적인 선원으로 자리 매김시켰다.

한때 내원암內院庵이라 불렸던 내원사는 신라 문무왕 때 원효 대사가 창건하였으며 창건 설화가 『송고승전宋高僧傳』에 기록되어 있다.22) 이후 조선시대에 와서는 의천義天과 용운龍雲 등이 1646년(인조 24)과 1845년, 1876년(고종 13)에 각각 중수를 하였고, 조선 중기에 이르러서는 상·중 내원암은 없어지고 하내원암下內院庵만 남았다. 1898년(광무 2)에는 석담 유성石潭有性이 설우雪牛, 퇴운退雲, 완해玩海 등과 더불어 선을 닦기를 결사를 맺고 내원사로 개칭하고 '동국제일선원東國第一禪院'이라 명명한 후 선찰禪刹로써 이름을 떨치기 시작했다. 일제강점기에는 경허 선사의 법제

---

22) 원효 대사는 중국 당나라 태화사의 승려들이 장마로 인한 산사태로 매몰될 것을 예견하고 '曉擲板求衆'이라고 쓴 현판을 날려 보내 그들을 구해 준 인연으로 1,000명의 중국 승려가 신라로 와서 원효의 제자가 되었다. 원효가 이들이 머물 곳을 찾던 중 내원사 부근에 이르자 산신이 마주 나와 현재의 산신각 자리에서 사라졌다. 이에 원효는 신령이 감응한 곳에 大芚寺를 창건하고 상·중·하 내원암을 비롯하여 89개의 암자를 세웠다고 한다.(『宋高僧傳』 권4, 「唐新羅國黃龍寺元曉傳」)

자인 혜월慧月, 혜명慧明(1861~1937) 등이 주석하시면서 운봉, 향곡 선사 등 한국선종사의 선맥을 잇는 명안종사明眼宗師를 배출한 도량이었다.23) 그러나 한국전쟁으로 인하여 내원사가 완전히 소실되었던 것이다.

1955년 9월에 내원사 주지로 취임한 수옥 스님은 폐허나 다름없는 내원사에 비구니들을 위한 선수행 도량을 짓기로 서원을 세웠다. 이것은 그대로 대중을 위한 입전수수 보살의 삶이었다. 그리하여 1957년 2월 18일에 전후戰後의 어려움 가운데에 중창불사를 시작하여 1959년 3월 29일에 선방 건물인 '선해일륜禪海一輪'24)을 낙성하고 동국제일선원을 개원하여 옛 가풍을 새롭게 드날리게 되었다.25) 영축산중에 기나긴 세월의 풍화작용 속에 과거의 많은 사찰과 암자가 조선 중엽쯤 이미 거의 다 폐허가 되고 없었으니, 당시 내원사의 중창은 적막한 천년사지千年寺址에 새롭게 향화香花를 받드는 감회 어린 것이었다. 그렇게 5, 6년 동안 불면불휴不眠不休하고 혈성血誠과 비원悲願을 기울여 맨 손으로 화주를 하며 내원사를 중창하여 면모를 일신하였다. 이로써 북방의 수덕사 견성암에 이어 남방에서는 양산 내원사가 비구니의 참선수행도량으로 그 기틀을 다지게 되었다.

불사와 관련하여 일화 한 토막을 소개하면, 당시 대원소주 사장인 박선기 거사가 내원사 중창불사를 해 준다고 제의하였다. 수옥 스님은 "여기는 작은 불사라서 내 힘껏 할 것이다. 지금 불국사 대도량 불사가 어려운 처지이니 불국사를 도와주면 좋겠다"고 하며 불국사 주지스님을

---

23) 화산수옥은 '동국선원 예로부터 이름 높았지'라고 찬탄하고 있다.(『華山集』 92쪽의 「於東國禪院」 참조)
24) 구하 스님이 현액을 친필하셨다.
25) 1956년에 정초하여 1958년 3월에 낙성하였는데, 모두 13棟이었으며 중요 당우는 禪海一輪, 尋牛堂, 靜慮軒, 素心堂, 佛乳閣 등이다.(1988년에 세운 「內院寺事蹟碑」 참조)

직접 소개하여 불사시주를 인계하였다 하니26) 스님의 공평무사하고 크신 도량을 엿볼 수 있다.

이렇듯 6·25사변으로 잿더미로 변한 내원사는 수옥 스님의 원력으로 독립된 비구니선원으로서 새롭게 중창되었다.27) 뿐만 아니라 수옥 스님에 의해 중창된 내원사는 만공 선사의 법제자인 법희 스님과 이후 선경禪鏡 스님 등 많은 선지식과 납자들의 정진처가 되었다. 따라서 수좌라면 으레 내원사 선방에 한 철 또는 두 철 수선안거하는 것을 당연하고 자랑스럽게 여기게 되었다. 다음은 스님이 내원사를 새로 중창하고 경영하는 소감을 시로 짓고, 당시 남방의 대선지식인 경봉 선사가 차운한 글이다.

廓落無爲無事客, 확연히 쇄락한 무위무사객이
緣何棲居聖山間. 어떤 인연으로 천성산千聖山에 살게 되었는지
由來社業隨緣就, 사업이 인연 따라 성취되니
素朴胸襟到處閑. 소박한 흉금이 도처에 한가롭네.28)

〈次韻〉

守節修心淸似玉, 절개 지켜 닦은 마음 옥玉같이 맑은데
古庵新築聖山間. 옛 절터 천성산에 새로 절 지었네
道光智德深如海, 도의 광명 지혜의 덕 깊기가 바다런 듯

---

26) 당시 시자 소임을 맡으신 자광 스님 증언.
27) 화산수옥 스님은 오늘날의 내원사를 있게 한 제2의 창건주라 할 만하다.(사찰문화연구소 편, 『전통사찰총서』 19 참조) 내원사 불사의 성취로 수옥 스님은 1959년 4월 경남도지사 내원사 重刱功勞賞, 조계종 총무원장 내원사 重刱功勞賞, 1962년 8월 대통령 권한 대행 國家再建最高會議議長 문화재보호공로상과 문화훈장, 1964년 12월 宗正 內院寺 重刱功勞賞, 同年 6월 宗正으로부터 모범승려표창상을 받았다.(화산수옥, 『華山集』 138~140쪽의 「華山守玉比丘尼行歷」 참조)
28) 화산수옥, 『華山集』, 111쪽.

事必成功意自閑, 일을 기필코 이룩하니 뜻이 한가롭네.29)

千聖慧光這裡晴, 천성산 지혜광명 맑게 빛나
劫前消息世人驚, 겁 밖의 소식 세상사람 경탄하네
芝蘭得氣諸園秀, 지란이 청초하게 동산에 자라고
宇宙迎春四海淸. 우주에 봄이 깃들어 사해가 화평하네
旭日融和開柳眼, 떠오르는 태양에 버들개지 움트고
寒梅微笑送香聲. 찬 매화 미소하며 향기소리 흘리네
君之德似山藏玉, 그대의 덕은 산에 묻힌 옥과 같아
新築庵中道自明. 새로 지은 암자에서 도가 절로 밝네.30)

千聖放光劫外晴, 천성에 빛을 뿜으니 겁외까지 쾌청해
此光照處魔王驚. 이 빛 비치는 곳 마구니들 놀래리
遺傳靈地禪衆居, 물려받은 신령한 땅에 선객禪客들 모여 사니
道業增長佛日淸. 도업은 번창하며 불일은 빛나리
溪柳生心春色滿, 시냇가 봄버들 싱싱하게 물오르고
鳥談婷樂園聲. 우짖는 새소리 낙원의 정경
大夢不如無夢事, 큰 꿈도 꿈 없을 만 못하고
作福不如續慧明. 복 짓는 게 어디 지혜智慧의 등불 전함에 비하랴.31)

3. 『화산집』과 그 문도

『화산집華山集』은 화산수옥 스님의 한시문집이다. 총 56편의 한시를 연대순으로 기록하고 있으며, 그 이외에 간찰簡札 3편, 화산수옥 비구니

---

29) 화산수옥, 『華山集』, 112쪽; 경봉, 『圓光閒話』(통도사 극락호국선원, 1979), 140쪽 참조. 그 외에도 『圓光閒話』에는 수옥 스님 관련 한시가 몇 수 더 전한다.
30) 1959년 1월 30일의 화산수옥, 「內院寺守玉宛新年新春」, 『華山集』, 114쪽.
31) 화산수옥, 『華山集』, 116쪽.

『화산집』(1966년 천성산 내원사에서 초판 간행)

행력行歷, 법제자인 법계 명성의 「스님 영전에」, 그리고 문도질門徒帙로 이루어져 있다. 비구니스님으로서 이렇게 자신의 문집을 남긴 것은 보기 드문 일이 아닌가 한다. 이 문집은 문도들이 스님의 49재에 맞춰 출간하였기 때문에 많은 누락이 있었던 것으로 여겨진다. 그러나 그 후에도 3차례에 걸쳐 재간행(1990년 3쇄)되었다. 이제는 스님의 행장을 더 추가하고 일실되었던 자료를 더 수집하여 새로운 개정판을 기대해도 되지 않을까 한다.

이러한 『화산집』 가운데 시 부분을 크게 내용적으로 나누어 보면, 내원사 취임 이전과 그 이후로 크게 구분할 수 있다. 상반기로 볼 수 있는 1917~1954년까지의 기간은 북방에서의 삶의 대 스승이신 만공 선사 관련 시와 덕숭산 견성암 수행시修行詩 몇 편과 금강산 수행시 6편, 우음偶吟 5편, 만행시萬行時에 읊은 시 등이 함께 있다. 또한 후반기는 내원사에 취임한 1955년 이후부터 1965년 입적한(64세) 때까지로 전체 반 정도의 분량을 차지하는 대략 26편의 시가 실려 있다. 이때의 시작詩作 장소는 내원사로만 국한되어 있는데, 그 내용은 내원사의 중창과 그 감회를 읊은 것이 대부분이며 안거수행시로서 수작秀作이다. 또한 당대의 대선지식인 통도사 경봉32) 스님과 원운元韻과 차운次韻이 가고 온 것은 크게 눈에 띄는 부분이다.33)

---

32) 경봉 선사는 통도사에서 주석하면서 '자기 목소리'로 중생의 고된 삶을 녹여 주는 법문을 한 대선지식으로서, 그 법석은 끊이지 않았으며 교화의 방법은 무궁무진하였다. 화산수옥 스님에게 九河 스님과 鏡峰 스님은 南方의 대선지식으로서 큰 의지처였다.
33) 남방의 대선지식인 九河 스님과의 서찰도 많이 있었다 하나 현재는 유실되었다.

간찰 3편은 은상좌인 향엄香嚴 스님과 철필로 써서 주고받은 것으로서 일상사와 수행정진을 당부하는 지극한 내용으로 채워져 있다.

연이어 문도질을 기록하고 있는데, 이 문도질에서 특히 주목해야 할 것은 은제자恩弟子와 구분하지 않고 법제자法弟子인 법계명성法界明星을 함께 넣고 있다는 점이다.34) 이것은 은연 중 묘리법희-화산수옥의 법계에서 돌연 법계명성을 내세우고 있는 사실을 보여 주고 있다. 사실상 화산수옥-법계명성의 법계는 수옥 스님 입적 후 18년만인 1983년에 와서 이루어진 것으로써, 문중 어른의 인증을 받아 입적 이후에 건당建幢으로 이루어진 이례적인 것이었다.35)

우리는 법맥을 세울 때 종종 은사와 법사를 혼용하여 쓰는 경우가 허다함을 본다.『화산집』(1990년 3쇄)의 경우에도 당시 은제자 사이에 법제자를 중간에 넣어 법랍法臘 또는 연령별로 기록하는 모습을 보여 주고 있다. 그러나 이렇게 문도질에 은제자와 법제자를 구분하지 않고 상정한 일은 후일 다른 모습을 보이고 있다.「수옥화상비명찬」(李智冠 撰, 2000년 6월)과 근래 세워진(2005년 봄) 비석명은『화산집』과는 약간 다른 모습을 보이고 있는 것이다. 즉,「수옥화상비명찬」에는 수옥 스님의 은제자와 그 법손들을 전부 기록하고 있고, 법제자 법계명성계의 은제자들과 전강傳講제자를 함께 기록하고 있다. 한편, 2005년 봄에 세워진 비석명에는 가장 먼저 수법受法제자인 법계명성을 올린 뒤 그 뒤로 은법恩法제자인 자호慈毫, 자윤慈允, 자장慈藏, 도련道鍊, 자산慈山, 자광慈光,

---

34)『華山集』(90년 증보판)의 문도질은 恩·法弟子가 혼용된 慈毫(입적), 慈允(입적), 明星, 慈藏(입적), 道鍊, 慈光, 香嚴, 德謙의 순으로 올라가 있다.
35) 이곳에서는 당시 (귀산-묘리법희)-화산수옥-법계명성의 법계 상속을 연결코자 한 노력의 흔적을 볼 수 있다. 이것은 전적으로 수옥 스님과 명성 스님과의 생전의 인연과 두 분의 훌륭함에 연유한다. 화산수옥-법계명성의 법맥 상속은 수옥 스님 열반 18주기(1983)에 이루어졌으며, 이후 확정되었다.

화산당 수옥 스님 부도탑비

향엄香嚴, 평타平陀, 덕겸德謙을 넣고 있으며, 명성 스님의 법손상좌와 전강제자는 전부 빼고 정리하고 있다.36) 이와 같은 일은 은법제자 계통과 수법제자 계통과의 혼동을 막고자 한 것으로서 법의 상승은 따로 정리할 필요가 있기 때문인 것으로 여겨진다. 이러한 일은 비구니법계에서 법제자와 은제자를 분류한 일로서 그 의미가 있다고 하겠다. 한편, 재가상좌를 넣고 있고 남녀를 가리지 않고 있는 점도 눈에 띄는 부분이다. 가장 나중에 정리되어 2005년에 세워진 비석명 법계法系를 기록하면 다음과 같다.

<門徒帙>
受法弟子: 法界明星
恩法上佐: 慈毫, 慈允, 慈藏, 道鍊, 慈山, 慈光, 香嚴, 平陀, 德謙.

---

36) 비명찬에는 법계명성 밑에 법손상좌와 전강제자 모두를 싣고 있다.(「陽山內院寺比丘尼華山堂守玉和尙碑文」)

恩孫上佐: 勝慧, 慧燈, 慧哲, 慧源, 慧悟, 慧眼 慧天, 知煥, 承祐, 聖仁, 性功, 和龍, 寶鶴, 眞晟, 靑卄, 眞現, 性默, 法雨, 眞弘, 印星, 知面, 宗範, 智堅, 智炯, 智星, 湛然, 智逸, 現祐, 知恩, 道京, 惠勤, 普禪, 種懺, 無觀, 行圓, 夏潭, 智愚, 知冠, 旨首, 智澤, 知泰, 行深, 度俊, 知律, 知湜, 淸深, 旨德, 知峪, 行俊, 知越, 知炫, 中玄, 圓覺, 法日, 三旲, 性圓, 惠準, 蓉現, 慧淨.
在家上佐: 古佛心, 眞如行, 淸淨華, 自在華, 安心行, 文景鎬, 李英秀, 金成保, 李孝建.

4. 맺음말

한국불교는 일제강점기와 전쟁의 잿더미에서 새로 시작한 지 어언 50여 년을 훌쩍 넘겼다. 그간 선승先僧들은 보리회향菩提回向, 중생회향衆生回向의 산 모범을 우리에게 보여 주었다. 화산당 수옥 스님의 삶을 새롭게 조명해 본 일도 스님의 생전의 모습을 통해 오늘의 시금석을 삼기 위해서이다.

이제는 새로운 장을 열 때이다. 바야흐로 새로운 한국 비구니사를 써야 한다. 우리들은 선배들이 일생을 다해 애써 이루어 놓은 것을 바탕으로 한국불교 비구니의 위상을 세계 속에 널리 선양해야 한다. 2004년 한국에서 '제8차 세계여성불자대회'를 성공적으로 개최한 일이 있다. 단지 국내에서 최초로 여성불자의 힘으로 국제불교행사를 훌륭히 해 내었다는 것으로 만족할 일이 아니다. 꾸준히 부처님의 가르침을 세계적으로 확산시키는 일에 한국 비구니도 일익을 담당해야 한다.

일찍이 수옥 스님의 대선지식이었던 만공 스님은 '세계일화世界一華'를 말씀하였다. 그렇다면 '세계일화'를 위한 우리의 노력은 어떠하여야 하는지 총체적인 점검을 주도적으로 해야 한다. 지금 세계는 경쟁적으로 불법을 통한 자국의 국위 선양의 모습을 발 빠르게 보이고 있다. 그러나 아직도 우리는 '우리의 울타리'를 벗어나지 못하고 있다. 즉 보리회향, 중생회향이라는 우리의 직접적인 과제에 미치지 못하고 있는 것이다. 화산수옥 스님은 자신의 수행뿐만이 아니라 맨발로 직접 대중 속으로 뛰어다니면서 불사를 지어 내셨다. 오늘날 수옥 스님이 다시 이 자리에 오신다면 다음의 불사는 어떤 불사를 지을지 곰곰이 생각해 볼 일이다.

참고문헌

『宋高僧傳』.

경봉, 『圓光開話』, 통도사 극락호국선원, 1979.
불학연구소 편, 『강원총람』, 대한불교조계종교육원, 1977.
_____, 『조계종사: 근현대편』, 대한불교조계종교육원, 2001.
사찰문화연구원 편, 『전통사찰총서』 19, 사찰문화연구원, 2005.
이지관 편, 『한국고승비문총집: 조선조·근현대』, 가산불교문화연구원, 2000.
하춘생, 『깨달음의 꽃』, 도서출판 여래, 1998.
화산수옥, 『華山集』, 천성산 내원사, 1990(3판).

본공당 계명 선사의 삶과 수행

진 광[*]

1. 머리말

이 글의 집필 목적은 본공당本空堂 계명戒明(1907~1965) 선사의 생애와 수행을 통해서 한국 비구니승가의 수행전통과 당시의 수행 일면을 살피는 것이다. 현재의 한국 비구니승가는 불교가 한국에 전래되던 때부터 시작되어 1,600여 년의 오랜 역사와 수행전통을 지니고 있다. 비구니승가의 전통 또한 비구들과 기본적으로는 통하는 부분이 있겠으나 비구니라는 특성 때문에 비구들과는 다른 점이 있을 수 있다고 본다. 그런데 문제는 입적하신 스님의 경우 행적을 추적할 수 있는 자료의 부족으로 인하여 그 본래 면모를 자세히 기술할 수 없다는 것이다. 더구나 비구니선사들의 경우는 비구선사들에 비해서 더욱 자료가 부족하다. 단지 구전되어 오는 말씀과 현재 승가의 모습에서 지나간 비구니스님들

---

[*] 운문승가대학 강사

본공 선사 진영

의 삶과 수행을 미루어 알 수 있을 정도이다. 다행히 최근에는 앞서 살다 가신 비구니스님들의 삶과 수행에 관심을 갖고 그 행적을 추적하여 기록한 자료들과 관련 문헌이 늘어나고 있어, 수행의 한 부분이나마 알려지게 되었다. 이는 매우 의미가 있으며 우리 후학들이 반드시 연구 선양해야 할 일이라고 생각한다. 그리하여 선대 비구니스님들의 수행을 모범 삼아 현재 우리 삶을 성찰하고 미래의 비구니상을 정립해 나아가야 한다.

본공 선사에 관한 자료는 주로 당대 선지식들과의 서신과 『깨달음의 꽃』[1]을 참고하고, 그 밖에 스님의 행적을 기억하는 후학들, 본공 선사와 관련 있는 스님들이 기억해 낸 증언에 의존하고자 한다. 특히 본공 선사의 속가 종질녀이자 상좌인 대구 서봉사에 경희 스님의 증언을 주로 참고하여 선사의 삶과 수행을 살펴본다.

2. 본공 선사의 생애

본공 스님은 1907년 음력 4월 1일에 지금은 북녘 땅이 되어 있는 곳인 강원도 고성군 수동면 덕산리 272번지에 부유하고 독실한 불교 집안에서 출생하였다. 스님은 아버지 달성서徐씨 재현載賢과 어머니 변邊보리성 사이에서 태어난 5남2녀 중 차녀로서, 속명은 봉鳳이다. 스님은 어

---
[1] 하춘생, 「시대의 참 禪客」, 『깨달음의 꽃』(도서출판 여래, 1998), 89~101쪽.

려서부터 인품이 넉넉하고 씩씩하여 장부의 성격을 타고 났으며, 불교 집안의 정서 속에서 선근을 키우며 자랐다.

스님은 19세(1925)에 금강산 유점사 득도암에서 박사득朴四得 스님(1862~1940)의 손상좌인 상운祥雲 스님(1879~1943)[2]을 은사로 모시고 사미니계를 수지하였다. 이때 받은 법명이 '계명戒明'이었다. 당시 은사스님이던 상운 스님도 삭발한

은사 본공 스님을 회상하는 대구 서봉사 주지 경희 스님(상좌)

지 불과 7개월여 밖에 되지 않았던 때였다고 한다.[3] 한편 본공 스님의 상노스님 되시는 사득 스님은[4] 속가에서 물려받은 유산으로 금강산의 비구니재벌로 불릴 만큼 재력이 있었는데 아낌없이 주위에 나누어 주고 불사에 보시하여 주변의 칭송이 자자했다고 한다. 김윤호 스님(1907~1995)의 은사였던 홍상근 스님(1872~1951)과 박사득 스님은 금강산 마하연 선원에서 서진하徐震霞 스님에게서 수계하였으며, 본공 스님과 윤호 스님은 동선東宣 스님에게서 같이 수계하였다. 후에도 두 분은 오랫동안 좋은 도반으로서[5] 서로 수행탁마하였다.

---

2) 1929년 萬性 스님(1870~1935)을 은사로 출가하였으며 금강산 홍수암, 정혜사, 견성암 등에서 수행하였다.
3) 경희 스님(대구 서봉사 주지스님)의 증언.
4) 1887년 금강산 유점사에서 世默 스님을 은사로 출가하였으며 친가의 재산을 금강산 유점사, 장안사, 표훈사, 마하연, 득도암, 홍수암, 신계사에 헌납하고 득도암, 홍수암을 창건하였다. 박사득 스님의 공덕비는 서봉사 경희 스님께서 금강산 신계사에 가셨을 때 일주문 곁에서 처음 발견하였다. 사득 스님은 원래 유점사 스님으로 신계사 불사에 많은 시주를 하셨다고 한다. 뿐만 아니라 금강산 유점사에서 열반계를 모으고 금상산의 여러 사찰의 불사에 보시를 한 기록이 「金剛山楡岾寺涅槃稧案序」에 나오고 있다.
5) 진우(서울 청룡사 주지스님) 스님의 증언.

스님은 23세(1929)에 금강산 유점사에서 조실이신 동선東宣 스님을 계사로 구족계를 수지하였다. 이후 만공 스님이 계시던 수덕사 견성암에서 6년간 용맹정진하였다. 그 후 대성사 윤필암에서 입승으로 3년간의 안거를 마쳤다. 31세(1937)에 윤필암에서 하안거를 마친 후 만공 스님의 가르침에 따라 금강산, 묘향산, 칠보산 일대를 유행하고 오대산에서 한암 스님을 친견하였다. 한암 스님의 가르침에 따라 오대산 지장암에 선원을 개설하고(1937) 여러 해 동안 안거하였다. 42세(1948)에 해인사 국일암에서 선원을 개설하고 입승으로 5년 동안 수행정진하였다. 47세(1953)에 범어사 대성암에서 3년 동안 안거하였고, 50세(1956)에는 통도사 내원사에서 3년의 안거를 마쳤다. 53세(1959)에 설석우 스님이 계시던 남해 도성암에서 1년간 안거정진했으며, 54세(1960) 묘관음사에서 2년간, 56세(1962) 동화사 부도암에서 안거를 하셨다. 이렇듯 수많은 선원에서 수행정진하면서 늘 입승의 소임을 맡아 대중스님들을 이끌었다. 그러다 1965년 음력 2월 27일 세수 59세, 법납 40세로 대구 기린산 서봉사에서 입적하셨다. 상좌로는 법열法悅, 선행善行, 경희慶喜, 도안道眼, 유심唯心, 무주無住, 지홍知弘, 자호 스님 등이 계시지만 다 돌아가시고 현재는 경희,6) 자호 스님만이 생존해 계신다. 손상좌로는 명성明星, 명

---

6) 제정 스님, 「금강산에서 띄우는 편지: 유점사 비구니스님 문중」, 『불교신문』, 2005. 9. 7, "경희 스님의 은사는 본공 스님이고, 본공 스님의 노스님이 사득 스님이다. 본공 스님과 경희 스님은 각각 강원도 고성군 덕산면과 외금강면 출신이다. 지금은 북녘 땅이 되어 있는 곳이다. 모두 부유한 집안에서 자랐으며 본공 스님은 경희 스님의 친이모가 된다. 경희 스님은 어린 시절 할머니 손을 잡고 온정리 온천에 다니던 일들을 생생히 기억하셨다. 할아버지 김중하 거사가 건립한 고성 보통학교에 다니던 시절 신계사까지 소풍을 가기도 했다. 한번은 해금강으로 소풍을 갔다. 해금강 바위 속에서 미륵부처님이 나오시면 새 세상이 된다고 하신 담임 이현규 선생님의 말씀에 모두가 울었다. 암울하던 일제 때 어린이들에게까지도 미륵부처님은 희망이었다. 할아버지는 통천군수를 지내셨으며 효봉 선사와도 가깝게 지내던 사이였다. 효봉 선사는 신계암 상운암과 토굴에서 정진하고 계셨으므로 김중하 거사가 효봉 선사의 말소된 호적을 복구시켜 드리기도 하였다. 훗날 경희 스님이 효봉 종정

원明圓, 명길明吉, 명호明昊, 명우明又, 명순明諄, 명진明進, 명권明權 스님 등 본공 스님 문하(봉래문중)에 약 200여 명의 스님들이 있다.

3. 본공 선사의 수행생활

1) 만공 선사를 친견하다

스님은 23세 구족계를 수지하고 나서 그해 가을, 금강산 마하연선원에서 만공 스님의 법문을 듣고 진발심을 하게 되었다. 마치 보물을 찾은 듯한 느낌이 들었다. 희열에 찬 스님은 만공 스님 회상에서 공부하고자 은사인 상운 스님께 말씀을 드렸으나 허락을 받지 못하였다.[7] 그러나 일대사 인연에 대한 강한 열정으로 스님은 은사스님의 만류에도 불구하고 금강산을 뒤로 한 채 만공 스님이 계시던 덕숭산 수덕사로 발길을 옮겼다. 만공 스님은 기꺼이 스님을 제접하셨다.

수덕사 견성암에서[8] 스님은 한동안 공양주 등의 소임을 살면서 부처님의 설산고행을 본받아 6년 동안 수행정진하였다. 이렇게 6년간 용맹정진 화두참구와 끊임없는 수행의 노력으로 29세(1935)에 드디어 한

스님을 친견했을 때 이 사연을 말씀드리니, 선사께서는 매우 반가워하셨다고 한다. 경희 스님은 열다섯 살이 되던 해방 이듬해(1946) 남쪽으로 내려와 출가하게 되었다. 새내기 스님 때 경희 스님은 한암 선사를 찾아뵙고 법문을 들었다. 선사께서는 '麻三斤' 화두를 내리셨다. 큰스님의 가르침을 받은 경희 스님은 지금까지 참선과 간경, 기도의 수행생활로 한평생을 일관해 오셨다. 또한 현재 봉래문중의 어른으로서 대구 서봉사에 주지로 주석하고 계신다. 장부의 기상으로 가람수호와 대중포교, 그리고 화성양로원 운영 등 사회복지 분야에도 많은 무주상의 선행을 행하시고, 선학원의 이사를 역임하시는 등 종무행정에도 탁월한 역량을 발휘하고 계신다."
7) 경희 스님의 증언에 의하면 그 당시 은사스님은 가사장삼을 뺏고서 못 가게 하였다고 한다.
8) 견성암은 鏡虛惺牛(1849~1912) 스님의 선법을 이은 滿空月面(1871~1946) 스님의 영향으로 1916년 1월 최초로 비구니선원으로 개설되었다.

경지를 터득하였다. 그리고 다음과 같은 게송을 읊으셨다.

어찌 불법에 비구 비구니가 있으며,
세간과 출세간이 있겠는가.
어찌하여 북北이 있고 남南이 있으며,
어찌 너와 내가 있을 수 있으리오.

스님의 나이 24세, 1930년 11월에는 만공 스님이 봉래산에서 『금강경』의 한 구절을 들어 게문偈文을 보내기도 하셨다.

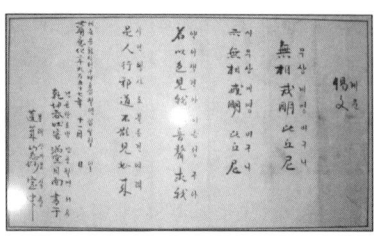

偈文
無相戒明比丘尼, 示無相戒明比丘尼, 若以色見我 以音聲求我, 是人行邪道 不能見如來.
世尊應化二千九百五十七年十一月日, 乾坤吞吐客 滿空月面書于, 蓬萊山慈妙室中.

게 문

무상계명 비구니
무상계명 비구니에게 보이다
만일 물질로써 나를 보거나, 음성으로써 나를 구한다면
그는 사도를 행하는 사람이니, 능히 여래를 볼 수 없을 것이다.9)

세존응화 2957(1930)년 11월 일
하늘과 땅을 삼키고 뱉는 나그네 만공월면 쓰다.
봉래산 자묘실에서.

---

9) 『金剛般若波羅密經』(『大正新修大藏經』 권8, 752上17) 참조.

아래 편지는 26세(1932) 3월 7일 오대산 상원사의 한암 스님께서 보낸 법서이다.

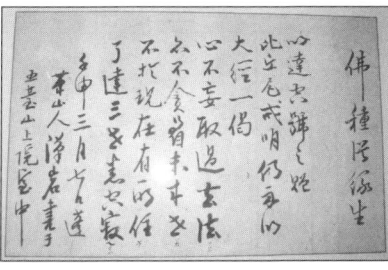

佛種從緣生

以達空號之贈, 比丘尼戒明仍示以大經一偈,
心不妄取過去法, 亦不貪着未來世, 不於現
在有所住, 了達三世悉空寂

壬申三月七日, 蓬萊山人漢岩書于, 五臺山
上院室中.

부처의 종자는 인연을 따라서 난다

달공으로써 호를 지어 주다
비구니 계명에게 대경의 한 게송으로써 이에 보여 준다
마음으로 과거법을 헛되이 잡으려 말고
또한 미래세도 탐착하지 말며
현재 머물러 있는 곳에도 의지하지 않는다면
삼세가 다 공적함을 요달하리라.

임오 3월 7일
봉래산 한암 쓰다
오대산 상원실에서

당시 선지식들께서 보내신 내용을 살펴보면 스님의 수행이 범상치 않았음을 짐작케 한다. 한암 스님으로부터는 '달공達空'이란 호를 받았다. 29세(1935) 스님은 마침내 만공 스님으로부터 법을 인가받고, '본공'이라는 법호를 받게 되었다. 만공 스님은 법호를 내리면서 2~3년 정도 문경 사불산 윤필암선원10)에서 정진하고 오라며 스님을 다시 입승으로

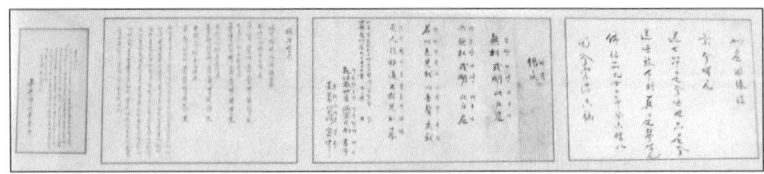
대덕스님들로부터 받은 「달마대사사행론」 및 각종 게문과 찬설 등

보냈다. 여기서 스님은 2년간의 수선안거를 마치고 만행의 길을 떠났다.

다음 게문은 만공 스님께서 법호와 함께 내린 법서로 「달마대사사행론達磨大師四行論」을 잘 살펴 간직하라는 내용이다.

본공 비구니에게 내리노라[11]

달마대사의 사행론
한낱 물건도 지음 없음을 이름하되 도를 짓는다 하며,
한낱 물건도 봄이 없음을 이름하되 도를 본다고 하며,
한낱 물건도 닦음 없음을 이름하되 도를 닦는다 하며,
한낱 물건도 얻음 없음을 이름하되 도를 얻는다 하느니라.[12]

이 네 가지를 경솔하게 살펴 얻으면 헛수고 '도로徒勞'며 큰 병을 얻을지니, 살피고 살필지어다.

'한 물건도 지을 것이 없고, 볼 것도 없고, 닦을 것도 없고, 얻을 것도 없는 것이 바로 도이다.' 이것은 스님의 법호인 본공本空, 즉 '본래 공한 그 자리'가 도道임을 일러 주신 것이다.

---

10) 대승사 윤필암은 1931년에 처음으로 비구니선원으로 개설되었다.
11) 만공 스님이 1935년 '本空'이라는 법호와 함께 내린 법서인 「達磨四行論」은 현재 대구 기린산 서봉사에 소장되어 있다.
12) "達磨大師四行論, 不作一介物名爲作道, 不見一介物名爲見道, 不修一介物名爲修道, 不得一介物名爲得道." 경허성우 편, 「보리달마사행론」, 목판본, 『선문촬요』(이철교 옮김, 민족사, 1999), 80쪽 참조

2) 수선안거의 수행생활

그 후 본공 스님은 31세 때 만공 스님의 권유로 오대산 상원사 한암 스님을 찾아뵈었다. 당시 상원사 선원은 상선원, 중선원, 하선원으로 구분되어 있었는데, 비구니스님들도 수행하였다고 한다.[13] 본공 스님은 한암 스님의 지도 아래 월정사 지장암[14]에 비구니선원을 처음 개설 (1937)하였다. 남대 지장암을 비구니선원으로 개설함에 따라 지장암은 북방 최초의 비구니선원으로 떠오르게 되었다. 스님은 그 후 수년간 지장암에서 수행정진하였다. 1943년에는 만공 스님이 오대산 지장암선원으로 오셔서 비구니수좌들에게 참선을 지도하기도 하였다. 참고로 지장암 기린선원[15]의 청규를 살펴보면 안거기간 동안의 수선납자 스님들의 수행의 면모를 가늠할 수 있다.

기린선원의 청규
① 지대방에서는 묵언한다.
② 반살림 등산과 자유정진을 하지 않는다.
③ 개인적 포행은 자장암 입구 다리와 선원 산쪽 텃밭 중부리 개울을 넘지 못한다.
④ 안거 중에 사무실, 월정사 및 산내 암자를 출입하지 못한다.
⑤ 텔레비전, 신문, 잡지 등을 보지 못한다.
⑥ 안거 중 정진 시간은 오전 3시부터 오후 10시까지로 한다.
⑦ 입방자는 구족계 수지자로 3안거 이상 성만한 자라야 한다.
⑧ 정하지 아니한 규범은 선원규범 교본에 의한다.

---

13) 경희 스님의 증언.
14) 지장암은 월정사의 산내 암자로 남대 지장암으로 불린다. 신라 선덕여왕 12년(643) 자장율사가 문수보살을 친견하고자 월정사와 함께 창건하였다.
15) 1996년에 경희 스님의 상좌 명인 스님이 도감 소임을 맡아 지장암선원을 麒麟禪院이라 이름 했다.

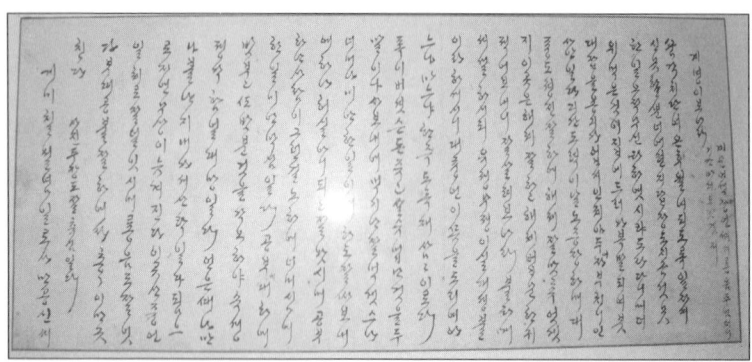

만공 선사가 보낸 서신(1943)

⑨ 안거 중 청규를 위반한 자는 자진 퇴방한다.

본공 스님의 수행 진면목이 드러나던 시기는 전국 각지의 선원을 돌며 정진한 20여 년간이라 할 수 있다. 스님은 나이 30세 때인 1936년부터 59세가 되는 1965년까지 20여 년간 제방의 선원에서 수행정진을 하셨다. 다음은 본공 스님 37세(1943) 때 만공 스님께서 보내신 한글 편지이다.

계명이 보아라
계문 여섯 장을 써서 용음에게16) 주었더니 그간 받아 보았겠지.
꿈같이 다녀 온 후 월여月餘되도록 일자 서신 못할 뿐 너의 편지 답장도 지금 껏 못한 일 오직 무심無心타 하였으랴. 돌아다니며 더위 먹은 것이 집에 들어와 재발再發되어 붓대 잡을 용기가 없어 이제야 두어 자 부치니 인사 아니로다. 그간 도력이 날로 증장增長하며 대중도 정진 잘하여 해제 잘 마치었겠지. 이곳은 해제 잘하고 해제 법문 한 귀 적어 보내니 잘 살펴보아라. 불타께서 설하시되 "유정무정有情無情이 실개성불悉皆成佛이라" 하셨으니, 대중은 이 뜻을 도

---
16) 만공 스님의 제자.

리어 아느냐, 마느냐? 한즉, 도득재삼삼徒得再三三이로다.

표고버섯은 돈 주고 살 수 없는 것을 두 말이나 사 보내어 먹기는 잘 먹겠으나 너무나 미안한 일이며 하도 잘 싸 보내어 하나도 허실 아니 되고 잘 왔으며 공부하는 사람이 그런 것으로 인하여 너무 심려한 일 미안막심이다. 어느 때나 만나 볼는지 내가 서산낙일西山落日 다 되므로 자연무상이 느껴진다. 이곳 산중은 일체로 잘들 있으며 용음도 잘 있다. 부디 공부를 잘 하여라.

총총 이만 그친다. 사진 두 장도 잘 받았다.

계미癸未(1943) 칠월 염일炎日 노사 만공 신서信書

또 같은 해 보내신 게송이다.

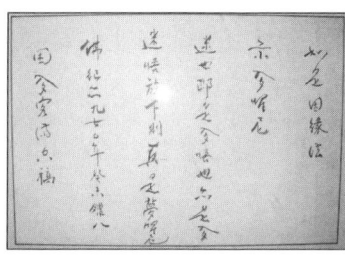

如是因緣法
示夢惺尼, 迷也即是夢, 悟也亦是夢, 迷悟放下則, 眞是夢惺尼.
佛紀二九七十年癸未臘月八日, 因夢客滿空稿.

인연법이 이와 같도다
몽성비구니에게 보이다
미혹함이 곧 꿈이며
깨달음도 또한 이 꿈이라
미혹함과 깨달음을 놓아버리면
참으로 이 꿈 깬 비구니로다.

불기2970년 계미(1943) 12월 8일
졸며 꿈꾸는 나그네 만공 쓰다.

그 이듬해 본공 스님이 38세 때 만공 스님은 다음과 같은 편지를 보내어 무상이 신속하므로 용맹정진하기를 부탁하였다.

본공 보아라.

궁금하던 차에 생각지도 않던 친찰親札을 받고 보니 일색日色이 반갑다. 무사히 환사還寺하였다니 천만다행이며, 선행善行을 만나 같이 들어갔다니 잘된 일이며, 대중이 모두 '일체一切' 청정淸淨들 하시며 산중山中이 동일同一하느냐? 이곳 차처此處는 한산중이 한결같이 무고無故들 하니 멀리서 호법護法하는 덕이리라. 무상無常이 신속함을 자주 깨우쳐 용맹으로 정진 잘하여라. 총총怱怱, 그친다.

갑신甲申(1944) 음력 3월 19일

곤몽객困夢客 만공滿空 회신回信[17]

42세(1948)에는 해인사 국일암에 최초의 비구니선원을 열고[18] 입승을 사셨다. 당시 해인사에는 청담 스님과 성철 스님이 계셨고, 해방 후 처음으로 총림이 개설되어 절하는 의식과 장삼 등의 복식을 새로 정비하였다고 한다.[19] 그 후 효봉 스님 회상에서 5년여에 걸쳐 정진하여 법열의 기쁨을 누렸다.

또 스님이 국일암에 머물 때 손상좌인 명성 스님을 얻게 되어 매우 좋아하셨다고 한다. 당시 관응 스님께서 강릉 포교당에 주석하시면서 본공 스님 앞으로 명성 스님을 출가시키려고 하였다. 그러나 본공 스님의 상좌인 선행 스님이 상좌가 없었기 때문에 선행 스님을 은사로 하여 출가하게 되었다. 본공 스님은 생전에 가장 아끼시던 명성 스님을 손상좌로 두게 되어 몹시 기뻐하셨다고 한다. 그것은 훗날 대강백이 되어 비구니계의 큰 거목이 될 것을 미루어 짐작하셨기 때문일까. 한 번은

---

17) 한글편지는 당시의 맞춤법과 띄어쓰기가 맞지 않기에 현대어로 바꾸어 해석한 것이다.
18) 해주 스님은 「한국 근현대 비구니의 수행에 대한 고찰」, '한국 비구니 수행전통에 대한 포럼' 논문집(전국비구니회, 2006년 6월), 35쪽에서 1944년 대원 스님이 처음 개설하였다고 기록하고 있다. 그러나 혜해 스님은 이와 달리 해방 이후 본공 스님께서 최초로 선원을 열고 입승을 사셨다고 기억하고 계셨다.
19) 혜해 스님(경주 흥륜사)의 증언.

범어사 대성암에 입승으로 계실 때의 일이다. 손상좌인 명성 스님을 자랑하고 싶은 마음에 이제 갓 삭발한 스님을 칠성각에 불공을 드리게 하였다. 이때 도량석과 쇳송을 한 명성 스님은 그만 큰 방의 어간으로 들어가는 실수를 범했다고 한

우측부터 명성, 경희, 본공, 선행 스님

다.[20] 이처럼 손상좌인 명성 스님에 대한 각별한 마음은 반드시 기도할 때마다 이름을 불러 늘 축원을 해 주셨다는 점에서도 드러난다.[21]

다음은 45세(1951) 때 석우 스님께서 친히 내리신 법문이다.

비구니 각환 보아라
환상인 줄 알면 곧장 벗어남이니
방편을 지을 필요가 없고
벗어난 줄 알면 곧장 깨달음이니
또한 차근차근 닦을 필요가 없다
또한 말해 보라. 방편도 아니고 점차도 없는 이것이 무슨 경계인고?
그것은 바로 각환 비구니로다. 억!

불기2978(1951)년 월 일
풍악비구楓岳比丘 석우石友 설하다

示比丘尼覺幻. 知幻卽離不作方便, 知離卽覺亦無漸次, 凡道不方便無漸次, 是甚麽境界, 只是箇覺幻比丘尼, 咄. 佛紀二九七八月日, 楓岳比丘石友說.

---

20) 명성 스님(전국비구니회장, 운문사 회주 및 학장)의 증언.
21) 경희 스님의 증언.

이것은 본각과 돈오에 대한 법문으로 『원각경』을 인용하여[22] '각환'의 법호를 설명하신 내용이다. '우리의 신심과 지견이 다 환화幻化의 허망한 경계이다. 이 일체 허망한 경계를 떠나면 곧 본각성을 수순하는 것이다. 어찌 다시 방편을 지어서 점차로 닦겠는가. 오로지 수승한 원돈圓頓의 근기여야 가능할 것이다.' 스님의 수행경계를 짐작케 하는 내용이다.

또한 스님은 월내 묘관음사 향곡 스님 회상에서 3년간 수행정진하였으며, 47세(1953)에는 범어사 대성암에서 3년간 안거에 들어갔다. 그 후 양산 내원사, 동화사 부도암, 양진암, 내원암 선원 등지에서 수행정진하셨고, 당시 큰스님들께서는 칭찬을 아끼지 않았다. 이렇게 스님은 제방 선원에서 입승을 사시면서 돌아가실 때까지 수선안거의 철저한 수행생활로 일관하셨다. 그러다 스님은 1965년 음력 2월 27일, 세수 59세, 법랍 40세를 일기로 대구 기린산 서봉사에서 입적하셨다.

양산 내원사 선방에서
(우측부터 본공, 법희, 수옥 스님 ; 1964년 3월)

---

[22] 『大方廣圓覺修多羅了義經』(『大正新修大藏經』권17, 914上), "知幻卽離, 不作方便, 離幻卽覺, 亦無漸次."

4. 수행의 특징

1) 철저한 신심

스님의 수행가풍을 한마디로 요약한다면 철저한 신심, 그리고 기도와 참선의 일치이다. 스님은 31세(1937) 만공 스님의 권유로 윤필암에서 3년간의 안거를 마치고, 7월 보름 해제를 맞이하였다. 스님은 "오대산 신선골로 가서 한암 스님을 친견하라"는 만공

금강산 구룡폭포 가는 허공다리 위에서
(우측부터 대현, 본공, 선경 스님)

스님의 가르침을 받고, 그해 초겨울 도반인 대현大賢, 선경禪敬 스님과 함께 동행하였다. 차가 없어 걸어서 강릉을 지나 사천을 넘어가는 데 도중에 눈이 많이 내려 앞뒤를 분별하기 힘들 정도로 어려웠다. 문득 길을 잃고 헤매는데 갑자기 하얀 강아지 한 마리가 나타나 스님 앞을 지나갔다. 눈 덮인 첩첩산중에 웬 강아지냐는 생각이 들었으나, 기이한 마음이 앞서 강아지를 쫓아가는 수밖에 없었다. 그렇게 얼마를 가니 상원사 기와집이 눈앞에 나타났고, 그 순간 하얀 강아지는 온데간데없이 사라져 버렸다. 때마침 상원사의 저녁예불 범종소리만 산천의 적막을 울리고 있었다. 무사히 상원사에 도착하여 이 사실을 한암 스님께 말씀드렸더니, "신심이 있으면 어떠한 일도 극복할 수 있다. 그 하얀 강아지는 강아지가 아니라, 문수보살의 화신이었느니라"고 하였다. 이 일화는 스님의 신심과 참선에 대한 열정에 감응하여 문수보살이 도와주신 것

이라고 생각된다. 그 후 스님은 한암 스님을 친견한 후 오대산 지장암에 선방을 개설하여 입승을 사시며 수년 간 수선안거를 하였다. 이 밖에도 통도사 보타암·범어사 대성암·내원사·남해 도성암·묘관음사·동화사 부도암 등지에서 수행정진하였으며 납자의 본분을 한 치도 게을리 하지 않았다.

또 효봉·향곡·석우 스님 등 대덕 스님들이 "본공은 예사 비구니가 아니다"며 격려를 아끼지 않으셨다고 한다. 또한 스님께서는 늘 경희 스님에게 말씀하시기를 "수좌는 반드시 신심이 있어야 하며 애써서 공부해야 한다"고 하셨으며 기도를 많이 하셨다고 한다. 그리고 후학들에게 항상 "선객은 신심으로 애써 공부해야 된다. 신심이 없으면 절대로 깨달을 수 없으며 참다운 수행인이 아니다"라는 것을 늘 강조하셨다.

2) 참선과 기도의 일치

앞에서도 살펴보았듯이 만공 스님께서 보내신 법어인 인연법의 실체 없음을 설파한 '여시인연법如是因緣法', 금강경 사구게를 쓴 '게문偈文', 달마 대사 「이입사행론二入四行論」의 일부로 공부법을 일러 주신 '사본공니賜本空尼' 게문과 해제 상당법어와 관련된 편지 '계명이 보아라', 무상의 신속함을 깨우쳐 용맹정진을 당부하는 편지 '불종종연생佛種從緣生', 석우 스님께서 본각과 돈오에 대한 법문으로 주신 '시비구니각환示比丘尼覺幻' 등의 내용들은 스님의 수행력과 법에 대한 간절한 구도의 열정 등을 보여 주는 좋은 예들이다. 대중에서 스님은 늘 '입승스님'으로 불려졌다. 만공 스님께 인가를 받은 후부터 제방의 선원에서 수선안거를 할 때마다 입승의 소임을 맡았기 때문이다.

스님은 평소 '선이 기도요, 기도가 선'이라는 확신을 가지고 계셨다. 여기서 말하는 '기도'란 정신의 집중이며, 또한 선과 동일한 것이고, 스님의 수행관을 잘 드러내는 것 중의 하나이다. 그래서 스님은 해제 후에는 반드시 기도를 하셨고, 길을 가다가도 물고기나 뭇 생명 등이 죽게 생겼으면 반드시 사서 방생을 하였다고 한다(경희 스님 회고). 또한 스님의 수행 모습은 넉넉한 인품에 장부의 기상이 있었으며, 비구들도 꼼짝 못할 수행력이 있었다고 한다.

5. 맺음말

금강산 신계사 만세루 앞에는 현재 사각의 돌기둥이 있다. 이 돌기둥에는 '시주표施主標'라 써 있고 또한 '박사득朴四得'이라고 새겨져 있다. 이는 일제강점기에 신계사의 어려운 살림에 많은 시주를 하신 사득 스님을 기리는 공덕비이다.[23] 처음에 언급했듯이 사득 스님은 바로 본공 선사의 노스님이다. 사득 스님은 평양의 부잣집 따님으로 태어나 유점사 홍선암으로 출가한 후 유점사를 비롯하여 금강산 일대의 절마다 많은 시주를 하셨다. 이러한 내용은 「금강산유점사열반계안서金剛山楡岾寺涅槃禊案序」[24]에 전하고 있다.

본공 선사가 출가하신 득도암도 바로 사득 스님에 의해 창건된 사찰이다. 이러한 선근의 인연으로 사득 스님을 필두로 한 금강산 유점사 홍선암 문중들은 스님께서 만년에 주석한 서봉사를 중심으로 '봉래문

---

23) 제정 스님, 「금강산에서 띄우는 편지: 유점사 비구니스님 문중」, 『불교신문』(2005. 9. 7).
24) 원본은 현재 서울 청량사에 보관되어 있다. 이 책의 315~316쪽 참조.

중蓬萊門中'을 형성하여 그 법맥을 잇고 있다. 그리하여 오늘날 오대산 월정사 지장암, 대구 기린산 서봉사, 우리나라 최대의 비구니 교육도량인 청도 운문사, 서울 성심사 등을 중심으로 번창하고 있을 뿐 아니라 한국 비구니문중의 큰 흐름을 이루고 있다.

본공 선사가 살았던 시기는 한국불교사에서 근현대[25]에 해당한다. 당시에 비구니선원의 상황을 대략 살펴보면 만공월면(1871~1946) 스님의 영향으로 1916년 1월 수덕사 견성암에 최초로 비구니선원이 개설되었다. 비구니선원으로는 수덕사 견성암(1916)에 이어 내장사 소림선원(1924, 세만), 동화사 부도암(1927, 성문), 직지사 서전(1928, 성문), 대승사 윤필암(1931), 월정사 지장암(1937, 본공), 해인사 국일암(1944, 대원), 해인사 삼선암(1945, 성문) 등이 차례로 개원하였다.[26]

수행의 방법에 있어서는 개인에 따라 오롯이 한 가지 수행을 하는 경우도 있으나, 대부분은 두 가지 이상을 겸수하였으며 전 분야에 걸쳐서 두루 섭렵한 경우도 있다. 근현대를 살다 간, 후학들에게 귀감이 되는 비구니스님들[27]의 수행 양상을 일단 5분야에 배대한 것을 살펴보면,

---

25) 해주, 「한국 근·현대 비구니의 수행에 대한 고찰」, '한국 비구니 수행전통에 대한 포럼' 논문집, 33쪽.
대한불교조계종교육원 불학연구소에서 펴낸 『조계종사: 근현대편』을 보면 한국불교사에 있어서 근현대 시대를, (1)근대교단의 태동(1876~1910), (2)민족불교의 시련과 극복(1910~1945), (3)불교의 자주화와 교단개(1945~1962), (4)대한불교조계종의 성립과 발전(1962~1999) 등의 4시기로 구분하고 있다. 이는 근대의 시작을 1876년 강화도조약이 체결되어 개항이 시작된 시점으로 보고, 1945년 8·15해방 이후부터 현대로 본 것이다. 근대는 다시 1910년 한일합방을 기점으로 하여 전후시기로 나누고, 현대는 1962년 대한불교조계종의 성립을 중심으로 전후 둘로 나눈 것이다.
26) 해주, 「한국 근·현대 비구니의 수행에 대한 고찰」, '한국 비구니 수행전통에 대한 포럼' 논문집, 35쪽.
27) 하춘생의 『깨달음의 꽃』과 대한불교조계종교육원 불학연구소에서 펴낸 『선원총람』, 『강원총람』, 『한국근현대불교사연표』에서 언급한 스님들을 중심으로 하고 입적한 스님에 한하였다.

본공 선사의 경우 참선과 간경 그리고 선원의 가람수호 및 대중외호를 두루 겸비하였음을 알 수 있다.28) 좀 더 정확하게 말하자면, 본공 선사의 수행 특징은 철저한 신심과 아울러 참선과 기도의 일치이다. 스님은 한평생을 선객의 풍모로 오롯하게 수행정진하셨다. 법어나 문집이 남아 있지 않지만 수행력이 뛰어난 분이셨다는 것을 큰스님들의 법서와 같이 모시고 살았던 스님들의 증언을 통해서도 알 수 있었다.

스님의 수행관은 철저한 신심과 깨달음을 얻기 위한 구도 그 자체였다. 그리고 기도가 곧 참선이라는 생각으로 중생교화의 원력을 실천하셨으며 해제 때면 반드시 기도를 하셨다고 한다. 한 시대의 비구니의 조실 역할을 맡아 살아오신 스님은 엄격하면서도 매우 자상하고 인자하셨으며 고집스러울 만큼 청빈한 수행자의 삶을 실천한 무소유의 눈 푸른 수행자였다. 이렇게 일생 동안 깨달음을 구하고 중생을 교화한 스님의 수행은 지금도 후학들의 모범이 되어 면면히 이어져 내려오고 있다.

---

28) 해주, 「한국 근·현대 비구니의 수행에 대한 고찰」, '한국 비구니 수행전통에 대한 포럼' 논문집, 41쪽.
　① 참선: 상근, 긍탄, 법희, 금룡, 성문, 월혜, 일엽, 만성, 수인, 도준, 혜옥, 수옥, 정행, 대영, 선경, 법일, 도원, 진오, 만선, 본공, 윤호, 쾌유, 인홍, 광호, 장일, 창법, 혜춘, 응민, 세등.
　② 간경과 교육: 경봉, 긍탄, 법희, 금룡, 성문, 수인, 혜옥, 수옥, 정행, 법일, 본공, 은영, 광호, 세등.
　③ 가람수호와 대중외호
　　선원: 세만, 성문, 만성, 도준, 법일, 도원, 진오, 본공, 윤호, 쾌유, 인홍, 혜춘, 대원, 수옥, 상명, 선진, 성련, 장일, 원만, 세등.
　　강원: 금룡, 수옥, 수인, 은영, 광호, 자현.
　　교화: 윤호, 사득, 태수, 수늠, 상근, 수인, 은영, 자현, 혜옥, 도준, 만선, 성문, 광호, 수옥, 법일.
　④ 염불기도와 포교복지
　　염불기도: 상근, 천일, 긍탄, 자현, 성문, 수인, 본공.
　　포교복지: 자현, 만선, 수인, 혜옥, 수옥, 일엽, 세등, 천일, 광호, 은영.
　⑤ 종무와 계단
　　종무: 긍탄, 인홍, 쾌유, 수인, 혜옥, 수옥, 법일, 은영, 혜춘, 천일, 장일.
　　계단: 정행, 광호, 수인, 인홍, 운호, 법일, 태구, 법형.

참고문헌

『金剛般若波羅密經』.
『大方廣圓覺修多羅了義經』.

경허성우 편, 『선문촬요』, 이철교 역, 민족사, 1999.
법기문중계보 편찬위원회, 『比丘尼法起門中系譜』, 1994.
봉래문도회, 『봉래문중 계보』, 서봉사, 2006.
불학연구소 편, 『조계종사: 근현대편』, 대한불교조계종교육원, 2000.
운문사, 『雲門會報』 10, 1984.
제 정, 「금강산에서 띄우는 편지: 유점사 비구니스님 문중」, 『불교신문』, 2005. 9. 7.
청룡사, 『靑龍寺誌』, 1972(4월).
하춘생, 『깨달음의 꽃』, 도서출판 여래, 1998.
한국비구니연구소, 『비구니와 여성불교』 5, 2003.
해 주, 「한국 근현대 비구니의 수행에 대한 고찰」, '한국 비구니 수행전통에 대한 포럼' 논문집, 전국비구니회, 2006.

[부록 1]
「본공 선사 행장」
1907년. 4월 1일(음). 강원도 고성군 수동면 덕산리 272번지에서 출생.
1925년. 朴四得 스님의 손상자이신 祥雲 스님의 상좌로서 금강산 유점사 득도 암에서 祥雲 스님을 恩師로 득도·수계(사미계명은 戒明)
1929년. 금강산 유점사에서 東宣 스님을 계사로 구족계 받음.
1929년. 수덕사 견성암에서 안거.
1935년. 문경 윤필암에서 하안거 후 만공 스님의 교시에 따라 금강산 묘향산 칠보산 일대 유행, 한암 스님 친견해 한암 스님의 교시에 따라 오대산 지장암에서 선방 개설 후 안거. 만공 스님 법인가. 법호 '本空'.
1948년. 해인사 국일암에 선방 개설, 5년 동안 안거.
1953년. 범어사 대성암에서 3년 안거.
1956년. 통도사 내원사에서 3년 안거.
1959년. 설석우 스님이 계시던 남해 도성암에서 1년 안거.

1960년. 묘관음사에서 2년 안거.
1962년. 팔공산 동화사에서 안거.
1965년. 2월 27일(음) 세수 59세, 법랍 40세로 대구 서봉사에서 입적함.

「계보」

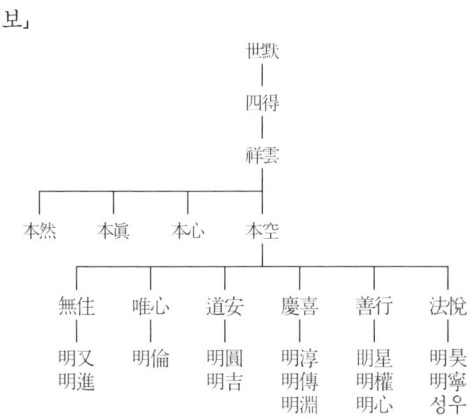

[부록 2]
「금강산유점사열반계안서 金剛山楡岾寺涅槃禊案序」
범어로 열반涅槃이라고 하는 것은 중국어로 하자면 멸도滅度인데, 벽지불이나 아라한이 연기의 진리를 겨우 깨달아서 어느 정도 증득함이 있더라도 여전히 남은 바가 있는 그런 것이 아니다. 그것은 온 세상의 가장 소중한 왕이신 부처님께서 가장 마지막으로 모범을 베푸시고 나서, 교화를 거두시고 본원으로 돌아가시며, 두루 밝으면서도 고요하게 비추시는 것이다. 무릇 청정한 법계신은 본래 생겨나고 없어짐이 없지만 대자대비의 원력으로써 나고 죽음이 있음을 보이셨다. 가르침 가운데에 이른바 "오신 것도 중생을 위하여 오셨음이요, 가신 것도 중생을 위하여 가심이라" 하신 것이 바로 그 증거인 것이다.
우리의 근본 스승이신 석가모니 부처님께서 쿠시라가라에서 열반을 보여 주신 것이 지금까지 순식간에 천년을 세 번이나 지난 즉, 곰곰이 생각해 보건데 우리들이 고해에 표류하나가 오백나한의 뒤 끝에 겨우 도달하였으니, 석양빛을 겨우 받고, 한 두 물방울로 겨우 목을 적시며, 눈먼 거북이가 어쩌다 나무를 만난 것으로 어찌 행여나 참으로 서로 비유가 될 수 있으리요! 화급한 집 자손이 태어나서부터 이를 기르는 것을 잘라 버리니, 교敎로 말하자면 고향을 떠나 장자長子를 만난 것이고 약으로 말하자면 타향에서 의사 아버지를 만난 것인데, 어찌 은혜를 버리고 등지는 것이 이와 같은가!

하물며 이월 보름밤과 사월 초파일은 바로 우리 부처님께서 태어나시고 돌아가신 때이나, 요즈음 혹시 머리 깎고 먹물 옷을 입은 자들은 오히려 날짜마저 분별하지 못하면서 걸핏하면 다리를 뻗고 졸면서 허송세월하고 있으니, 깨끗한 복(淨福)짓는 것마저 잊어버린 재가신자들이야 어찌 논할 것이 있겠는가!

또한 요즘의 유가의 후손들은 부모가 돌아가심에도 혼백이 어느 세상에 떨어지는 지도 알지 못하면서, 오히려 제수祭需를 바쳐서 부모를 천도하며, 희생을 바쳐서 부모에게 고할 수 있기를 바라며, 선조의 영혼이 반드시 흠향할 수 있기를 바란다.

또한 하물며 대각 석가모니 부처님께서 상호는 비록 감추셨으나 법신은 항상 머무시어 중생계에 내려오시니, 마땅히 열렬한 마음을 간절히 다하고, 잡념 없는 마음을 경건하게 기울이고, 명호를 놓치지 않고 사모하는 마음을 바치는 데 쉴 틈이 없어야 하리라!

이에 어리석고 졸렬한 이가 계책을 내어 동포들에게 널리 알리노니, 괴로운 구렁텅이에 터를 잡는 것과 복밭에 씨를 뿌리는 것이 어찌 같을 수 있으며, 생사生死에 발을 들여놓는 것과 열반의 자물쇠를 여는 것이 어찌 같을 수 있겠는가! 떨어진 이슬방울은 시내에 흘러들어 큰 바다로 돌아가고, 날아다니던 먼지는 삼태기에 붙어 높은 산에 합쳐지나니, 그렇다면 이 열반계 문서가 어찌 열반문으로 들어가는 하나의 길이 아니겠는가! 이 문에 들어왔다고 게으름을 피우지 말라!

光武 9년(1905) 1월 化主 삼가 씀.
三綱 住持 竹山長燮
수좌 心秀

원허당 인홍 선사와
비구니승가 출가정신의 확립

본 각*

1. 머리말

석존의 출가를 '크나큰 방기放棄'라고 흔히 정의하고 있다. 석존은 무엇을 버리셨기에 동서의 학자들이 석존의 출가를 어떠한 버림과도 견줄 수 없는 '크나큰 버림'이라고 말하고 있는 것일까?

석존은 왕자로 태어난 왕위의 계승자였고, 태자 시절 최상의 호화로운 생활을 하였다. 그러한 석존이 출가 후에 식생활은 항상 걸식하고, 의생활은 분소의糞掃衣인 누더기로 만족하고, 주거생활은 나무 아래에서 운수雲水생활을 하였고, 몸이 아플 때에는 흔히 구할 수 있는 약으로 몸을 추슬렀다. 곧 걸식과 분소의와 수하좌樹下座와 진기약陳棄藥에 의한 출가생활을 일생 동안 지켜 나갔던 것이다.[1] 이는 왕자였을 때의 생

---

* 중앙승가대학 교수.
1) 『四分律』에 밝히고 있는 출가수행자의 '四依法'(『大正新修大藏經』 22, 758中下).

원허당 인홍 선사

활과는 너무나 다른 고행의 삶을 스스로 선택한, 욕망으로부터 벗어난 구도의 삶이었다. 이것이 바로 열반을 성취하는 데에 바른 길로 제시되는 '출가'의 근본정신이다. 다음의 부처님 말씀은 본 논문에서 큰 틀의 주제로 다루고 있는 출가의 진정한 의미에 대해 말해주고 있다.

석존께서 사위성 기원정사에 계실 때 깊은 밤에 천신天神이 내려와서 가르침을 구하였다.
"이 세상은 무엇에 의하여 얽매여 있으며, 무엇을 항복받으면 그 결박이 풀리며, 무엇을 끊어 버리면 열반을 얻을 수 있는가?"
석존은 다음과 같이 답을 하셨다.
"세상은 끝없는 애욕愛欲에 얽매여 있으며, 욕락欲樂을 벗어나면 해탈을 얻고, 갈애渴愛를 끊어 버리면 열반을 얻을 수 있다."2)

본 논문은 이 시대에 진정한 한국비구니승가의 참모습을 진단해 보고자 원허당圓虛堂 인홍仁弘 선사의 출가정신을 검토하였다. 인홍 선사는 현재 한국비구니승가의 전체를 이끄는 '전국비구니회'의 초대 총재일 뿐만 아니라, 근세 한국불교의 과도기에 비구니 대표로서 한국불교의 정화를 이끈 주역이셨다. 특히 비구니승가의 출가정신을 확립하는 데에 일생 혼신의 힘을 다하셨다. 사회적인 제도나 관습으로 남아 있던

---

2) 『雜阿含經』 제1010, 「縛經」(『大正新修大藏經』 2, 264中下).

여성에 대한 편견을 깨고 출가장부로서의 투철한 정신을 확립하는 데 모범을 보이신 것이다. 이처럼 발심출가하여 불조佛祖의 혜명慧命을 잇는 삶이 어떠한 것인가를 몸소 실천해 보이신 인홍 선사의 일생을 회고해 보는 것은, 한국비구니승가의 출가정신과 수행전통을 바로 세우는 데에 참된 초석이 될 것이다.

2. 생사해탈과 정법수호의 서원

인홍 선사는 1908년 칠월칠석날, 경북 영일군 대송면 동촌리에서 부친 월성이씨 종순種淳 공과 모친 진주하씨 수이水伊 여사 사이에서 3남 3녀 중 2녀로 태어나셨다. 속가 이름은 동이同伊, 또는 귀동貴同으로 불리셨다. 모친은 투구와 갑옷을 갖춘 늠름한 장군이 백마를 타고 방으로 들어오는 것을 태몽으로 꾸고서 선사를 잉태하였다고 한다.3) 모친의 태몽은 선사의 행적을 예견하게 하

생전에 쓰시던 인홍 선사의 가사장삼과 발우

는 것으로서, 일생을 출가장부로서 사셨던 모습 그대로이다.

1941년 9월 선사는 세상만사를 초연히 벗어나서 드디어 출가입산의 서원을 세우고 해인사에 참배하였으나 참다운 법의 인연을 얻지 못하

---

3) 「원허당 인홍 큰스님을 그리며」, 『古鏡』(불기 2541년 겨울호). 이 글은 불기 2538년 9월 5일 微侍者 기록의 원본에서 발췌해서 실은 것이다(원본 2쪽 참조).

1943년 오대산에서 만공 큰스님을 모시고

셨다. 북으로 발길을 돌려 강원도 오대산 적멸보궁을 참배하고 상원사에서 한암 대종사를 친견하시니 비로소 막혔던 가슴이 확 트이는 법연을 만나셨다고 한다. 평소 문장에 능하셨던 선사는 선지식을 알현한 그때의 감회를 다음의 글로 토로하셨다.

세간에 영화롭고 욕되는 일들,
알고 보니 거품이요 몽환夢幻이로다.
오늘날 법문 듣고 모두 잊으니,
천지가 내 것이요 광명光明뿐일세.

인홍 선사는 세상사를 몽환으로 보는, 즉 무상을 깨달으시고 그로부터 벗어나는 생사해탈의 길을 찾으셨던 것이다. 곧바로 월정사 지장암에 주석하셨던 대비구니 정자淨慈 노사께 은사의 예를 올리고 출가의 길에 드시어 한암 대종사를 모시고 사미니계를 수지하셨다. 1943년에는 강릉포교당에서 금강산 유점사에서 오신 일운一雲 율사로부터 천불千佛의 보살대계를 수지하시고, 1945년에는 서울 안국동 선학원에서 동산東山 율사로부터 비구니계를 수지하시니 비로소 출가장부의 품격을 갖추시게 되었다. 그 후 수덕사 만공회상滿空會上에서 3하안거를 마치시고, 다시 1947년 오대산 한암회상漢岩會上에서 2하안거를 성만하셨다. 어느 날 큰 구두를 얻어 신으시고 천지를 활보하는 꿈을 꾸신 다음에 실제로 사불산 대승사, 희양산 봉암사, 창원 성주사 등지에서 자운慈雲, 성철性徹, 향곡香谷, 보문普門 등 선지식을 친견하셨다.

1949년에는 월내 묘관음사에서 겨울 안거를 보내시던 중, 일생에 정신적인 스승이셨던 성철 대종사와의 특별한 법연을 얻게 된다. 그해 겨울 인홍 선사는 너무나 열심히 정진을 하신 결과 수행 도중 마음에 경계가 일어나서 성철 대종사께 자신이 느끼는 수행 중의 경계를 고하고 인가를 얻고자 하였다. 성철 대종사께서는 단호하게 "수행이란 그러한 것이 아니다. 동정일여動靜一如와 몽중일여夢中一如와 숙면일여熟眠一如를 얻어서 오매일여寤寐一如가 되어야 비로소 수행의 경지를 얻었다고 말할 수 있다"라는 3분단分段의 법문을 설하셨다. 인홍 선사는 선지식

자운 율사를 모시고

1970년 묘엄, 불필 스님과 함께 해인사 백련암에서 성철 큰스님을 모시고

의 가르침에 대한 무한한 환희심과 신심을 얻게 된다. 이때의 선지식에 대한 믿음이 일생의 스승으로서 성철 대종사를 모시게 되는 기연機緣이 되었다. 성철 대종사는 "공부인은 실제로 오매일여를 넘어서서 내외가 명철한 구경究竟의 묘각妙覺을 얻어야 비로소 견성見性이며, 그렇게 되기 위해서는 목숨을 돌보지 않고 노력 정진해야 한다"고 간곡히 당부하셨다. 인홍 선사는 성철 대종사의 이때의 가르침을 만고에 불변하는 진리로 마음에 간직하셨다. 또한 인홍 선사는 성철 대종사가 보여 주신 "출가자는 부처님 정법대로 살아야 하고, 부처님이 제정하신 계율은 수행자의 생명이다"라는 구도자의 숭고한 정신 앞에, 참스승을 만났다는 환희심과 도를 구하는 길에 생명을 바치겠다는 각오로 새롭게 태어나셨다고 술회하셨다. 그때의 심경을 선사는 다음과 같이 읊고 계신다.

> 해동海東에 천고千古의 밝은 달은,
> 강남江南의 만리천萬里天을 비추고 있네.
> 저 맑은 달빛은 본래 피차가 없는 것을,
> 참선자는 분별망상 떠나는 길 뿐.
> 강풍江風은 만고萬古에 불고 있고,
> 명월明月은 천추千秋에 변함이 없네.
> 만고 천추에 주인공이여,
> 명월明月과 강풍江風 너 밖에 누고?

묘관음사에서 한겨울 어느 날, 누비옷을 입고 정진 중이던 인홍 선사를 성철 대종사는 뜰 앞 살얼음이 언 연못에 밀어 넣어 버렸다. 겨우 연못에서 나온 선사는 엄동설한에 젖은 옷을 갈아입을 생각은 하지 않고 젖은 옷 그대로 밖에 서서 청산靑山 묵묵默默의 모습으로 정진을 계속하셨다고 한다. 이는 성철 대종사의 공부인을 위한 대자비와 인홍 선사의 구도정신을 잘 나타내고 있는 일화로 유명하다. 인홍 선사는 늘 "부처님 정법대로, 큰스님 법대로 사는 회상을 만들기 위해서 석남사 도량을 지켜 왔다"고 말씀하셨고, 그 말씀 속에서 성철대종사를 향한 존경과 믿음을 감지할 수 있다.4)

인홍 선사가 처음으로 정법수호의 회상에 동참하신 것은 경남 창원의 성주사에 계실 때 성철 대종사의 공주규약共住規約(共住綱則)에 의한 대중결사였다. 40여 명의 대중이 모여 이루어진 이 공주규약은 1947년 성철 대종사의 문경 봉암사결사정신이기도 하다. 18조의 규약으로 이루어진 이 공주규약은 성철 대종사의 '부처님의 가르침에 따라 산다'는 개혁불교의 봉암사결사정신을 오늘까지 생생하게 전해 주고 있다. 이러한 정신은 인홍 선사의 일생의 좌우명이 되었다. 이 규약은 대종사가 직접 붓을 들어 쓴 출가수행자의 일종의 행동지침이며, 이를 한 가지라도 지키지 않을 경우 대종사는 상대를 가리지 않고 사정없이 몽둥이를 휘두르곤 했다고 한다. 그 규칙의 내용은 다음과 같다.

「공주규약共住規約」
一. 森嚴한 佛戒와 崇高한 祖訓을 勤修力行하야 究竟大果의 圓滿速成을 期함(삼엄한 부처님의 계율과 숭고한 조사들의 유훈을 부지런히 닦고 힘써서 궁극

---

4) 微侍者 기록, 『古鏡』.(원본 5쪽 참조)

의 깨달음의 경지에 원만하고 빨리 이룰 것을 기약한다).
一. 如何한 思想과 制度를 莫論하고 佛祖敎勅 以外의 各自 私見을 絶對排除함(어떠한 사상과 제도를 막론하고 부처님과 조사의 가르침 이외의 사사로운 의견은 절대로 배제한다).
一. 日常需供은 自主自治의 標幟下에 運水 搬柴 田種 托鉢 等 如何한 苦役도 不辭함(일상에 필요한 물품의 공급은 자급자족의 원칙 아래 물 긷고, 나무하고, 밭갈고 씨 뿌리며, 탁발하는 등 어떠한 힘든 일도 마다하지 않는다).
一. 作人의 稅租와 檀徒의 特施에 依한 生計는 此를 斷然 淸算함(절의 소작인이 내는 사용료와 신도의 특별한 보시에 의한 생활은 단연히 청산한다).
一. 檀信의 佛前獻供은 齋來現品과 至誠의 拜禮에 止함(신도가 부처님께 공양하는 일은 재를 지낼 때의 현물과 지성으로 드리는 예배에 그친다).
一. 大小二便 普請 及 就寢 時를 除하고는 恒常 五條直綴을 着用함(용변 볼 때와 잠잘 때를 제외하고는 늘 장삼과 오조가사를 수한다).
一. 出院遊方의 際는 戴笠振錫하고 必히 同伴을 要함(사찰을 벗어날 때는 삿갓을 쓰고 죽장을 짚으며 반드시 동료와 함께 다닌다).
一. 袈裟는 麻綿에 限하고 此를 壞色함(가사는 삼베나 면으로 한정하고 이를 괴색한다).
一. 鉢盂는 瓦鉢 以外의 使用을 禁함(발우는 와발우 이외의 사용을 금한다).
一. 日 一次 楞嚴大呪를 讀誦함(매일 한 번 능엄대주를 독송한다).
一. 每日 二時間 以上의 勞務에 就함(매일 두 시간 이상의 노동을 실행한다).
一. 黑月 白月 菩薩大戒를 講誦함(초하루와 보름에 보살대계를 읽고 외운다).
一. 佛前進供은 過午를 不得하며 朝食은 粥으로 定함(불전의 공양은 정오를 지나지 않으며, 아침은 죽으로 정한다).
一. 坐次는 戒臘에 依함(앉는 차례는 법랍의 순서대로 한다).
一. 堂內에는 坐必面壁하여 互相雜談을 嚴禁함(방 안에서는 늘 면벽좌선하고 서로의 잡담은 절대 금지한다).
一. 定刻以外의 睡臥는 不許함(정해진 시각 이외에 누워 자는 일은 허용되지 않는다).
一. 諸般物資所需는 各自辦備함(각자 필요한 물품의 구비는 스스로 해결한다).
一. 餘外의 各則은 淸規及大小律制에 準함(그 밖에 규칙은 선원의 청규와 대소승의 계율 체제에 의거한다).

一. 右記條章의 實踐躬行을 拒否하는 者는 함께 사는 일을 不得함(이상과 같은 일의 실천궁행을 거부하는 사람은 함께 살 수 없다).5)

여기에 또 하나 덧붙여서, 참다운 수행자를 길러 내려는 의도로 계획하셨던 '실달학원悉達學院'의 수행요강을 함께 살피면 다음과 같다.

「실달학원 수행요강」
고불고조古佛古祖의 광대무변하고 숭고한 성교聖教는 실로 우주의 영원한 광명이며 인류의 만세사표萬世師表이다. 본원은 천상천하에 유일무이한 이 성교를 수습修習 역행力行하여 무상대법無上大法의 철두철미徹頭徹尾한 수호자 양성을 목표로 한다.

1. 생활기준은 불조유칙佛祖遺勅의 최고 헌장인 청규 실천을 철칙으로 하여 여하한 개인 사견私見도 단연코 용납하지 않는다.
2. 반월 반월 포살을 행한다.
3. 불전佛前의식은 조조早朝 대능엄주, 만후晚後 대참회로 한다.
4. 불전 헌공은 사시巳時 이외는 봉행치 않으며 삼보 이외의 예배공양은 엄금한다.
5. 불공 기도는 참회로 하고, 영가천도는 전경으로 한다.
6. 취침 대소변과 특별 작무作務 이외는 항상 오조가사와 직철을 착용하며 외출 시에도 또한 그렇게 한다.
7. 직무 이외의 출산出山은 일체 불허한다. 단, 생명에 관계되는 특수사항으로 원규에 의하여 특허를 얻은 자는 제외한다.
8. 식사행위 및 일상행동은 청규 중, 일용日用 잡범雜範에 의한다.
9. 좌선 및 강독 과정은 원규에 의하여 행한다.
10. 시물施物은 공적 헌납에 한하고, 개인 거래는 일체 불허한다.
11. 기타 세칙은 청규의 각장에 의한다.6)

---

5) 퇴옹성철, 『해탈의 길: 수도자에게 주는 글』(도서출판 장경각, 2004).
6) 『퇴옹성철 친필자료집』(부산 해월전제 스님 소장).

또한 성철 대종사는 수도자를 위한 수도修道8계로서 희생犧牲, 절욕絕欲, 고독孤獨, 천대賤待, 하심下心, 전념專念, 노력努力, 고행苦行을 실천할 것과, 수좌首座5계로 '잠 많이 자지 말 것, 책보지 말 것, 간식 먹지 말 것, 말하지 말 것, 돌아다니지 말 것' 등을 결사의 지침으로 가르치셨다. 또한 「금강굴 기록」의 수도8계로 다음을 가르치셨다.

1. 세속의 모든 인연을 끊을 것
2. 모든 욕심을 버릴 것
3. 남에게 천대 받는 것을 감사히 여길 것
4. 자신을 끊임없이 낮출 것
5. 늘 참선정진에 힘쓸 것
6. 모든 어려움을 참고 견딜 것
7. 모든 중생을 위해 참회할 것
8. 남몰래 남을 도울 것.[7]

봉암사결사를 이끈 성철 대종사가 강조한 개혁의 초점은 세 가지이다. 첫째는 가장 중요한 원칙으로 토속신앙과 도교신앙이 서로 섞여서 조선조 5백여 년을 내려 온 불교의 제자리 찾기였다. 따라서 불교정신의 제자리를 찾기 위해서 법당의 각종 신상神像을 모두 없애고, 부처님과 그 제자의 상像만을 남겨 두는 것을 조치로 삼았다. 둘째는 승려들의 생활의 변혁으로 법복과 발우를 바꾸고, 속된 행위를 삼가며 위의를 갖춘 모습으로 탁발로써 검소한 무소유의 삶을 실천하도록 했다. 그리고 마지막은 선불교禪佛敎를 바른 부처님의 가르침으로 삼아 선불교의 전통을 확립하였다.

---

7) 불필, 『圓虛堂 仁弘 스님』(해인사 금강굴, 2005), 8쪽.

이상의 「공주규약」이나 「실달학원의 수행요강」 내지는 '봉암사결사정신'은 모두 한국불교의 수행정신과 사문의 출가정신을 확립시킨 초석이 되었다. 뿐만 아니라, 이는 곧 조선 5백 년간 온갖 탄압을 받으면서 지탱해 온 쓰라린 불교역사 속에서 퇴색되어 버린 불교정신을 다시 바로 세우는 일이었다. 또한 동시에 세속화된 왜색불교의 영향으로 승려는 사판事判과 이판理判으로 나뉘어 사판승이 이판의 수행자를 핍박하던 잘못된 불교의 현실을 바로잡으려는 실천 강령이기도 하였다. 그리하여 이러한 불교개혁을 위한 규약과 정신은 출가수행자가 중심이 되는 현재의 한국불교를 다시 세우는 데에 밑거름이 되었다고 평가되고 있다.

이러한 엄격하고도 숭고한 출가정신이 바로 인홍 선사가 성철 대종사를 존경하고 일생의 선지식으로 받들어 귀의하였던 근본 원인이었던 것이다. 그리고 이러한 수행정신과 함께 출가정신을 현실 속에 구현하려고 서원을 세운 것이 인홍 선사의 일생의 행적이었다. 승려들의 삶이 세속보다 더 어지러웠던 그 당시엔 일대혁신이었고, '부처님 가르침대로'라는 성철 대종사의 한마디가 현실에 적용되는 과정 그 자체가 인홍 선사를 고무시키기에 모자람이 없었던 것이다. 세속화되고 모멸스러웠던 왜색불교를 혁파하는 한 가운데에서 비구니 인홍 선사는 일생의 수행좌표를 확립하였고 시종일관 그 일을 해냈다. 그리하여 비구 못지않게 비구니에게도 출가정신의 숭고함을 유감없이 가르치고 확신시켜 주었던 것이다. 이러한 선사의 출가정신은 1951년 성주사에서, 1954년 홍제사에서 유감없이 발휘되어 대중을 이끌었다.

3. 종단정화불사 참여

　청정승가를 지키려는 결의는 드디어 종단정화라는 새로운 국면을 맞이하게 되었다. 세속화되어 버린 승단을 정화하는 일은 곧 바로 결사정신에 근원을 두었다. 한국불교에는 불교역사상 몇 차례의 결사정신이 발휘되어 불교정신을 다시 바로 세운 거룩한 발자취가 있었다. 보조지눌普照知訥(1158~1210)의 수선결사修禪結社와 원묘요세圓妙了世(1163~1254)의 백련결사白蓮結社가 그 예이다. 파도가 어지러워서 달이 밝게 비추기 어려울 때 혼탁한 불교계를 바로세우기 위하여 정혜결사定慧結社가 결성되었고, 어지러운 세상에 고통받는 중생들을 위하여 오로지 부처님을 염원하는 염불결사念佛結社가 길잡이가 되었던 것이다. 이런 맥락에서 봉암사결사도 세속화로 승려의 기상을 잃어버린 지 오래인 한국불교에 새로운 가풍을 일으켜 세우려는 출가정신의 회복이었다. 이는 곧 1954년에 일어난 불교정화운동으로 이어졌다. 이 불교정화운동에 대한 역사적인 평가는 역사가에게 맡기기로 하고, 정화운동을 통하여 비구니는 시대정신을 자각하고 현실참여에 적극적이었다는 긍정적인 평가를 받고 있다. 그리고 그 정화의 한가운데에 비구니 인홍 선사는 지도자로서 버팀목이 되었다.[8]

　또한 『한국불교승단정화사韓國佛敎僧團淨化史』를 참고하면 당시 비구니계의 지도자이셨던 금광金光, 수옥守玉, 법일, 성우, 연진, 혜운, 자호, 묘전, 묘찬, 혜춘 등 비구니 원로들과 함께 인홍 선사는 항상 선두에 이름이 거명되고 있는 것을 보아도, 정화운동에서 비구니의 중심적인

---

8) 선우도량 한국불교 근현대사 연구회, 『22인의 증언을 통해 본 근현대불교사』(선우도량출판사, 1998), 266쪽.

역할을 하셨음을 알 수 있다. 선사는 1954년 11월 제2회 임시종회에서 위의 스님들과 함께 비구니종회의원으로 선출되어 비구스님들과 함께 전국승려대회 준비 등 모든 어려운 일을 도맡아 하셨다.9)

선사는 1955년 정화가 끝나고 비구니 중앙간부 중 한 명으로 지목 되셨고 정화 후에 대구 동화사를 전국비구니총림으로 개설하기 위해 도량을 인수하였다. 이때 총무부장은 인홍 선사가, 교무부장은 법일 스님이, 재무부장은 정안 스님이 맡았고, 초대 비구니 동화사 주지는 성문 스님이셨다. 비구니들은 전국비구니총림을 개설하려는 의욕에 불탔으나, 비구니가 동화사를 맡은 것에 불만을 가진 비구스님들도 많았다고 한다. 정화 때에는 비구니의 공로가 인정되었으나 정화가 끝난 뒤에는 여전히 비구니의 위상은 제대로 평가받지 못했던 것이다. 결국 비구니의 힘으로 동화사를 지키기 어려웠고, 대신 운문사와 맞바꾸게 되었다고 한다. 또 비구니는 비구니들대로 마음을 맞추기도 힘든 상황에서 선사는 "사람 노릇하면 공부 못 한다"는 성철 대종사의 가르침에 따라 분연히 자리를 털고 나오셨다. 그 뒤 선사는 태백산 도솔암에 은거하시며 벽면에 대종사의 위 말씀을 붙여 놓고 초발심으로 돌아가서 정진하셨다. 정법을 지키려고 현실참여에 부단히 애쓰셨고, 헛된 명예나 자리에 얽매이지 않고 다시 무소유의 출가수행자가 되어 만행의 길에 오르셨던 것이다. 그 당시 동화사를 비구니도량으로 지키지 못한 것에 대한 아쉬움이 남기도 하나 현재의 종단 상황에 미루어 생각해 보면, 비구니의 힘으로 동화사를 지켜 간다는 것이 현실적으로 얼마나 불가능하며 수행자에 어울리지 않는 시비가 만연했던가를 짐작할 수 있다.

---

9) 한국불교승단정화사 편집위원회, 『韓國佛敎僧團淨化史』(1996), 110쪽.

1965년 석남사에서 운허 큰스님 능엄경 법회 기념

그 후 선사는 얼마 안 가서 다시 종단을 위한 현실참여의 요청을 뿌리치지 못하고 중앙종회의원을 역임하시면서 10년간 비구니의 위상을 정립하고자 부단히 애쓰셨다. 한국비구니의 위상이 세계불교국가에 비하여 유례없이 높고, 수행과 교육이 비구스님과 동일하게 이루어지게 된 원인은 정화운동 당시 비구니의 활약과 공로가 그만큼 컸던 것에 기인하고 있음을 간과해서는 안 될 것이다.

4. 일일부작이면 일일불식

1957년 5월 선사는 비로소 확고한 신념을 갖고 '부처님 정법대로, 큰스님 법대로 사는 회상'을 만들기 위하여 언양 석남사 주지에 취임하셨다. 폐허나 다름없던 석남사에 40여 년간 주석하시면서 각고의 노력

좌로부터 지월, 영암, 운허, 서옹 큰스님과 함께

으로 가람을 수호하시고 때로는 선지식으로서 수많은 가르침과 일화를 남기셨다. 석남사에서는 부처님의 정법수행을 계戒·정定·혜慧 삼학에 두고 때때로 선지식을 모셔서 계율과 경전을 강독하고 선정禪定으로 실참실수하는 정법正法도량을 표방하였다.

인홍 선사는 석남사에 오시기 전에 꿈을 꾸셨다. 장군과 같은 건장한 사람이 큰 트럭에 소금을 가득 싣고 와서 "저 산도 모두 소금산인데 그대의 것이다"라고 일러주는 꿈을 꾼 다음에 석남사에 오시게 되었고, 그 산이 석남사를 품고 있는 가지산임을 알게 되었다고 한다. 석남사에서의 모든 인연은 이 꿈을 통해서 이미 예견된 일이었다.

인홍 선사는 석남사에 주지를 맡으신 20년 동안 쇄락한 도량을 일신一新하여 대웅전, 극락전, 사리탑, 정수원, 상선원, 침계루, 강선당, 청화당, 향적당, 금당, 언양포교당 및 후원 요사 10여 동을 신설 혹은 중창하셨다. 화주 책을 들고 다니신 일이 없음에도 불구하고 전생의 복력으로 대작불사를 성만하셨다. 불사에 쓰일 나무를 목도하여 산에서 끌어 내리는 일에서부터 하루에도 수십만 장이나 되는 기와를 일렬로 서서 지붕 위에까지 옮기는 일은 끝없이 이어지는 진풍경이었다. 매일 산에서 나무 한 짐씩 하기, 모심기, 밭매기, 추수하기, 도량 청소하기 등은 백장百丈 선사의 청규정신을 이어받아서 일일부작一日不作이면 일일불식一日不食함을 대중생활에 그대로 적용하셨던 것이다. 인홍 선사는 모든 불사마다 몸소 작업현장에 계시면서 솔선수범하셨기 때문에 아무도 불평을 말하지 못했다. 선사가 이토록 대중울력을 중요시한 이면에는 비구니대중을 나약한 여인이 아닌 출가한 장부의 기상으로 키우고 싶으셨던 원대한 이상이 있었기 때문이라고 생각한다. 당시 이윤근 경상남도교육감은 석남사를 방문하였을 때 대웅전 기와불사 중에 지붕 위에서 대중과 함께 황토 흙을 뭉쳐서 줄지어 나르고 있는 인홍 선사를 목격하였다. 그리고 인홍 노사께 "젊은이에게 시키시지 왜 직접 그 어려운 일을 하느냐"고 인사를 하자, "기와집에 사는 사람은 기와를 만질 줄 알아야 그 집에 살 자격이 있다"고 답을 하셨다.10) 선사의 기상에 교육감은 큰 감동을 받았고 일선교사들에게 교훈으로 전했다고 한다. 선사는 출가한 비구니는 이미 나약한 여인의 몸이 아니라는 것을 늘 강조하시면서 비구스님과 어깨를 겨눌 수 있는 수행자로서 발돋움하도록 경책하셨던 것이다.

선사가 늘 강조하신 말씀은 "부처님 제자는 일체 중생의 사표가 되어야 한다"이다. 중생의 사표가 되어서 스스로 해탈하고, 중생을 해탈로 인도하기 위해서 피나는 수행으로 자신을 바로세우며, 무엇보다도 승려

---

10) 불필, 『圓虛堂 仁弘 스님』(해인사 금강굴, 2005), 4쪽.

도반스님들과 제자스님

로서의 위의를 엄숙히 할 것을 당부하셨다. 승려의 위의를 중요시하셨던 이유는 부처님의 법다움을 그대로 실천하는 것이 바로 출가수행이라고 확신하셨기 때문이다.

첫째, 법복을 입는 것으로부터 언행과 자세에 이르기까지 여법하고 엄숙하고 거룩한 모습으로 자신을 가다듬도록 가르치셨다. 재가불자를 대할 때에는 더욱이 승려의 법도에 맞게 언어를 사용할 것을 경책하셨다. 한 사미니가 절에 일하러 온 남자 분에게 '아저씨'라고 호칭하자 "너의 몇 촌 아저씨냐"고 불호령을 내리셨다. 일체의 속인스러운 언행을 삼가도록 깨우친 일화이다. 둘째, 마음속에 출가장부의 기상을 갖춤으로써 자연히 외모에까지 배어나는 것이 곧 참다운 승려의 위의임을 말씀하셨다. 본인 스스로 외출할 때에는 언제나 오조가사와 장삼을 입으셨고, 삿갓과 육환장을 짚으신 모습은 보는 이로 하여금 자연히 고개를 숙이고 존경의 마음을 갖게 할 정도였다. 이는 곧 '승려가 존중을 받으면 불법도 존중된다'[11]는 조사의 가르침을 몸소 실천하신 일이다. 어느 때 길을 가시다가 길에서 비구스님 옷차림이 여법하지 못하다고 질책하시던 일이 있었다. 복장이 승려답지 못한 젊은 비구 두 명을 만나서 옷매무새를 고쳐 주시고 타이르셨으니, 승려에 관한 일은 비구·비구니가 따로 없고 부처님의 제자로서 위의를 지키는 것이 곧 불법을 지키는 일이라는 신념을 표현하셨다. 해인사에 인홍 선사가 나타나시면 젊은 비구스님들은 옷고름은 바로 매었는지 옷깃은 제대로 여미었는가를 살피기에 급했다는 일화가 전해져 온다. 이 또한 출가수행자의 위의를 얼마나 존중하셨던가를 전해 주는 이야기이다. 승려의 모습을 통하여 부처님 법을 전파하고자 하는 염원이 계셨던 것이다. 열반에 드시기 직전, 다음 생에는 무슨 일을 하시고 싶은가 여쭈었더니 "수승한 출가수행자가 되어서 모습만 보여도 재가불자에게 존경받는 출가수행자를 곧은 나무를 키우듯 천만 명 키우고 싶다"12)고 단호한 어조로 포부를 말씀하셨다.

　　인홍 선사는 성철 대종사의 가르침을 받든 것을 시작으로 결사정신, 정화참여정신, 승려의 위의를 존중하는 정신 등이 체질화되어 있었고, 이러한 정신은 피폐해질 대로 피폐해져 버린 승려의 출가정신과 수행자의 기상을 되살리는 데에 중요한 정신적인 지침이 되었다. 인홍 선사와 같은 출가정신으로 무장한 비구니계의 지도자를 일찍이 갖지 못했더라면 근세에 한국불교, 특히 비구니승가는 어떠한 모습으로 오늘을 맞이했을까를 생각해 본다. 인홍 선사의 엄격함과 비범함이 때로는 불평을 불러오기도 하였다. 그러나 성철, 청담 대종사가 불교정화운동을 통하여 한국불교를 바로잡으려고 고심하셨던 것과 같이, 적어도 비구니

---

11) 「長蘆慈覺宗賾禪師龜鏡文」(안진호 편, 『緇門』, 법륜사, 1976, 7쪽).
12) 微侍者 기록, 『古鏡』(원본 29쪽 참조).

승단에서는 대종사의 가르침을 생명으로 받든 인홍 선사의 출가정신이 근세 비구니승단에 표본이 되었던 것이 사실이다. 인홍 선사는 늘 "불조佛祖가 걸으신 길을 나도 걷는다"는 각오로 지도자로서의 단호함과 솔선수범을 보이셨고, 이는 비구니승가를 이끄는 좌표가 되기에 충분하였다.

5. 출가수행자의 본분사

1969년 석남사 심검당에서 성철 대종사의 지시로 3년 결사가 이루어진 것은 비구니선원에 획기적인 일이었다. 결사의 지침은 참여한 대중이 수도8계와 수좌5계를 지키는 것이었다. 인홍 선사도 61세의 노령에도 불구하고 장일, 성우, 혜춘, 혜관, 법희, 법용, 불필, 혜주 스님 등과 함께 결사에 참가하셨다. 석남사 도량을 일으켜 주지에 계시면서도 결국 출가자는 수행하는 것을 본분사로 삼으라는 엄격한 표본을 보이신 결단이다.

산문을 굳게 닫고 수도에 전심하는 수행정신이 살아 있는 도량이

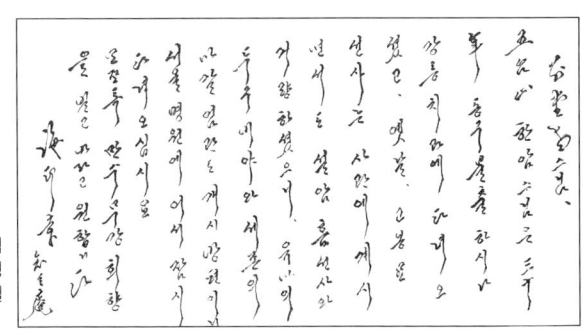

병중에도 수행에 전념하시는 인홍 선사께 병원 진료를 권하시는 일타 율사의 서신

道友 혜춘 스님과 행각하시는 모습

바로 석남사이다. 수행의 전통을 올바로 세우는 것이 곧 인홍 선사의 일생의 과업이었던 만큼 오늘날 석남사가 '종립비구니선원'으로 우뚝 서게 된 것도 결코 우연히 이루어진 것이 아니다. 가지산을 호령하고 출가정신으로 스스로를 단속하며 언제라도 돌아앉아서 화두를 참구하는 참다운 출가수행자로서의 기상을 세우는 곳이 바로 인홍 선사의 회상이었고, 선사는 석남사에서 그 모범을 몸소 실천해 보이셨던 것이다.

1976년 7월 선사는 20여 년간의 주지 소임을 뒤로하고 다시 초심으로 돌아가 운수납자가 되어 칠순七旬의 대부분을 하동 쌍계사 칠불암, 현풍 유가사 도성암, 지리산 상무주, 덕산 대원사 등 제방의 선원에서 청풍납자들과 함께 하안거를 보내셨다. 이 또한 시종일관 출가수행자의 정신을 몸소 실천해 보이신 발자취이다. 그 후 석남사 별당에 주석하시면서 정수원 입선 시간을 지키려고 애쓰셨고, 용맹정진이 시작되면 어김없이 장군죽비로 경책을 내리셨다. 일생을 통해서 이른 새벽에 기침하시어 탑돌이로 정진을 시작하셨고 조석예불을 생명처럼 지키셨다. 사

1994년 8월 10일 시회대중 제자들에게 정법대로 살라는 당부를 남기시고서

시는 꼭 대중과 함께 발우공양을 하셨는데, 출가자가 뒤에서 혼자 편하게 공양을 하면 수행자의 위의를 잃게 되고 수행에도 도움이 없다고 늘 경책하시면서 스스로 그 일을 지켜 가셨다. 구순九旬 노인의 공양을 염려하여 발우공양 시 대중과 다른 음식을 한 가지라도 더 올려놓으면 당장에 불호령이 떨어졌다. 출가자의 화합은 육화정신六和精神에 근본이 되고 이익을 균등하게 나누는 데에 참다운 화합이 이루어진다는 것이다. 그렇기 때문에 먹는 것 하나라도 대중과 동일하지 않으면 법답지 못하다는 말씀을 늘 강조하셨다. 오늘날 공公과 사私를 구분하지 못하고 불합리한 분배의 문제로 승단이 화합되지 못하는 현실을 미루어 보면, 의식주를 대중과 함께 평등하게 한다는 것은 곧 무소유無所有를 근본으로 한 출가정신의 기본이 된다는 가르침이다. 따라서 대중의 중重 소임은 대중에 군림하기 위해서가 아니라 대중을 부처님처럼 모시기 위한 봉사자로서의 자세를 지켜야 한다고 주장하셨다.

6. 맺음말

참다운 출가는 대승보살의 화현인 유마힐 거사의 입을 통해서도 강조되고 있다. 유마힐 거사는 라후라 존자에게 거룩한 출가정신에 대해 "모든 더러움을 여의고 거짓 이름을 벗어 던져서 어지러움이 없는 모습이 진출가眞出家"13)라고 일러주고 있다.

요즈음 불교계의 현실은 승려의 노후를 걱정하는 말로 가득하다. 사찰의 주지는 부잣집 외아들인 양 상주常住의 물건을 혼자서 독식하고, 힘없고 돈 없는 승려는 외로움과 궁색함에 찌들어 있다. 개인의 사찰을 건립하여 생활이 안정된 몇몇 승려들은 안온에 빠져서 귀족처럼 행세하는 것이 오늘날의 승가의 현실이다. 더욱이 출가정신을 망각한 승려의 세태는 속인보다 더 속된 세속적인 생활로 향락에 빠져 있는 것을 본다.

조선조 5백 년의 모진 고난을 버티어 온 한국불교가 불교의 근본정신을 망실해 버리고 사찰이 세속인의 요청에 의해서 삶을 영위하기 위한 생활수단의 장으로 전락해 버린 당시의 상황에서, 불조의 참다운 가풍을 확립하려고 분연히 일어난 것이 봉암사의 결사정신이었다. 그리고 그 결사정신을 이끈 중심인물이 성철 대종사였으며 비구승단의 출가정신과 수행가풍을 지도하셨다. 성철 대종사의 결사정신을 그대로 비구니 승단에 옮겨 와서 부처님 당시로부터 면면히 이어져 온 비구니승가의 출가정신을 회복시킨 분이 바로 인홍 선사라고 아무리 강조해도 모자람이 없다.

---

13) 『維摩詰所說經』(『大正新修大藏經』 14, 541下).

인홍 선사 부도탑

　당시 대부분의 비구니들은 어떠한 삶이 참다운 비구니승가의 모습이며 나아갈 방향인가를 정확히 알고 있지 못했다고 해도 지나친 말이 아니다. 하루하루 사찰에 부과된 노동을 하면서 일용의 잡사를 처리하는 고달픈 삶을 살고 있었다. 비구니를 위한 수행도량도 없었거니와 교육도량은 더더욱 갖추고 있지 못했던 시대였다. 몇몇 비구니선지식이 있었으나 비구니 전체를 추슬러서 출가정신을 고취시키고 수행만이 승가의 참모습이라는 것을 펼쳐 보일 겨를이 없었다. 인홍 선사는 성철 대종사로부터 가르침을 받고 또한 스스로 자각하여 비구니의 위상을 세우는 것을 일생의 과업으로 삼으셨다. 그렇게 하기 위해서는 비구니 스스로가 여인의 나약함을 떨쳐 버리고 장부의 기상을 갖지 않으면 안 되었던 것이다.

　인홍 선사는 비구니가 출가승단의 한 축으로서 출가자임을 천명하기 위해서는 무엇보다도 비구니 스스로의 인식 전환이 필요함을 깨닫고 계셨다. 인홍 선사가 비구니승가를 확립시킨 공적은 1986년에 조계종 단일계단 비구니 별소계단 전계화상으로 추대되었고, 1987년에는 조계종 전국비구니회 총재로 추대되어 한국비구니승가의 상징적인 존재로 추앙받게 된 것으로도 알 수 있다.14)

인홍 선사는 처음 출가하실 때에 세상을 몽환夢幻으로 보고 생사해탈의 길에 오르셨고, 일생을 비구니승가의 출가정신을 확립시키는 데에 열정을 다 받치셨다. 그리고 1997년 4월 14일 자신의 행적을 한 편의 시로 남기시고 편안하고 한가로운 모습으로 사바의 인연을 다하셨다.

삼세불조三世佛祖 가신 길을 나도 가야지,
구순생애 사바의 길 몽환 아님 없도다.
일엽편주一葉片舟처럼 두둥실 떠나가는 곳,
공중空中에 둥근 달이 밝을 뿐이네.

덧붙여 인홍 선사께서 평소에 자주 쓰시던 잠언箴言을 기록해 둔다.15)

· 깨끗한 그릇에 물을 담으면 깨끗한 물이 되고 더러운 그릇에 물을 담으면 더러운 물이 되듯이 수행자는 계행이 근본이 되어야 한다.
· 인욕해야 되고 하심下心해야 되고 청빈하고 검소해야 된다.
· 수도원은 용광로와 같고 대장간과 같다. 누구든 수행자로서 새롭게 태어나야 한다.
· 기와집에 사는 사람은 기와를 만질 줄 알아야 기와집에 살 자격이 있다.
· 대중스님이 부처님이니 대중소임이 바로 기도이다.

---

14) 하춘생, 「한국의 비구니 仁弘 스님」, 『주간불교』 570(주간불교신문사, 1996).
15) 필자가 석남사에서 선사를 모시고 가르침을 받을 때 들은 말씀들이며, 문중 어른스님들께 여쭈어 확인하였다.

- 바다는 죽은 시체를 두지 않고 파도로 쳐서 내치듯이 불법대해에는 신심 없는 사람은 살아남지 못한다.
- 절집은 대장간과 같아서 불에 달구어 망치로 두드리면 녹슨 쇠는 떨어져 나가듯이 신심 없는 사람은 견디지 못한다.
- 참회와 발원은 수행자에게 수레의 두 바퀴와 같다.
- 부처님은 왕궁부귀를 버리고 도를 닦으신 분이고 우리는 부처님 제자이다. 참선해서 부처되려고 온 사람들이다.
- 사람 몸 받기 어렵고 더더욱 불법 만나기 어려우니 열심히 정진하라.
- 중이 공부 못 하면 소가 되어서 시은施恩을 갚아야 한다.
- 우리가 때마다 먹는 밥 한 발우가 신도의 피 한 발우이다.
- 공사公私를 분명히 하고 인과因果를 두려워할 줄 알아야 한다.
- 소가 물을 마시면 우유가 되고 뱀이 물을 마시면 독이 된다.(『40권화엄경』)
- 절집은 한가하게 휴양하러 오는 곳이 아니고 신명身命을 바쳐서 도 닦으러 오는 곳이다.
- 누워서 편안할 때 지옥에서 고통받는 중생을 생각하라.
- 생사는 들숨과 날숨에 있으니 시간을 낭비하지 마라.
- 중이 공부하는 일 외에 무슨 볼일이 있느냐? 무단외출을 삼가라.
- 사람은 부지런해야 한다. 남의 절에 가서도 거미줄을 걷어라.
- 수행자는 신심과 부지런함과 인내와 노력으로 일체중생의 사표가 되어야 한다.
- 일일부작이면 일일불식하라.
- 복을 감하는 일을 하지 마라.
- 계행을 생명으로 삼고 정법대로 수행하라.
- 양말을 깁을 줄 모르던 새 중도 세월이 흐르니 양말을 제대로 기워 주더라.
- 사람 노릇하면 공부 못 한다. 모든 것을 놓아 버려라.
- 드는 돌이 무거워야 얼굴이 붉듯이 복을 지어야 받을 것이 있다.
- 수행자 방은 공기가 선득해야 정신 차려서 정진한다. 장작을 아끼고 검소한 생활을 해라.
- 출가수행자는 다생의 원한을 다 풀고 가도 시원치 않은데 금생에 원한을 맺는 일은 절대로 저지르지 마라.

참고문헌

『四分律』.
『維摩詰所說經』.
『雜阿含經』.

불필, 『圓虛堂 仁弘 스님』, 해인사 금강굴, 2005.
선우도량 한국불교근현대사 연구회, 『22인의 증언을 통해 본 근현대불교사』, 선우도
    량출판사, 1998.
안진호 편, 『緇門』, 법륜사, 1976
퇴옹성철, 『해탈의 길: 수도자에게 주는 글』, 도서출판 장경각, 2004.
『퇴옹성철 친필자료집』(부산 해월천제 스님 소장).
한국불교승단정화사 편집위원회, 『韓國佛敎僧團淨化史』, 1996.

微侍者 기록, 「원허당 인홍 큰스님을 그리며」, 『古鏡』, 불기 2538년.
운문사, 「비구니원로를 찾아: 석남사 인홍 노스님을 친견하고」, 『운문회보』 18, 1986.
하춘생, 「한국의 비구니 仁弘 스님」, 『주간불교』 570, 1996.

봉려관 스님과 제주 불교의 중흥

혜 전*

1. 머리말

한때 불교의 융성기를 구가했던 제주의 불교가 언제부터 피폐해지기 시작했으며 어떻게 중흥되었는지 그리고 그 중심적 역할을 했던 역사 속의 인물을 발견하고 그에 대한 연구를 한다는 것은 대단히 중요한 의미가 있다. 특히 이제까지 비구스님들에 편중되어 연구되어 온 현실을 감안해 볼 때, 관권에 의해 무참히 말살되어 온 불법을 재건하고 수호해 왔던 한 비구니의 생애와 그 활동상을 연구하고 후학들에게 전하는 것은 한국불교의 균형 발전을 위해 매우 가치 있는 일이다. 본고에서는 서면에 의한 객관적 자료나 사료 또는 구전이나 증언에 의존하여 제주 불교의 중흥에 중심인물인 봉려관蓬廬觀(1865~1938) 스님의 활동상을 연구하고 정리하였다.

평범한 농가의 딸로 곱게 자라 마을 청년과 혼례를 치렀지만 어느

---

* 제주 보덕사 주지.

날 우연히 만난 고승과의 인연으로 출가를 결심하게 된 봉려관 스님은 불교와 무속이 혼재한 제주 불교의 쇠퇴기, 일제강점기라는 상황에서 제주 불교의 중흥과 정법전도를 위해 지대한 공을 세웠다.

우선 봉려관 스님에 대한 평가를 위해 그 시대의 역사적 배경과 환경을 먼저 살펴보았다.

2. 제주 불교 중흥의 역사

1) 제주 불교의 실상

(1) 역사적 배경

제주는 신라시대에 탐라국이라 하였으며 사찰 5백, 신당神堂 5백이 있을 정도로 불교가 융성했었다. 기록에 의하면 당시 탐라는 성주와 왕자직이 세습되어 왔고 2십만여 생령生靈이 있었으며, 동도천호소東道千戶所와 서도천호소西道千戶所라는 두 개의 권역으로 행정구역을 나뉘어 있었다. 1392년 7월 17일 이성계가 왕위에 오름으로써 이태조의 조선 개국이 완성되었고, 그는 친명사대외교親明事大外交, 억불숭유抑佛崇儒, 사전개혁私田改革 등을 내세워 강력한 중앙집권정책을 펴게 된다. 이때 제주에는 조선 개국과 더불어 이태조의 부름에 불복한 고려인들이 제주로 많이 유입이 되는데, 이들은 대부분 불사이군의 절의를 지킨 사람들이거나 벼슬을 거부한 사람들이다. 이들이 제주에서 유배생활을 하는 동안 나름대로의 지역민들에게 영향을 끼칠 수 있는 역할을 했을 가능성이 높다.『제주도지濟州道誌』에 "탐라는 신자神子의 나라라 하였으며 백성은 신자의 후손이니 신라로부터 지금까지 나라에 효순하고 순박하였다"라는 내용이 있는 것으로 보아 제주인은 전통적으로 순박하여 외부의 영향을 쉽게 받아들였을 것으로 짐작된다. 1404년 태종 4년 4월, 지금까지 세습되어 오던 성주와 왕자직제를 없애고 동도천호소를 동도정해진東道靜海鎭으로, 서도천호소를 서도정해진西道靜海鎭으로 했다.

봉려관 스님 진영

(2) 관리 제도와 제주 불교 쇠퇴의 서막

조선 초기에는 제주에 별도로 감목관監牧官을 두어 관리하다가 1425년(세종 7)경에 관리 제도를 확립하여 중앙에는 병조兵曹와 사복사司僕寺가 관장하고, 지방에는 수령이 감목관監牧官을 겸하여 관리하게 했다. 따라서 1440년(세종 22) 제주목사가 감목을 겸하여 제주도안무사지감목사濟州道按撫使知監牧事라 칭하고 제주판관, 정의현감旌義縣監, 대정현감大靜縣監도 감목관을 겸하여 우마적牛馬籍, 목자적牧子籍, 낙인烙印을 관리, 공마貢馬와 쇄출刷出, 교역출륙交易出陸 허가, 문서 발급 등을 관장하게 했다.

당시까지만 해도 제주 불교는 안정되어 있었던 것으로 판단된다. 근거로는 『제주도지』에 다음과 같은 기록이 있다.

1406년(태종 6) 명明의 사신 황엄黃儼 등이 왔는데 제주 법화사에 있는 아미타 삼존(銅佛像)은 원元나라 양공良工이 만든 것이니 가져가야 하겠다고 함에, 조정에서 논의 결과 명의 사신에게 제주의 지리정보 노출을 염려하여 선전관宣傳官 김도생金道生 등을 보내어 불상 3구를 가져다 인계하도록 했다. 일행은 보름 만에 불상을 실어 해남에 도착, 명의 사신 황엄黃儼 등에 인계하니 속히 다녀왔다고 하여 치하致賀했다.

그 이후부터 억불숭유정책이 제주에도 서서히 진행되었던 것으로 보이며 또 다른 기록에는 다음과 같은 내용이 보인다.

법화사는 대정현 하원에 있는 비보사찰裨補寺刹로 노비만도 280인이나 있었는데 1408년(태종 8)에 의정부에 아뢰어 제주목 수정사水精寺 노비 130인과 함께 각각 노비 30인만 주고 나머지는 모두 전농사典農司에 귀속시켰다.

이때부터 제주 불교는 쇠퇴기를 맞고 있었던 것으로 판단된다.

(3) 신앙 형태와 관리들의 행태

『제주도지』에 의하면 제주의 신앙 형태는 다음과 같다.

음사陰祀를 숭상하는 풍습은 오래 전부터 계속 이어져 산수천지山藪川地(덤불 숲이나 계곡)에 기복하며, 매해 입춘굿, 2월 삭일朔日에서 망일望日까지 연등굿, 차귀당 토산당을 숭배하는데, 신은 훼사망량虺蛇魍魎(뱀과 도깨비)이라. 이와 같이 무격巫覡들이 왕성하여 각처에 신당을 설립하며 혹세무민하므로 인민은 점점 미신 중에 몰락하였다. 무서를 연구하야 무격을 숭배함에 이르러 불佛·무巫가 대치되니 인민은 우치愚癡하고 미혹 중에 방황실로彷徨失路하였다.

또한 「계고여지승람稽古與地勝覽」의 본도속설에 다음과 같은 기록으로 보아, 제주는 불교와 무속이 분명하지 않는 혼돈의 상태가 오랫동안 지속되어 왔던 것으로 보인다.

여다남소女多男小하야 승개작가僧皆作家하고 사방寺傍에 이축처자以畜妻子라 운운하였으며 무격巫格 등은 암중비약暗中飛躍하여 부녀를 괴언요설로 유인하야 재산을 취거하는 등 혼잡한 상태로 교리가 불명不明되었다.

뿐만 아니라 제주는 서울에서 멀리 떨어진 해외에 있으므로 때로는 중앙에서 온 관리들의 횡포와 가렴주구苛斂誅求로 인민은 이중고에 시달려야 했다. 조정에서는 이러한 민폐를 바로잡기 위하여 선정관을 골라 보내기도 하고 특별히 어사를 파견하여 민정을 조사하게 했다.

(4) 제주 불교의 훼폐

『제주도지』에 "1426년(세종 8)에 임금은 찰방 김위민을 제주에 보내어 백성에 질고를 묻게 하였다. 그는 공사간의 적년積年의 폐단을 다음과 같이 조목별로 아뢰었다"고 기록하면서 10개 항목의 보고서 중 네 번째 항목으로 승려들의 실상을 보고하고 있다. 그 내용은 다음과 같다.

승려가 처를 얻는 것은 법에 죄가 되고 승도들은 공공연히 처를 취하여 사찰寺刹을 집으로 삼고 그 제자를 사역私役하여 그 처자를 양육합니다. 대략 관의 부역도 없으니 앉아서 배부르고 따뜻하게 지냅니다. 그러니 육지의 승도들도 소문을 듣고 연못에 고기가 모이듯이 몰리고 풀들이 바람에 쏠리듯이 하지만 관에서는 이를 보고도 예사로 알아 금하지 않으니 실로 폐풍이 됩니다. 청컨대 제주의 대처승도는 일일이 조사하여 목자로 하거나 군액에 보충하십시오.

또 제주 불교에 특기할 일은 많은 사찰이 언제 헐렸느냐 하는 문제인데, 속설에는 숙종 28년에 도임到任한 이형상李衡祥 목사에 의하여 헐렸다고 하지만 김위민의 상소내용을 보면 "만수사와 해륜사가 있는데 승이 없어 사찰이 노후하니 헐어서 목재는 공해(공공의 목적)에 사용했다"1)라고 기록하고 있다. 이러한 기록들은 이형상 목사의 부임 이전에 이미 제주 불교는 쇠퇴해 있었음을 잘 설명해 주고 있다.

정리하면 제주 불교는 1400년대 후반부터 점차 위축되어 오다 1702년 이형상 목사의 부임으로 인해 무불지無佛地가 된 것으로 판단된다.

⑸ 제주 불교 중흥의 서막

역사의 흐름과 더불어 200여 년 이상 무불경지無佛境地가 계속되는 가운데, 1865년 6월 14일 제주 불교의 중흥조가 탄생하게 된다. 당시 봉려관蓬盧觀 스님을 측근에서 보아 오며 불사에도 적극적으로 협력했던 진원일 스님은 다음과 같이 기고하고 있다.

> 제주시 화북리에서 태어난 그는 부父가 순흥안씨 치복이며 모母는 평산신申씨의 차녀로 이름은 여관盧觀이라 하였으며, 1899년에 불교에 귀의해 1938년 5월 29일 입적할 때까지 근대 제주 불교의 중흥에 많은 업적을 남겼을 뿐만 아니라 여러 가지 기적적인 삶의 모습을 보여 주었다.[2]

김형식金瀅植이 쓴 『유관음사기遊觀音寺記』[3]에서도 다음과 같은 기록이 보인다.

> 봉려관 스님은 고행걸식으로 촌락을 돌아다니며 중생들을 부처의 복력으로 인도, 5~6년간에 수백인의 시주를 얻어 1909년 봄에 관음사觀音寺를 창건했다. 봉려관 스님은 불교와 인연을 맺으면서 많은 기적을 남겼다.

이는 비구니 봉려관이 제주 불교 중흥에 커다란 업적을 남겼음을 잘 증명해 주고 있다.

---

1) 李衡祥, 『南宦博物』(1565).
2) 『濟州道誌』(1967. 12).
3) 金瀅植, 「遊觀音寺記」, 『濟州道誌』(1886~1927).

2) 봉려관 스님의 삶과 행적

(1) 불교와의 인연과 정신출가

스님은 35세가 되는 1899년 가을에 불교와 인연을 맺게 된다. 기록에 의하면, 어느 날 고승高僧이 스님을 찾아와 나무로 만든 작은 불상을 스님에게 전하면서 "이것이 관세음보살상인데 당신은 이 보살상을 방 안 깨끗한 곳에 잘 모셔서 아침저녁은 물론 시간 여유가 있을 때마다 부지런히 관세음보살을 부르지 않으면 아들딸이 단명할 것이니 그리 알라"라는 말을 남기고 가 버렸다. 이것이 스님이 불교와 인연을 맺게 되는 동기가 되었다. 스님은 그날부터 불상을 방에 모시고 일심으로 관세음보살을 불렀다. 불교에 대하여 아는 바 없는 가족들은 날마다 관세음보살을 부르며 기도하는 스님을 이해할 수가 없었기에 관세음보살이 무엇이냐며 요망한 계집이라 하고 불상을 불살라 버렸다. 그때부터 스님은 가족들의 핍박을 받았다. 그러나 가족들의 극심한 반대와 학대도 이미 주력정진으로 환희심을 얻은 스님의 수행의지는 꺾을 수 없었다. 이에 가족들과의 갈등은 증폭되었고, 더 이상 가족들과의 생활이 지속될 수 없게 된 스님은 같은 마을에 집을 구입해서 불상을 모시고 혼자 살면서 열심히 수행정진을 하게 된다. 그러던 중 스님이 36세가 되던 1900년 봄에 동리청년들이 모여와 요망스러운 계집이라며 불상을 부수고 다시 관세음보살을 부르면 때려죽인다는 협박을 한다. 불교와 무속의 구별이 혼미하고 주민들의 인식이 부족한 상황에서 현실적으로 그들을 이해시키기란 그리 용이한 일이 아니었다. 한계를 느낀 스님은 마을을 떠나 한라산 중턱에 위치한 동굴을 수행처로 삼아 안주하게 된다. 이때부터 6년간 주력정진을 수행의 방편으로 삼아 정진하게 되었다.

스님에게 6년 세월의 삶은 처절한 자기와의 싸움이었으며 정신출가자로서의 삶이었다. 원혜 거사는 다음과 같이 기고하고 있다.4)

> 사찰 5백 신당 5백을 훼폐毁廢하고 승니를 축출하고 무격巫格을 타격打擊한 이후 200여 년을 절적무영絶寂無影의 불교가 되었다가 지금부터 약 25년 전 본도 화북리 을축생 안씨는 원지유종願地有鍾에 홀생기아忽生其芽하야 불일佛日을 만회코져 하나 병약病弱 핍약乏弱에 백장百障이 차전遮前하고 천애千碍가 압두壓頭하야 다년간의 고초를 불승不勝타가 그 이상을 실현하려고 전라남도 해남군 대흥사 유장노니有藏老尼를 찾아가 삭발위승하야 호를 해월海月이라 하고 즉지卽地에 입도入道하얏는데 신사信士 기묘생己卯生 안安씨 도월道月은 본시 영남 산청인으로 우연히 입도하니 거금距今 18년 전 경술庚戌(1910) 초춘初春이라 인연이 제회際會하야 지동역합志同力合하니 종자기鐘子期의 백아伯牙며 영중營仲의 포숙鮑叔이로다. 관음불상觀音佛像을 한라산중 요腰에 봉안하니 명왈名曰 관음사라 한다.

위와 같은 기록들을 참고해 볼 때 스님은 수계 이전인 1899년에 이미 정신출가자로서 한라산 중턱에 있는 동굴(현재 관음사 경내에 있는 해월굴)에 기거하면서 주력정진으로 꾸준하게 수행을 해 왔음을 알 수 있다. 다만 불교와 무속이 대치되고 인민은 우치愚癡하고 미혹 중에 방황 실로彷徨失路하여, 산수천지山藪川地(덤불숲이나 계곡)에 기복하며 훼사망량虺蛇魍魎(뱀과 도깨비)을 숭배하는 현실을 마음 아파했고, 그러한 현실을 타파하기 위해 수계 절차가 필요함을 느끼게 되었을 것이다.

(2) 기적적인 사건과 수계

봉려관 스님이 대흥사에서 수계를 받게 된 동기는, 그의 기적적인

---
4) 불교사, 『불교』 32(1927년 2월).

사건들이 일조를 한 것으로 보인다. 기록5)들을 살펴보면, 승려가 되고자 한 안려관安廬觀은 어느 날 현몽現夢을 받게 되었다. 꿈에 백의 관세음보살이 나타나 말씀하시기를, "즉시 이곳을 떠나 전남 해남에 있는 대흥사를 찾아 그곳에서 삭발을 하여라" 하고 사라진다. 이 현몽을 받은 안려관은 꿈이 너무 생생하여 심상치 않은 일이라 여기고 1907년 12월 1일 제주를 출발하여 대흥사를 찾아 길을 떠났는데, 더욱 기이한 것은 안려관이 현몽을 받았던 바로 그날 범해각안梵海覺安 율사의 법손인 해남 대흥사 조실 백취운白翠雲 혜오慧悟 스님도 꿈을 꾸었다. 백의 관세음보살이 나타나 말씀하시기를, "오늘 여왕이 이곳에 올 것이니 모든 대중은 조심하고 후히 대접을 잘 하여라" 하고 사라졌다. 이 꿈을 꾼 조실스님은 이상하게 생각한 나머지 아침 공양 끝에 대중에게 "오늘 귀한 손님이 올 것 같으니 도량을 깨끗이 청소하고 귀빈 맞을 채비를 하여라"고 명을 내렸다. 그날 대중은 기대를 하고 해가 저물도록 기다렸으나 여왕은 나타나지 않았고 날이 저물어 어둠이 깔릴 때쯤 어느 평범한 한 여인이 도착했다. 현몽한 대로 여왕이 나타날 것이라는 기대를 가졌던 조실스님과 대중은 귀빈은 나타나지 않고 평범한 여인이 찾아오자 평일 때와 마찬가지로 사찰에서 묵게 하고 공양 대접을 했다. 대흥사를 찾은 안려관은 조실스님을 찾아 삭발해 줄 것을 간청했으나 승려가 되려면 행자생활과 수행이력을 쌓아야 한다는 규칙 때문에 허락하지 않았다.

    삭발을 하지 못한 안려관은 할 수 없이 며칠을 대흥사에 머물면서 산중 구경이나 할 것을 겨우 허락받고 도량을 주유하던 중 한 암자에서

---

5) 매일신보사, 「제주도 아미산 봉려관의 기적」, 『매일신보』(1918. 3. 2), 3면의 내용 일부를 재편집하였다.

나병으로 신음하며 죽음만을 기다리고 있는 스님을 만나게 되었다. 환자의 상태를 살펴보니 애처롭기도 하고 뭔가 자신이 도움을 주면 회복할 것 같은 느낌이 들었다. 그 길로 원주스님을 찾아 묵은 된장 한 동이를 달라고 부탁했다. 된장을 얻은 안려관은 부뚜막에서 재(무쇠솥의 밑창에 붙어 있는 검은 그을음)를 모아 함께 가지고 암자에 도착하여 즉시 환자의 옷을 벗겨 전신에 된장을 바르고 그 위에 다시 재를 발랐다. 그렇게 3~4일이 지나자 그토록 고통을 주던 상처에 딱지가 일어나면서 아물기 시작했다. 환자는 대중이 모두 포기했던 상처 부위가 신기하게도 나아서 경내를 가볍게 산책할 수 있을 정도가 되었다.

죽음만을 기다리고 있던 스님의 병이 나았다는 소식을 전하여 들은 조실스님은 놀라운 표정으로 즉시 안려관을 불러 감사의 뜻을 표하면서, "돈도 좋고 쌀도 좋으니 그대 소원을 다 들어주겠다"고 했다. 이 말을 들은 안려관은 "죄송하지만 저의 소원은 단 한 가지입니다. 절집의 규칙은 잘 모르오나 하루라도 빨리 삭발하여 가사장삼을 입고 2백 년간 불법이 침체된 제주에 가서 세속에 병든 모든 중생을 구제하는 길입니다. 꼭 선처하여 주십시오"라고 청하자, 스님은 "불가의 규칙을 무시하고 삭발염의하는 것은 불도에 어긋나는 행위이므로 그렇게 할 수 없다"고 단호하게 거절했다. 그러자 안려관은 "지금 제주도는 모든 절과 당이 불타서 부처님 정법이 잠든 지 이제 2백 년이 됩니다. 그리고 민심이 흉흉하여 빨리 이를 제도치 않으면 걷잡을 수 없게 되니, 부디 이 소원을 거두어 주소서"라고 간청하였다. 조실스님은 처음에는 불도의 규칙에 어긋난다고 하여 반대했으나 정 그렇다면 대중공사에 부쳐 결정하기로 결심을 한다. 이에 곧 대중공사를 주최하고 총의를 얻으니 모든 대중이 찬성하여 이를 통과하기에 이른다. 이렇게 해서 1907년 정미년

12월 8일 성도절에 취운혜오翠雲慧悟 스님은 유장노니宥藏老尼를 은사로 하고 청봉화상 외 3인을 계사로 하여 '봉려관蓬廬觀'이라는 법명으로 수계토록 명했다. 이렇게 해서 대흥사 창건 이래 전무후무한 삭발수계식을 성대하게 거행하게 되었다.

(3) 고난과 기적

당시의 국내 언론에 보도되었던 내용들을 살펴보면, 봉려관 스님은 핍박과 고난의 삶 속에서도 흔들림 없이 중생구제의 일념을 놓지 않고 정진해 온 모습은 평범한 승려가 아니었음을 짐작케 한다. 앞서 각 언론 출판물에 게재되었던 내용 이 외에도 수차례에 걸쳐 봉려관 스님에 대한 보도가 있었는데, 기록이나 비문 등은 대개 다음과 같은 내용들이다.

> 우여곡절 끝에 삭발수계하고 1908년 정월 5일 제주에 귀향한 봉려관 스님은 대흥사에서 구해 온 불상을 모시고 불공을 드리려 할 무렵 주민들이 몰려와 불상을 때려 부수면서 "이러한 물건을 그대로 두면 세상이 어지럽고 백성이 모두 의혹할 것이다"라며 집과 불상을 모두 불살라 버렸다.…… 겨우 목숨을 건지고 주민들에 쫓겨 그곳을 피해 나온 스님은 정처 없이 헤매다가 한라산에 올라 불식한 지 7일여 만에 정처 없이 내려오다 기력 없이 엎어지더니 계곡으로 떨어지다 현애에 걸려 있는데, 홀연히 수천의 군오群烏가 모여들어 의상을 물어 안전한 곳으로 구호하였다. 그 후에 봉려관 스님은 이곳에 관음사를 짓고 화중에 근로했다.…… 군오에 의해 구조된 봉려관은 피로한 기운이 일시에 일어 남가일몽중에 한 노인이 나타나 "지금 도사가 가사 일습을 전할 차로 수륙천리에 수고로움을 사양치 않고 찾아왔으니 속히 나가 맞으라"는 꿈을 꾸게 되었다. 너무나 선명한 꿈이어서 심상한 일이 아니라 생각하고, 정신을 가다듬어 산천단이란 곳에 내려오니, 마침 충청도 계룡산에 산다는 노승이 합장배례하며 말하기를, "수월數月 전에 부처님이 현몽하야 말하되 남회섬(남쪽섬) 가운데에 한

도승이 나타났으니 너희 유전하는 가사를 친히 전수하라 하기로 곧 행구를 차려 남방의 모든 섬을 널리 찾았으나 종적이 망연하더니, 지금 우연히 귀인을 만났으니 원컨대 이 가사를 받으소서" 하고 가사를 드리며 부탁하는 말이 "이를 가지시고 자중자애하시와 큰 사업을 성취하소서" 하더니, 홀연히 절을 하고 물러가 버렸더라. 기이한 사실이라 함은 대개 이와 같은 사실이라.…… 그 뒤로 봉려관은 열성으로 공부를 하면서 전도傳道에 힘을 써서 신도도 많이 늘었으며 법정산 법돌사(나중에 法井寺라 부름)라는 절을 일으키고 다시 아미산에 관음사를 창건하였다 함은 기록하는 바와 같더라.6)

이은상이 『조선일보』(1937)에 쓴 탐라기행에도 봉려관 스님의 기이한 행적을 소개하고 있다. 「봉려관의 관음사」라는 글에서는 『관음사 사적기』를 인용해 다음과 같이 기술하고 있다.

관음사는 봉려관이라는 비구니가 창건한 것인데 그는 일찍이 불교의 독신자篤信者였다. 속성은 안安씨로 본시 제주인이더니, 정미년(1907) 12월 8일에 출가의 뜻을 품고 해남 대흥사 청봉 화상에게 나아가 치발수계薙髮受戒하고, 밝는 해(1908) 정월에 돌아와서 불법을 포교하려고 하였으나, 도민 일반의 핍박이 극심하여 그야말로 '천지무가객天地無家客 동서미정소東西未定巢'의 몸이 되었다.…… 또다시 밝는 해(1910)에 영봉 화상과 안도월7) 처사 등이 육지에서 들어오면서, 용화사의 불상과 각 탱화 등을 가지고 왔으므로 반가이 얻어 봉안하고, 밝는 해(1911) 4월에 주민들의 돌을 던지는 폭행에도 상처가 없는 기적으로 인하여 드디어 복종하게 되니 여기다 관음사를 이룩하게 된 것이다.

또 다른 보도 내용을 보면 「김씨유해 발견 유족은 대환희」라는 제목 아래에 다음과 같이 소개하고 있다.

---

6) 매일신보사, 『매일신보』(1918. 3. 2), 3면.
7) 관음사 초대 주지가 된다.

제주도 제주면 외도리 김수남 씨는 원래 불교신도로 공익심이 풍부하여 불교 포교당 건축에 시주를 하는 등 정신적으로 극력 알선함은 실로 가상한 바이더니 불행히 고통스럽게 본년 음윤 4월 19일경에 산중에서 돌아오던 길에 실종하여 존몰存沒을 알지 못하므로 부인 신덕인 씨는 매일 불러 울며 동서로 물어보고 다녔으나 종무소식한 고로 최후 관음사 봉려관 스님에게 망부의 유해 발견을 애걸하므로 스님은 화주로서 인도상 거절치 못하고 음 7월 15일에 풍우를 불구하고 백록담을 향하더니 갑자기 청천에 밝은 해가 광명하면서 몇 걸음 옮기지 아니하여 수남의 유해를 발견하였다.…… 이번 유해의 발견은 불력의 음우陰佑가 없지 않다 하여 관음사를 향하여 다대한 동정을 표할 터이라더라.8)

⑷ 제주 불교의 중흥조

스님의 제주 불교 중흥에 대한 의지는 한결같아 누구도 따라할 수 없었던 것으로 보인다. 단순히 수행자로서의 수행에 머물지 않고 제주 전지역의 불국토화가 스님의 목표였던 것이다. 스님은 무격이 왕성한 환경에서 이를 극복하기 위해 한라산을 중심으로 동서남북의 곳곳에 불우를 건설하고 불법 전도를 위한 적극적인 수단으로 많은 대덕스님들을 육지에서 초청하여 순회법회를 열었다. 자료에 다음과 같이 기록하고 있다.

제주도 아미산 관음사라는 절은 봉려관이라는 여승이 자기 한 사람의 힘으로 창조한 절인바, 그 뒤에 안도월을 주지로 삼아 전도傳道에 종사하던 중 신도수가 수백 명에 이르렀으므로, 근자에 그 절의 규모를 확장하기 위하여 법당을 새로이 짓기로 하였고, 또 이왕에는 법정산 법돌사라는 절도 건설하였더라.9)

내용으로 보면 관음사 창건에 앞서 항일항쟁의 발상지인 중문면 법

---

8) 매일신보사, 『매일신보』(1925. 9. 26), 3면.
9) 매일신보사, 『매일신보』(1918. 3. 2).

정산 법돌사(法井寺)10)를 짓고 이어서 관음사를 창건했으며, 뿐만 아니라 제주도내 각처에 스님이 거치지 않은 불사가 없었던 것으로 보인다.

혜원 거사가 기고한 「제주 불교 유래」11)라는 글에서 봉려관 스님은 1909년 관음사를 창건하게 되는데 1914년 이른 봄, 안도월 거사를 만나게 된다. 그는 영남 산청인으로 우연히 입도하게 되었는데, 봉려관 스님을 만나고 보니 속성이 같은 안씨여서 불연으로 맺어져 불사를 도와 봉려관 스님의 힘이 되어 주었다.

안도월이 봉려관 스님을 도와 불사에 힘이 되어 준 사실은 제주 불교의 중흥 과정에서 꾸준히 나타난다. 구산인龜山人이라는 분이 쓴 「영주기행」의 글에서 일부를 소개하면 다음과 같다.

> 그러므로 최근 수년 전부터 봉려관이라는 니고尼姑와 만하萬下 율사律師와 도월상인道月上人이 홍서弘誓를 발發하야 삼양오름 동남 일리허에 관음사12)를 창건하고 또한 신자들이 금년 춘春에 조천 근처 원당願堂오름 밑에 백련사白蓮寺를 창건하고 모다 공산에 몇 백 년래에 적막하였던 황화黃花의 향과 가릉伽陵의 소리를 다시 인간에 편포徧布하야 알리려 한다.13)

이때부터 봉려관 스님의 불사 계획은 더욱 활기를 띠게 됐던 것으로 판단된다.

스님은 불법홍포佛法弘布와 불교의 정체성을 바로 세우기 위해서 많은 노력을 기울인 것으로 보인다. 그 근거로 육지에서 대덕스님들을 초

---

10) 법정사는 항일운동의 근원지로서 서귀포시 중문동 하원리경에 위치하고 있으며, 하원에 법화사, 중원에 법정사, 상원에 존자암이 있다.
11) 불교사, 『불교』 32(1927년 2월).
12) 제주시에 소재한 관음사 창건 이전에 창건된 사찰로 지금의 조천읍 조천리에 소재한 고관사.
13) 불교사, 『불교』 6(1924년 12월).

청하여 설법을 펴는가 하면 도민의 구재鳩財로 산북(한라산 북쪽) 아미산에 관음사, 원당봉에 불탑사, 시내 중심가에 관음사 포교당(大覺寺)을 창건했고, 산남(한라산 남쪽)에는 중문면 법정산에 법정사, 중문면 하원리에 법화사 중창, 제주서부 지역인 한림면 고산리에 월성사, 제주동부 지역인 구좌면 김녕리에 백련사 등을 창건하는가 하면, 바른 불법의 홍포를 위하여 당시 조선불교대회법사 이회명 선사를 초청해 전도 순회포교를 하면서 불교의 취지를 강연하는 한편, 대각사라는 이름의 포교당을 설치하고, 수시로 법회를 열었다. 뿐만 아니라 제주불교협회 창립에도 앞장섰음을 당시의 기록이나 신문매체에 보도된 내용들을 통해 알 수 있다. 봉려관 스님의 제주 불교 발전을 위한 노력과 실천력은 여러 기록에서 잘 나타나고 있다. 다음의 보도자료를 살펴보자.

> 봉려관, 안도월 양 화상은 많은 경비를 들여 중심 시가지에 포교당을 신축하고, 4월 28일 불거佛居를 점하여 낙성식 및 불교협회 정기총회를 개최코자 목하 준비 중인데, 교당의 규모는 실로 굉장하여 내선인중內鮮人中 와서 본 자가 봉려관의 철두철미로 다대사업多大事業은 말할 필요가 없고, 또 이회명[14] 법사의 전도확장傳道擴張하므로, 종래 무불국無佛國이던 제주가 유불국有佛國의 신세계新世界를 이루겠다고 예측하는 중이라더라.[15]

박환양의 「한라산 순회기」라는 제목으로 『불교』에 연재된 글의 일부를 소개하면 다음과 같다.

---

[14] 이회명(1866~1951)은 경기도 양주 출신 1921년 9월 29일 봉려관 스님의 초청으로 법화사 동안거 설법을 위해 처음으로 제주를 다녀간 후 1924년 관음사 낙성 증단證團으로 참가하였다. 1925년 12월 25일 제주불교협회를 창설하는 데 적극적으로 지원했던 것으로 보인다. 이후 불교 강연, 포교당 건립, 제주불교부인회 창설, 제주불교소녀단 창설 등이 단체 결성에 봉려관 스님과 더불어 주도적인 역할을 한 인물임을 기록으로 전하고 있다.
[15] 매일신보사, 『매일신보』(1925. 4. 19)

사문寺門을 들어서자 법당직전으로 종각이며 좌우로 수도실修道室이 정연하고 그 옆으로 주택과 객실客室이 인접하며 그중에도 여신도가 많은 모양이다. 간수가 희귀한 한라산에 감천甘泉이 용출湧出함은 사운창립의 기인起因이다. 관음사는 전날 조천포朝天浦에 있었으나 폐사된 지가 오래이라 그 명의만을 이동하여 온 것이다.16)

산하에 원당고사元堂古寺는 광범위의 잔초파와殘礎破瓦가 산란한 가운데 제주에서 오직 하나인 삼중석탑이 의연히 서 있으며, 그 앞으로 신구新構한 초즙수간草葺數間 안에 신조한 금불상을 안치하고 일소야승一少野僧이 분수焚修를 일삼고 있으면서 정녕한 장배掌拜로 맞아 준다. 대약大約을 들은즉 약 사년 전에 봉려관자가 이 땅에 이 집을 세우고부터 부처님을 모신 후로 신도 4, 50명을 얻었으며 신도 중으로서 불형전佛亨田도 유지할 만치 매입하고 대흥사 말사로 속하게 되었다 하며…….17)

위와 같은 일련의 내용들을 살펴보면 제주 전지역에서 일어나는 모든 불사에는 그 중심에 봉려관 스님이 있다. 그만큼 봉려관 스님의 추진력은 대단했던 것으로 판단되며, 불법 전도를 위한 집념 또한 쉽게 짐작할 수 있다. 뿐만 아니라 근대 제주 불교 중흥에 힘써 온 봉려관 스님의 활동상은 이 외에도 여러 곳에서 확인되고 있다. 관음사 법당중건 상량문이나 법화사 경내에 세워진 비문에도 그 내용들을 자세히 기록하고 있다.

「제주 한라산 관음사 법당중건 상량문」
'오호嗚呼라! 여러 백 년 동안을 오면서 이곳에 불교라는 형적形跡이나 그림자조차 끊어져 없었더니 다시 인연因緣을 만남으로써 불법의 교화가 유신維新되고 복구되기에 이 한라산 중턱에 절을 처음 개척하여서 제주도 전체에 신도들

---

16) 불교사, 『불교』 71(1930년 5월).
17) 불교사, 『불교』 77(1930년 11월).

이 가득 차게 되었다. 비구니 봉려관 안씨는 이 절을 개산한 원조가 되었으니 이를 일러 어두운 거리에 밝은 촛불을 비추는 격이라고 하겠으며……

「제주도 한라산 법화사 니사 봉려관비명 병서」
비구니 봉려관은 을축년 6월 14일에 이곳 화북리 안씨 집에서 출생하였다. 용모와 자태가 비범하여 뜻과 기상이 진세에 뛰어났다.
제주도에는 수백 년 동안에 불교가 그림자까지 끊어진 때에 지난 무신년 봄에 처음으로 관음사를 한라산 북쪽에 창건하니 비로소 불법佛法이 횃불처럼 섬 전체를 휘황하게 비추었다. 그는 또 이 법화사를 중창하여 향화를 새롭게 하고져 지난 병인년 여름에 도월道月 선사와 더불어 중창하는 일을 함께 하니 그 공덕이 항하恒河나 태산泰山보다 더 높아 붓으로 표현하기 어렵다.……

「제주 불교의 흥륭」
조선불교대회 법사 이회명 씨는 당지 불교 창설인 봉려관, 안도월 양 화상의 의뢰로 지난해에 입도하여 제1회 공립보통학교에서 불교 취지를 강연하였는데 박수 갈채 중에 유지의 환영을 득하여 제주불교협회를 조직하고 설립 후 교무를 확장키 위하여 봉려관, 안도월 양 화상은 많은 경비를 들여 중심 시가지에 포교당을 신축하고 4월 28일에 불거佛居를 점하였다.……18)

「관음사 조사전祖師殿 창건 취지문」
……조사님을 모시는 전각을 기념으로 창립하려 한다. 겸하여 이 절의 만하승림 선사는 계·정·혜의 삼학이 원명한 이로써 제주도 안의 많은 신도분들이 이분에게 계를 받았으며 회명일승 노스님이 섬에 와서 교화를 펼 적에 크게 법회를 열어서 법을 전하고 중생을 이익하게 하는데 여러 해를 공功을 쌓은 분이다. 비구니 봉려관 스님은 이 제주도 불교가 그림자조차 없을 때 태어나서 불법을 다시 일으킨 분이요 도월정조 율사는 봉려관 비구니와 성이 같고 마음이 맞았으니 이분들은 모두 호법보살들로서 관음사를 성심을 다하여 창건하였으니 이 제주도에 부처님 법의 흐름을 열어 준 중시조라 하겠다.…… 법손 오이화吳利化는 삼가 기록함.

---

18) 매일신보사, 『매일신보』(1925. 4. 19), 5면.

「관음사 조사전 창건 취지문」은 가장 측근에서 봉려관 스님을 비롯해서 안도월 스님을 보필해 온 제자스님이 스승들을 모시기 위한 조사전을 창건하면서 지은 취지서이다. 오이화 스님은 「관음사 조사전 창립 취지문」에서 비구니 봉려관 스님이 제주 불교 중흥조임을 밝히고 있다.

(5) 밝혀지지 않은 스님의 행적

1918년 11월 제주도에서는 스님들이 중심이 되어 항일항쟁의 불꽃을 올리는 사건이 일어난다. 이른바 무오 법정사 항일운동인데 1919년 3·1운동보다 5개월 앞서 일어났다. 이 운동은 1910년대 종교계가 일으킨 전국 최대 규모의 조직적 무장항일운동으로 3·1운동을 비롯한 민족항일의식을 전국적으로 확산시켜 나가는 선구적인 역할을 했던 일대 사건이었다. 경상도 출신 김연일金連日 스님, 제주 출신 김창규 스님, 방동화 스님 등이 주축이 되었는데, 이 운동을 위한 활동자금을 지원하는 데 봉려관 스님이 깊숙이 관여해 있을 개연성이 있다.

방동화[19] 스님은 항일항쟁운동의 중심인물 중 한 사람이었다. 당시 제주의 교통수단은 말을 타거나 걸어서 다닐 수밖에 없었다. 봉려관 스님은 불사를 위한 시주금을 모집하기 위하여 밖으로 다닐 때가 많았는데 대부분 걸음이 빠른 방동화 스님이 동행을 했다.[20]

봉려관 스님이 항일운동자금 지원에 깊숙이 관여했을 가능성에 대해서는, 방동화 스님의 행적이나 한국불교 31개 본산에서 독립자금을 지원했던 사례에서 유추해 볼 수 있다. 당시 제주시 아라동 산천단에는 관음사의 중간 연락소인 암자가 있었는데, 그 일대를 중심으로 항일운

---

19) 서귀포시 중문동 소재 광명사 주지 修補 스님의 부친.
20) 광명사 주지 수보 스님의 증언.

동을 거사하려 하였다. 그러나 일경의 감시가 심해지자 법정사로 장소를 변경했는데, 이곳이 봉려관 스님이 창건한 사찰이라는 점과 방동화 스님의 행적 역시 가끔씩 거취를 확인할 수 없이 그의 흔적만 남기고 자취를 감추는 경우가 많았다는 것, 그리고 그가 가지고 다니는 맹탱이[21]만 바다 위에 띄워 놓고 2~3일씩 행적을 감추는 경우 등 방동화 스님의 일련의 행적은 특정의 목적 수행을 위한 눈속임의 방편적 행동이었을 가능성이 있다. 특히 재정적인 사정이 궁핍한 당시의 제주 실정으로 미루어 보면 스님들이 활동할 수 있는 재정적 능력은 결코 넉넉하지 못한 어려운 시기였다. 그러한 상황에서 스님들의 활동을 위해 봉려관 스님이 어떤 형식으로든 역할을 하지 않을 수 없는 위치에 있었고, 또 항일운동의 핵심 인물이었던 방동화 스님과 자주 유통이 되었다는 점에서 그 가능성은 더욱 짙다.

또한 한국불교의 31개 본산에서 독립자금을 전달했던 방법을 살펴보면 충분한 가능성이 있다고 판단된다. 증언[22]에 의하면, 당시 한국불교 31개 본산에서도 상해임시정부에 독립자금을 지원했는데 전달 방법이 철저하게 비밀스러웠다고 한다. 각 본산에서도 대중은 일체 알 수가 없고 다만 주지스님만이 알고 행했는데, 그 사실을 은폐하기 위해 표면적으로는 일 총독부에 협력하는 것으로 비쳐야 했다. 대중들은 그러한 행위가 친일행위로 오해되어 주지스님이 산문출송 당하는 사례도 있었다고 한다.

그러한 시기에 임시정부의 수반인 김구 선생이 귀국하게 되어 서울 종로에 소재한 대각사[23]에 모여 환영회를 열었는데, 그때 환영답사에

---

21) 볏짚으로 만든 광주리와 같은 용기의 일종으로서 도시락을 담는 용기로 사용함.
22) 부산 미륵사 주지 白雲 스님(만암종헌 스님의 당질).

서 "일본인들의 눈을 속이느라고 얼마나 수고가 많았는가" 하며 "31개 본산에서 보내 주는 자금으로 임시정부의 살림을 꾸려 갔으며, 외국 동포들로부터 보내오는 자금은 무기 구입에 썼다"는 발표를 했다. 당시 부산에 소재한 범어사 사찰 오송월 주지스님도 대중으로부터 친일파라는 오해로 산문출송 당하려는 움직임이 있었는데, 김구 선생의 발표로 오해가 풀렸던 사실이 있다고 한다.

    자금의 전달 방법도 기묘하다. 임시정부 자금조달책의 일례를 소개하면 다음과 같다. 정기적으로 일주문 앞에서 깡통을 들고 거지차림으로 각설이타령을 하고 있다. 그런 상황을 본 주지스님은 "저 거지를 불러 밥이나 먹이고 보내라"고 한다. 대중들은 거지를 불러 공양을 하게 하는데 주지스님은 짐짓 옆을 지나면서 "공양이 끝나거든 차 한잔 마시고 가거라" 한다. 공양이 끝나 방에 들어가면 차를 마시는 동안 깡통 밑에 돈을 깔고 위에는 밥을 덮어 숨기고 나가게 한다.24) 이렇게 눈속임을 해서 누구도 알아볼 수 없이 비밀리에 자금이 전달될 수 있도록 했던 것이다.

    봉려관 스님에게도 이와 비슷한 경우는 충분히 있었을 것으로 판단된다. 이유로는 전기한 바와 같이 시주금을 모집하기 위해 밖에 나갈 때는 걸음이 빠르다는 핑계로 방동화 스님을 불러 자신을 수행하도록 했다는 것이다.25) 이러한 일련의 상황들을 살펴보면, 독립운동을 위한 자금 조달에 봉려관 스님이 깊숙하게 연관되어 있을 가능성은 충분히 있다고 판단된다.

---

23) 용성 스님이 열반한 사찰.
24) 부산 미륵사 주지 백운 스님의 증언.
25) 광명사 주지 수보 스님의 증언.

(6) 봉려관 스님은 원력보살이었다

봉려관 스님은 전기한 바와 같이 관음사 창건 당시부터 제주 불교 중흥에 대한 확고한 의지가 있었던 것으로 보인다. 육지에서 들어오는 스님들을 위한 방사房舍며 특히 사찰에 머무는 손님들을 위하여 온탕까지 시설한다는 것은 당시의 실정으로 볼 때 상상하기 어려운 일이었음에도, 이미 스님은 불우를 건설하면서 제주 불교 중흥의 의지를 품고 대덕스님들을 초청하여 법연을 열어야겠다는 계획을 철저하게 세웠던 것이다. 때문에 객실도 많이 만들고 외지에서 들어오는 스님들이 관음사에 머무는 동안 불편함이 없도록 편의시설을 마련하는 데도 많은 관심을 기울였던 것으로 보인다. 여기에는 제주에 정법전도를 위한 스님의 깊은 뜻이 담겨 있다. 백운(부산 미륵사 주지) 스님의 증언에 의하면 "본인은 만암종헌26) 스님을 자주 뵈며 많은 가르침도 받았는데 제주에 다녀온 이야기 중에 봉려관 스님을 만난 소감을 전한 바 있어 기억하고 있다"고 했다. 내용을 소개하면 다음과 같다.

> 봉려관 스님은 비구니로서 잠자는 제주 불교를 다시 일으켜 세운 대단한 원력보살이었으며 남몰래 수행하는 게 보였다. 특히 주력을 많이 한 것 같으며 병고에 시달리는 불자들을 치료해 주며 남의 운명이라든지 상대방의 마음을 읽어 내는 능력이 있었다.

관음사(옛 지명 塞水藪) 창건 당시의 경우만 하더라도 제주의 중산간 지역에는 물이 귀할 때였다. 하루는 도량 내에 물이 필요해서 우물을 파는데 봉려관 스님이 직접 사방을 둘러보시고 "여기는 물이 나오지 않을 것이고 여기는 물이 나올 것이니 이곳에 우물을 파라" 하여 실행한

---

26) 西翁 스님의 恩師.

결과 실제로 물이 나와서 그곳에 관음사를 창건하게 되었다는 내용도 전하고 있다. 이와 같은 내용은 중문 법화사 말사인 원만사에서도 전했다. 수보 스님의 증언에 의하면 원만사를 창건하는 데 물이 없어 사중에게 일러 땅에 구덩이를 파 놓으라 하고, 스님은 방동화 스님을 대동하여 영실에 올라가서(약 8km) 물을 한 병 길어서 돌아오는 길에 계속 물 한 방울씩 떨어뜨리면서 내려와 이미 파 놓은 구덩이에 남은 물을 부으니 물이 나오기 시작했다고 한다. 뿐만 아니라 외부에 나가 있으면서도 사중에서 일어나는 일들을 미리 알아 일일이 지적하는가 하면, 밤중에 방에 있으면서도 다른 곳에서 일어나는 일들이나 또는 일어날 일들을 미리 예견하고 대책을 세우게 하는 경우도 많았다고 한다. 이러한 기록들로 미루어 볼 때 만암종헌 스님이 전한 봉려관 스님에 대한 소감이 틀리지 않다는 것을 뒷받침해 주고 있다.

3) 법손들의 활동

한 비구니의 원력으로 200여 년 동안 잠자던 제주 불교, 더구나 불교와 무속이 혼재해 있든 제주 불교의 현실에서, 정법을 전도하기 위한 스님의 노력은 그 후예인 법손들에게 커다란 긍지와 신심을 심어 주고 있으며 더욱 굳건한 수행의 이정표가 되고 있다. 봉려관 스님 문하에는 5명의 제자가 있었는데, 제주 불교의 비구니스님 상당수가 그 후예들이며 6대 법손까지 내려와 각자의 위치에서 열심히 수행하고 있다. 일부는 육지에서 수행하는 경우도 있으나 다수의 법손들이 제주에서 활동하고 있다. 다음은 봉려관 스님 계보이다.

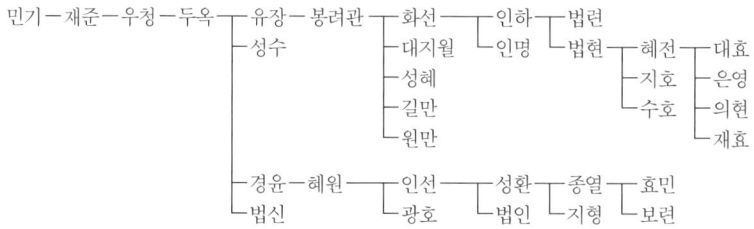

<봉려관 스님 계보>

3. 맺음말

밝혀지지 않은 봉려관 스님의 행적에 대해서 더 이상 자료를 확보할 수 없음이 안타까운 일이다. 다만 봉려관 스님은 잠자는 제주 불교에 새로운 희망의 등화燈火였음이 확실하다는 것이다. 불교와 무속이 혼재해 있는 환경에서 더구나 비구니였기에 정법전도에 한계가 있었다. 그러기에 겸손한 마음으로 스님은 백양사 만암종헌 스님을 위시한 만하승림 선사, 회명일승(朝鮮佛敎大會法師) 스님 등 당대에 전국에서 유명한 대덕스님들을 초청하여 정법전도의 목적을 실현 하면서 무불경지無佛境地의 제주 불교를 유불경지有佛境地의 제주 불교로 바꾸어 놓았다. 그러한 실천력에서도 원력보살로서의 예지력과 지혜로움이 엿보인다.

그는 뒤에서 묵묵히 활동하며 모든 불사에 말없이 지원했으며 어디에 서 있던 늘 든든한 버팀목이었고 기반이었다. 그 기반 위에서 불법 전도의 이상을 마음껏 펼쳐 나갈 수 있게 함으로써 제주 불교를 바로 서게 했던 것이다. 1900년대 초 무불경지에서 오직 불교의 정법을 전도하기 위한 집념으로 정진하여 유불경지로 바꾸어 놓은 원력은 불보살이 아니고서는 불가능한 일이 아닐까 생각한다.

　근대 제주 불교의 100년사는 봉려관 스님이 닦아 놓은 기반 위에 존재하고 발전해 왔다고 보아도 무리가 없을 것이다. 미래의 제주 불교 역시 그 바탕 위에서 더욱 발전해 나갈 것이며, 아울러 부처님의 가르친 바를 바르게 전하고 실천하는 것은 우리에게 주어진 중대한 사명이 아닐 수 없다.

참고문헌

李衡祥, 『南宦博物』, 1565.

근대제주불교연구회, 『近代濟州佛敎史料集』, 2002.
매일신보사, 『每日新報』, 1918·1925.
불교사, 『佛敎』, 1924·1927·1930.
제주도, 『濟州道誌』, 1886~1927.
제주여민회, 『濟州女性』.
조선일보사, 『朝鮮日報』.

「제주 한라산 관음사 법당중건 상량문」.
「제주도 한라산 법화사 니사 봉려관비명 병서」.
「관음사 조사전 창건 취지문」.

전계사 비구니장로 정행 스님의 삶

김일진*

1. 머리말

보월당寶月堂 정행淨行(1902~2000) 스님은 9세에 동진출가하셔서 한 세기를 사시는 동안 선·교·율을 두루 섭렵하신 분이다. 근현대 불교의 대부분의 수행이 참선이듯이 정행 스님은 선방에서 78하안거를 성만하신 선사였으며, 동시에 자운성우慈雲盛祐 율사의 계맥을 이어 한국 비구니사에서는 최초로 단일계단單一戒壇에서 11회나 비구니구족계의 전계화상을 하신 율사이기도 하다. 이처럼 정행 스님은 출가수행자로서 선과 율을 겸비한 삶을 살았다. 이 글에서는 해인사 삼선암 반야선원에서 선원장으로서 후진을 경책하시던 무언실천보살행과, 율사로서 삼취정계三聚淨戒라는 화두를 가지고 법계중생을 보듬으시던 계율정신을 위주로 하여 정행 스님의 수행과 삶을 소개하고자 한다.[1]

---

* 운문승가대학 강사.
1) 정행 스님은 생전에 글을 쓰거나 문집을 남긴 적이 없었다. 스님에 대한 자료로는 『운문회

2. 행장

정행 스님 생전 모습

정행 스님은 1902년(壬寅年) 음력 2월 3일 경남 함안군 대산면 동촌리에서 부친 진양정씨 현오(鄭現悟: 법명은 법장) 거사와 모친 진주하씨 시금(河時수: 법명은 묘법화) 사이의 둘째딸로 태어났다. 오빠가 한 사람 있었다. 어릴 때 이름은 끝순이었고 양친이 모두 법명을 지녔던 돈독한 불교집안이었다. 애석하게도 세 살 때 부모를 한꺼번에 잃는 불운을 당하고, 1910년 9세에 해인사 삼선암으로 왔다. 이것은 먼저 해인사 국일암에 출가해 있던 속가 이모 수만 스님과 이종사촌 오전 스님 및 친언니인 삼선암의 성문 스님의 인도에 의한 것이었다.

13세에는 비구니 성학 스님을 은사로 하고 당시 해인사 주지였던 비구 이회광 스님을 계사로 하여 사미니계를 수지했다. 은사 성학 스님은 염평念平 비구니를 제1조로 해서 그 계맥을 이어 오고 있는 삼현문중三賢門中 제7세이다.[2] 20세 되던 해에 해인사 금강계단에서 백용성 대종사께 비구니구족계와 천불의 대계인보살계를 품수했으며, 21세 때 『초발심자경』과 『법화경』을 국일암에서 비구니 강유겸 스님에게, 사

보』 제5호(1983)에 실린 「원로탐방: 정행 스님」과 하춘생 씨가 정리한 『깨달음의 꽃』(도서출판 여래, 1998)에 몇 페이지 실린 것이 전부이다. 나머지는 권속스님들, 함께 수행했던 선방 수좌스님들, 시자스님들을 직접 만나 뵙고 인터뷰를 해서 그들의 기억을 살려낸 것들이다. 도와주신 분들께 감사드린다.
2) 하춘생, 『깨달음의 꽃』 하, 29쪽.

집, 사교, 대교를 해인사 강사 김호월 스님에게 사사했다.

50세에 노스님이신 지종 스님과 은사 성학 스님이 돌아가시자 전국 각지로 만행을 떠났다. 이후 마하연 만공 선사 회상에서 안거를 하고 오대산 청량선원에서 방한암 선사를 모시고 삼칠일용맹정진을 시작하였으며, 용화사 전강 스님 회상 및 대원사, 석남사, 승가사, 대성암, 내원사 등 전국 각지의 선방에서 정진하였다.

60세인 1962년 10월 2일, 교단정화 후 전국비구니회의 추대로 제4대 계룡산 동학사 비구니불교전문강원 원장 및 주지로 부임하여 후진을 양성하였고, 1964년 62세에 동학사 주지 소임과 운수의 행각을 거두고 삼선암의 반야선원에서 후학을 지도하기 시작했다. 1982년 대한불교조계종 전국 단일계단이 설립됨에 따라 비구니 별소계단의 전계대화상으로 추대되어 1993년까지 제13회 가운데 11번을 이부승비구니계 수계를 주도했다. 2000년 4월 15일(음력 3월 11일) 오후 1시 20분 해인사 삼선암에서 입적하시니 세수 99세, 법랍 90세이셨다. 같은 해 문도들이 정행 스님의 덕을 기려 삼선암 앞에 부도탑을 세웠다.

1) 어린 시절과 학인 시절

정행 스님의 어린 시절과 학인 시절은 요약하면 '효성심'과 '향학열'로 요약될 수 있다.

어려서부터 정행 스님은 은사 성학 스님에게 예의바르고 공손한 효상좌로 이름이 나 있었다. 은사 성학 스님은 사대부 가문에서 태어나 양반집으로 출가했는데, 혼인 3개월 만에 남편이 죽자 세속의 가정사와 인연이 없다고 판단해서 출가를 단행했다. 이때 시집에서는 불쌍한 젊은 며느리에게 많은 재산을 주어 보냈다고 하니, 성학 스님은 재산은 있으나 절집의 제반 절차에는 좀 서툰 늦깎이였던 셈이다. 그에 비해 어려서 출가한 정행 스님은 효성뿐만이 아니라 총명하고 암기력이 남달라 불교의 제반 의식에 밝았다. 이런 상좌를 은사 스님은 대중들에게 "나는 늦깎이지만 내 상좌 정행이는 올깎이다" 하며 아주 믿음직스러워했다. 스님의 효행은 큰절과 마을까지 소문이 나서 당시 해인사 주지였던 임환경 스님이 '효상좌'상을 주고 부상으로 은수저 한 벌을 내렸다.[3]

성학 스님이 연세 99세로 열반하실 때까지도 정행 스님의 효행은 여일하고 진실하여, 오히려 성학 스님이 상좌 정행 스님에게 "엄마"라고까지 부를 정도였다. 정행 스님은 심지어 억지스런 일을 시키더라도 이유를 달지 않고 순종했다. 한번은 김치를 담그려고 배추를 씻고 있는데, 성학 스님이 옆에 와서는 흙이 묻어 있는데도 그만 씻고 빨리 김치를 담그라고 했다. 그러자 "예" 하고는 그 자리에서 김치를 담그고 난 뒤, 은사스님이 없는 곳에서 다시 깨끗이 씻고 김치를 담가서 다음날 상에 내었다고 한다.[4] 이렇듯 은사스님의 뜻을 거스르지 않는 효행심을 가지고 있었던 것이다.

스님은 47세에 은사스님이 돌아가시자 흰 승복을 지어 입고 삼년상을 모셨다. 아침점심으로 상식을 올리고, 잠깐이라도 산문 밖을 출입할 때면 위패가 모셔진 경장 문을 열고 "정행이 다녀오겠습니다", "다녀왔습니다" 하고 문안을 드렸다. 초상, 49제, 일년상, 삼년상이 닥칠 때면 물려받은 땅을 팔아서 6·25동란으로 형편이 어려운 마을의 재가자들까지 초청하여 만발공양을 했다.[5] 이렇게 하여 삼년상을 벗었을 때 남

---

3) 경인 스님(광주 신광사 거주) 증언.
4) 경수 스님(서울 보문사 거주) 증언.

은 것이라고는 마음에 효심뿐이었으며, 이후는 무소유정신으로 사신 것이다.

스님은 절에 갓 들어온 행자들에게도 효행을 강조하셨다. 그래서 늘 "너희가 제 복에 출가했다고 생각하느냐? 머리 깎아 주는 은사스님이 없다면 어떻게 출가를 했겠느냐? 은사는 부모와 같으니, 은사스님께 효도해야 한다"라며 출가승의 시발점을 '효'의 실천으로 보았다.

정행 스님은 국일암의 비구니강사 유겸 스님에게서 『초발심자경』과 『법화경』을, 해인사 강사 김호월 스님에게서 대교를 사사했다. 처음에는 여러 학인과 함께 시작했으나, 대교까지 마친 것은 언니인 성문(性文) 스님과 더불어 둘뿐이었다. 특히 정행 스님은 『법화경』에 통달하셨는데, 손주상좌가 치문 외는 소리를 들으면 그 한문 문장이 정확히 몇 권 몇째 줄에 나온다고 지적하실 정도였다.6) 이처럼 평생을 두고 『법화경』을 애송하셨으며, "『법화경』을 읽을 때는 나는 중품까지 올랐느니라" 하고 독경삼매에 드신 경험도 여러 번 말씀하셨다.

강원 시절에 사경을 여러 번 했는데, 그 인내심과 의지가 금강과 같이 굳었다. 『법화경』을 한문 원문과 한글 해석으로 모두 4번 하고 『화엄경』은 한글로 사경하되 배울 때마다 하였는데,7) 사경할 때면 자리에서 일어나지 않아 땀으로 고의가 방석에 들러붙었으며 땀에 찬 방석에는 곰팡이가 필 정도였다. 사경하는 한지는 모두 정성스럽게 풀을 먹여 다듬질을 했기 때문에 시간이 지나도 촉감이 여전히 신선하였다. 또한 시주한 사람의 이름을 기록하여 공덕을 축원하였으며, 빨간색으로 띠어

---

5) 경옥 스님(해인사 삼선암 거주) 증언.
6) 경심 스님(진주 진북사 서주) 증언.
7) 일수 스님 소장.

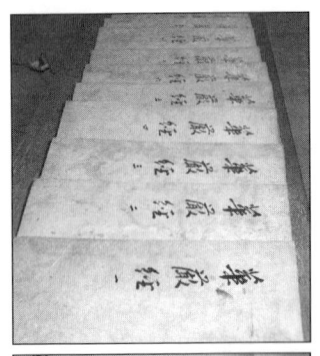

위) 『화엄경』 사경문
아래) 정행 스님 친필 사경

쓰기까지 표시해 놓는 꼼꼼함이 있었다. 그 당시에 사용되던 말투로 기록했기 때문에 언어학적인 가치도 있으리라 생각된다.

스님은 이러한 정열로 경전을 보았기 때문에 경문에 해박하였고 외우고 있는 경구도 많았다. 또 게송을 즐겨 지어, 경행할 때나 산행 시에 경치가 좋으면 듣기 좋은 음성으로 게송을 읊곤 하셨다. 또한 법을 중히 여기시어 설법하는 곳이면 가서 듣기를 좋아하셨다. 비구니대강백 명성 스님이 대구 서봉사에서 『법화경』 법문을 한다는 소식을 들었을 때, 스님은 연만하심에도 불구하고 성문 스님과 함께 대원사에서 걸음하여 법문을 들을 정도로 자신들보다 어린 법사 스님을 공경히 받들었다.8)

자신이 학문에 열심이었던 만큼 스님은 출가·재가자에 상관없이 어려운 환경에서 학업하는 사람을 돕고9) 인연을 심어 주고자 하셨다. 일제시대에서 해방 직후까지는 교육의 기회가 적어 이력을 마친 비구니가 드물고 글을 모르는 사람도 있었는데, 스님은 이들을 위해 부처님

---

8) 명성 스님(청도 운문승가대학장) 증언. 명성 스님은 1970년대에 서봉사, 지장사, 대원사, 옥련암 등의 비구니 사찰에서 정초 기도산림에 법문을 하였다.
9) 경현 스님(전남 대흥사 백화암 거주) 증언. 김순명이라는 학생에게 장학금을 주었다고 함.

말씀을 듣는 이근공덕耳根功德을 지어야 한다고 강조하면서 강원생인 손상좌에게 대중 앞 큰방에 와서 글을 읽도록 하였다.10)

경전 이외의 학문은 마구니 공부이며 속가로 가는 지름길이라 여겼던 당시 승가의 분위기에서 스님은 일찍부터 신학문에도 마음이 열려 있었다. 대학을 다니는 손상좌를 찾아가서 함께 머물기도 하고11) 편지도 보내 주고 하셨다. 편지의 내용은, 속가에 있을지언정 새벽이면 마당에서라도 부처님을 향해 예불할 것, 승려의 본분을 지키고 음식을 조심할 것, 건강을 생각해 잘 챙겨 먹을 것 등을 당부하는 것이었다.12) 노스님의 자상한 마음이 그대로 나타나 있다.

2) 만행

정행 스님은 은사 스님의 삼년상을 모신 후 50세가 되어서야 삼선암 문 밖을 나오는 기회를 얻었다. 지금이야 여행이 별것이 아니지만 우리 민족이 6·25 동란을 치르고 난 후 모든 것이 궁핍하고 교통 또한 불편하였던 것이다. 스님은 종종 "나는 우리나라를 3번 돌았다" 하며 자랑스럽게 회상하셨다. 후에 손상좌들이 인사를 오면 차비로 2000원을 잘 주셨다. 어린 손상좌들이 "2000원짜리 노스님" 하고 어리광을 부리면, "야! 내 만행 시를 생각하면 전국일주를 할 큰 돈이다"13)라고 말씀하셨다. 그만큼 당시의 만행은 지독한 고행이었던 것이다. 만행 시에는 항상 위의를 갖추어 장삼과 오조를 수하고 염불을 하시며 다녔다. "처

---

10) 경심 스님(전주 진북사 거주) 증언.
11) 일수 스님(서울 세존사 거주) 증언.
12) 선호 스님(울산시 거주) 증언.
13) 선호 스님(울산시 거주) 증언.

처법당(處處法堂), 사사불공(事事佛供)", 곧 머무는 곳마다 법당이었으며 어떠한 일을 하든 부처님께 공양하는 마음으로 만행기도를 했던 것이다.

성장기를 절에서만 보낸 정행 스님에게 만행은 재가자들의 살림살이가 어떠한가를 배우는 산교육이 되기도 하였다. 하루는 속가에서 머물게 되었는데, 밤늦게 술이 취해 집에 들어온 주인양반이 큰소리로 술주정을 하다가는 안주인의 머리채를 잡고 때리기 시작했다. 겨우 남자의 손아귀를 벗어난 여인은 울면서 대문 밖으로 달아났는데, 이 광경은 강하게 스님의 뇌리에 박혔다. 그래서 종종 이 일을 예로 들면서 젊은 제자들에게, "이 먹물 옷은 입고만 있더라도 만인이 쳐다보기 때문에 자제심을 기를 수 있으며, 그로부터 맑은 생각을 갖게 한다"[14]거나, 혹은 "중생놀음을 벗어난 출가의 생활이 얼마나 자유스러운 것인가? 출가는 구족(九族)을 승천시키는 복이다"라고 법문을 해 주시며 다음의 게송을 들려주시곤 했다.

天下叢林飯似山　곳곳이 총림이요 쌓인 것이 밥이거니,
鉢盂到處任君餐　대장부 어데 간들 밥 세 그릇을 걱정하랴.
黃金白玉非爲貴　황금과 백옥만이 귀한 줄을 아지 마소,
惟有袈裟被最難　가사 옷 얻어 입기 무엇보다 어려울세.[15]

또한 정행 스님은 생전에 기이한 일도 많이 말씀하셨다. 그 예를 들면, 해마다 봄철이면 한 번씩 어떤 부잣집에 가서 제사를 받는 꿈을 꾸는데 그것이 바로 스님 전생의 그림자가 현생에까지 연결되어 있는 증거라는 것이다. 스님은 그 꿈이 하도 역력하여 조그만 경상 밑에 그 날

---

14) 경훈 스님(경기도 광주시 문수암 거주) 증언.
15) 일타 큰스님 엮음, 『법공문』(도서출판 효림, 2003), 43쪽, 「순치황제 출가시」.

짜를 적어 놓았다는 말을 여러 번 하셨다.16) 또 한번은, 시봉이 스님을 모시고 부산 어린이대공원을 갔다. 이곳저곳을 돌아보다가 저녁때가 되어 공작새 앞에 이르렀는데, 스님이 달래듯이 "날개를 펴 보여 줘" 하고 몇 번을 말하자 갑자기 공작새가 찬란한 날개를 펼쳐 보였다는 것이다. 옆에서 일하던 관리인이 놀라 "여기서 오랫동안 일했지만 이 시간에 날개를 펴는 것은 처음 본다"17) 하며 기이하게 여겼다고 한다. 또한 스님은 같은 산중에 사는 젊은 스님에게 "스님, 절 앞에 있는 무덤은 삼선암과 약수암에서 얻어먹던 뜨쟁이란 사람의 것인데, 너는 그 뜨쟁이의 후신이다. 그가 비록 얻어먹고는 살았지만 죽었을 때는 방광을 했던 도인이다. 수행한 전생인연으로 또 인신을 받아 출가자가 되었으니 열심히 공부해라"라고 말하였다고 전한다.18)

3. 선과 율의 풍모

1) 참선수행과 후학지도

금강산 마하연의 만공 선사 회상에서 수선안거를 시작한 정행 스님은 50대부터는 전국 각지 선방을 돌며 참선수행하였다. 오대산 청량선원에서는 한암 스님을 모시고 삼칠일용맹정진을 하였으며, 통도사 극락암에서는 경봉 스님과 인천 용화사 전강 스님을 모시고 정진하셨다. 그

---

16) 경옥 스님(해인사 삼선암 거주) 증언.
17) 현명 스님(양산 우불사 거주) 증언.
18) 진현 스님(해인사 물외암 거주) 증언.

외 수덕사 견성암, 진주 대원사, 동화사, 석남사, 승가사, 내원사, 세등선원 등의 선방에서 입승을 보시며 안거하였다.

스님은 "이 뭣고"(是甚麼)라는 화두를 가지고 수행하였는데, 철이 끝나면 꼭 전강·경봉 등의 큰스님을 찾아 점검하였고 삼선암에 정주하신 뒤부터는 성철 큰스님을 친견하였다. 수행 살림살이에 대해서는 은유적으로 표현할 뿐 드러내어 말하는 적은 없었다. 그리고 자주 부설거사의 열반송을 들려주시면서 "이것이 곧 나의 게송이다"라며 당신 수행의 한 자락을 보여 주셨다.19)

目無所見無分別,   눈으로 보는 바가 없으니 분별이 없고,
耳不聽聲絕是非.   귀로 듣는 소리 없으니 시비가 끊어졌다.
分別是非都放下,   분별시비를 모두 놓아 버리니,
但看心佛自歸依.   다만 심불이 스스로 귀의함을 보더라.20)

정행 스님이 전국 각 선방에서 철을 날 때, 성문 스님은 1970년대부터 삼선암에 반야선원을 개원하고 적은 대중으로나마 안거安居를 나기 시작하였다. 이에 맞추어 정행 스님은 상좌 혜안 스님의 원력으로 인법당을 중수(1961)하고 우소림又少林이라는 선방건물을 신축(1970)하며 요사채를 증축(1972)하고 칠성각(1963)과 선방(1981)을 재건축하면서 안거대중을 맞을 준비를 해 나갔다. 그리하여 스님은 62세 때부터 삼선암에서 안거하며 후학을 지도하기 시작했다.

이때 스님의 일과는 새벽 2시부터 시작되었다. 일어나면 먼저 주변을 정리하고 법당에서 300배를 한 다음, 3시에 선방에서 입선入禪하여

---

19) 일수 스님 증언
20) 백운, 『부설거사, 관혜조사, 보덕굴』(불광출판부, 1993), 124쪽.

밤 9시에 방선放禪 죽비를 치면 방으로 돌아왔다. 늘 대중과 함께하였으며, 가행정진·용맹정진·삼년결사·산철결제 등 99세에 열반에 들 때까지 끊임없는 수행의 연속이었다. 함께 철을 났던 납자스님들은 "선방에 드시면 수마睡魔로 조는 일이나 상기上氣로 뜨는 일이 없이 정진이 여일하였고, 모든 정진대중에게 어떤 기운을 주는 것같이 힘이 있어서 노스님의 정진 모습만 보고도 대중이 환희심이 났다"라고 하였다.21)

스님은 이력존장이었지만 그 법문이 현학적이지 않고 언어가 친근했으며 가르침이 이해하기 쉬웠다. 자주 "내사 왕사도 국사도 싫소, 잿불에 감자 구워 먹는 맛, 이것이 최상이다. 이 감자 맛 아나? 구워 봐야 맛을 안다" 하며 마음공부를 감자 굽는 데 비유했다.22) 또 공양 후에는 녹차나 커피를 놓고 대중과 담소를 나누면서 당신의 수행담들을 통해, 혹은 큰스님들이 들려주신 정진담들을 통해 공부를 어떻게 지을 것인가를 말씀하셨다. 그 요점은 화두를 놓치지 말고 물 흐르듯 꾸준히 하라는 것이었다.23)

후진을 경책함에 있어서도 타심통을 한 것 같았다고 한다. 철야정진 중 대중이 한참 졸고 있으면 스님은 어린아이처럼 공연히 방문을 큰소리로 열었다 닫았다 하였다. 그러면 대중은 알아듣고 한바탕 웃음과 함께 맑은 정신으로 돌아왔다. 어떤 때는 척량골을 바로 세우고 있는 납자까지도 죽비로 "딱" 하고 내리쳤다. 억울하여 "노스님, 나는 졸지도 않는데 왜 때리세요?" 하면, "그래 너는 기와집 몇 채 짓고 앉았느냐?" 하며 번뇌망상을 털어 주었다. 입선이 없는 날에는 간혹 아랫방 벽장에

---

21) 경진 스님(해인사 삼선암 거주) 증언.
22) 현녕 스님 승언.
23) 일조 스님 증언.

위) 삼선암 반야선원
아래) 정행 스님 정진하시는 모습(앞에서 두 번째)

있는 텔레비전 보는 것을 허락하셨는데, 화두를 놓치고 그 재미에 빠져드는 순간을 어찌 포착하시는지 갑자기 "이제 그만 보자" 하며 끄셨다.24) 이처럼 스님의 가르침은 지혜로운 문수보살의 경책이었다.

스님이 삼선암에 주석하신 뒤부터는 철마다 선객스님이 60명에서 70명까지 방부를 드렸다. 인원이 차서 방부를 받을 수 없는 철이면 뒷마루에서라도 좋으니 한철을 정행 스님 회상에서 나게 해 달라고 사정할 정도였다. 이렇게 여러 사람이 모이다 보니 신참자, 구참자, 성질이 예민한 사람, 괴팍스럽고 까다로운 사람, 몸이 약한 사람 등 각양각색의 사람들이 있었는데, 이런 대중을 이끌고 한철을 나려면 스님은 반야용선般若龍船을 모는 선장 대성인노왕보살大聖引路王菩薩이 되어야 했다.

이때 대중생활에 적응 못하는 이가 있으면 꾸중하지 않고 역설적으로 "니가 특등이다, 특등이야" 하며 칭찬을 하셨고, 이 소리를 들은 사람은 스스로 참회했다. 혹 대중이 꺼리는 사람이 있다 싶으면 옆자리에

---

24) 경욱 스님(양산 관음사 거주) 증언.

앉히고는 "내 도반이다" 하시며 손수 챙기시어 서운함이 없게 했다. 반 철이 지날 때쯤이면 이런저런 일로 왈가왈부하는 일이 생기기도 하는데, 이때 스님은 시비를 가리거나 나무라는 일이 없이 "오늘은 이 방에서 차 한잔 먹어 보자" 하며 들어오거나 "이 방에 빨래 좀 널자" 하며 젖은 빨래들을 들고 왔다.25) 그러면 모여 있던 사람들은 진정이 되어 제자리로 돌아갔다. 적당한 때가 되면 스님은, 금강산 돈도암頓道庵에서 수행하다 한 번 진심嗔心을 일으켜 뱀의 몸을 받았다는 홍도弘道 비구의 게송을 읊어 주시며 수행자가 진심 내는 것을 경계하였다.

幸逢佛法得人身, 다행히 불법 만나고 사람 몸 얻어서
多劫修行近成佛. 오랫동안 수행하여 성불에 가깝더니,
松風吹打眼中柴, 솔바람 불어쳐 눈 가운데 티끌이 들어가서
一起嗔心受蛇身. 한번 성내는 마음에 뱀의 몸을 받으니,
天堂佛刹與地獄, 천당과 극락이 마치 지옥과 같으며
唯由人身作所因. 오직 사람 몸으로 짓는 바 인이 있는지라,
我昔比丘住此庵, 내가 전생에 비구로 이 암자에 머물렀으나
今受此身恨萬端. 금생에 이 몸을 받아 한이 많고 많은지라.
……(후략)……

이외에도 정행 스님은 오랫동안 젊은 납자들을 제접하면서 오직 자비보살만이 보여 줄 수 있는 수순중생隨順衆生, 동사섭同事攝의 일화를 많이 남겼다. 1970년대~80년대 초 삼선암의 살림이 넉넉하지 못한 관계로 감원이었던 혜안 스님이 식량을 걱정하여 점심 한 끼를 수제비로 때우게 한 때가 있었다. 이때 속이 출출한 젊은 스님 몇이서 중참에 공양할 수박을 몰래 개울에 가서 먹고 들어왔다. 그런데 며칠 지나 입선

---
25) 백졸 스님(부산시 옥천사 거주) 증언.

중에 노스님이 살며시 오시더니 개울로 좀 나오라고 손짓을 했다. 나가 보니 노스님이 양동이에 수박을 담아다 놓고는 "나도 한몫 끼워 줘" 하셨다는 것이다. 또 여름이면 삼선암에서는 하지 감자를 대문간에 퍼 말렸는데, 이것을 몇 사람이 어울려 다른 대중 모르게 삶아 먹곤 했다. 하루는 노스님이 나오라고 해서 가 보니, 주전자에 감자를 삶아 놓고 "우리끼리 먹자" 하며 재미있어 하셨다고 한다.26) 한편, 삼선암은 해인사 본사에 속해 있는 암자이다 보니 비구 스님이 특별한 일도 없이 어린 사미니를 만나러 내려오는 일이 있었다. 이것을 아신 스님은 장삼과 가사를 갖추고 길목에서 그 비구가 오는 것을 기다렸다가, 평상시 하듯이 90도 각도로 깍듯이 절을 하며 "큰절 스님 오셨습니까, 차 한 잔 하십시오" 하고는 방으로 모시고 정중하게 대접했다. 이후 그 비구는 발걸음을 끊었다고 한다.

이렇게 노스님은 잘못을 저지른 사람을 꾸짖거나 책망하지 않고 동사섭同事攝으로 스스로 참회하는 데까지 이끌어 주셨다.

2) 최초 전계아사리

정행 스님은 81세 되시던 1982년에 조계종단에서 주관한 단일계단單一戒壇 이부승수계단二部僧授戒團에서 한국승단에서는 처음으로 니전계화상尼傳戒和尙으로 추대되어 비구니사의 새로운 장을 열었다. 이부승수계법二部僧授戒法이란 곧 계본에 의한 제도이다. 처음 출가한 자는 식차마나니의 육계六戒를 받은 다음 2년에 걸쳐 미리 비구니계를 배운

---

26) 현명 스님 증언.

다. 그 후 엄격한 자격심사를 거쳐 비구니 자체 삼사칠증三師七證으로부터 구족계를 받고, 같은 날 비구승단에 가서 비구의 삼사칠증 앞에서 별소계단 니승삼사칠증과 함께 수계절차를 거치는데, 이것이 바로 이부승수계법이다.

이 제도는 부처님이 성도하신 후 14년만에 이모인 마하파자파티가 출가를 허락받을 때 제시된 팔경법八敬法 제4조에 언급되어 있는 것으로 보아27) 초기불교에서부터 시행되었던 것으로 보인다.28) 중국의 경우는 한말위초漢末魏初(220년 전후)로 소급된다. 동천축국東天竺國에서 두 비구니가 장안長安에 왔다가 중국 비구니들이 비구 처소에서 오계와 십계만 받을 뿐 구족계를 받지 못하는 것을 안타깝게 생각했다. 그래서 두 비구니가 본국으로 돌아가 15명의 증사를 모시고 되돌아왔는데, 도중에 5명은 죽고 10명이 살아남아 겨우 위나라에 도착했다. 이로부터 중국의 비구니들은 경사京師에서 인도의 비구니에게서 수계한 후에 다시 오吳나라 비구의 삼사칠증三師七證 앞에서 수계하는 이중수계를 하게 되었는데, 이것이 중국불교에 있어 이부승수계법회의 시초이다.29) 그러나 인도와 중국 모두 지금은 그 전통이 끊어졌다.

한국에서는 불교가 전래된 이래 이 법이 시행되었다는 기록을 찾을 수 없고,30) 단지 비구수계식이 이루어지는 자리에서 비구니수계식도 이루어질 뿐이었다. 그런데 이것이 계단의 잘못임을 지적하면서 율장에 근거하여 제도를 정비하신 분이 한국 계율의 중흥조 자운성우慈雲盛祐

---

27) 『대정장』 권22, 923b8, "式叉摩那, 學戒已, 從比丘僧, 乞受大戒."
28) 이지관, 「한국불교계법의 자주적 전통」, 『한국불교계율전통』(가산불교문화연구원, 2005), 104쪽.
29) 이지관, 「한국불교계법의 자주적 전통」, 『한국불교계율전통』, 96쪽.
30) 이지관, 「한국불교계법의 자주적 전통」, 『한국불교계율전통』, 106쪽.

(1911~1992) 율사이다. 자운 율사는 일제강점기를 지나면서 승단이 계율적으로 문란해지고[31] 해방 직후의 비구·대처가 대립한 불교정화운동 및 현대에 들어서의 종권분쟁 등으로 승단의 화합이 깨어짐을 크게 걱정하여, "동일갈마同一羯磨 동일설계同一說戒"의 계율수지에 의해 승가의 화합을 회복시키고자 하였다.[32] 그리하여 각 본사나 사찰별로 율사스님들에 의해 시행되던 수계산림을 단일화하여 1981년 종단 차원에서의 수계를 시행한 것이다. 여기에서 자운 율사는 율장에 설해진 이부승수계二部僧授戒 제도를 부활시켜서 비구와 비구니가 하나의 공동체로 화합되어야 함을 말씀하셨다.[33]

이때 비구니원로들도 종단의 의지를 받들어 이부승수계의 원만성취를 위해 많은 모임과 대담을 가졌다. 1982년 7월 9일 석남사에서 각 강원의 강사 스님이 모여 예비회의를 가졌고, 이 자리에서 비구니만을 위한 계율 특강이 발의되었다. 계율 강의는 이 해 8월 10일에서 20일까지 서울 북한산 진관사에서 열렸다. 자운 스님이 증명을 하시고, 지관 스님이 율주가 되어 비구니 348계를 강의하였다. 청법대중은 50명 정도였는데, 석남사 인홍·성우, 청룡사 윤호, 봉영사 묘전·묘엄, 운문사 명성, 해인사 보현암 혜춘, 진관사 진관 스님 등의 원로스님이 모였다.

이 특강에서는 계율 강의는 물론이고 비구니계단 설치의 방법이나 삼사칠증 스님들의 의제 같은 수계의식 등에 관한 논의도 있었다. 1982년 8월 20일 강의가 끝나는 날 자운 스님은 비구니 원로들과의 공의公

---

[31] 법혜,「자운대율사의 화합승가와 역경불사의 원행」,『근대한국불교율풍진작과 자운대율사』(가산불교문화연구원, 2005), 140쪽.
[32] 법혜,「자운대율사의 화합승가와 역경불사의 원행」,『근대한국불교율풍진작과 자운대율사』, 169쪽.
[33] 이자랑,「초기불교의 계단설치와 이부승제」,『근대한국불교율풍진작과 자운대율사』, 245쪽.

議 끝에 전계사(傳戒師)에 정행 스님, 갈마사(羯磨師)에 묘엄 스님, 교수사(教授師)에 명성 스님을 정하고 위촉장을 전달하였다.34) 이렇듯 정행 스님이 전계사로 임명된 것은 계단의 대표이신 자운 율사와 비구니계 원로스님들의 민주적인 방법에 의해서 추대된 것이다. 이것은 곧 조계종단이 스님의 수행과 덕화를 공인한 것이라고 할 수 있다.

위) 수계식 후 비구니삼사칠증스님들과 함께 정행 스님(중앙)
아래) 수계식 장면

근현대비구니사를 시대적으로 구분하면 1962년에서 1985년까지는 한국 비구니들의 자주적 단합과 발전기라고 정의된다. 1980년대 초 비구니원로들은 여러 차례 모여 계단에 대해 논의한 끝에 이부승수계라는 결실을 얻어 내었던 것이다. 이것은 한국 비구니들의 사회적·종단적 위상의 고양에 기인하며, 정행 스님은 이런 위상의 상징적 인물인 것이다. 역사적으로 살펴보면 4~5세기에 신라 모례의 누이 사씨(史氏)가 최초로 삼귀의·오계·십계 등을 받아 비구니가 되었다는 기록이 있을 뿐 비구니계단의 전승과 성립 등에 관해서는 전해지는 바가 없다. 따라

---

34) 일진 스님 증언, 『운문회보』 2호(1982).

서 그간의 사정은 알 수가 없다. 근현대에 들어와서 비로소 비구계를 설하는 데서 비구니계를 받다가, 20세기 말에 이르러서는 비구니가 최초로 전계사·갈마사·교수사가 되어 비구니구족계를 설하게 된 것이다. 이렇듯 이부승수계가 성립되기까지에는 1600년이라는 시간이 필요했다.

이부승수계의 비구니승 대표 정행 스님은 제14교구 본사 범어사에서 있은 1982년 10월 15일~20일 수계산림법회로부터 1993년 11월 25일 범어사 법회까지의 총 13회 가운데 11회의 법회에서 비구니 전계화상 소임을 맡았다. 이 기간에 스님께 비구니계를 수지한 사람은 1692명으로, 표로 정리하면 다음과 같다.

단일계단 구족계 수계산림 연혁

기별	장소	수계일	전계사	니화상	비구	비구니
1회	해인사	1981. 11. 6	고암 대종사		37	107
2회	범어사	1982. 10. 19	자운 대종사	정행 스님	63	128
3회	범어사	1984. 1. 27	자운 대종사	정행 스님	81	143
4회	해인사	1984. 10. 20	자운 대종사	정행 스님	73	104
5회	범어사	1985. 9. 26	자운 대종사	정행 스님	124	143
6회	범어사	1986. 9. 5	자운 대종사	인홍 스님	145	172
7회	범어사	1987. 9. 25	자운 대종사	정행 스님	115	175
8회	범어사	1988. 9. 9	자운 대종사	정행 스님	140	151
9회	범어사	1989. 9. 22	자운 대종사	정행 스님	161	156
10회	범어사	1990. 9. 14	자운 대종사	정행 스님	175	156
11회	범어사	1991. 10. 19	자운 대종사	정행 스님	128	168
12회	범어사	1992. 10. 25	석주 대종사	정행 스님	154	183
13회	범어사	1993. 11. 25	일타 대종사	정행 스님	165	185
합계					1,561	1,971

정행 스님은 자운 율사에게 계맥을 이었는데 그 전승을 인도의 우파리 존자로부터 살펴보면 다음과 같다.

인도 율사: 제1 우파리 존자 — 제2 우파추다 존자 … 제5 불타야사
중국 율사: 제6 북대법총 율사 — 제7 운중도부 율사 … 제119 창수한파 율사
한국 율사: 제120 만하승림萬下勝林 — 제121 성월일전惺月一全 — 제122 일봉경념一鳳敬念 — 제123 자운성우慈雲盛祐

이어서 자운 스님의 계맥은 다시 아래와 같이 전계된다.[35]

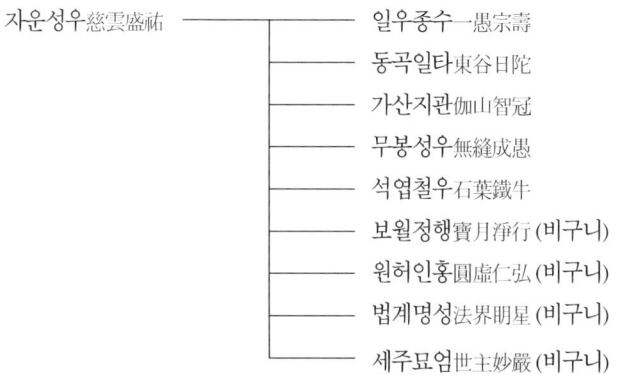

위와 같은 계맥을 이은 정행 스님의 4위의威儀(行住坐臥)는 그 이름이 암시하듯이 청정행의 표본이었고, 율사상은 마음의 근본을 닦는 대승보살의 계법(三聚淨戒)이었다. 스님은 항시 "섭율의계攝律儀戒, 섭선법계攝善法戒, 섭중생계攝衆生戒" 문구를 써서 벽에 붙여 두고 그것을 음미하기를 염불과 같이 되풀이하였다.

---

35) 이지관, 「한국불교계법의 자주적 전통」, 『한국불교계율전통』, 255쪽.

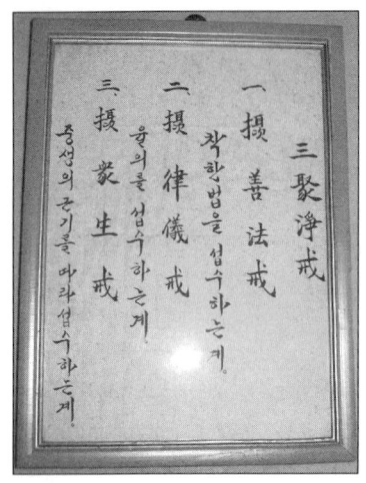

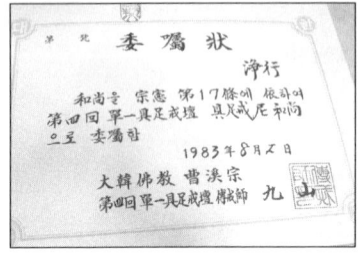

위) 삼취정계 액자
아래) 니전계화상 위촉장

스님의 일상에서의 섭율의계를 보여 주는 재미있는 이야기가 있다. 옥천사 백졸 스님이 부산시내를 구경시켜 드린다고 노스님을 초청하였다. 평상시 커피를 즐기셨기 때문에 조선비치호텔로 모시고 갔는데, 들어가는 입구에 어떤 비구와 여자가 다정스럽게 앉아 속삭이는 광경을 보자 "집에나 가자" 하고 화난 듯이 말씀하셨다. 차안에서 시자가 이유를 묻자 답하시기를, "야, 지금 비구 하나가 속가에 가려고 하는데 커피는 무슨 커피냐!" 하셨다. 노스님은 그 비구의 태도가 염려스러웠던 것이다.

그러나 노스님의 살림살이가 계율에 얽매어 있었던 것만은 아니었다. 노스님은 인간적인 따스함 속에서 섭중생계를 지키는 수행자였다. 보통 사찰에서는 오신채가 들었다고 하여 라면을 먹지 않는다. 그런데 나이 먹은 행자 한 사람이 시름대자, 노스님은 어디서 구했는지 라면 한 상자를 가져와서 "이것이라도 먹어 봐라" 하셨다고 한다.36) 또한 말 못하는 동물이라 하더라도 한 생명이라 하시면서 길거리에 죽어 있는 조그만 미물을 보아도 '발보리심

---

36) 경담 스님 증언.

發菩提心'하라고 염불하셨고, 한 고양이를 예뻐하여 고양이가 들어오면 대중과 똑같이 공양을 나누어 주었으며 대중은 그 고양이를 "묘사숙님"이라 불렀다고 한다.

전계화상과 관련하여 일타日陀 큰스님과 관련된 훈훈한 이야기가 있다. 노스님이 전계화상으로 추대되었을 때는 81세의 고령이었고 백내장으로 한쪽 눈이 안 보이는 상태였다. 그래서 처음에는 "내 본분사도 모르는데 어떻게 남에게 구족계를 주느냐" 하며 사양했는데, 한 산중에 계시던 일타 큰스님이 "비구니계의 수장이시니 소임에 적임자입니다" 하고 설득하였다. 이번에는 "글을 몰라 계목을 읽을 수 없습니다" 하고 짐짓 꾸며 말하니, 큰스님은 "기억니은부터 가르쳐 드리겠습니다" 하고 응수하였다. 또다시 "눈이 침침해 계목을 읽지 못합니다" 하고 사양하자, 큰스님은 다시 "계본을 크게 써 드리겠으니 사양하지 마십시오"라고 권했다고 한다.37) 정행 스님의 겸손함과 큰스님의 배려가 돋보이는 이야기이다.

전계화상의 소임을 맡으신 이후로 스님은 계목戒目을 배우는 데 열

정행 스님 염불수행 모습

---

37) 선호 스님 증언.

심이었다. 일타 큰스님을 스승으로 삼아서, 수계 살림이 있을 때마다 노구를 이끌고 도솔암에 올라가서 물어 숙지한 뒤에 소임에 임했다. 이후 점차 연만하시자 건강상의 이유로 소임을 내놓을 것을 일타 큰스님께 말씀드리니, 수계 장소에 있지 않고 증명만으로도 충분하니 열반에 드실 때까지 계속 전계사로 있을 것을 말씀하셨다. 일타 큰스님이 얼마나 정행 노스님의 덕행을 귀히 여겼는지 잘 알 수 있다.

4. 열반

노스님은 공양하시기 전 늘 짠 조선간장을 한 순가락씩 보약처럼 드셨다. 이런 특별한 식습관 때문인지 몸에 특별한 질병 없이 1세기를 건강하게 사셨다. 그러나 연만하시면서부터는 주위 사람들에게 다음의 게송을 자주 읊으면서 "이러할 때 가련다" 하며 갈 것을 알렸다.

山隱隱 水潺潺	은은한 산, 잔잔한 물가에
一間蘭若 坐臥逍遙	한 칸 난야를 지어 누웠다 앉았다 소요하고
花灼灼 鳥喃喃	꽃은 피고 새는 노래한다.[38]

스님은 몸은 노쇠했지만 마지막 순간까지도 맑은 정신을 유지해, 시봉이 "노스님, 화두 들고 계십니까?"[39] 하고 물으면 단전에 놓인 손을 살짝 움직여서 대답하셨다.

2000년 4월 15일(음력 3월 11일) 오후 1시 20분, 스님은 말씀과 같이

---

38) 안진호, 『석문의범』(불서보급사, 1972), 37쪽, 「독성청」.
39) 일조 스님 증언.

성문. 정행(좌) 스님 부도탑

가야산에 봄꽃이 활짝 피고 새들이 노래하며 3월 장경불사로 오색등이 거리마다 켜져 있어서 화장세계와 같은 때에 삼선암에서 입적하셨다. 세랍 99세요, 법랍 90세이셨다. 열반게송은 다음과 같다.

    如是來如是去兮, 이렇게 왔다 이렇게 감이여,
    百年生涯刹那間. 백 년의 생애가 한순간이로다.
    萬里長天一樣色, 만리 하늘은 늘 한빛이요,
    靑山不動白雲流. 청산은 그대론데 흰구름만 흐르네.

정행 스님의 장례는 4월 19일 전국비구니장으로 봉행되었다. 당시 전국비구니회 부회장을 맡고 있던 묘엄 스님이 영결사를 읽고 옥천사 백졸 스님이 조사를 읽었다. 해인총림 방장 도림법전道林法傳 스님은 법어를 통해 다음과 같이 게송하셨다.

東門不祥過南門,   동문이 상서롭지 못하다 하여 남문으로 갔으나,
若住南門亦不吉.   남문에 머물렀다면 그것도 길하지 못했을 것이라.
這漢一生修淨行,   그이가 일생동안 정행을 닦더니,
臨行孺自負金圈.   떠날 때도 자신이 금궤짝을 지고 갔네.

그리고 가산불교문화연구원장 지관 스님은 추도사를 통해 다음과 같은 말을 했다.

무명구름 흩어지니 달빛이 밝고	雲散家家月
봄이 오니 곳곳마다 꽃들은 웃네.	春來處處花
북쪽에는 묘향산의 법왕대이고	北之法王臺
남쪽에는 지리산의 노고단일세.	南之老姑壇
진흙소는 물밑으로 걸어다니고	泥牛水低行
나무말은 불속으로 뛰어다니며,	木馬火中走
쇠로 만든 배를 타고 항해를 하고	鐵船人海遊
지렁이의 등에 업혀 상천하도다.	蚯蚓上天飛

스님의 문도는 모두 백오십여 명에 이르렀는데, 그 명단을 보면 다음과 같다.

상   좌: 혜운, 혜일(입적), 혜안(입적), 혜연, 혜성, 영현, 혜공, 혜명(입적), 혜선, 혜등(입적).
손상좌: 경인, 경범, 경주, 경심. 경준, 경희, 경봉, 경덕, 경식(입적), 경오, 경수, 도원, 정우, 초의, 경오, 범아, 경선(입적), 경율(입적), 경도, 경현, 경옥, 경훈, 경윤, 경욱, 경관, 경각, 경진, 경문, 경담, 경호, 경재, 보광, 경진, 재각, 민광, 경수, 경진, 재호, 경해, 인덕, 정원, 경각, 일광, 법진.
기타 증손좌, 고손좌 등.

5. 맺음말

　정행 스님은 일제강점기라는 시대에 태어나 대부분의 세월을 사회적인 혼란과 종단의 불안정 속에서 보냈다. 그러나 스님은 선·교·율을 마치 솥의 세발처럼 원만히 갖춘 수행자로서, 명실상부한 당시 한국불교조계종 비구니계의 최고지도자였다. 어려서는 은사스님에 대해 목련 존자와 같은 효를 실천하였고, 학인 시절에는 인욕보살과 같은 인내심을 보여 주었다. 연만하여 후배 납자들을 지도함에는 관음의 자비와 문수의 지혜를 보여 주었고, 율사로서는 모든 중생을 봄볕과 같이 감싸는 실천수행자였다.

　1980년대에 정행 스님이 비구니로서 전계사가 된 이후로 이러한 전통은 계속 이어져, 2005년까지 인홍仁弘, 묘엄妙嚴, 광우光雨, 혜운慧雲, 태경泰鏡, 명성明星, 지원知元 등 많은 비구니스님들이 비구니전계화상으로 추대되었다. 이처럼 이부승수계 제도가 종단 내에 완전히 정착되었다는 사실은 한국 비구니승가의 자주성과 위상을 보여 준다. 이러한 발전의 바탕에 비구니교육과 도제양성에 힘을 기울여 왔던 선배스님들의 의지가 스며 있음은 말할 나위가 없다.

　현재 전국 39곳의 선원에서 비구니들이 정진하고 있으며, 전통 비구니승가대학 5곳, 율원 1곳, 일반대학 등에서 비구니교육이 이루어지고 있다.[40] 이 점은 한국의 비구니들에게는 선원에서 수행하는 전통이 단연코 대맥을 이루고 있으며 율학을 공부하는 이는 많지 않음을 보여 주는 증거이다. 한국 비구니의 역사를 생각해 볼 때 비구니율사를 내는

---

40) 조계종 웹사이트 http://buddhism.or.kr/education

데에만도 천육백 년이라는 세월이 필요했다. 앞으로 비구니계율의 전통을 확립하고 진작시키기 위해서는 더욱 많은 비구니가 계율에 관심을 가져야 할 것이다. 선사인 동시에 율사였던 정행 스님의 일생은 후배들에게 이러한 임무를 깨우쳐 주고 있다고 본다.

참고문헌

백운, 『부설거사; 관혜조사; 보덕굴』, 불광출판부, 1993.
법혜, 「자운대율사의 화합승가와 역경불사의 원행」, 『근대한국불교율풍진작과 자운대율사』, 가산불교문화연구원, 2005.
안진호, 『석문의범』, 불서보급사, 1972.
운문사, 「원로탐방: 정행 스님」, 『운문회보』 5, 1983.
_____, 『운문회보』 2, 1982.
이자랑, 「초기불교의 계단설치와 이부승제」, 『근대한국불교율풍진작과 자운대율사』, 가산불교문화연구원, 2005.
이지관, 「한국불교계법의 자주적 전통」, 『한국불교계율전통』, 가산불교문화연구원, 2005,
하춘생, 『깨달음의 꽃』, 도서출판 여래, 1998.

조계종 웹사이트 http://buddhism.or.kr/education

필 자 소 개 (게재순)

수경修鏡
송담 스님을 계사로 사미니계를 수지하고 범어사에서 자운 스님을 계사로 구족계를 수지하였다. 일본 류코쿠(龍谷)대학 문학연구과 교환유학을 거쳐 동국대학교 대학원 선학전공 박사과정을 수료하였으며, 일본 화원대학 국제선학연구소 연구원을 역임하였다. 현 삼선승가대학(서울 동소문동) 학감이며, 삼선승가대학과 동국대학에서 강의하고 있다. 대표 논문으로「선요의 체계와 선사상연구」(석사학위논문)가 있다.

혜원慧源
동국대학교 불교학과를 졸업하고 일본 고마자와(駒澤)대학에서 박사과정을 수료하였으며 동국대학교 대학원에서 박사학위를 취득하였다. 현재 동국대학교 선학과 교수이다. 저서로는『신심명·증도가 역해』,『유마경 이야기』,『선가어록』등이 있고, 역서로는『선어록 읽는 방법』,『바웃드하, 불교』등이 있으며, 그 밖에「북종선연구」(박사학위논문),「간화선에서의 疑와 看에 대한 고찰」,「계율과 청규의 관계에서 본 한국의 선원청규」등 다수의 논문이 있다.

김영미金英美
이화여자대학교 사학과를 졸업하고 같은 대학원에서 석·박사학위를 받았다. 국사편찬위원회 편사연구사를 거쳐 현재 이화여자대학교 인문대학 사학전공 교수 및 이화여자대학교 한국문화연구원 원장으로 있다. 주요 저서로는『신라불교사상사연구』가 있고, 논문으로는「대각국사 의천의 아미타신앙과 정토관」,「불교의 수용과 신라인의 죽음관의 변화」,「고대인의 인간관: 신라 중고기의 윤리관을 중심으로」,「11세기 후반~12세기 초 고려·요 외교관계와 불경 교류」,「고려 진각국사 혜심의 여성성불론」등이 있다.

이향순李香順
서울대학교 영어교육과, 미국 노스이스턴대학 영문과를 거쳐 펜실베니아주립대학에서 근대 아일랜드 극에 나타난 유랑민 연구로 영문학 박사학위를 받았다. 1998년부터 미국 조지아대학교 비교문학과 교수로 재직 중이다.「The Traveler in Irish Drama and the Works of J. M. Synge and Seamus O'Kelly」,「Journey as Meditation: A Buddhist Reading of O Chŏng-hŭi's 'Words of Farewell'」,「Kurosawa and Gogol: Looking through the

Lens of Metonymy」,「La religione nei film di Jang Sun-woo」 등 다수의 연구 논문이 있다. 저서『비구니와 한국문학』이 곧 출간될 예정이다.

▎해주海住
동학사 불교전문강원과 동국대학교 불교대학 및 대학원을 졸업하였다. 대한불교조계종 제11·12대 중앙종회의원, 불교학연구회 제1·2대 회장, 전국비구니회 감사, 수미정사 주지, 동국대학교 불교학과 교수이다. 저술로『의상화엄사상사연구』,『화엄의 세계』등 수십 편의 논저가 있다.

▎석담石潭
수원 봉녕사 비구니전문강원, 동국대학교 영어영문학과를 졸업하였다. Berkeley의 Graduate Theological Union에서 석사학위(학위 논문, "A Buddhist View of Women: A Comparative Study of the Rules for Bhiksunis and Bhiksus on the Chinese Pratimoksa", *Journal of Buddhist Ethics*, Vol. 6, 1999)와 University of Virginia 종교학과에서 두 번째 석사학위를 받았다. 현재 University of Virginia 종교학과에서 박사학위를 준비 중이며 논문 가제목은 "A Korean Buddhist Nun's Life Story: A Family in the Footsteps of the Buddha"이다.

▎효탄曉呑
수덕사에서 圓潭 스님을 계사로 사미니계 수지, 범어사 대성암에서 慈雲 율사를 계사로 비구니계를 수지하였다. 운문승가대학과 동학승가대학을 졸업하였다. 동국대학교 대학원 사학과(한국불교사) 박사학위를 취득하고 일본 류코쿠대학교 대학원에서 동양사학을 전공하였다. 조계종 교육원 불학연구소 국장(상임연구원), 조계종 전국비구니회 총무국장, 동국대학교 불교대학 강사를 지냈고, 현재 운문승가대학 강사이다. 저서로『고려 말 나옹의 선사상 연구』, 역서로『과학자가 본 불교와 철학』, 역주서로『戒學約詮 註解』,『高麗史佛教關係史料集』,『朝鮮佛教通史』(상·중·하 공역주)가 있다.

▎경완景完
덕숭총림 수덕사 환희대에서 출가하여 경희대학교 국어국문학과와 대만 불광산사 佛光山叢林學院을 졸업하였다. 2001년 수덕사 견성암에서 안거 성만하였고, 대한불교조계종 국제포교사 중국어반 담임강사를 지냈다. 현재 수덕사 환희대 교무스님으로 있으며, 고려대학교 중어중문학과에서 박사과정을 밟고 있다.

▎수정秀靜
부산 범어사에서 사미니계와 비구니계를 수지하였고, 동학사승가대학을 졸업하였다. 동국대학교를 졸업하고 같은 대학원 석·박사학위를 취득하였다. 현재 동학사승가대학과 동학사불교문화원 불교대학 교수이다. 논문으로「이장번뇌에 대한 연구」,「대소승 공사상의 차이」 등이 있고, 역서로 『기신론필삭기회편』(공역)이 있다.

혜등慧燈
법어사 승가대학과 동국대학교 승가학과를 졸업하였고, 동의대학교 대학원 복지학과를 수료하였다. 선방 십하를 성만하였고 내원사 주지를 역임하였다. 현 전북 군산시 혜원사 주지이다.

진광眞光
통도사에서 월하 화상을 계사로 사미니계를 수지하고 범어사에서 자운 화상을 계사로 비구니계를 수지하였다. 운문승가대학 대교과를 졸업하고 직지사 조실 관응 큰스님으로부터 유식론을 수학하였다. 동국대학교 불교학과를 졸업하고 영남대학교 대학원 미학미술사학과 석사과정 및 같은 대학원 철학과 박사과정을 수료하였다. 운문승가대학 중강 및 송광사 말사인 고흥 봉래사 주지를 역임하였고 현 운문승가대학 강사이다. 논문으로 「唯識論 解說(譯書)」, 「道岬寺 觀音三十二應身圖의 圖像硏究」 등이 있다.

본각本覺
동국대학교 대학원 철학과를 졸업하고 일본 東京立正대학원 불교학과 석사 및 일본 東京駒澤대학원 불교학 박사학위를 받았다. 불교조계종 중앙종회 제11·12·13대 종회의원, 중앙승가대학교 비구니수행관 관장을 역임하였고, 현재 중앙승가대학 불교학과 교수이다. 아울러 社會福祉法人 승가원 理事, 대한불교조계종교육원 교재편찬위원회 위원, 대한불교조계종 금장사 주지, 금장사 화엄장학회 회장, 보리방과후교실 대표자이다. 저서로 『화엄관법의 기초적 연구』(日文), 논문으로 「華嚴觀法에 있어서 空觀의 意義」, 「佛典에 보이는 女性에 관한 問題」, 「華嚴經類의 戒學에 관한 연구」, 「華嚴敎學의 法界義의 고찰」 등이 있다.

혜전慧典
동학사 승가대학을 졸업하였고, 일본 도쿄 외국어학원 졸업 및 동국대학교 정보산업대학원에서 학위를 취득하였다. 제주 전문대학교 보육양성 교육과정을 졸업하고 동국대학교 불교대학원 불교경영자 최고위과정 수료 및 원력상을 수상하였다. 현 제주 보덕사 주지이다.

김일진金壹珍
동국대학과 미국 뉴저지 몽클레어 주립대학을 졸업하고 캘리포니아 웨스트 대학원 과정을 수료하였다. 뉴욕 UN / DPI에서 NGO로 활동하였으며, 현 운문승가대학 강사이다.

예문서원의 책들

원전총서
박세당의 노자 (新註道德經) 박세당 지음, 김학목 옮김, 312쪽, 13,000원
율곡 이이의 노자 (醇言) 이이 지음, 김학목 옮김, 152쪽, 8,000원
홍석주의 노자 (訂老) 홍석주 지음, 김학목 옮김, 320쪽, 14,000원
북계자의 (北溪字義) 陳淳 지음, 김충열 감수, 김영민 옮김, 295쪽, 12,000원
주자가례 (朱子家禮) 朱熹 지음, 임민혁 옮김, 496쪽, 20,000원
한시외전 (韓詩外傳) 韓嬰 지음, 임동석 역주, 868쪽, 33,000원
서경잡기 (西京雜記) 劉歆 지음, 葛洪 엮음, 김장환 옮김, 416쪽, 18,000원
고사전 (高士傳) 皇甫謐 지음, 김장환 옮김, 368쪽, 16,000원
열선전 (列仙傳) 劉向 지음, 김장환 옮김, 392쪽, 15,000원
열녀전 (列女傳) 劉向 지음, 이숙인 옮김, 447쪽, 16,000원
선가귀감 (禪家龜鑑) 청허휴정 지음, 박재양·배규범 옮김, 584쪽, 23,000원
공자성적도 (孔子聖蹟圖) 김기주·황지원·이기훈 역주, 254쪽, 10,000원
공자세가·중니제자열전 (孔子世家·仲尼弟子列傳) 司馬遷 지음, 김기주·황지원·이기훈 역주, 224쪽, 12,000원

성리총서
범주로 보는 주자학 (朱子の哲學) 오하마 아키라 지음, 이형성 옮김, 546쪽, 17,000원
송명성리학 (宋明理學) 陳來 지음, 안재호 옮김, 590쪽, 17,000원
주희의 철학 (朱熹哲學研究) 陳來 지음, 이종란 외 옮김, 544쪽, 22,000원
양명 철학 (有無之境—王陽明哲學的精神) 陳來 지음, 전병욱 옮김, 752쪽, 30,000원
주자와 기 그리고 몸 (朱子と氣と身體) 미우라 구니오 지음, 이승연 옮김, 416쪽, 20,000원
정명도의 철학 (程明道思想研究) 張德麟 지음, 박상리·이경남·정성희 옮김, 272쪽, 15,000원
주희의 자연철학 김영식 지음, 576쪽, 29,000원
송명유학사상사 (宋明時代儒學思想の研究) 구스모토 마사쓰구(楠本正繼) 지음, 김병화·이혜경 옮김, 602쪽, 30,000원
북송도학사 (道學の形成) 쓰치다 겐지로(土田健次郎) 지음, 성현창 옮김, 640쪽, 32,000원

불교(카르마)총서
불교와 인도 사상 V. P. Varma 지음, 김형준 옮김, 361쪽, 10,000원
파란눈 스님의 한국 선 수행기 Robert E. Buswell·Jr. 지음, 김종명 옮김, 376쪽, 10,000원
학파로 보는 인도 사상 S. C. Chatterjee·D. M. Datta 지음, 김형준 옮김, 424쪽, 13,000원
불교와 유교 — 성리학, 유교의 옷을 입은 불교 아라키 겐고 지음, 심경호 옮김, 526쪽, 18,000원
유식무경, 유식 불교에서의 인식과 존재 한자경 지음, 208쪽, 7,000원
박성배 교수의 불교철학강의: 깨침과 깨달음 박성배 지음, 윤원철 옮김, 313쪽, 9,800원
불교 철학의 전개, 인도에서 한국까지 한자경 지음, 252쪽, 9,000원
인물로 보는 한국의 불교사상 한국불교원전연구회 지음, 388쪽, 20,000원

노장총서
도가를 찾아가는 과학자들 — 현대신도가의 사상과 세계 (當代新道家) 董光璧 지음, 이석명 옮김, 184쪽, 5,800원
유학자들이 보는 노장 철학 조민환 지음, 407쪽, 12,000원
노자에서 데리다까지 — 도가 철학과 서양 철학의 만남 한국도가철학회 엮음, 440쪽, 15,000원
위진 현학 정세근 엮음, 278쪽, 10,000원
이강수 교수의 노장철학이해 이강수 지음, 462쪽, 23,000원
이강수 읽기를 통해 본 노장철학연구의 현주소 이강세 외 지음, 348쪽, 18,000원
不二 사상으로 읽는 노자 — 서양철학자의 노자 읽기 이찬훈 지음, 304쪽, 12,000원
김항배 교수의 노자철학 이해 김항배 지음, 280쪽, 15,000원

강의총서
김충열교수의 유가윤리강의 김충열 지음, 182쪽, 5,000원
김충열교수의 노장철학강의 김충열 지음, 336쪽, 7,800원
김충열교수의 노자강의 김충열 지음, 434쪽, 20,000원

한국철학총서

조선 유학의 학파들 한국사상사연구회 편저, 688쪽, 24,000원
실학의 철학 한국사상사연구회 편저, 576쪽, 17,000원
윤사순 교수의 한국유학사상론 윤사순 지음, 528쪽, 15,000원
한국유학사 1 김충열 지음, 372쪽, 15,000원
퇴계의 생애와 학문 이상은 지음, 248쪽, 7,800원
율곡학의 선구와 후예 황의동 지음, 480쪽, 16,000원
圖說로 보는 한국 유학 한국사상사연구회 지음, 400쪽, 14,000원
다카하시 도루의 조선유학사 — 일제 황국사관의 빛과 그림자 다카하시 도루 지음, 이형성 편역, 416쪽, 15,000원
퇴계 이황, 예 잇고 뒤를 열어 고금을 꿰뚫으셨소 — 어느 서양철학자의 퇴계연구 30년 신귀현 지음, 328쪽, 12,000원
조선유학의 개념들 한국사상사연구회 지음, 648쪽, 26,000원
성리학자 기대승, 프로이트를 만나다 김용신 지음, 188쪽, 7,000원
유교개혁사상과 이병헌 금장태 지음, 336쪽, 17,000원
남명학파와 영남우도의 사림 박병련 외 지음, 464쪽, 23,000원
쉽게 읽는 퇴계의 성학십도 최제목 지음, 152쪽, 7,000원
홍대용의 실학과 18세기 북학사상 김문용 지음, 288쪽, 12,000원
남명 조식의 학문과 선비정신 김충열 지음, 512쪽, 26,000원
명재 윤증의 학문연원과 가학 충남대학교 유학연구소 편, 320쪽, 17,000원

연구총서

논쟁으로 보는 중국철학 중국철학연구회 지음, 352쪽, 8,000원
김충열 교수의 중국철학사 1 — 중국철학의 원류 김충열 지음, 360쪽, 9,000원
논쟁으로 보는 한국철학 한국철학사상연구회 지음, 326쪽, 10,000원
반논어(論語新探) 趙紀彬 지음, 조남호·신정근 옮김, 768쪽, 25,000원
논쟁으로 보는 불교철학 이효걸·김형준 외 지음, 320쪽, 10,000원
중국철학과 인식의 문제(中國古代哲學問題發展史) 方立天 지음, 이기훈 옮김, 208쪽, 6,000원
문제로 보는 중국철학 — 우주, 본체의 문제(中國古代哲學問題發展史) 方立天 지음, 이기훈·황지원 옮김, 232쪽, 6,800원
중국철학과 인성의 문제(中國古代哲學問題發展史) 方立天 지음, 박경환 옮김, 191쪽, 6,800원
중국철학과 지행의 문제(中國古代哲學問題發展史) 方立天 지음, 김학재 옮김, 208쪽, 7,200원
현대의 위기 동양 철학의 모색 중국철학회 지음, 340쪽, 10,000원
역사 속의 중국철학 중국철학회 지음, 448쪽, 15,000원
일곱 주제로 만나는 동서비교철학(中西哲學比較面面觀) 陳衛平 편저, 고재욱·김철운·유성선 옮김, 320쪽, 11,000원
중국철학의 이단자들 중국철학회 지음, 240쪽, 8,200원
공자의 철학(孔孟荀哲學) 蔡仁厚 지음, 천병돈 옮김, 240쪽, 8,500원
맹자의 철학(孔孟荀哲學) 蔡仁厚 지음, 천병돈 옮김, 224쪽, 8,000원
순자의 철학(孔孟荀哲學) 蔡仁厚 지음, 천병돈 옮김, 272쪽, 10,000원
서양문학에 비친 동양의 사상 한림대학교 인문학연구소 엮음, 360쪽, 12,000원
유학은 어떻게 현실과 만났는가 — 선진 유학과 한대 경학 박원재 지음, 218쪽, 7,500원
유교와 현대의 대화 황의동 지음, 236쪽, 7,500원
동아시아의 사상 오이환 지음, 200쪽, 7,000원
역사 속에 살아있는 중국 사상(中國歷史に生きる思想) 시게자와 도시로 지음, 이혜경 옮김, 272쪽, 10,000원
덕치, 인치, 법치 — 노자, 공자, 한비자의 정치 사상 신동준 지음, 488쪽, 20,000원
육경과 공자 인학 남상호 지음, 312쪽, 15,000원
리의 철학(中國哲學範疇精髓叢書 — 理) 張立文 주편, 안유경 옮김, 524쪽, 25,000원
기의 철학(中國哲學範疇精髓叢書 — 氣) 張立文 주편, 김교빈 외 옮김, 572쪽, 27,000원

역학총서

주역철학사(周易研究史) 廖名春·康學偉·梁韋弦 지음, 심경호 옮김, 944쪽, 30,000원
주역, 유가의 사상인가 도가의 사상인가(易傳與道家思想) 陳鼓應 지음, 최진석·김갑수·이석명 옮김, 366쪽, 10,000원
송재국 교수의 주역 풀이 송재국 지음, 380쪽, 10,000원

퇴계원전총서

고경중마방古鏡重磨方 — 퇴계 선생의 마음공부 이황 편저, 박상주 역해, 204쪽, 12,000원
활인심방活人心方 — 퇴계 선생의 마음으로 하는 몸공부 이황 편저, 이윤희 역해, 308쪽, 16,000원

일본사상총서

일본 신도사(神道史) 무라오카 츠네츠구 지음, 박규태 옮김, 312쪽, 10,000원
도쿠가와 시대의 철학사상(德川思想小史) 미나모토 료엔 지음, 박규태·이용수 옮김, 260쪽, 8,500원
일본인은 왜 종교가 없다고 말하는가(日本人はなぜ無宗教のか) 아마 도시마로 지음, 정형 옮김, 208쪽, 6,500원
일본사상이야기40(日本がわかる思想入門) 나가오 다케시 지음, 박규태 옮김, 312쪽, 9,500원
사상으로 보는 일본문화사(日本文化の歷史) 비토 마사히데 지음, 엄석인 옮김, 252쪽, 10,000원
일본도덕사상사(日本道德思想史) 이에나가 사부로 지음, 세키네 히데유키·윤종갑 옮김, 328쪽, 13,000원
천황의 나라 일본 ― 일본의 역사와 천황제(天皇制と民衆) 고토 야스시 지음, 이남희 옮김, 312쪽, 13,000원
주자학과 근세일본사회(近世日本社會と宋學) 와타나베 히로시 지음, 박홍규 옮김, 304쪽, 16,000원

예술철학총서

중국철학과 예술정신 조민환 지음, 464쪽, 17,000원
풍류정신으로 보는 중국문학사 최병규 지음, 400쪽, 15,000원
율려와 동양사상 김병훈 지음, 272쪽, 15,000원

동양문화산책

공자와 노자, 그들은 물에서 무엇을 보았는가 사라 알란 지음, 오만종 옮김, 248쪽, 8,000원
주역산책(易學漫步) 朱伯崑 외 지음, 김학권 옮김, 260쪽, 7,800원
공자의 이름으로 죽은 여인들 田汝康 지음, 이재정 옮김, 248쪽, 7,500원
동양을 위하여, 동양을 넘어서 홍원식 외 지음, 264쪽, 8,000원
서원, 한국사상의 숨결을 찾아서 안동대학교 안동문화연구소 지음, 344쪽, 10,000원
녹차문화 홍차문화 츠노야마 사가에 지음, 서은미 옮김, 232쪽, 7,000원
거북의 비밀, 중국인의 우주와 신화 사라 알란 지음, 오만종 옮김, 296쪽, 9,000원
문학과 철학으로 떠나는 중국 문화 기행 양회석 지음, 256쪽, 8,000원
류짜이푸의 얼굴 찌푸리게 하는 25가지 인간유형 류짜이푸(劉再復) 지음, 이기면·문성자 옮김, 320쪽, 10,000원
안동 금계마을 ― 천년불패의 땅 안동대학교 안동문화연구소 지음, 272쪽, 8,500원
안동 풍수 기행, 와혈의 땅과 인물 이완규 지음, 256쪽, 7,500원
안동 풍수 기행, 돌혈의 땅과 인물 이완규 지음, 328쪽, 9,500원
영양 주실마을 안동대학교 안동문화연구소 지음, 332쪽, 9,800원
예천 금당실·맛질 마을 정감록이 꼽은 길지 안동대학교 안동문화연구소 지음, 284쪽, 10,000원
터를 안고 仁을 펴다 ― 퇴계가 굽어보는 하계마을 안동대학교 안동문화연구소 지음, 360쪽, 13,000원
안동 가일 마을 ― 풍산들가에 의연히 서다 안동대학교 안동문화연구소 지음, 344쪽, 13,000원
중국 속에 일떠서는 한민족 ― 한겨레신문 차한필 기자의 중국 동포사회 리포트 차한필 지음, 336쪽, 15,000원
고려시대의 안동 안동시·안동대학교 안동문화연구소 편, 448쪽, 17,000원

민연총서 ― 한국사상

자료와 해설, 한국의 철학사상 고려대 민족문화연구원 한국사상연구소 편, 880쪽, 34,000원
여헌 장현광의 학문 세계, 우주와 인간 고려대 민족문화연구원 한국사상연구소 편, 424쪽, 20,000원
퇴옹 성철의 깨달음과 수행 ― 성철의 선사상과 불교사적 위치 조성택 편, 432쪽, 23,000원
여헌 장현광의 학문 세계 2, 자연과 인간 고려대 민족문화연구원 한국사상연구소 편, 432쪽, 25,000원

예문동양사상연구원총서

한국의 사상가 10人 ― 원효 예문동양사상연구원/고영섭 편저, 572쪽, 23,000원
한국의 사상가 10人 ― 의천 예문동양사상연구원/이병욱 편저, 464쪽, 20,000원
한국의 사상가 10人 ― 지눌 예문동양사상연구원/이덕진 편저, 644쪽, 26,000원
한국의 사상가 10人 ― 퇴계 이황 예문동양사상연구원/윤사순 편저, 464쪽, 20,000원
한국의 사상가 10人 ― 남명 조식 예문동양사상연구원/오이환 편저, 576쪽, 23,000원
한국의 사상가 10人 ― 율곡 이이 예문동양사상연구원/황의동 편저, 600쪽, 25,000원
한국의 사상가 10人 ― 하곡 정제두 예문동양사상연구원/김교빈 편저, 432쪽, 22,000원
한국의 사상가 10人 ― 다산 정약용 예문동양사상연구원/박홍식 편저, 572쪽, 29,000원
한국의 사상가 10人 ― 혜강 최한기 예문동양사상연구원/김용헌 편저, 520쪽, 26,000원
한국의 사상가 10人 ― 수운 최제우 예문동양사상연구원/오문환 편저, 464쪽, 23,000원